与你共享体育创新教学

天津市中小学教师继续教育中心　编

天津出版传媒集团

天津科学技术出版社

图书在版编目(CIP)数据

与你共享体育创新教学 / 天津市中小学教师继续教育中心编. -- 天津 : 天津科学技术出版社, 2021.12

(天津市中小学“学科领航教师培养工程”团队攻坚成果系列丛书)

ISBN 978-7-5576-9787-7

Ⅰ. ①与… Ⅱ. ①天… Ⅲ. ①体育课-教学研究-初中 Ⅳ. ①G633.962

中国版本图书馆 CIP 数据核字(2021)第 273057 号

与你共享体育创新教学

YUNI GONGXIANG TIYU CHUANGXIN JIAOXUE

责任编辑:关　长

责任印制:兰　毅

出版: 天津出版传媒集团 / 天津科学技术出版社

地址:天津市西康路 35 号

邮编:300051

电话:(022) 23332397 (编辑室)

网址:www.tjkjcbs.com.cn

发行:新华书店经销

印刷:天津午阳印刷股份有限公司

开本 710×1000　1/16　印张 28.5　字数 460 000

2021 年 12 月第 1 版第 1 次印刷

定价:128.00 元

目 录

第一篇

优秀实践案例

运动损伤的预防和处理 增强安全意识

天津市佳春中学　王青华

类别方向：信息技术与教学融合创新

天津市中小学"学科领航教师培养工程"学员实践案例

所属区	红桥区	学员姓名	王青华	任教学段	初中	参训学科	体育与健康
工作单位	天津市佳春中学					专业职称	高级教师
课题	运动损伤的预防和处理　增强安全意识						
教材	人教版《体育与健康(七年级全一册)》					章节	第二章第二节
学时	1学时					年级	七年级

一、教学目标

认知目标：通过问卷调查让学生了解造成运动损伤的原因，掌握安全的科学锻炼方法和包扎方法

技能目标：使95%学生掌握包扎、处理不同运动损伤的技能和护理的常识，同时培养学生分析、判断损伤程度的方法和动手操作能力

情感目标：通过学习运动损伤预防和处理，激发学生的安全自我防范意识和主动的参与活动的激情，让学生学会保护自己和帮助同学，培养学生合作学习、解决问题的应变能力，提高避险能力，为终身体育锻炼奠定基础

续表

<table>
<tr><td colspan="5">

二、学生学情分析

初中的学生活泼好动、好于模仿、乐于冒险，对体育活动兴趣浓厚，然而处于青春期对体育安全运动的常识了解比较少，而他们的骨骼正处于发育期，弹性较差，容易损伤，让学生了解运动损伤的预防和处理方法，对学生将来的发展可谓终身受益

三、教学重难点分析及解决措施

（一）重点与难点

重点：运动损伤预防的知识

难点：运动损伤的包扎、处理方法

（二）解决措施

1.学生通过观看北京2008年奥运会刘翔跨栏跑退赛的瞬间，让学生明白运动损伤对身体健康和运动生涯的影响

2.结合学生日常实际情况调查运动伤害的原因，小组讨论预防损伤的方法和经验

3.观看运动损伤微课，分组进行实际模拟演练操作包扎过程

4.为突破教学的难点，在教学思想上，轻理论讲解教学重分析和实际操作。在教学方法上，轻讲解，重启发，并通过学生实际操作练习，多样性的评价，来增强学生对操作技能的掌握和理解、灵活运用

四、教学准备

1.2008年北京奥运会刘翔跨栏比赛情景

2.运动损伤处理的微课录制：头部包扎、前臂包扎、小腿骨折包扎、踝关节扭伤包扎

3.运动伤害原因调查问卷

4.运动损伤包扎需要医药箱、三角巾、夹板、绷带、木板等教具

</td></tr>
<tr><td colspan="5">五、教学设计</td></tr>
<tr><td>教学环节及时间</td><td>活动目标</td><td>教学内容</td><td>活动设计</td><td>媒体应用及分析</td></tr>
<tr><td>一、情景导入
（3分钟）</td><td>学生主动观看视频（图4）并思考问题</td><td>损伤带来影响</td><td>学生感触到损伤对比赛的影响引入本课教学主题</td><td>交互电子版：刘翔2008年北京奥运会退赛的情景</td></tr>
<tr><td>二、自我检测初步了解
（6分钟）</td><td>结合自己情况初步了解运动损伤的原因</td><td>运动损伤产生的原因</td><td>自身查找问题对安全意识有初步了解</td><td>课堂观察APP软件：调查问卷</td></tr>
<tr><td>三、合作学习提高认识</td><td>运动损伤预防的方法</td><td>启发、自查损伤原因再进行小</td><td>提高学生主动性学习的同时培养合</td><td>课堂观察App软件：</td></tr>
</table>

续表

教学环节及时间	活动目标	教学内容	活动设计	媒体应用及分析
掌握知识 (13分钟)		组讨论研究预防的方法、归纳总结	作学习的能力，更好的解决本课的重点	分组讨论，把讨论的结果通过软件平台发布，每位学生通过软件平台互相学习、取长补短
四、实际操作 掌握技能 (20分钟)	分组实践操作演示、巩固所学知识和技能（头部、前臂、小腿、踝关节）	运动损伤包扎的方法以及步骤、处理的技能	观看微课视频(图5、图6)。掌握包扎的方法以及处理的步骤注意的问题图7、图8、图9	微课视频学生之间相互操作演示实践经验的积累，突破本课教学的难点
五、小结 收获知识和技能 (3分钟)	学生积极踊跃回答教师的提问	学生总结本课学习的知识和技能，教师补充拓展教学内容，引起学生课后思考	小组长把本组学生学习到知识和技能进行总结。组组互动、师生互动	小组归纳、总结，在平台分享，生成自己知识和技能

板书提纲

运动损伤的预防和处理　增强安全意识

- 课的导入 → 情景导入观看刘翔比赛视频
- 自我损伤调查问卷 → 运动损伤产生原因
- 合作学习 提高认知 掌握知识 → 运动损伤预防的方法 → 启发、自查产生原因；小组讨论、研究预防方法；归纳、总结生成自己所知
- 实际操作 掌握技能 → 运动损伤包扎、处理技能的方法 → 观看包扎微课视频；分组实践操作包扎、处理；不同部位包扎注意的问题
- 小结：生成问题 → 教师提问：学生踊跃回答；拓展教学内容 → 小组长总结本组学习到知识、技能；组组互动、生生互动、师生互动，产生共鸣

续表

<table>
<tr><td>教学效果及反思</td><td>教学效果:通过信息技术与课堂教学内容的融合,对运动损伤的预防与处理进行精心教学设计,运用不同信息技术解决教学的重点、难点。运用信息技术来调动学生主动参与课堂的思考、分析、讨论、探究、实践。通过课堂观察APP软件、交互电子白板、微课等形式,把学生讨论、探究的问题、归纳总结在平台分享,大大拓展学生学习空间、学习深入。本课轻理论讲解重视学生的分析和实际操作,教学方法选择上,轻讲解,重启发、多样化评价手段,调动学生融入课堂的意识、主动学习,学生参与的课堂的氛围非常的活跃,有效的提高课堂教学质量,同时培养学生体育核心素养的发展
反思:有待完善学生课前对运动损伤资料的查阅和了解,拓展运动损伤知识的了解,可以有效丰富课堂教学内容,引导学生如何学习、如何处理收集的资料服务与课堂教学,增加学生视野和知识面。信息技术应用的评价平台有待提高,信息技术专业编辑技能和课堂针对性的处理有待加强</td></tr>
<tr><td colspan="2">教学设计说明
(说明本课的教学设计思路、意图、理论支撑等)</td></tr>
</table>

第一阶段:导入:观看视频

刘翔北京2008年跨栏跑退赛的瞬间:

1.学生的感触

2.引导:伤病给运动带来负面影响——运动损伤

第二阶段:自主学习阶段;损伤原因的汇总;提高学生安全意识

学生运动伤害发生原因调查(选出三种你认为最易造成损伤原因"√")

损伤原因	着装合理,客观评价自己	注意力不集中	运动量过大	准备活动不充分	技术不熟练	恐惧心理	没有遵守学校制度	没有遵守运动规则	保护帮助不利	其他

第三阶段:运动损伤预防的方法

1.小组合作、讨论:怎样做才能预防运动损伤。2.教师巡视指导,搜集学生讨论的信息。3.各组组长汇报讨论结果。4.常见运动损伤有几种:擦伤、头部受伤、踝关节扭伤、小臂骨折、小腿骨折

1	2	3	4	5
着装合理,根据项目正确佩戴护具、运动鞋;实事求是客观评价自己	运动开始前要热身,结束后要放松;运动中负荷要适宜,量力而行,避免运动过度	遵守动作要领,加强保护帮助,完成动作坚决果断	精力集中,切记运动时注意力不集中	遵守体育课堂常规和体育比赛规则,杜绝嬉笑打闹,严禁粗野动作和事故

续表

第四阶段:实际操作模拟,生成自己技能

1.观看微课视频:学习损伤后包扎处理过程,注意的问题

2.每个小组推荐2~3名学生进行模拟演练损伤后处理的过程

3.学生认真观看学习,掌握包扎的技能和知识

4.评价学习(小组点评、教师补充)

第五阶段:本课小结(组长总结,教师补充;拓展教学内容引起课后思考)

一、头部包扎

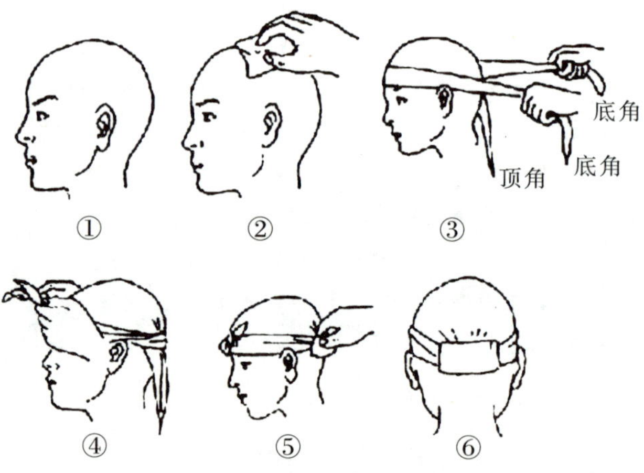

图1 三角巾帽式包扎步骤

二、前臂骨折

1.下肢骨折,不要站立,以最舒适平躺的姿势等待救护,切忌随便移动,防止伤害的加重

2.可以用木板附在患肢一侧,在木板和肢体之间垫上棉花或毛巾等松软物品

3.用带子绑好,松紧要适度

4 木板要长出骨折部位上下两个关节,做超过关节固定,这样才能彻底固定患肢

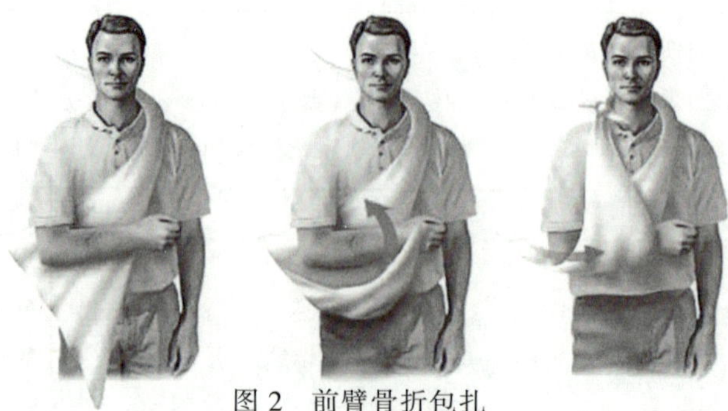

图2 前臂骨折包扎

续表

三、小腿骨折

1.下肢骨折,不要站立,以最舒适平躺的姿势等待救护,切忌随便移动,防止伤害的加重

2.可以用木板附在患肢一侧,在木板和肢体之间垫上棉花或毛巾等松软物品

3.用带子绑好,松紧要适度

4.木板要长出骨折部位上下两个关节,做超过关节固定,这样才能彻底固定患肢

四、踝关节扭伤

1.终止运动(以最舒适的姿势休息)

2.冷疗(局部血管收缩,减轻伤情;伤重者24小时内每2小时进行一次冷敷,每次10分钟,24小时后转为热敷)

3.加压包扎(以减轻患处的出血和胀痛,不可保扎过紧,以免阻断血液循环)

4.抬高患处(受伤部位高于心脏,以减轻和消除肿胀)

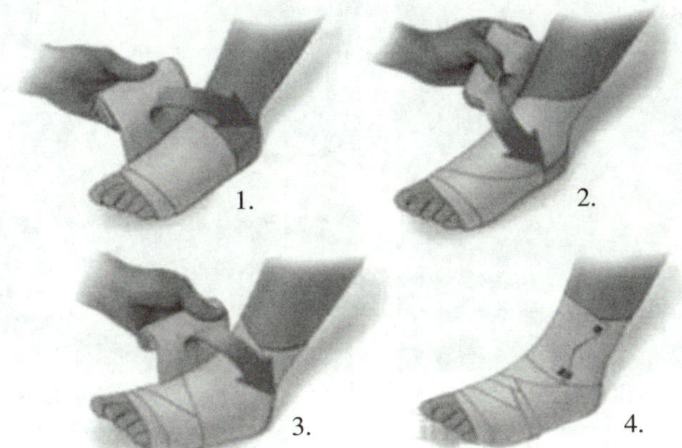

图3 踝关节包扎

图4 观看刘翔比赛

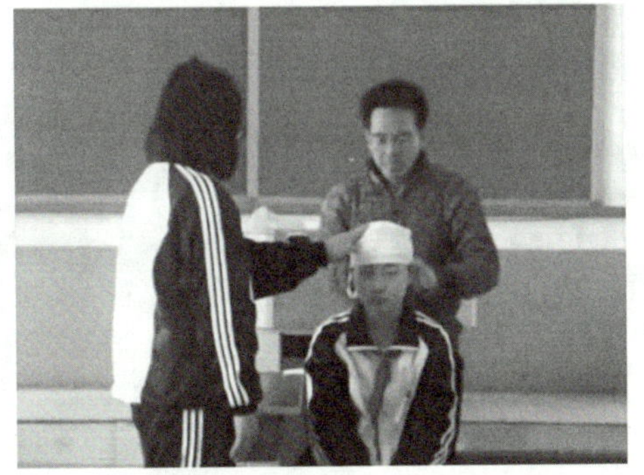

图5 头部包扎示范

续表

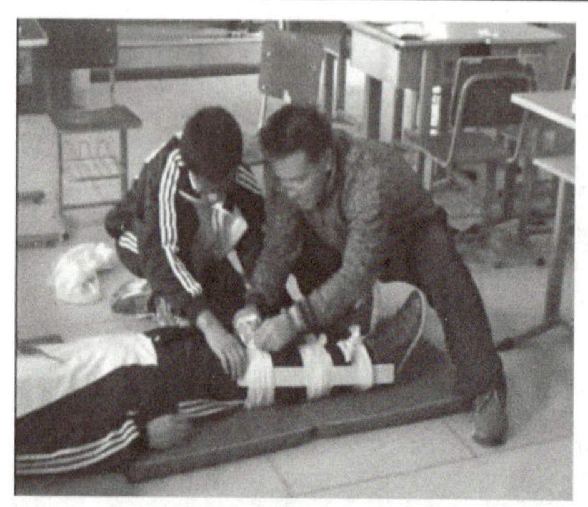
图 6　小腿包扎示范

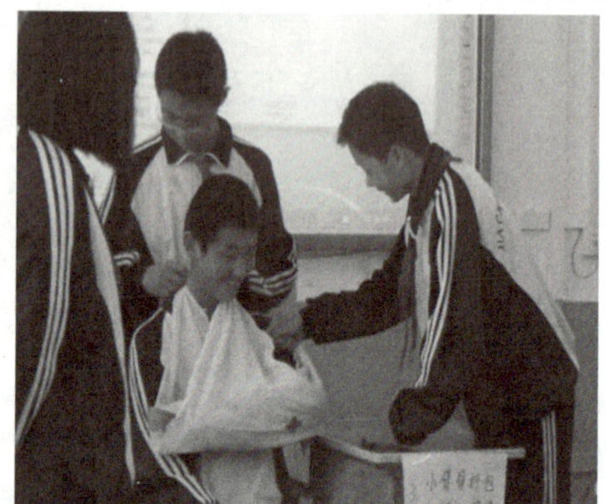
图 7　小臂包扎

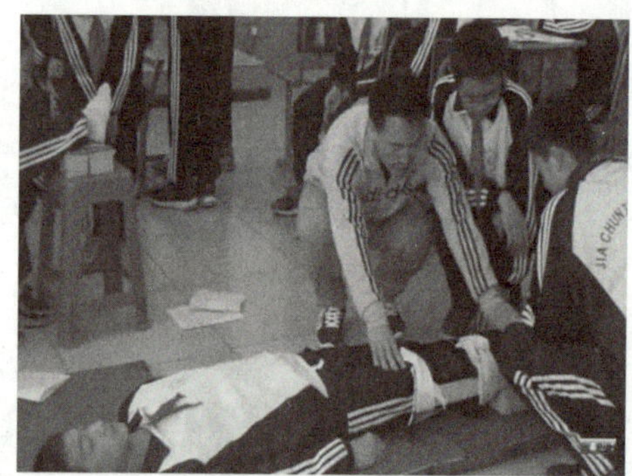
图 8　小腿包扎

图 9　踝关节包扎

短跑:途中跑

天津市宝坻区第十一中学　刘彦青

类别方向：信息技术与教学融合创新

天津市中小学"学科领航教师培养工程"学员实践案例

<table>
<tr><td>所属区</td><td>宝坻区</td><td>学员姓名</td><td>刘彦青</td><td>任教学段</td><td>初中</td><td>参训学科</td><td colspan="2">体育与健康</td></tr>
<tr><td>工作单位</td><td colspan="5">天津市宝坻区第十一中学</td><td>专业职称</td><td colspan="2">一级教师</td></tr>
<tr><td>课　题</td><td colspan="8">短跑:途中跑</td></tr>
<tr><td>教　材</td><td colspan="5">人都教版《体育与健康(七年级全一册)》</td><td>章　节</td><td colspan="2">第二章第一节</td></tr>
<tr><td>学　时</td><td colspan="5">1学时</td><td>年　级</td><td colspan="2">七年级</td></tr>
<tr><td colspan="9">一、教学目标
1.认知目标:通过本课的教与学,让学生了解短跑直道途中跑技术,初步建立短跑技术概念
2.技能目标:通过教学使学生明确途中跑技术动作要领,90%学生基本掌握途中跑技术;发展学生速度、灵敏等身体素质
3.情感目标:培养学生的团队合作意识以及吃苦耐劳、顽强拼搏的意志品质
二、学生学情分析
七年级学生正处于生长发育敏感期和学习较紧张阶段,好胜心强,爱好运动,基础性机能和知识还较扎实,有一定的自觉性和独立完成动作的能力,体育学习的积极性和主动性容易被激发出来。不足之处在于大多数学生随着现代物质生活水平的提高,依赖性强,缺少吃苦</td></tr>
</table>

续表

的精神。本次课教学是在学生已有技术的基础上,针对进一步发展途中跑进行了专项练习,激发学生学习途中跑的兴趣,大力发展学生的奔跑能力,养成良好的锻炼习惯

三、教学重难点分析及解决措施

(一)重点与难点

重点:摆臂有力自然放松,摆动腿的折叠前摆

难点:上下肢的协调配合

(二)解决措施

针对重点,在教学中采用以下方法:

1.原地摆臂练习,由慢节奏到快节奏逐渐过渡,为避免学生左右摆臂,要求学生在摆臂过程中不要超过身体的中线(以上衣的拉链为分界线)

2.在提高动作阶段,做不同力量的负重摆臂练习,让学生体会摆臂的感觉。原地高抬腿练习,由慢到快,体会动作感觉

3.各种高抬腿的辅助练习:高抬腿跑绳梯练习,高抬腿跳绳练习,拉力带对抗跑,大腿用力上抬,小腿折叠等练习

针对难点,在教学中采取以下措施:

1.通过认真观摩世界优秀运动员的标准示范动作、进行初步模仿学习同时牢记教师讲的要点的融合,反复练习体会

2.要充分发挥互教互学、合作学习、创新学习的积极思想。发挥学生主动学习的空间和时间,让学生去思考、探究。教师巡视点化加诱导

3.通过优生展示动作提高学生的自信心,给学生提供展示的机会

四、教学准备

1.准备好场地,器材

2.准备好音响,音乐

3.准备好各种突发情况的处理

五、教学设计

教学环节及时间	活动目标	教学内容	活动设计	媒体应用及分析
一、激发兴趣阶段(8分钟)	一、活动目标 (一)集中学生的注意力	(一)课堂常规 1. 教师提前到场,准备好场地和器材 2.体委整队,报告人数,师生问好	(一)组织 ************* ************* ************* ************* ☺	

续表

教学环节及时间	活动目标	教学内容	活动设计	媒体应用及分析
	（二）预热、调节、潜移默化的使学生全身心地投入到学习中	3.宣布本课教学内容，安排见习生 （二）准备活动（配乐） 1.热身跑 2.行进间踢腿 3.行进间徒手操 (1)扩胸运动 (2)振臂运动 (3)体侧运动 (4)体转运动 (5)腹背运动 (6)弓步压腿	（二）组织：一路纵队绕场行进 教师边喊口令边领做，学生跟随教师动作模仿 要求：口令清晰、动作规范	利用音响播放节奏性强的音乐，使枯燥的跑步热身和徒手操在音乐的伴奏下，动感有节奏，学生激情澎湃，动作有节奏
二、合作探究掌握技能阶段（20分钟）	二、活动目标 （一）使学生掌握短跑摆臂和抬腿动作	二、学习途中跑技术动作 （一）原地摆臂练习和高抬腿练习 1.大屏观看优秀运动员比赛视频 2.集体摆臂练习，动作由慢到快 3.两人一组合作练习，互相观察、纠错、探究 4.集体高抬腿练习，由慢到快 5.两人一组合作练习，一人双手固定高度，另一人用膝盖踢掌心练习	二、组织： * 1.教师领做并口令提示动作要点 2.学生在教师口令下进行集体练习 3. 两人一组互帮互助练习 4. 教师巡视指导，纠正错误动作 5.集体纠错、提高	利用大屏幕给学生展示优秀运动员的比赛视频，让孩子们建立正确的短跑途中跑动过概念，同时利用偶像效应，调动孩子们学习的积极性

续表

教学环节及时间	活动目标	教学内容	活动设计	媒体应用及分析
	（二）活动目标 1.学生学会并熟练掌握途中跑完整动作 2.通过练习找到自己的问题所在，并改正动作	（二）学习途中跑完整技术动作 1.分组练习 2.分组摄录，小组观察讨论，改进动作 3.优秀生示范	要求：①动作规范；②口令清晰 （二）组织： ＊＊＊＊＊＊＊＊ ＊＊＊＊＊＊＊＊ ＊＊＊＊＊＊＊＊ ＊＊＊＊＊＊＊＊ ↓ ↓ ↓ ↓ ↓ ↓ 1.观看大屏幕并聆听教师分析动作对比 2.分小组练习，小组长负责摄录动作 3.分组观看自己和他人的动作，并分析讨论 4.观看优生示范	1.利用大屏幕观看正确动作和错误动作的对比，更直观反映出存在的问题，并参照正确动作改正 2.组织学生利用平板电脑拍摄本组同学动作，锻炼他们的组织能力，动手操作能力及对动作的捕捉能力，学生观看自己的动作存在问题，可以及时改正，比老师同学的描述更直观
三、拓展运用阶段（12分钟）	三、活动目标 （一）对所学动作加强巩固，加快动作定型，同时形式新颖激发学生学习兴趣	三、拓展练习 （一）动作强化练习 1.原地负重摆臂练习（哑铃） 2.跳绳梯练习 3.高抬腿跳绳练习 4.环形拉力带对抗跑	三、组织： ①****** ②****** ④****** ③****** 分组练习，四组按顺时针顺序轮换	

续表

教学环节及时间	活动目标	教学内容	活动设计	媒体应用及分析
	(二)利用比赛的形式，既能巩固动作要领，进行途中跑完整练习，同时又能培养学生的团队意识、合作精神和集体荣誉感	说明：以上四个小组顺时针轮换轮换练习内容，每组2分钟左右，练习时强调注意安全 (二)比赛接力跑 第一列听到口哨声开始跑，到终点高抬腿跳绳五次，再返回，与第二列击掌接力跑，以此类推，四列全部完成最早的获胜。(比赛注意安全)	(二)组织： ****** ****** ****** ****** ←→ 绳 绳 绳 绳	
四、恢复身心阶段(5分钟)	四、活动目标 1. 消除学生的运动疲劳，恢复身体机能，促进身心健康 2.总结经验	四、恢复身心 1.集合整队 2.配乐拉伸放松操 3.教师对本次课小结 4.师生再见，归还器材	四、组织： * 教师领做示范并口令指挥	利用音响播放优美的轻音乐，使同学们在优美的音乐中身心得到放松，愉悦心情

续表

板书提纲	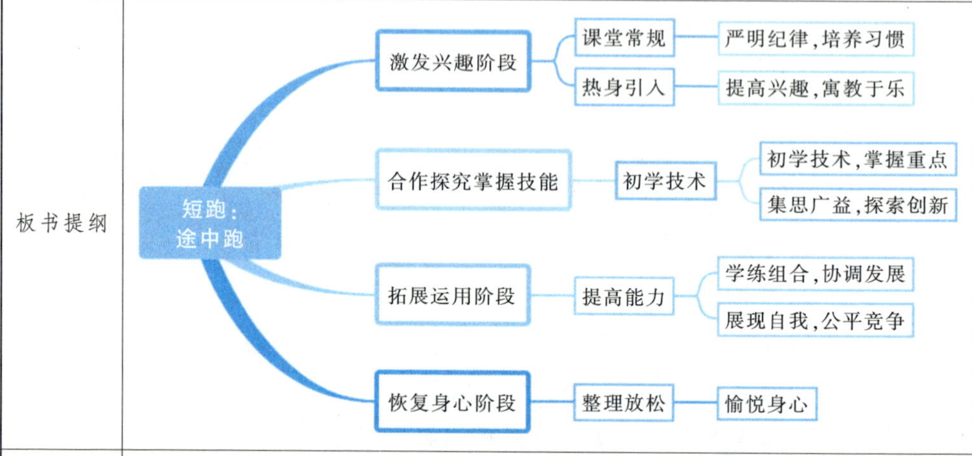
教学效果及反思	在课堂教学中，教师用语言、多媒体等手段把学生带入情境，培养和激发学生兴趣，让学生在宽松和谐的环境中体验与互助与评价，充分激发学生的主动意识和进取精神，倡导自主、合作、探究的学习方式，有效地提高教学质量，实现了教学目标。同时，我也发现了教学中的不足之处，如：在拓展提高阶段，小组轮换练习中，部分同学不认真对待，教师巡视过程中可能照顾不到，不能即时细致纠正每个人的错误动作。在今后的教学中，我会注意这些问题并及时提醒自己，尽量完善自己，完美课堂教学。

教学设计说明

（说明本课的教学设计思路、意图、理论支撑等）

本节课的教学内容是七年级《体育与健康》教材短跑的第一课时。途中跑是提高学生跑的能力的重要教材，本次课教学是在学生已有技术的基础上，针对进一步发展途中跑进行了专项练习，激发学生学习途中跑的兴趣，大力发展学生的奔跑能力，养成良好的锻炼习惯。短跑不仅是发展灵敏、速度、力量等体能的有效手段，而且是培养学生自信、果敢等良好心理品质的有效手段，是其他运动的基础。同时，它作为人类的基本活动能力之一，在日常生活中，特别是在进行一些积极性身体活动或躲避灾难等方面，都有着极为重要的意义。

激发兴趣阶段，分为两部分：第一部分为课堂常规教学，目的是为了集中学生的注意力，为上课做好准备。第二部分为热身活动，通过伴随音乐热身跑、行进间踢腿、行进间徒手操等多种形式，激发学生兴趣，利用音响播放节奏性强的音乐，使枯燥的跑步热身和徒手操在音乐的伴奏下，动感有节奏，学生激情澎湃。

合作探究掌握技能阶段，利用大屏幕给学生展示优秀运动员的比赛视频，让孩子们建立正确的短跑途中跑动过概念，同时利用偶像效应，调动孩子们学习的积极性。在原地摆臂和高

续表

抬腿练习中，采用小组合作、探究模式，让学生掌握动作、学会思考、主动尝试、大胆创新。在学习途中跑完整动作技术阶段，组织学生利用平板电脑拍摄本组同学动作，锻炼他们的组织能力，动手操作能力及对动作的捕捉能力，学生观看自己动作存在的问题，可以及时改正，比语言的描述更直观。最后通过观察，选出动作优异的同学进行示范表演，锻炼了孩子的自我展示能力，发挥了榜样的力量 拓展运用阶段，给学生设置了原地负重摆臂练习（哑铃）、跳绳梯练习、高抬腿跳绳练习、环形拉力带对抗跑小组轮换练习，让孩子们体会不同的运动形式，新鲜的练习方式激发了学生的学习兴趣，又对所学动作加强巩固，加快动作定型。最后组织了激烈的接力跑小组赛，利用学生好胜心强，调动学生的积极性。学生既体验了途中跑的完整动作又在比赛过程中培养了团队意识、合作精神和集体荣誉感 最后的恢复身心阶段，依然是利用优美的音乐，带领学生放松身心，消除疲劳，恢复身体机能，使学生既锻炼了身体，又愉悦了身心 整堂课将媒体和音乐贯穿课堂，使学生既锻炼了身体，又愉悦了身心，轻松地完成了教学目标

快速跑

天津市东丽中学　席江萍

类别方向：课程思政育人

天津市中小学"学科领航教师培养工程"学员实践案例

所属区	东丽区	学员姓名	席江萍	任教学段	初中	参训学科	体育与健康
工作单位	天津市东丽中学					专业职称	高级教师
课　题	快速跑						
教　材	人教版《体育与健康(七年级全一册)》					章　节	第二章
学　时	3学时					年　级	七年级

一、教学目标

1.通过学生对快速跑的理解，让学生了解影响快速跑的两个因素之间的区别并着重进行快速跑的步频练习，建立学生快速反应意识

2.发展学生快速奔跑能力以及上下肢的协调配合

3.培养学生积极参与、合作、探究、创新互帮互学及社会适应能力

二、学生学情分析

从本班整体情况来看，学生较活跃，班风积极健康向上，学生表现欲较强，思维活跃，可是学生身体能力参差不齐，对所学的快速跑项目有一定基础，所以在学生接受起来比较容易，也能够和老师互动

续表

三、教学重难点分析及解决措施

（一）重点与难点

重点：快速反应，动作连贯

难点：上下肢配合协调

（二）解决措施

利用快速击掌结合快速跑格的重复练习来解决学生快速跑中动作不连贯频率慢的问题

四、教学准备

准备40根自制海绵棒、篮球4个、绳子4根、电子大屏幕和音响

五、教学设计

教学环节及时间	活动目标	教学内容	活动设计	媒体应用及分析
导入 （2分钟）	通过课前导入激发学生学习快速跑兴趣	播放苏炳添世锦赛100米比赛视频	学生集中观看	大屏幕，感受速度之美、激发练习兴趣
开始部分 （2分钟）	能在教师发出数字后快速抱团	1.带领慢跑 2.随时发出数字口令	边慢边抱团	
准备部分 （9分钟）	在音乐的伴奏下，动作优美的完成整套韵律操 建立反应快速意识	音乐伴奏下带领学生集体练习口令指挥	跟随音乐集体练习 快速摸竿	音响，通过音乐节拍，让学生学会掌握动作与音乐的配合
主体部分 （28分钟）	动作协调连贯的完成每一组跑格 通过练习能够说出步频和步幅的差别	1.设置不同间距的4组跑格 2.教师巡视指导 3.学生正误对比 4.击掌辅助练习	1 2 3 4 1.选择适合选择适合自己的格间距练习 2.随时接受教师	

续表

教学环节及时间	活动目标	教学内容	活动设计	媒体应用及分析
		5.拉大格距 6.胸前报纸接力跑	指导 3.配合快速掌声跑格 4.加大格距练习 5.快速体验练习	
结束部分 (4分钟)	跟随音乐轻松自然的完成各种拉伸动作 总结本课 收拾器材	带领学生各种拉伸练习	跟随教师集体练习	音响,跟随音乐能够体会全身心放松
板书提纲	课前准备 ⇒ 准备器材、布置场地 ⇓ 热身与导入 ⇒ 导入视频 ⇒ 慢跑抱团 ⇒ 快速摸竿反应练习 ⇓ 实践与应用 ⇒ 教师示范讲解技术要点及重难点 ⇒ 学生自行结组练习跑格,并进行步频练习 ⇒ 拉大隔间距的步幅练习 ⇒ 胸前贴报纸的体验练习 ⇓ 放松评价 ⇒ 放松练习,总结本课情况			
教学效果及反思	本节课总体来说完成得比较成功,从课的设计到过程的实施、学生课堂反应与表现,很好地完成了整节课任务。环环相扣、节奏紧密,特别是课堂中体操棒的使用,突出了一材多用完全打消了学生练习中的不安全因素,作为初中阶段的孩子在运动能力上有很强的自我控制能力,给学生提供了一个很好的创造性思维运用,最后途中跑时借助报纸贴胸的形式也很好的让学生感受到成功的喜悦。同时,本次课也存在个别学生组织性不高、教师没有全面关注的缺点			

续表

教学设计说明 （说明本课的教学设计思路、意图、理论支撑等）
依据体育与健康课程标准的要求，树立“健康第一”的指导思想。本课通过学生对快速跑的理解，让学生了解影响快速跑的两个因素之间的区别并着重进行快速跑的步频练习，建立学生快速反应意识。发展学生快速奔跑能力以及上下肢的协调配合。培养学生积极参与、合作、探究、创新、互帮互学及社会适应能力 课前通过导入苏炳添与博尔特的比赛视频来激发学生对于快速跑练习的兴趣，然后让学生带着影响快速跑的两个因素的问题投入快速跑学习，采用设置符合学生能力水平的反复跑格练习和加大格间距的步幅练习，让学生找出步频和步幅的区别，为建立学生快速意识，从课的开始部分就设计了“喊数抱团”，充分激发孩子们快速“反应”的能力。准备部分的健美操节奏明快，一方面让学生的快速动作和健美操音乐达到完美统一配合；另一方面让体操棒使学生的动作更加用力，利用起跑式快速摸棒，辅助练习快速跑的快速起动。特别在设计步频练习时，教师利用快速击掌建立学生快速意识进行连续跑格并通过教师讲解、学生同质结组、教师巡视指导、互帮改进、学生展示、快速折返跑等教学方法，利用跑格的形式来掌握步频的连贯性，最后通过胸前报纸快速跑更加体会到快速跑的重要性 本次课利用自制海绵体操棒贯穿整节课始终。从准备活动的健身操、快速反应摸棒练习到快速跑步频中的跑格练习以及游戏“赶猪”充分发挥体操棒的作用。一方面让学生知道“一材可以多用”的道理，另一方面消除学生在跑格中的恐惧心理。引导让他们体验快速跑运动带给他们的身心改变以及超越自我的成功喜悦

跨栏跑

天津市北辰区华辰学校　周静

类别方向：课程思政育人

天津市中小学“学科领航教师培养工程”学员实践案例

<table>
<tr><td>所属区</td><td>北辰区</td><td>学员姓名</td><td>周静</td><td>任教学段</td><td>初中</td><td>参训学科</td><td>体育与健康</td></tr>
<tr><td>工作单位</td><td colspan="5">天津市北辰区华辰学校</td><td>专业职称</td><td>一级教师</td></tr>
<tr><td>课题</td><td colspan="7">跨栏跑:起跨攻栏技术</td></tr>
<tr><td>教材</td><td colspan="5">人教版《体育与健康(九年级全一册)》</td><td>章节</td><td>第二章</td></tr>
<tr><td>学时</td><td colspan="5">6学时</td><td>年级</td><td>九年级</td></tr>
<tr><td colspan="8">一、教学目标
1.改进提高摆动腿技术,学习起跨腿原地过栏技术
2.学习过栏时两腿的绞剪技术和上下肢配合技术,建立正确的跨栏步技术,并能够初步体会完整过栏技术。90%学生基本做出摆动腿抬伸,起跨腿蹬地的攻栏技术动作,30%左右学生能以较快速度连续跨越障碍
3.培养学生的坚强意志,养成相互交流的习惯,提高抗挫折能力
二、学生学情分析
九年级女生兴趣广泛、荣誉感强,却害羞、爱静。她们具备独立思考、判断、概括等能力,追求生动、活泼、有趣的体育课,希望学中有乐,乐中有学,缓解大脑疲劳,放松身心。本次授课</td></tr>
</table>

续表

学生身体素质一般，所以给教学带来一定的难度。她们在学习跨栏跑时心理上有一定的恐惧感，如怕栏(怕栏高、怕碰栏、怕摔跤)。因此，帮助学生克服对栏的恐惧心理是跨栏跑初期教学的重要任务

三、教学重难点分析及解决措施

(一)重点与难点

重点：摆动腿的抬伸压、起跨腿的蹬展拉

难点：摆动腿与起跨腿协调配合过栏

(二)解决措施

1.运用摆动腿高抬前伸搭上同伴端平的体操垫，起跨腿外展提拉过同伴端平体操垫的练习方法解决本课的重点：摆动腿抬伸压、起跨腿蹬展拉的问题

2.友伴结组连续跨过三个体操垫，直接辅导，体现出学生相互指导、相互讨论交流以及合作的学习氛围，通过正误跨栏动作的对比再次提示动作要点：摆动腿“抬伸压”、起跨腿“蹬展拉”

3.根据学生易犯错误和自身的能力有针对性的设置体操垫的摆放方式，学生根据自己的实际情况进行选择练习，通过自己的主动、探究、尝试学习、体验成功最终完成学习任务

四、教学准备

田径场、体操垫、跨栏架、音箱、展牌、电子大屏幕

五、教学设计

教学环节及时间	活动目标	教学内容	活动设计	媒体应用及分析
课前 (2分钟)	情景导入，启发引导学生的荣誉感	利用楼道内的视讯设备，观看刘翔奥运会夺冠的视频	观看刘翔奥运会夺冠视频：受到启发与引导，高水准的跨栏跑比赛，让观看的学生兴奋不已	电子大屏幕 给学生以直观、具体的感受
开始部分 (2分钟)	集中学生的注意力，建立良好的课堂常规	体委整队，教师宣布本节课的内容 队形：	学生畅谈观看视频后的感想，教师借此提出上课的要求	

续表

教学环节及时间	活动目标	教学内容	活动设计	媒体应用及分析
准备部分 (6分钟)	1.预热、调节、潜移默化的使学生全身心地投入到学习中，培养学生集体荣誉感 2.活动四肢，做好准备活动 3.培养学生观察模仿能力 4.培养组织纪律性	1.队列队形慢跑、跑跳步、屈膝外踢腿跑、障碍跑 2.游戏:上船 四路纵队 3.垫子操:师生一起在音乐伴奏下进行练习 队形:	1.在教师口令指挥下进行练习 2.集体以体操垫当作船，按照教师要求迅速站在垫子上 3.集体在音乐的伴奏下进行练习 要求: 1.步伐整齐,精神饱满 2.动作有力,协调	音箱 选取适合的音乐伴奏进行活动,既激发学习兴趣又增强了练习强度,提高课堂学习效果
主体部分 (32分钟)	1.发展身体的协调性、判定能力 2.培养学生观察模仿能力，启发学生积极思考 3.培养学生观察模仿能力 4.发展学生的力量、柔韧、速度素质	1.辅助性练习: ①压腿 ②跨栏坐 2.复习、讲解 3.个人练习 4.分组练习摆动腿栏侧过栏技术 两人一组	1.集体进行辅助性的练习 2.复习摆动腿技术，讲解示范起跨腿技术 3.个人复习摆动腿技术、模仿起跨腿技术、组合动作 4.两人一组由走到跑摆动腿栏侧过栏练习	展牌 从不同的角度为学生呈现了正面双手垫球的完整动作技术、分解动作技术，并且提示了动作的重点难点。在观看的过程中，学生自主模仿动作，建立正确的起跨攻栏的动作概念和直观感受

续表

教学环节及时间	活动目标	教学内容	活动设计	媒体应用及分析
	5.发展学生的力量、柔韧、速度素质	5.分组练习起跨腿栏侧过栏技术 两人一组	5.两人一组由走到跑起跨腿栏侧过栏练习	
	6.记住动作要点，激发主动参与的意识	6.分组练习连续跨过三个体操垫	6.分组连续跨过三个体操垫	
	7.培养学生勇于挑战自我的精神	7. 拓展提高，分层练习 选择性分组	7.根据自身情况选择适宜的体操垫、栏架练习	
	8.为学生提供展示的机会	8.展示、PK 赛 ①② ③ ④ ⑤⑥	8.学生自荐、展示、互评	
	9.发挥学生的想象力，创造力，培养团结协作的精神	9.游戏：和谐共进 要求： 1.遵守游戏规则 2.团结协作，注意安全	9.教师讲解游戏的方法，与学生一起练习 规则： 1.发令或击掌后各组同学才能开始做仰卧起坐 2.必须按规定的路线跑	

续表

教学环节及时间	活动目标	教学内容	活动设计	媒体应用及分析
结束部分 (5分钟)	1.达到身心放松 2.如何与学生进行合作、自主教学	1.放松整理 《甩葱歌》舞蹈 2.师生对本课进行总结 3.收回器械 4.宣布下课	1.学生在音乐伴奏下跳舞蹈 2.客观自我评价、评他人、评教师 3.值日生收拾器械 4.学生互道"再见"击掌	音箱 轻松欢快的音乐可以愉悦身心，放松身体
板书提纲	课前导入 → 观看刘翔夺冠视频 开始部分 → 上课仪式 准备部分 → 队列队形练习：慢跑：跑跳步、屈膝外踢腿跑、障碍跑(以体操垫为障碍物)；游戏：上船。方法：体操垫当作船，按照教师要求(每块体操垫上站的人数)迅速上垫，最后每块垫上站一位同学；垫子操：师生一起在音乐伴奏下进行练习(分为手持垫子、脚踏垫子、坐在垫子上三部分) 主体部分 → 辅助性练习：压腿、跨栏坐；学习跨栏跑——起跨攻栏技术：结合展牌带领学生复习摆动腿技术、学习起跨腿动作；由简到难，逐步提高动作技术，两人一组进行行进间由走到跑的摆动腿、起跨腿栏侧过栏练习。；友伴结组，连续跨过三个体操垫；根据学生易犯错误和自身的能力有针对性的设置体操垫的摆放方式，学生根据自己的实际情况进行选择练习；同学自荐进行PK，由分组的集体展示到优生的展示交流评价；游戏：和谐共进 结束部分 → 放松整理：舞蹈：甩葱舞；下课仪式 ①②③ ④⑤⑥			

续表

<table>
<tr><td>教学效果及反思</td><td>跨栏跑是田径运动中技术性很强，动作较为复杂的项目，在教学中也存在这一定的风险性，但是它对提高学生的速度、力量、灵敏、柔韧等素质有着良好的促进作用。通过精心设计，本课取得了理想的教学效果
本课运用了跨栏跑技术展牌、教师示范，使学生对技术动作有了更加直观的认识。通过创设情景，实施启发式教学，利用体育明星的影响力，激发学生的学习兴趣。课堂组织有序，教法学法得当，场地布置合理，用体操垫替代了栏架、皮筋替代栏板、缩短栏间距，这些方法都极大地提高了学生练习的积极性。跨栏步是跨栏跑技术教学的重点，在教学中应安排较多的发展柔韧性和髋关节灵活性的练习，以利于学生更好的掌握技术。在学生练习时，注意观察学生的足迹，根据学生的具体情况，帮助他们确定适宜的起跨距离。还应注意培养学生下肢动作与上肢、两臂动作的协调配合。根据不同学生掌握动作技术的情况，将学练内容进行区别对待，让学生在已有经验的基础上，分别选择不同体操垫摆放方法的练习。区别对待教学对所学动作技术进行了强化巩固，学生在形式多样的合作学练中掌握了起跨攻栏的动作知识点。学习主体性得到了较好的发挥，练习积极性较高，使每个学生在挑战自我的练习中，都能体会到学习和成功的乐趣，从而使绝大部分学生都能达成目标，以满足学生自我发展的需求。教学中多鼓励学生，增强他们的自信心。提示学生注意安全，做好自己保护
为了促进学生全面的发展，副教材安排了游戏，友伴结组参加游戏，充分调动学生学习的主动性和积极性，激励了学生团结协作的精神
除此之外，培养学生骨干、进行分组教学、都会具有很好的学习效果。初中体育新课程改革实施已经几年了，在实践领域中体育课堂确实呈现出了前所未有的活力，特别是体育的人文性受到了积极有效的关注。正视传统体育教学中的精髓，“以人为本”，让学生真正学得快乐，学得有用。让上好每一节体育课堂成为我们体育教师永远追求的目标；愿真实、高效的体育课堂与体育新课标同行；更愿我们身边那些朝气蓬勃、风华正茂、勤奋好学、聪明灵秀的学生，以他们的聪明与优秀给我们教师展示的舞台</td></tr>
<tr><td colspan="2">教学设计说明
（说明本课的教学设计思路、意图、理论支撑等）</td></tr>
<tr><td colspan="2">一、指导思想
随着体育课程改革的不断深化，实现有效而厚重的体育教学是课程改革的目标。因此，体育教学要遵循体育教学原则，遵守教育教学规律，以运动技能的学习为主线为载体，通过多样的学习与练习方法促使学生更好地掌握运动技能及学习方法，实现由“学会”向“会学”转变。</td></tr>
</table>

续表

同时,还应重视体育课程的基本性质,确保体育教学适宜的运动负荷,将运动技能的学习与体能的提高相结合。落实“健康第一”的思想,将提高学生的健康水平,增强学生体质作为体育教学设计的主要依据。不仅如此,还应体现体育的育人功能,在教学的各环节将培养学生的主动参与、敢于担当、勇于超越、乐于学习等品质与教学内容进行无痕的链接

二、教材分析

体育与健康课程标准的颁布,坚持“健康第一”的指导思想,淡化技能教学,内容贴近学生生活与需要,形式注重学生主动参与、主动探索与求新。因此,从以上的学情和新课程标准的要求出发,制定本节课教学内容:跨栏跑——起跨攻栏技术。九年级跨栏跑单元由6节课组成,每节课只一项教材,目的是防止蜻蜓点水,给学生自主练习留有充分的空间和时间。跨栏跑是初中教材中的重要组成部分,是田径运动中的径赛项目,由起跑至第一栏技术、过栏技术、栏间跑技术、全程跨栏跑技术构成。其中,过栏技术又称跨栏步技术,是跨栏跑技术教学的重点,它有起跨攻栏、腾空过栏、下栏着地组成,为了很好的掌握过栏技术,应先从学习摆动腿栏侧过栏技术、起跨腿栏侧过栏技术开始,这是基础。课堂教学中,让学生自己选择适合自身最佳的方法,在合作、分组、讨论、游戏、比赛中学习提高技术和能力。通过学练,发展学生的速度、力量、柔韧、灵敏等身体素质和动作的协调性与节奏感,培养学生勇敢果断、不畏困难的意志品质、竞争能力,为今后学习、生活服务。本课教材是九年级跨栏跑单元中的第二节课,主要学习学习起跨攻栏技术,并使学生初步掌握能够连续跨过2~3个低栏的技术。要求建立正确的跨栏跑概念,考虑九年级女生的身体素质的情况,本节课初学时用体操垫代替栏架

三、教学过程

(一)教法

教法遵循“综合发展,学生为主体,竞争进取”的观念,本课主要把握心理法、激发兴趣法、自学辅助法、启迪思维法和多项交流法等。通过教学,达到使学生乐学、会学、持续发展的学、敢于竞争、善于合作的目的

(二)学法

学法遵循“循序渐进、因材施教”的原则,本节课学生主要采用合作、探究、讨论、竞争等学法。使过去的被动学习完全被主动学习所代替,在学习过程中,逐步树立正确的合作观、竞争观,达到智力因素与非智力因素的和谐发展

(三)教学流程

课前:情景导入,启发引导,时间2分钟

学生利用楼道内的视讯设备,观看刘翔奥运会夺冠的视频,让学生在观看中受到启发与引导,视频中刘翔高水准的跨栏跑比赛,让观看的学生兴奋不已

开始部分:情境导入,激发学习兴趣,时间为2分钟

由体委整队报告人数开始,教师用激励性的语言激发学生的学习兴趣,调动学生的情绪状

续表

态，学生以饱满的激情投入到学习中，检查服装，宣布本节课的内容：学习跨栏跑——起跨攻栏技术

准备部分：预热、调节、潜移默化的使学生全身心地投入到学习中，时间为6分钟

1.队列队形练习——慢跑：跑跳步、屈膝外侧踢腿跑、障碍跑（以体操垫为障碍物）

2.游戏：上船。方法：以体操垫当作船，按照教师要求（每块体操垫上站的人数）迅速上垫，最后每块垫上站一位同学

3.垫子操：师生一起在音乐伴奏下进行练习（分为手持垫子、脚踏垫子、坐在垫子上三部分）

主体部分：充分调动学生学习的积极性，区别对待每一个学生，让每一个学生都在最适合自己的学习环境中求得最好的发展，时间为32分钟

1.教师通过语言引导学生单腿在前自创压腿方法、自喊口令练习进行跨栏坐的练习，激发学生的创编能力

2.采用先分解后完整的教学方法，教师结合展牌带领学生复习摆动腿技术、学习起跨腿动作，强调要点：摆动腿高抬前伸过栏后积极下压的同时，起跨腿快速蹬地外展折叠提拉过栏，上体和摆臂动作协调配合。学生根据展牌进行模仿练习，建立正确的起跨攻栏的动作概念和直观感。再进行组合动作的练习，加深对所学动作结构的认识，激发对所学习动作的兴趣和欲望

3.由简到难，逐步提高动作技术，两人一组进行行进间由走到跑的摆动腿、起跨腿栏侧过栏练习。运用摆动腿高抬前伸搭上同伴端平的体操垫，起跨腿外展提拉过同伴端平体操垫的练习方法解决本课的重点摆动腿抬伸压、起跨腿蹬展拉的问题

4.学生友伴结组连续跨过三个体操垫，直接辅导，体现出学生相互指导、相互讨论交流以及合作的学习氛围，通过正误跨栏动作的对比再次提示动作要点：摆动腿“抬伸压”、起跨腿“蹬展拉”

5.根据学生易犯错误和自身的能力有针对性的设置体操垫的摆放方式，学生根据自己的实际情况进行选择练习，通过自己的主动、探究、尝试学习、体验成功最终完成学习任务

6.同学自荐进行PK，由分组的集体展示到优生的展示交流评价，采用多种评价方式，激发学生勇于展示自我，积极主动参与体育活动的欲望。教师适时地点评、归纳，引导学生更加清晰地理解动作，促进运动技能的提升

7.为了促进学生全面的发展，副教材安排了游戏——和谐共进，将体能练习仰卧起坐、快速跑融入其中。方法：每组在起点站成两路纵队，每组1、2号同学听到口令后在体操垫上连续做五个仰卧起坐后以体操垫为纽带将两名同学“连接”起来迅速向前跑（运送体操垫的方法自定），钻过栏架后将体操垫整齐摆在终点线后两人拉手由左侧跑回击第3、4号个同学的手掌，第3、4号同学开始做仰卧起坐，以此类推（第3、4号同学在第1、2号同学出发后就坐在体操垫上做准备）。友伴结组参加游戏，充分调动学生学习的主动性和积极性，激励了学生团

续表

结协作的精神,同时将本节课的气氛和学习热情推向高潮

结束部分:消除学生的运动疲劳,恢复身体机能,促进身心健康,时间为 5 分钟

教师采用引导、启发的教学方式,在音乐《甩葱歌》的伴奏下学生自由结组,组成各种体操队形,在教师的带领下跳起放松舞蹈。当下课时,学生往往余兴未尽。这种教学手段方法,给学生留下了回味无穷的感觉。再次激发学生想上体育课的迫切愿望。最后以散点式站位集合,师生共同讲评,结束本节课

四、媒体使用

(一)依据学生的生理特点选取适合的音乐伴奏进行活动,既激发学习兴趣又增强了练习强度,提高课堂学习效果

(二)利用展牌观察理解动作细节及要求,更加直观有效,有利于教学的组织

五、练习密度

预计:35%+5%　　生理负荷预计:110~135 次/分

六、安全措施

(一)课前教师检查场地、器材,在练习过程中将场地中的障碍物放到安全的地方

(二)在练习过程中应适时提醒学生分散开练习,以免互相碰撞

七、本课特点

(一)课的环节较紧凑,每一个环节都能体现本节课的主题。注重过程性评价,在练习后,及时对学生的表现进行点评,通过激励性的评价鼓励学生认真学习

(二)本节课采用了分层次分组的教学方法,培养了学生的自我评价的能力。小组内,学生能主动观看展牌,并进行讨论,对于同学们做的不到位的地方,其他同学能积极给予意见,使学生都体会到学习与成功的乐趣

(三)教学过程中用体操垫代替跨栏架,用皮筋替代栏板,降低了学习难度,练习的过程中学生可以根据不同情况随时调整体操垫的高度、距离和摆放的方式,这样可以针对性的帮助学生掌握动作技术

图解

1.辅助性练习:吸腿跳、车轮跑

吸腿跳

车轮跑

2.跨栏坐

续表

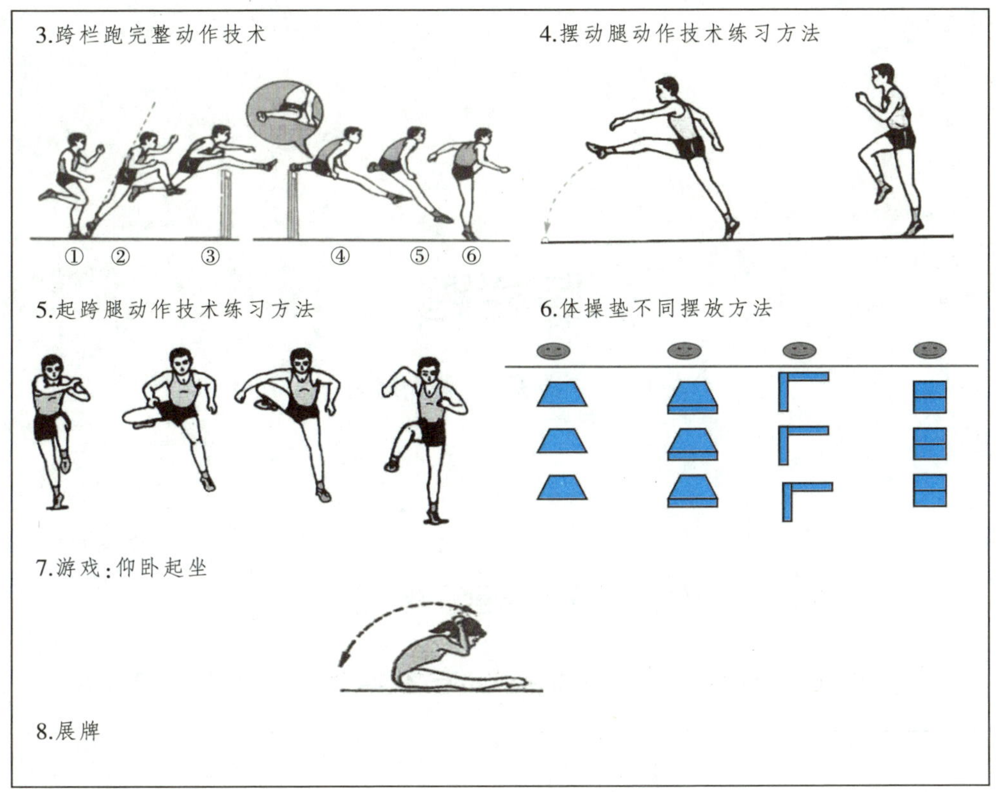

3.跨栏跑完整动作技术
① ② ③ ④ ⑤ ⑥
4.摆动腿动作技术练习方法
5.起跨腿动作技术练习方法
6.体操垫不同摆放方法
7.游戏：仰卧起坐
8.展牌

跨栏跑

天津市南开中学　刘日

类别方向：新时代教学模式改革实践

天津市中小学“学科领航教师培养工程”学员实践案例

所属区	南开区	学员姓名	刘日	任教学段	初中	参训学科	体育与健康
工作单位	天津市南开中学					专业职称	高级教师
课题	跨栏跑						
教材	人教版《体育与健康(九年级全一册)》					章节	第二章:田径
学时	2学时					年级	九年级

一、教学目标

学生了解跨栏步的完整技术动作,通过练习绝大部分学生能做出跨栏步的完整技术动作,并在慢跑中过3~5个栏,发展学生下肢力量和克服跨越障碍的能力,提高学生肢体协调配合的能力,在学练过程中,通过教学情景的创设和分层教学的实施培养学生主动学习和合作学习的意识与能力,同学之间愿意互助合作、克服困难、体验成功的乐趣,并在体育活动中表现出较高的热情

二、学生学情分析

初三学生经过初中两年的学习和锻炼,身体素质得到了全面的提高,具有了一定的速度、耐力、力量等素质,体能方面也得到了一定的地提升,心理方面也越加成熟,愿意挑战自我,

续表

超越自我,展现自我,但是在教学过程中还要充分考虑到学生的个体差异,因此在目标的制定上、教学法的选择上要采用区别对待的原则

三、教学重难点分析及解决措施

(一)重点与难点

教学重点为起跨腿蹬、展、拉、放的技术动作;教学难点为摆动腿和起跨腿的协调配合

(二)解决措施

教师通过挂图讲解并示范起跨腿技术和完整跨栏步技术使学生明确动作结构,从视觉感知动作并获取技术信息,建立初步的技术表象。接下来利用程序教学法由易到难组织学生进行练习(1)学生跟随教师口令和示范原地进行起跨腿的模仿练习。(8~10次)(2)学生集体进行"跨栏坐"练习,发展两腿的柔韧性。(3)学生跟随教师口令和示范原地进行跨栏步的模仿练习。(8~10次)(4)学生分成四组在小垫子侧面走和慢跑中进行起跨腿的练习。(3~5组)(5)学生在小垫子侧面走和慢跑中进行起跨腿的练习。(3~5组)(6)学生根据自己的能力选择同高不同距的小垫子和栏架自主进行跨栏步的完整技术练习,对技术掌握一般的学生采用辅助教学手段进行强化。在整体教学过程中,采用信息反馈教学法,通过教师巡视、观察学生练习情况,以及通过学生自评、小组评价,随时收集来自学生的反馈信息,适时调整练习内容和练习量,更有效地利用时间;运用预防和纠正错误动作的方法,加强学生的目的性学习,使学生形成正确的动作定型

四、教学准备

(1)备学生了解学生的心理、身体状况以及对教材的认知情况。(2)备教材、备场地器材,准备相关的视频、音频和图片资料。(3)根据教学的需要合理的安排和布置场地器械

五、教学设计

教学环节及时间	活动目标	教学内容	活动设计	媒体应用及分析
一、开始部分 (2分钟)	(1)加强学生的组织纪律性及安全教育 (2)了解本次课的上课内容和学习目标	(1)队长集合整队 (2)师生问好 (3)报告出勤情况 (4)宣布本课内容 (5)检查服装 (6)安排见习生	一、集合地点: 二、列横队 ●☆☆☆☆☆☆☆☆☆☆☆ ●☆☆☆☆☆☆☆☆☆☆☆ (1)教师组织学生进行常规教学 (2)教师向学生提出本次课的教学内容及教学要点	录音机

续表

教学环节及时间	活动目标	教学内容	活动设计	媒体应用及分析
二、准备部分 (10分钟)	(1)充分的活动关节和韧带，保证主体教学内容的顺利进行，并避免伤害事故的发生 (2)配合音乐进行有节奏的慢跑，培养学生栏间跑的节奏	1.队列练习 (1)原地三面转法 (2)两列横队变四列横队，四列横队变两列横队 2.绕障碍物慢跑和跨越障碍物练习 3.徒手操和韧带拉伸练习 ①头部运动 ②肩部运动 ③扩胸运动 ④振臂运动 ⑤腹背运动 ⑥体前躯拉伸练习 ⑦膝关节运动 ⑧侧弓步拉伸练习 ⑨前弓步拉伸练习 ⑩踢腿运动	二、组织形式 1.二列横队开始 ☆☆☆☆☆☆☆☆☆☆☆ ☆☆☆☆☆☆☆☆☆☆☆ 2.学生由两路纵队行进后在慢跑中自动变成四路纵队按规定区域行进 ▲□□□□□ ▲□□□□□ ▲□□□□□ ▲□□□□□ 3.学生站成四列横队体操队形进行练习	录音机
三、主体部分 (28分钟) 跨栏跑: 摆动腿: 蹬、伸、压 起跨腿: 蹬、展、拉	(1)通过练习绝大部分学生能做出跨栏步的完整技术动作，并在慢跑中过3~5个栏 (2)发展学生下肢力量和	(1)教师进一步讲解示范摆动腿的技术动作和易犯错误 (2)教师组织学生原地进行摆动腿练习 (3)教师组织学生行进间进行摆	三、组织形式:集中练习与分层次练习相结合进行练习 (1)学生跟随教师口令和示范原地进行摆动腿的模仿练习(8~10次) (2)两人一组彼此扶肩进行摆动腿	挂图

续表

教学环节及时间	活动目标	教学内容	活动设计	媒体应用及分析
	克服跨越障碍的能力，提高学生肢体协调配合的能力 在学练过程中，通过教学情景的创设和分层教学的实施培养学生主动学习和合作学习的意识与能力，同学之间愿意互助合作、克服困难、体验成功的乐趣，并在体育活动中表现出较高的热情	动腿练习 (4)教师结合挂图讲解示范起跨腿的技术动作和易犯错误 (5)教师组织学生原地进行起跨腿练习 (6)教师组织学生原地进行跨栏步的练习 (7)教师组织学生行进间进行起跨腿与完整跨栏步的练习 (8)在教学过程中教师对学生技术动作进行指导评价，适时对学生的动作进行反馈 (9)按不同层次目标分组进行练习，并组织学生相互评价与指导 (10)教师巡视指导学生练习，并加强较差学生的辅导，对较好学生提出更高要求	的模仿练习，练习时两人相互指导(12次) (3)学生分成四组在小垫子侧面走和慢跑中进行摆动腿的练习(3~5组) (4)学生跟随教师口令和示范原地进行起跨腿的模仿练习(8~10次) (5)学生集体进行“跨栏坐”练习，发展两腿的柔韧性 (6)学生跟随教师口令和示范原地进行跨栏步的模仿练习(8~10次) (7)学生分成四组在小垫子侧面走和慢跑中进行起跨腿的练习(3~5组) (8)学生在小垫子侧面走和慢跑中进行起跨腿的练习(3~5组) (9)学生根据自己的能力选择同距不同高的小垫子和栏架自主进行跨栏步的完整技术练习	

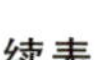

教学环节及时间	活动目标	教学内容	活动设计	媒体应用及分析
四、结束部分	(1)学生通过积极放松，使生理指标恢复到相对稳定状态 (2)学生课后通过观看上传的本节课视频，了解自己的不足，课后加强练习	(1)放松练习 (2)小结 (3)师生再见 (4)布置课后作业	(1)学生听音乐进行放松 (2)总结本课情况 (3)收放器械 (4)布置课后作业	录音机
板书提纲				
教学效果及反思	学生了解起跨攻栏技术包括摆动腿技术和起跨腿技术，通过练习学生基本掌握起跨腿蹬、展、拉、放的技术动作，进一步完善了摆动腿蹬、伸、压的技术动作，并能做到起跨腿快速落地并迅速蹬直髋、膝、踝三关节，摆动腿折叠后，小腿前摆上体前倾，异侧臂前伸，发展了学生速度、力量等素质，提高跨栏跑过程中控制身体平衡、调整速度以及判断等能力；培养学生积极进取、顽强拼搏的良好品质，提高学生主动学习、合作学习的能力 本次课主要采用程序教学法，由易到难逐步对学生的过栏技术进行教学，在整体教学过程中学生通过认真练习基本完成了本次课的教学目标，但由于学生的身体素质差异较大尤其是本次课是本单元的第二次课，学生对跨栏跑的认识不够，少部分学生还克服不了跨越障碍的心理，所以在教学过程中还是采用小垫子的练习内容较多，由于小垫子的高度不够，从而限制了学生对过栏技术细节的掌握，尤其是攻栏时异侧臂加速向前摆臂，上体前倾动作不充分，因此在以后的教学过程中，应逐步增加栏的数量并采用多种辅助手段着重加强学生对栏上技术的掌握 合理而有效的采用挂图、录音机和平板电脑等现代信息技术手段，融合到课堂教学之中，为学生提供多种多样的学习体验，提高学生的学习效果。在准备活动				

续表

<table>
<tr><td></td><td>中利用节奏变化的音乐帮助学生理解和体会栏间跑的节奏感；在学生练习过程中，利用平板电脑将学生的技术动作进行拍摄和展示，结合小组讨论和评价，帮助学生更好地掌握动作要领，从而达到适时反馈的目的；技能练习结束后，再播放舒缓、放松活动的音乐，带领学生进行放松活动。课后，教师进行点评，同时将本节课的录像资料和职业跨栏比赛的相关精彩视频资料剪辑上传至校园网学习平台，学生课后可以随时登录网站，观看练习视频，分析自己在本课学练过程中需要改进之处，并在课后进行有针对性的自我学练</td></tr>
<tr><td colspan="2">教学设计说明
（说明本课的教学设计思路、意图、理论支撑等）</td></tr>
<tr><td colspan="2">本次课贯彻新课程改革精神并遵循“健康第一”的指导思想，以目标教学理论为依据，努力体现育体育心、自然和谐、分层递进、寓教于乐的教育理念，促进学生在教师指导下进行主动的、富有个性的学习，从而使学生的学习产生实质性的变化，达到身心健康的目的。本次课在教学过程中充分体现学生的主体地位和教师的主导作用，并注重学生和教师的互动教学，以增强学生的健康意识，提高学生的积极性，培养学生的创新精神。本课力求流畅、灵活、紧凑，教学中做到面向全体同学，对技能水平和身体素质不同的学生提出不同的练习要求，学生根据自己的实际水平和能力自选练习内容，并提倡学生互帮互学，促成学生在合作的基础上积极主动的参与学习。教学中面对学习有困难的学生采用不同的教学方法，主张将相对评价与绝对评价结合起来，让学生多体验成功，力求不同层次的学生在原有的基础上有所提高</td></tr>
</table>

耐久跑

天津市武清区教师发展中心　徐建成

类别方向：课程思政育人

天津市中小学"学科领航教师培养工程"学员实践案例

<table>
<tr><td>所属区</td><td>武清区</td><td>学员姓名</td><td>徐建成</td><td>任教学段</td><td>初中</td><td>参训学科</td><td>体育与健康</td></tr>
<tr><td>工作单位</td><td colspan="5">天津市武清区教师发展中心</td><td>专业职称</td><td>高级教师</td></tr>
<tr><td>课 题</td><td colspan="7">耐久跑</td></tr>
<tr><td>教 材</td><td colspan="5">人教版《体育与健康(八年级全一册)》</td><td>章 节</td><td>第二章</td></tr>
<tr><td>学 时</td><td colspan="5">3 学时</td><td>年 级</td><td>八年级</td></tr>
<tr><td colspan="8">一、教学目标
知识目标:学生能知道途中跑时正确的呼吸方法及其对提高耐力跑能力的作用
能力目标:学生能用口鼻进行呼吸,并能在保持呼吸节奏的情况下自然跑进
情感目标:培养学生吃苦耐劳的优良品质,养成一丝不苟的学习态度和团结互助的精神
二、学生学情分析
本课教学对象为八年级的学生,他们正处于生长发育敏感期和学习较紧张阶段,加上体育中考的实行,学习积极性和主动性容易被激发出来。不足之处在于大多数的学生随着现代物质生活水平的提高,依赖性强,缺少吃苦耐劳的精神</td></tr>
</table>

续表

三、教学重难点分析及解决措施

(一)重点与难点

教学重点:体会呼吸方法和节奏

教学难点:途中跑时正确的呼吸方法

(二)解决措施

从情感教学入手,用趣味跑来发展学生的体能。在教材的处理上,以发展一般耐力为主,严格遵循循序渐进原则,创造宽松的练习心理环境,减少学生对“跑”概念上的刺激,体现教材内容的健身化,让学生在发展体能的同时感受到耐久跑的乐趣

四、教学准备

方形场地一块、隔离墩20个、路线图8张、音响一台

五、教学设计

教学环节及时间	活动目标	教学内容	活动设计	媒体应用及分析
准备环节 (9~11分钟)	本环节以教师的引领为主导,使学生迅速摆脱身体惰性及时进入活跃状态,为学习做好准备	一、课堂常规 1.体委整队 2.报告人数 3.师生问好 4.布置任务 5.检查服装 6.安全教育 7.安排见习生 二、热身运动 1.蹬摆练习 2.踢腿练习 3.侧踢练习 4.内合练习 5.外摆练习 6.后踢练习 7.摆臂练习	组织: ○○○○○ ××○○○○○ ×× ×× ××　　△ ×× 组织: ○○○○○ ××○○○○○ ×× ×× ××　　△ ××	

续表

教学环节及时间	活动目标	教学内容	活动设计	媒体应用及分析
		三、专项练习 1.轻松跑 2.前踢腿跑 3.后踢腿跑 4.原地高抬腿接加速跑 5.侧滑步跑	组织： 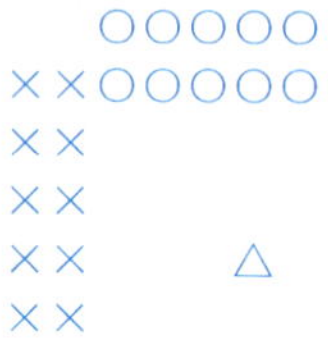 ○○○○○ ××○○○○○ ×× ×× ×× △ ××	
主体环节 (30~32分钟)	根据学生实践能力比较差、比较惧怕中长跑练习的心理特点，采用一些图形变化锻炼方法和手段，使学生融入到体育健康课的课堂教学中，通过学生的学习和体验，提高有氧耐久跑的能力，使学生在轻松快乐的学习中锻炼身体、增长知识；同时，也培养了学生动手动脑、积极思考、团结合作、不畏困难的精神	一、耐久跑练习 1.绕场地体验跑练习 2.变速跑练习 3.极限闯关跑	组织： 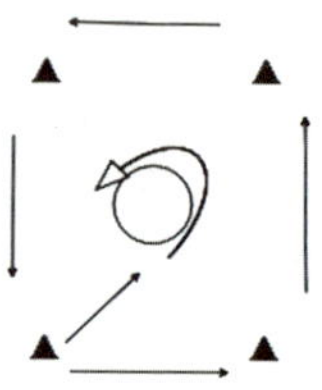 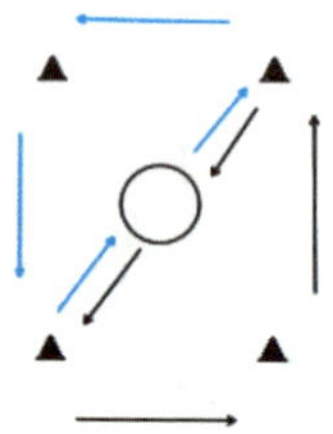 “法特莱克”练习法	在活动中，通过学生互相研究路线图，提高学生团结协作能力；结合不同运动节奏的音乐，提高学生兴奋性，逐步提高练习强度

续表

<table>
<tr><th>教学环节及时间</th><th>活动目标</th><th>教学内容</th><th>活动设计</th><th>媒体应用及分析</th></tr>
<tr><td rowspan="2">结束环节
(3~5 分钟)</td><td>采用多种方式进行练习，提高学习兴趣，全面发展学生身体素质</td><td>二、素质练习：
1.俯卧登山
2.仰桥抬腿
3.时间变换
4.仰卧蹬车</td><td>组织： 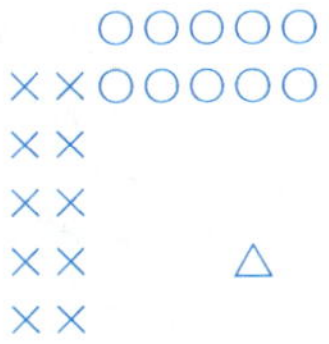
○○○○○
××○○○○○
××
××
××　　△
××</td><td rowspan="2"></td></tr>
<tr><td>在音乐声中随老师一起进行放松练习，使学生的情绪和心理逐渐转入平和状态</td><td>下课常规：
1.集体放松
2.课的小结
3.收还器材
4.宣布下课</td><td>组织： 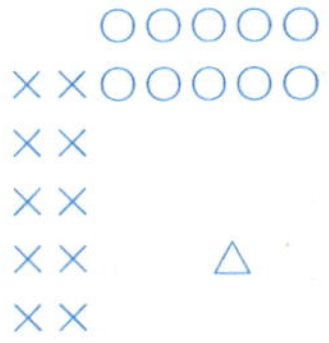
○○○○○
××○○○○○
××
××
××　　△
××</td></tr>
<tr><td>教学效果及反思</td><td colspan="4">通过不同的图形跑、变速跑、闯关跑练习，激发学生学练兴趣，使课堂气氛活跃，使 90%的学生能在运动中运用正确的呼吸方法与节奏，较好的完成本课教学目标</td></tr>
<tr><td colspan="5">教学设计说明
(说明本课的教学设计思路、意图、理论支撑等)</td></tr>
<tr><td colspan="5">本课的课题是耐久跑，根据当前中学生实践能力比较差、比较惧怕中长跑练习的心理特点，利用校园运动场固有资源，采用一些图形变化的锻炼方法和手段，使学生融入到体育健康课的课堂教学中，通过学生的学习和体验，提高耐久跑的能力，使学生在轻松快乐的学习中锻炼身体、增长知识；同时，也培养了学生团结合作、积极思考、不畏困难的精神品质，使学生能学有所用、学有所好，把耐久跑练习课转变成为一节轻松活泼的游戏课</td></tr>
</table>

运球

天津市北闸口中学　王金城

类别方向：新时代教学模式改革实践

天津市中小学“学科领航教师培养工程”学员实践案例

所属区	津南区	学员姓名	王金城	任教学段	初中	参训学科	体育与健康
工作单位	天津市北闸口中学					专业职称	一级教师
课　题	篮球：运球						
教　材	人教版《体育与健康(八年级全一册)》					章　节	第四章第一节
学　时	2学时					年　级	八年级

一、教学目标

1.熟悉球性，初步掌握篮球的直线运球和曲线运球技能。体验篮球运动的乐趣，激发学习欲望，培养自主锻炼和终身锻炼的意识

2.通过小组的协作学习，促进参与和合作，培养学生善于观察与思维，促进学生间的相互了解与沟通

3.在自主学习的环境中，激发学生对知识、技能的不断追求，促进机能的提高和体能的发展，增进身心的协调发展

二、学生学情分析

本课教学对象是第五十五中学八年级男生，共42人。大部分学生喜爱篮球运动，对篮球活

续表

动积极性很高，但对篮球活动的技术知识掌握不多，基本技术较差。本节课复习运球技术并通过比赛形式加以巩固，同时学习曲线运球技术并采用分层教学方法，以提高学生的学习兴趣

三、教学重难点分析及解决措施

（一）重点与难点

1.教学重点：熟悉球性、提高篮球运球技能

2.教学难点：变向运球动作要快，运球高度降低，蹬跨、转体探肩迅速

（二）解决措施

（1）观看图片讲解曲线运球动作要领（变向动作快，运球高度降低，蹬跨、转体探肩迅速.保护球。）；（2）教师示范曲线运球动作要领；（3）组织学生练习曲线运球；（4）分别辅导，鼓励练习；（5）组织大比武；（6）鼓励展现；（7）师生共同评价

四、教学准备

球场、篮球、实心球、录音机等

五、教学设计

教学环节及时间	活动目标	教学内容	活动设计	媒体应用及分析
开始部分（1 分钟）	课堂常规	1.体委整队，报告人数 2.师生问好 3.宣布课的内容：篮球基本技术①熟悉球性②运球 4.检查服装，安排见习生	× △	利用挂图进行讲解演示
准备部分（7 分钟）	为主教材的学习做好热身	一、集中注意力练习：反口令原地转法 二、队列变换：四列横队互换 三、游戏：喊数找朋友 四、行进间徒手操 1.扩胸运动 2.振臂运动 3.体转运动 4.体侧运动 5.腹背运动 6.弓箭步走	教师讲解示范，指挥学生练习 一路纵队绕场地跑进。 教法：教师口令指挥	

续表

教学环节及时间	活动目标	教学内容	活动设计	媒体应用及分析
主体部分（34分钟）	让学生熟悉球性，初步掌握篮球的直线运球和曲线运球技能。体验篮球运动的乐趣，激发学习欲望，培养自主锻炼和终身锻炼的意识	一、辅助性练习 1.脚尖走 2.脚外侧走 3.脚跟走 4.慢跑 5.侧身跑 6.交叉步跑 二、熟悉球性练习 1.手指拨球 2.身体绕球 3.跨下绕球 4.原地高运球 5.原地低运球 6.原地左右运球 7.原地前后运球 三、探究学习篮球运球技术 1.直线运球 以肩为轴，上臂发力，肘放松，五指分开手心空出，随球迎送，肢体协调配合 ○○○○ │ ---------→ ○○○○ │ ---------→ X X X X X │ ---------→ X X X X X │ ---------→ 2.曲线运球 变向动作快，运球高度降低，蹬跨、转体探肩迅速，保护球	一、组织：一路纵队沿篮球场四周进行练习 教法： 1.讲解示范 2.鼓励练习 3.适时参与 4.调节气氛 二、组织：如图： ○ ○ ○ ○ ○ ○ ○ ○ ○ ○ ○ ○ X X X X X X X X X X X X △ 1.观察模仿 2.自主学习 3.探究学习 4.积极参与 5.体验动作 6.相互帮助 7.促进掌握	

续表

教学环节及时间	活动目标	教学内容	活动设计	媒体应用及分析
		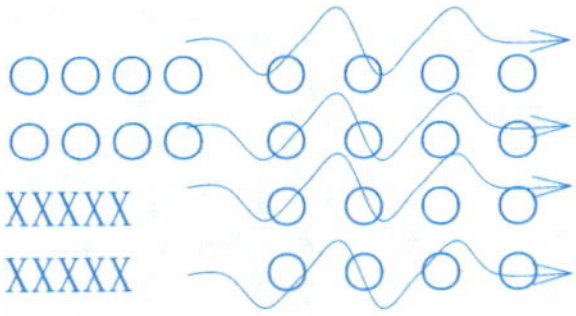 OOOO OOOO OOOO OOOO XXXXX OOOO XXXXX OOOO 3.全班集中小组推荐1~2名同学参加全班运球技术大比武 教法： 1.讲解示范 2.启发诱导 3.鼓励练习 4.分别辅导 5.组织大比武 6.提供机会 7.鼓励展现 8.评价有方 9.激励教学 10.安全提示	要求： 1.善于模仿 2.积极思考 3.积极练习 4.动作规范 5.注意安全	
结束部分(3分钟)		一、整理放松 二、小结本课、布置作业 三、回收器材 四、宣布下课	同以上练习队形 相互自由放松 表扬鼓励 激励上进	
板书提纲				

教学效果及反思	由于体育课大都是在室外进行,组织教学的目的就是要排除各种干扰,激发学生兴趣,从而完成教学任务。只有合理而周密地组织教学,才可能使学生从物质上、从心理上作好充分准备,从而保证体育教学过程的顺利进行。因此,组织教学是上好体育课的关键。在教学过程中,教师、学生、教材三者通过复杂的相互作用,使学生成为一个动态的统一过程。在这一过程中,教师采取一定的组织教学形式来完成一定的教学任务,从而实现老师的"教"和学生的"学"的目的。然而,教无定法,任何教学方法和组织形式都是根据一定的教学内容和教学对象而变化的,怎样抓好体育课的组织教学、更好地为教学服务呢 所以,根据初一学生的特点和需要我安排了以上的学习内容。只有用形式多样的教学方法才能激发学生的学习兴趣,如果你让学生在那里长时间集中练拍球,他也会觉得枯燥的,注意力也不会集中起来,影响教学的效果。所以我让学生为主体,自由发挥去练习,同时我也参与到他们的练习中去,让学生注意模仿我的一些技术动作和示范

教学设计说明

(说明本课的教学设计思路、意图、理论支撑等)

一、指导思想

以体育与健康课程标准提出的"健康第一"为指导思想,着重培养学生对篮球运动的兴趣,在兴趣中形成自主锻炼和终身锻炼的意识,激发学生的参与,促进同学间、师生间的相互了解与沟通,培养学生对篮球知识、技术的不断追求;对同学热情帮助;对集体善于关心的良好品质

二、教学目标

1.让学生熟悉球性,初步掌握篮球的直线运球和曲线运球技能,体验篮球运动的乐趣,激发学习欲望,培养自主锻炼和终身锻炼的意识

2.通过小组的协作学习,促进参与和合作,培养学生善于观察与思维,促进学生间的相互了解与沟通

3.在自主学习的环境中,激发学生对知识、技能的不断追求,促进机能的提高,体能的发展,增进身心的协调发展

三、教材与对象

1.教材:人教版《体育与健康(八年级全一册)》第四章第一节(篮球熟悉球性、运球技术)

2.对象:初二学生

四、重点与难点

1.教学重点:激发参与、促进协作、熟悉球性、提高篮球运球技能

续表

2.教学难点:变向运球动作要快,运球高度降低,蹬跨、转体探肩迅速

五、教法、手段与学法

1.教法:讲解示范、启发诱导、语言激发、表扬鼓励、纠正错误、分组练习等

2.学法:观摩思考、动手动脑、自主学习、小组协作学习、互纠互勉等

六、课的程序与构思

1.常规导入:在课的开始部分,运用集中注意力练习,使学生在最短的时间把注意力集中到教学中来

2.愉悦热身:(1)队列操练:①反口令原地转法②二四列横队互换。(2)在教师或体育委员的带领下,做慢跑和"喊号找朋友"游戏

3.小组协作学习与自主学习:分四小组,在教师的启发诱导和各小组长的带领下,自主确定本小组的复习内容(1)熟悉球性;(2)传球。通过小组协作学习和同学间的互学、互纠、互帮、互勉,达到共同探究和掌握篮球运动技术的目的,促进学生的参与与协作

4.为学生创建一个自主学习的空间,在教师的启发诱导下,学生以小组为单位,学习篮球的运球技术,逐步掌握篮球的直线运球、曲线运球技术,提高运球的实际运用能力,注意激发学生的学习积极性,培养自主学习和自我锻炼的能力

5.展现与评价:全班集中,小组推荐1~2位同学参加全班运球技术的大比武。通过评价活动,促进学生对篮球运动的兴趣,激发学生对篮球知识、技术的不断追求,由此达到相互学习、相互勉励的目的

6.恢复身心:在音乐的伴奏下,做愉快的放松练习,使学生的身心得到充分的放松

七、预计运动负荷

安静心率80次/分、最高心率150~170次/分、平均心率130~140次/分、练习密度约50%

八、场地器材

球场、篮球、实心球、录音机等

行进间运球

天津市扶轮中学　李斌

类别方向：教学模式改革实践

天津市中小学“学科领航教师培养工程”学员实践案例

所属区	河北区	学员姓名	李斌	任教学段	初中	参训学科	体育与健康
工作单位	天津市扶轮中学					专业职称	高级教师
课　题	篮球：行进间运球						
教　材	人教版《体育与健康(八年级全一册)》					章　节	第四章
学　时	2学时					年　级	八年级

一、教学目标

1.认知目标：通过本次课学习使学生初步体会行进间运球技术概念，明确学习的目的性

2.技能目标：通过教学，使85%左右学生初步完成行进间运球的技术。40%左右的学生能够提高控制球的能力。通过专项素质练习发展学生灵敏、速度、上下肢协调配合能力等身体素质

3.情感目标：通过教学，使学生体验篮球运动的乐趣。培养学生积极思考，合作学习及团结一致、密切配合的集体主义精神

二、学生学情分析

本次课的授课对象为八年级学生，学生的篮球基本技术差异较大，但学生组织纪律性和集

续表

<table>
<tr><td colspan="4">体荣誉感强，生长发育趋于稳定，心理上日趋成熟，有比较强的思维能力、创造能力，求知欲望非常强。通过本次课的教学练习，使学生初步完成行进间运球技术动作。让学生明确篮球行进间运球的作用，积极地参与到篮球运动中去。使学生在合作中获得成功的感受，体验篮球运动的乐趣
三、教学重难点分析及解决措施
（一）重点与难点
重点：运球的落点、用力方法、身体重心节奏变化
难点：控制球的能力和上下肢协调配合能力
（二）解决措施
教学重点解决措施：在教学中将把学生分成四组，每组人数相等，在指定的区域练习，通过游戏来提高学生运球的积极性，掌握节奏，体验手感，通过降低难度来吸引学生参与，消除部分学生对篮球的恐惧感。先复习原地篮球运球练习，巩固提高原地运球技术动作。稳定学生运球的时机、速度、落点，加强同伴间合作。狠抓重点，使学生在练习中逐步掌握行进间运球技术动作
教学难点解决措施：在教学中采用了从中练习发现问题，分析问题，再解决问题。共同提高则通过讲解示范、纠错、展示、不同线路、不同环境下的运球、比赛等办法来突破难点，充分激发学生学习热情，引导学生积极思考，合作学习。技术动作从易到难，让全体学生的技术动作都有所提高
四、教学准备
1.篮球场一块
2.篮球 32 个
3.高低标志堆若干</td></tr>
<tr><td colspan="4">五、教学设计</td></tr>
<tr><td>教学环节及时间</td><td>活动目标</td><td>教学内容</td><td>媒体应用及分析</td></tr>
<tr><td>一、开始环节
（2 分钟）</td><td>加强组织纪律，明确课的内容和目的
要求：快、静、齐</td><td>1.体育委员整队，检查人数
2.向老师报告
3.教师宣布课的内容和要求
4.安排见习生
要求：快、静、齐</td><td></td></tr>
</table>

续表

教学环节及时间	活动目标	教学内容	媒体应用及分析
二、准备环节 (7分钟)	集中注意力，振奋学生的精神。提高学生兴趣，活跃气氛 为以下的教学活动做好准备，预防和减少运动损伤 要求：认真做准备运动，动作伸展、到位，充分活动开各关节，预防受伤	1.简单拉伸 2.以小组为单位绕场慢跑两圈，并在结束时到小组指定位置拿球 3.定位球操 上肢运动、体转运动、腹背运动、膝关节绕环、正压腿、侧压腿，活动手指、手腕、脚踝 4.原地球性练习 手指拨球练习、身体各关节绕球练习、8字跨下绕球练习	
三、主体环节 (33分钟)	为行进间运球的学习打好基础，为更好的完成运球绕过障碍做好准备。让学生体会自主学习的乐趣，享受学习成果。培养学生遵守规则、尊重对手的竞争意识和团结协作的精神 要求： 1.注意力集中，动作连贯，顺利完成行进间运球，遵守规则，注意安全 2.学生根据游戏活动的要求，进行比赛提升自己的控球能力	1.复习原地运球 教师讲解示范动作 教师巡回指导纠错 学生按要求规则进行活动 2.教师组织学生进行第一次模拟比赛(运球拨球比赛) 3.学习行进间运球 教师示范行进间运球 教师讲解行进间运球的技术要点 教师巡回指导纠错 教师组织学生展示练习成果 学生仔细观听教师的示范讲解，尝试练习 学生在练习中相互学习、共同探讨 学生相互评价，选出优生进行展示 4.教师组织学生进行第二次模拟比赛(运球接力比赛)	

续表

教学环节及时间	活动目标	教学内容	媒体应用及分析
四、结束环节（3分钟）	使学生的生理、心理都得到放松 要求：呼吸自然放松，使身体状态逐渐恢复到安静状态	1.集合队伍 2.放松整理：调整呼吸，各类拉伸 3.总结本课学习 4.整理器材 5.宣布下课	
板书提纲	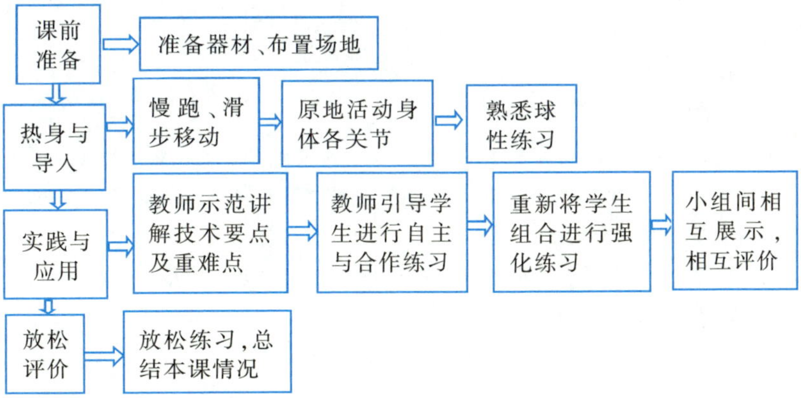 课前准备 ⇒ 准备器材、布置场地 ⇓ 热身与导入 ⇒ 慢跑、滑步移动 ⇒ 原地活动身体各关节 ⇒ 熟悉球性练习 ⇓ 实践与应用 ⇒ 教师示范讲解技术要点及重难点 ⇒ 教师引导学生进行自主与合作练习 ⇒ 重新将学生组合进行强化练习 ⇒ 小组间相互展示，相互评价 ⇓ 放松评价 ⇒ 放松练习，总结本课情况		
教学效果及反思	本课以体育与健康课程标准为依据，牢固树立“健康第一”的指导思想，注重培养学生核心素养的教学理念。遵循初中生身心发展规律，重视学生的情感体验，激发学生对体育运动的兴趣，注重学生的运动技能提高，增强学生身心健康为目的。在提高学生主动参与的基础上，充分发挥教师的主导作用，采用先练后教，让学生在练习中去发现掌握了运球的落点、用力的方法、身体重心的平稳、高低运球的节奏变化技术，才能较好的完成行进间运球技术。学生能积极主动尝试教师安排的练习方法，使全体学生都有所提高，从而达成本课教学目标，教学效果良好		
教学设计说明 （说明本课的教学设计思路、意图、理论支撑等）			

续表

一、指导思想

本课以体育与健康课程标准为依据，牢固树立“健康第一”的指导思想，注重培养学生核心素养的教学理念，遵循初中生身心发展规律，重视学生的情感体验，以激发学生对体育运动的兴趣，注重学生的运动技能提高，增强学生身心健康为目的。在提高学生主动参与的基础上，充分发挥教师的主导作用，采用先练后教，让学生在练习中去发现掌握了运球的落点、用力的方法、身体重心的平稳、高低运球的节奏变化技术，才能较好地完成行进间运球技术。学生能积极主动尝试教师安排的练习方法，全体学生都有所提高，从而达成本课教学目标

二、教学内容

1.篮球行进间运球

2.篮球接力游戏

三、教学目标

1.认知目标：通过本次课学习使学生明确行进间运球技术在篮球运动中的作用与地位

2.技能目标：通过教学，使85%左右学生初步完成行进间运球的技术。40%左右的学生能够提高控制球的能力。通过专项素质练习发展学生上下肢协调配合能力

3.情感目标：培养学生积极主动的学习态度、及同伴之间团结协作配合能力

四、教材分析

篮球运动是一项集体对抗运动项目，行进间运球是篮球比赛中最常用的基本技术，也是篮球教材中的基础教学内容之一。运球的好与坏直接影响进攻战术配合质量，也反映一个队的进攻战术水平，因此必须重视行进间运球的学习。本次课在教学中重点解决控制球能力中运球的落点在人的左侧、用力的方法、身体重心的平稳、高低运球的节奏变化等技术。让学生在学与练中掌握运球动作逐步提高进间运球的能力

五、学情分析

本次课的授课对象为初中二年级学生，学生的篮球基本技术差异较大，但学生组织纪律性和集体荣誉感强，生长发育趋于稳定，心理上日趋成熟，有比较强的思维能力、创造能力，求知欲望非常强。通过本次课的教学练习，使学生初步完成行进间运球技术动作。让学生明确篮球行进间运球的作用，积极地参与到篮球运动中去。使学生在合作中获得成功的感受，体验篮球运动的乐趣

六、教学重难点

重点：运球的落点、用力方法、身体重心节奏变化

难点：控制球的能力和上下肢协调配合能力

七、教学策略和手段

教学策略：1.教法学法上采用启发引导、自主合作、交流评价等方法，激发学生的求知欲，拓

续表

宽学生的思维空间，满足学生求知、求乐、求成功的欲望，达到愉悦身心、发展能力的目的。2.注重发挥学生体育骨干的作用，培养学生的主体意识、实践意识、合作意识和探究意识。3.充分发挥学生的主体性和团体合作性，促进学生之间的情感交流，培养学生自主学习的能力，使学生在宽松和谐的教学氛围中体验成功的喜悦。4.在运球绕过障碍物的接力游戏中，让学生能够在熟练的基础上游戏，提高学生的学习兴趣，提高教学效率

八、生理负荷预计

平均心率 120 次/分，最高心率 135 次/分，练习密度 35%左右

九、教学(流程)

1.导入与热身部分

采用 NBA 篮球比赛出场形式，相互鼓励击掌，体现师生之间相互协作的开始。抱球绕场分裂跑到边线和端线、球操与球性练习、激发学生学习热情。充分活动身体各关节，使身体达到最佳状态，为下一步学练运球技术做好准备

2.学习与体验部分

先复习原地篮球运球练习，巩固提高原地运球技术动作。稳定学生运球的时机、速度、落点，加强同伴间合作。在行进间运球教学中采用了先练习从中发现问题，分析问题，再解决问题，通过观看视频、讲解示范、纠错、展示共同提高。狠抓重点、突破难点，充分激发学生学习热情，引导学生积极思考，合作学习。技术动作从易到难，在练习中逐步掌握行进间运球技术动作，让全体学生都由所提高

3.愉悦身心部分

教师引导学生放松活动，示范引领，带领学生调整呼吸和身心。最后进行语言总结与评价，与学生交流心声，体验成功

行进间接低手上篮

天津市第一中学滨海学校　李健

类别方向：信息技术与教学融合创新

天津市中小学"学科领航教师培养工程"学员实践案例

<table>
<tr><td>所属区</td><td>滨海新区</td><td>学员姓名</td><td>李健</td><td>任教学段</td><td>初中</td><td>参训学科</td><td colspan="2">体育与健康</td></tr>
<tr><td>工作单位</td><td colspan="5">天津市滨海新区大港第五中学
(2020 调入天津市第一中学滨海学校)</td><td>专业职称</td><td colspan="2">高级教师</td></tr>
<tr><td>课 题</td><td colspan="8">篮球单元第二次课双手胸前传接球　反弹传接球
行进间接低手上篮</td></tr>
<tr><td>教 材</td><td colspan="6">人教版《体育与健康(八年级全一册)》</td><td>章 节</td><td>第四章</td></tr>
<tr><td>学 时</td><td colspan="6">2 学时</td><td>年 级</td><td>八年级</td></tr>
</table>

一、教学目标

学生能够熟练完成球性练习，增强球感，激发对篮球运动的兴趣，并能对球性练习方法有所创新。学生学习巩固原地双手胸前传接球，反弹传接球技术，发展篮球行进间接低手上篮动作。能主动多次练习，98%的同学达到中度掌握，发展反应速度及灵敏性。学生熟练掌握使用媒体教具，在合作与交流的学习中，积极参与讨论提出问题，在具有挑战性的运动情景中，

续表

体验战胜困难带来的喜悦。篮球拓展练习,提高学生传接球技术在实战中的应用能力

二、学生学情分析

分析把握学情是教师主导作用的关键,增强课的针对性是教学的起点。本课教学对象是八年级学生,处于青春期,朝气蓬勃,好胜心强,爱表现自己,但由于他们的神经系统兴奋占优势,并且容易扩散,注意力的集中时间并不长,同学间能团结互助,班集体初步形成,有一定的凝聚力和合作意识,平时好动,心理素质波动大,喜欢表扬与鼓励。但存在体质普遍较弱,球类运动技术薄弱现象,需要教师在教学中加强指导

三、教学重难点分析及解决措施

(一)重点与难点

根据目标统领确定以下教学重、难点

重点:双手胸前传接球,腰腹与臂腕、指协调用力。反弹传接球用力方向和击地点准确

难点:篮球行进间接低手上篮动作脚步连贯,出手柔和,命中率高

(二)解决措施

教法:1.直观式教学法:通过多媒体课件激发学生的学习兴趣,启发学生积极思考、建立正确的动作表象

2.精讲示范法:通过精炼适度的语言讲解,是学生获得重难点正确的动作概念,以优美的动作示范,有利于学生模仿正确的动作技术

3.纠正错误法:由于学生间的个体差异,完成练习的情况各有不同,利用教具摄录动作回放纠正,获得正确的动作,提高学生的学习信心

学法:1.采用范例学习,师生配合互动演示,这样能能够体现内容的直观性,学生领会意图快,容易接受

2.分组练习和自主学习相结合,通过多次反复的练习,达到熟练程度。相互观察、相互评价、相互纠正

学法指导:本课我认为要教会学生学习方法。本课的学法中让学生采用多媒体课件自主学习的学习方法,发挥学生的主体地位,活跃课堂气氛,通过学生自主去观看多媒体课件尝试、先练后学、互相对比、师生讨论、探究、观摩等方式培养学生的思考能力,观察能力和实践能力。面向全体学生,使不同层次的学生从运动中得到锻炼,获得快乐

四、教学准备

(以40人教学班为例)场地:2块篮球场;器械:篮球40个 、呼啦圈10个、录音机1台、电子大屏1块、平板电脑10台。合理运用场地器械,器械教师要提前到场准备,场地设计力求节省时间,增加学生练习密度。教师能照顾到每位学生,为学生营造安全、和谐的课堂氛围

续表

五、教学设计

教学环节及时间	活动目标	教学内容	活动设计	媒体应用及分析
一、开始环节：活跃情绪启发兴趣 （2~3 分钟） 二、准备环节：促进情绪身心准备 （7~8 分钟）	一、开始环节 侧重于体育课课堂常规，教师通过播放媒体课件及语言描述，让学生了解本课学习内容为双手胸前传接球、反弹传接球，篮球行进间接低手上篮技术动作。学生了解学习要达到的目标，情绪饱满做好上课准备 二、准备部分包括篮球球性操及创编动作。这样安排一是旨在引起学生的学习兴趣，把平时枯燥的跑步活动寓于新兴篮球操活动之中，激发学生的创造性思维，激发学生学习动机。二是使学生的生理机能活动能力从相对较低水平逐渐调动起来，为人体进入活动状态做好生理和心理上的准备，并预防和减少运动损伤的发生（挫伤知识）	一、课堂常规 二、集合整队 三、师生问好 四、本课目标要求 五、体委检查报告人数 六、倾听本课目标要求 要求：师生情绪饱满 快、静、齐 一、运球蛇形跑 二、持球操及篮球操拓展练习 1.持球扩胸 2.持球振臂 3.头上左右手拍球 4.环体绕球 5.持球俯背 6.跨下绕球 7.要求每组同学创新四种以上球性练习方法 组数：10 节以上各 4×8 拍	组织：按能力同质分组  一、体委检查报告人数 二、向教师问好 三、倾听本课目标要求 组织：队形各组自选 同学示范结合口令进行练习  教法：示范领做 引导创新 一、示范领做（音乐） 二、要求每组同学创新三种以上球性练习方法 三、观摩学生动作与辅导相结合 要求：动作协调、舒展、幅度大、充分热身活动身体各部位	一、开始环节 利用电子大屏导入教学内容，展示篮球双手胸前传接球、反弹传接球、篮球行进间接低手上篮技术动作。让学生建立正确直观表象 二、准备环节 利用音响播放节奏感较强音乐，配合学生球性操及创编球操练习，培养学生动作的敏捷性及美感。学生在球性操创编过程中也可以根据需求观摩电子大屏示范

续表

教学环节及时间	活动目标	教学内容	活动设计	媒体应用及分析
三、主体环节：保持情绪增技强体(28~32分钟)	三、主体部分教师运用直观教法以及课件展示，示范双手胸前传接球、反弹传接球、篮球行进间接低手上篮技术动作，结合直观表象，指导学生建立正确运动表象及完整技术概念. 在形式上采用分组练习，异质分组，学生在练习中相互观察、相互评价、相互纠正达到提高动作质量纠正错误的目的。教师入队指导，对掌握较慢的同学，采用程序教学法，按照运动技术的结构，拆分小目标运行教学，学生根据教师拆分的程序小目标自主学练，直至体会重难点，进一步改进技术动作完成教学目标 要求：气氛活跃，态度认真 各组能说一说篮球传接球基本动作要领	要求：观摩学生动作与辅导相结合 一、篮球原地双手胸前传接球，反弹传接球技术 提示学生：渗透手挫伤的预防及急救知识 二、篮球双手胸前传接球，反弹传接球技术动作口决： 双手胸前传球：持球、伸臂、翻腕 接球：伸臂、触球、后引 原地反弹传球：手指手腕用力，击球点在三分之二处 接球：上步、前伸、迎球、臂后引 三、篮球传、运拓展练习 篮球行进间接低手上篮比	组织：两传一抢 三传两抢队形 A * * * B ×----× × × × × × × × 教法：激趣导入，观察引导 一、教师与同学对抗原地“二对一”传接球，激发学生思维想象，练习传接球技术 二、采用多种传球方式激发学生学习兴趣。两传一抢、三传两抢 三、利用呼啦圈提高学生传球的准确程度 四、学生自练传接球动作时，教师不要急于纠正和总结，留足够的时间，让学生相互分析和总结 五、分组指导与个别辅导相结合，观察学生练习及时反馈 六、教师指导学生利用电子平板摄录完整技术动作回放纠错 七、强调安全措施 八、入队巡视指导、督促学生完组织：成圆	动作，相互评价与比较 三、学生在结合教师讲解示范学练过程中，随时可以根据需求反复观看大屏示范技术动作图解与动图，不断强化正确动作认知 四、学生在自主学练过程中，根据体育学科特点开展翻转课堂教学，人手一个小平板电脑，在分组练习过程中容易造成磕碰，也不利于合作学习资源共享。设计四人为一个小组，分组练习时对所学动作

续表

教学环节及时间	活动目标	教学内容	活动设计	媒体应用及分析
四、结束环节：稳定情绪恢复身心（3~5分钟）	四、结束部分3分钟~5分钟，学生在音乐声中数字操放松，身体由紧张练习慢慢恢复，师生共同评价本节课的感受	快：规定时间内指定传、运球方式，次数多的队获胜。为下节课学习拓展 一、数字放松操 二、收还器械 三、师生小结	形，站在圆周上 一、指导学生充分放松 二、小结答疑 三、布置作业	进行摄录，通过动作回放纠错改错，事半功倍 四、结束环节利用音响播放轻音乐，有助学生身心放松恢复
板书提纲	体育与健康知识挫伤的成因与预防： 1.认识不足，措施不当。对运动损伤预防的重要性认识不足，未能积极地采取有效的预防措施，易导致运动损伤的发生 2.准备运动不足：①不做准备活动就进行激烈的体育活动，易造成肌肉损伤、扭伤；②准备活动敷衍了事，在神经系统和各器官系统的功能尚未达到适宜水平；③准备活动的内容不得当；④过量的准备活动致使身体功能不是处于最佳状态而是有所下降 3.不良的心理状态：如缺乏经验、思想麻痹、情绪急躁，或在练习中因恐惧、害羞而产生犹豫不决和过分紧张等 4.体育基础差、身体素质弱或动作要领掌握不正确，一时不能适应体育活动的需要，或不自量力，容易发生损伤事故 5.不良的气候变化。如过高的气温和潮湿的天气，导致大量出汗失水；在冰雪寒冷的冬季易发生冻鉀或其它损伤事故 6、组织纪律混乱和违反活动规定也是造成伤害事故的原因 技术动作图 			

续表

<table>
<tr><td></td><td></td></tr>
<tr><td>教学效果及反思</td><td>本节课根据本课教学内容的特点，结合体育与健康的教学新理念，大胆运创新教学，充分利用多媒体教具帮助学生建立正确动作表象，体现信息技术与体育学科教学融合。一改以往先示范后讲解再练习的“传教式”教学模式，以学生自主合作学习为主线。首先采用多媒体教具大的电子屏，小的平板电脑采用直观教学法，让学生来丰富自己的知觉，以激发学生的学习兴趣，建立正确的技术动作表象，促使学生能积极主动地学习。采用精讲示范法，突出教材的重难点，以正确优美的示范动作感染学生，激发学生“练好动作”的欲望，为学生能更快、更好地掌握动作而打下基础。采用分组学习法，通过个人练习、集体练习、分组合作练习，使学生反复实践，加深对动作的理解，提高技术动作的熟练程度。还采用德育渗透法，结合课的内容，将思想教育渗透到整堂课，增强学生的合作精神。在课堂的特色上，构建“练中练，练中表现，练中指导，练中提高”。在学生的兴趣上，制定与篮球相关的准备操，激发学生的学习兴趣。在学生的生理上，设计易于接受的教学步骤和方法。提高灵敏、快捷、力量等身体素质，在学生的心理上，培养学生篮球这项运动，养成经常通过篮球运动锻炼身体的习惯。本课践行新课程标准提出的用教材达成目标，以目标统领教材的新理念。以实现学生全面发展为目标，促进学生身体、心理和社会适应能力整体健康水平的提高；以学生发展为中心，关注学生的个体差异，注重学生的个性发展；以自评、互评为手段，提高学生的认识和教育能力；以培养学生团结协作的团队精神为宗旨，提高学生的自主、合作、探究学习的能力；以教会学生锻炼的方法为核心，培养学生终身体育意识</td></tr>
<tr><td colspan="2">教学设计说明
（说明本课的教学设计思路、意图论支撑等）</td></tr>
<tr><td colspan="2">一、教学设计思路
课的设计思想是一节课的灵魂，本节课以“健康第一”为指导思想，依据新课程标准精神，在教学中要充分体现学生的主体性，发挥教师主导作用。充分发掘教材的内涵，培养学生主动参与、乐于合作的良好学习习惯，使其养成自觉锻炼的好习惯。让学生对知识、技能</td></tr>
</table>

续表

和理论进行专门和深入的学习，并使其逐渐掌握一至两项球类运动技术，为其终身体育打下基础，符合课标水平四目标要求。本次课是本单元第二次课，学生进一步学习双手胸前传接球、反弹传接球、行进间接低手上篮动作。教师创设开放性的课堂教学氛围，学生在学练过程中既掌握知识，又得到情感的陶冶，能力的培养。本课是力求靠近这些新的教学理念，所以大胆设计以多种练习贯穿于教学中，旨在“练中练，练中表现，练中指导，练中提高”

二、教学设计意图及理论支撑

本节课教材为义务教育课程标准实验教科书人教版《体育与健康(八年级全一册)》，学习篮球项目中双手胸前传接球、反弹传接球和行进间接低手上篮动作。本课教学内容篮球既能发展学生的上肢肩带及下肢肌肉的爆发力，又有良好的健身作用，是深受学生喜爱的一项运动。教材内容的确立的分析，篮球是同学们喜欢的体育项目。由于集体性强，具有强烈的对抗性和趣味性，能满足青少年身心发展的需要，对于培养青少年机智、灵活、勇敢顽强、合作精神，锻炼身体、锻炼意志都具有重要的价值和意义

篮球球性操及创编动作，旨在引起学生的学习兴趣，把平时枯燥的跑步活动寓于新兴篮球操活动之中，激发学生的创造性思维，激发学生学习动机，使学生的生理机能活动能力从相对较低水平逐渐调动起来，为人体进入活动状态做好生理和心理上的准备，并预防和减少运动损伤的发生。并且在此教学过程中讲解渗透挫伤知识点。传接球是篮球技术中基本动作之一，也是初学者较易掌握，较为实用的技术，对于其他技术的掌握也有衔接作用，掌握了传接技术为篮球的进攻技术奠定了基础。行进间接低手上篮动作结合直观表象，指导学生建立正确运动表象及完整技术概念.在形式上采用分组练习、异质分组，学生在练习中相互观察、相互评价、相互纠正达到提高动作质量纠正错误的目的。教师入队指导，对掌握较慢的同学，采用程序教学法，按照运动技术的结构，拆分小目标运行教学，学生根据教师拆分的程序小目标自主学练，直至体会重难点，进一步改进技术动作完成教学目标

体育课程关注的核心是学生身心发展的需求和情感体验，把学生看作主体，突出学生的主体地位，培养学生自主学习，合作探究的良好习惯，需要教师在深刻理解课标的基础上，以主导的教法进行课堂教学，努力营造和谐、安全、快乐的课堂氛围，激发学生兴趣，让学生主动参与学习，达到育心、强体、增技的目的。另外注意前后内容的连接与层次性，力争达到教学课程最优化

排球——学习正面双手垫球的动作技术

天津市北辰区华辰学校　周静

类别方向：信息技术与教学融合创新

天津市中小学"学科领航教师培养工程"学员实践案例

所属区	北辰区	学员姓名	周静	任教学段	初中	参训学科	体育与健康
工作单位	天津市北辰区华辰学校					专业职称	一级教师
课　题	排球——学习正面双手垫球的动作技术						
教　材	人教版《体育与健康(七年级全一册)》				章　节	第五章	
学　时	7学时				年　级	七年级	

一、教学目标

1.学习了解正面双手垫球的动作方法，使70%以上的学生正确掌握动作要点

2.发展学生的力量、灵敏、协调等身体素质，激发学生在活动中的创新意识，提高控球能力

3.在自由结组练习中体验成功的喜悦和欢乐，增强自尊、自信，学会合作、竞争，提高人际交往能力

二、学生学情分析

七年级女生兴趣广泛，荣誉感强，却害羞，爱静。她们已具备独立思考、判断、概括等能力，在身体锻炼中具备了较高的基本运动能力。她们追求生动、活泼、有趣的体育课，希望学中有乐，乐中有学，缓解大脑疲劳，放松身心

续表

三、教学重难点分析及解决措施 (一)重点与难点 重点:垫球动作 难点:击球点和击球部位 (二)解决措施 1.学生通过观看动作慢放、定格再次细化动作,帮助学生掌握动作的重点 2.教师利用平板电脑进行学生练习时动作图像的捕捉,通过无线局域网利用飞鸽传书的软件将图像,传到学生的平板电脑上。学生通过观看捕捉的图像,找出练习时的错误点,再次强化了本节课的难点:击球点和击球部位 3.学生通过观看练习时的动作照片找出错误点,利用彩色绷带进行练习 四、教学准备 排球场、排球、插卡音箱、呼啦圈、平板电脑、彩色绷带				
五、教学设计				
教学环节及时间	活动目标	教学内容	活动设计	媒体应用及分析
课前:2分钟	情景导入,启发引导	利用楼道内的视讯设备,观看中国女排奥运夺冠的视频	观看女排夺冠视频:受到启发与引导,高水准的排球比赛,让观看的学生兴奋不已	电子大屏幕 给学生以直观、具体的表象
开始部分:2分钟	激发学习兴趣	体委整队,教师宣布本节课的内容 队形:	学生畅谈观看视频后的感想,教师借此提出上课的要求	
准备部分:6分钟	1.预热、调节、潜移默化的使学生全身心地投入到学习中,培养学生集体荣誉感	1.队列队形练习——慢跑:裂队跑、并队跑 一路纵队	1.在教师口令指挥下进行练习	音箱 选择欢快、节奏感强的音乐,并按音乐节拍做各种身体练习,使学生在音乐声

续表

教学环节及时间	活动目标	教学内容	活动设计	媒体应用及分析
课前：2 分钟	2.活动四肢，做好准备活动 3.培养学生观察模仿能力 4.培养组织纪律性	2.游戏：拿球站队"比谁快" 3.球操：师生一起在音乐伴奏下进行练习。 队形：	2.集体按要求拿球站队 3.集体在音乐的伴奏下进行练习 要求： (1)步伐整齐，精神饱满 (2)动作有力，协调	中振奋精神，提高兴奋性，充分活动身体各部位
主体部分：32 分钟	1.发展身体的协调性、判定能力 2.培养学生自学能力 3.培养学生观察、思维能力 4.充分调动学生学习的积极性，区别对待每一个学生，让每一个学生都在最适合自己的学习环境中求得最好的发展，培养团结协作精神	1.辅助性练习： ①腹前站立直臂接球 ②腹前屈膝直臂接球 ③互相抛接球 2.集体自学正面双手垫球动作 3.提示正面双手垫球动作的要点模仿练习 4.垫球升级练习	1.集体进行辅助性的练习 2.利用平板电脑自学垫球动作 3.认真听看，在教师引导下集体模仿动作 4.带着问题分组进行升级垫球练习：垫固定球➡自抛自垫队友接➡一抛一垫 （根据个人能力选择垫球的级别）	平板电脑 从不同的角度为学生呈现了正面双手垫球的完整动作技术、分解动作技术，并且提示了动作的重点难点。在观看的过程中，学生自主模仿动作，体现出信息技术与教学融合的优势

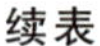
续表

教学环节及时间	活动目标	教学内容	活动设计	媒体应用及分析
	5.培养学生的观察能力	5.借助平板电脑，纠正错误动作	5.分组观看平板电脑定格、慢放学生练习时错误的动作，纠正错误动作	平板电脑 1.学生通过观看动作慢放、定格再次细化动作，帮助学生掌握动作的重点。 2.教师利用平板电脑进行学生练习时动作图像的捕捉，通过无线局域网利用飞鸽传书的软件将图像，传到学生的平板电脑上。学生通过观看捕捉的图像，找出练习时的错误点，再次强化了本节课的难点：击球点和击球部位
	6.培养学生拼搏的精神	6.利用彩色绷带练习垫球动作	6.学生分组利用彩色绷带进行垫球练习	
	7.激发学生勇于展示自我，积极主动参与体育活动的欲望，促进运动技能的提升	7.自我评价，展示动作	7.优生展示，采用多种评价方式，教师适时地点评归纳，引导学生更加清晰理解动作	
	8.发挥学生的想象力、创造力，培养团结协作的精神	8.游戏：双人运球 规则： (1)发令或击掌后才能越过起跑线。 (2)必须按规定的路线跑 图解：	8.学生友伴结组进行游戏 要求： (1)遵守游戏规则 (2)团结协作，注意安全	
	9.增强了集体的凝聚力	9.体能练习：蹲起 队形：	9.学生以小组为单位，通过纵队、圆形队集体进行蹲起练习	

续表

教学环节及时间	活动目标	教学内容	活动设计	媒体应用及分析
结束部分:5 分钟	1.消除学生的运动疲劳，恢复身体机能，促进身心健康 2.如何与同学进行合作、自主教学	1.放松整理舞蹈:甩葱舞 2.师生对本课进行总结 3.收回器械 4.宣布下课 图解:	1.学生在音乐伴奏下跳起舞蹈 2.客观自我评价、评他人、评教师 3.值日生收拾器械 4.学生互道“再见”击掌 要求: (1)动作轻松、自然 (2)身心愉悦 (3)集合快、静、齐	音箱 轻松欢快的音乐可以愉悦身心,放松身体

续表

<table>
<tr><td>板书提纲</td><td>
课前导入 → 观看女排夺冠视频
开始部分 → 上课仪式
准备部分 → 队列队形练习：慢跑（裂队、并队）；游戏：拿球站队比谁快；球操
主体部分 → 辅助性练习
主体部分 → 学习正面双手垫球的动作技术 → 利用平板电脑自学垫球动作；提示要点、模仿垫球动作练习；垫球升级练习（垫固定球 → 自抛自垫队友接 → 一抛一垫）；观看平板电脑定格、慢放动作，纠正错误动作；利用彩色绷带练习垫球动作；自我评价，展示动作
主体部分 → 游戏：双人运球 体能：蹲起练习
结束部分 → 放松整理：舞蹈：甩葱歌；下课仪式
</td></tr>
</table>

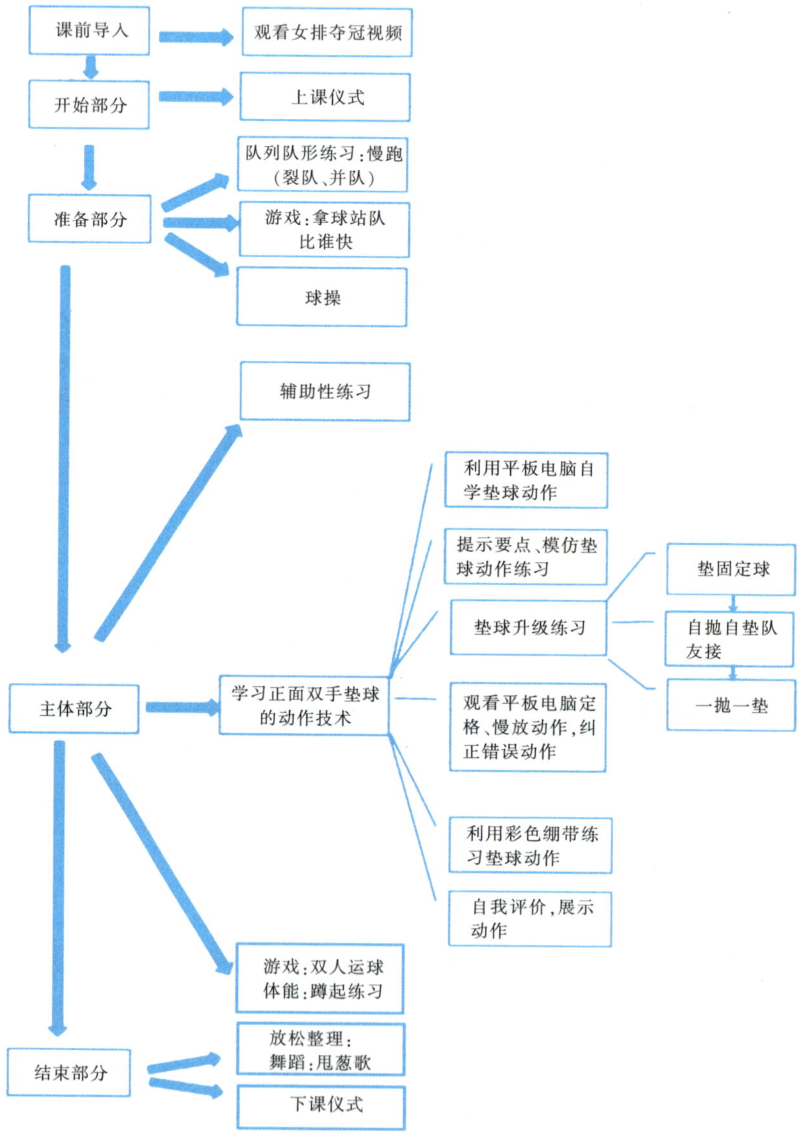

续表

教学效果及反思	一、教学中提供了较为充分的感知、体验活动条件,通过尝试、观察、比较、分析、交流等活动,使学生的运动技能、身体素质、团队合作能力得到了较为充分的发展 二、围绕教学重难点遵循循序渐进的教学原则,遵循"综合发展,学生为主体,竞争进取"的观念,合理采用握心理法、激发兴趣法、自学辅助法、启迪思维法和多项交流法等教法,达到使学生乐学、会学、持续发展的学、敢于竞争、善于合作的目的。学法遵循"循序渐进、因材施教"的原则,本节课学生主要采用分组、讨论、竞争等学法。使过去的被动学习完全被主动学习所代替,在学习过程中,逐步树立正确的合作观、竞争观,达到智力因素与非智力因素的和谐发展 三、抓住教学中思想品德教育渗透点,学生学习活动安全提示点,把思想品德教育和安全教育有机地渗透到教学之中,充分体现了体育教学健体育心的作用 四、在教学中感到存在一定的不足之处,如在教学管理上应进一步细化,在面向全体学生的同时进一步关注学生的个体,教学效果会更好

教学设计说明

(说明本课的教学设计思路、意图、理论支撑等)

一、指导思想

随着教育改革的不断深入和素质教育的推进,学校体育要全面贯彻教育方针,牢固树立"健康第一"的指导思想和"终身体育"的教育观念。以学生发展为本,坚持面向全体学生。为学生的全面发展创造相应的条件。通过体育教学,使学生身心得到全面发展,重视学生自主健体能力的培养,使学生养成自我发展、自我锻炼、自我创造的能力及终身体育的意识和习惯。充分突出以学生为本,既重视面向全体又重视学生个性能力的培养。引导学生主动学习,充分调动学生的积极性。在教学中培养学生自主参与锻炼的意识和能力

二、教材分析

七年级排球单元由7节课组成,每节课只一项教材,目的是防止蜻蜓点水,给学生自主练习留有充分的空间和时间。本课教材是单元中的第二节课——学习了解正面双手垫球的动作技术。排球是七年级教材中的重要组成部分,由于排球技术结构比较复杂、动作技术难度大,有一定的运动量,因此对肌肉、韧带、骨骼、循环、呼吸、神经等系统均有较高的要求,锻炼价值较高,能有效增强上肢力量,促进人体全面发育,使青少年刚强而灵巧。课堂教学中,让学生自己选择适合自身最佳的方法,在合作、分组、讨论、游戏、比赛中学习提高技术和能力。通过学练,发展学生的弹跳能力、灵活性和快速反应能力,培养合作、竞争等能力,为今后学习、生活服务

续表

三、教学过程

(一)教法

教法遵循“综合发展,学生为主体,竞争进取”的观念,本课主要把握心理法、激发兴趣法、自学辅助法、启迪思维法和多项交流法等。通过教学,达到使学生乐学、会学、持续发展的学、敢于竞争、善于合作的目的

(二)学法

学法遵循“循序渐进、熟能生巧”的原则,本节课学生主要采用合作、探究、讨论、竞争等学法。使过去的被动学习完全被主动学习所代替,在学习过程中,逐步树立正确的合作观、竞争观,达到智力因素与非智力因素的和谐发展

(三)教学流程

课前:情景导入,启发引导,时间2分钟

学生利用楼道内的视讯设备,观看中国女排奥运夺冠的视频,让学生在观看中受到启发与引导,视频中女排队员淋漓尽致的表现,加上无可挑剔的默契,打出了行云流水般的、高水准的排球,让观看的学生兴奋不已

开始部分:激发学习兴趣,时间为2分钟

由体委整队报告人数开始,教师宣布本节课的内容:学习了解正面双手垫球的动作技术。语言导入,学生畅谈观看视频后的感想,深深地被女排队员永不言弃的拼搏精神和团结一心的奋进所感动,教师借此提出上课的要求:团结一心,勇于拼搏

准备部分:预热、调节、潜移默化的使学生全身心地投入到学习中,时间为6分钟

1.队列队形练习——慢跑:裂、并队跑

2.游戏:拿球站队“比谁快”

3.球操:师生一起在音乐伴奏下进行练习

主体部分:充分调动学生学习的积极性,区别对待每一个学生,让每一个学生都在最适合自己的学习环境中求得最好的发展,时间为32分钟

1.教师启发引导学生,与学生一起进行辅助性的各种练习:腹前站立直臂接球、腹前屈膝直臂接球、互相抛接球练习

2.分组借助平板电脑,让学生在主动探究与合作中学习正面双手垫球的动作,平板电脑中的视频从不同的角度为学生呈现了正面双手垫球的完整动作技术、分解动作技术,并且提示了动作的重点难点。在观看的过程中,学生自主模仿动作,体现出信息技术与学科整合的优势,使学生从接受式的学习转变为自主性学习、探究性学习、研究性学习和协作性学习。教师巡视指导,提示动作要点

3.教师再次提示动作重点,带领学生进行模仿动作练习

续表

4.学生自由结组进行垫球升级练习:垫固定球 ➡ 自抛自垫队友接 ➡ 一抛一垫,教师巡视指导(学生根据个人能力选择练习的级别),体现出了循序渐进,区别对待的原则 5.教师纠正错误动作,学生通过平板电脑观看定格、慢放动作,再次提示正确动作 6.教室利用平板电脑进行学生练习时动作图像的捕捉,通过无线局域网利用飞鸽传书的软件将图像,传到学生的平板电脑上。学生通过观看捕捉的图像,找出练习时的错误点,再次强化了本节课的难点:击球点和击球部位。为了帮助学生纠正错误动作,攻克本节课的难点,利用彩色绷带进行练习.将彩色绷带固定在垫球时手臂的位置上,从感官上进一步强化了击球位置 7.优生展示,采用多种评价方式,激发学生勇于展示自我,积极主动参与体育活动的欲望。教师适时地点评、归纳,引导学生更加清晰地理解动作,促进运动技能的提升 8.学生友伴结组参加双人运球游戏的环节,既巧妙的将排球回到指定位置,又充分调动学生学习的主动性和积极性,激励了学生勇于拼搏的精神,同时将本节课的气氛和学习热情推向高潮 9.为了促进学生全面的发展,培养学生团结协作的能力副教材安排了体能练习:蹲起。学生以小组为单位,通过纵队、圆形队集体进行练习,加大了练习的难度,增强了学生集体的凝聚力 结束部分:消除学生的运动疲劳,恢复身体机能,促进身心健康,时间为 5 分钟 教师采用引导、启发的教学方式,在音乐《甩葱歌》的伴奏下学生自由结组,组成各种体操队形,在教师的带领下跳起舞蹈放松,当下课时,学生往往余兴未尽。这种教学手段方法,给学生留下了回味无穷的感觉,再次激发学生想上体育课的迫切愿望。最后以四列横队方式集合,师生共同讲评,结束本节课 **四、媒体使用** 1.依据学生的生理特点选取适合的音乐伴奏进行活动,既激发学习兴趣又增强了练习强度,提高课堂学习效果 2.利用平板电脑观察理解动作细节及要求,更加直观有效,有利于教学的组织 五、练习密度预计:35%+5%,生理负荷预计:110~135 次/分 **六、安全措施** 1.课前教师检查场地、器材,在练习过程中将场地中的障碍物放到安全的地方 2.在练习过程中应适时提醒学生分散开练习,以免互相碰撞

排球：正面双手垫球

天津市新华中学　柴海晶

类别方向：课程思政育人

天津市中小学"学科领航教师培养工程"学员实践案例

<table>
<tr><td>所属区</td><td>河西区</td><td>学员姓名</td><td>柴海晶</td><td>任教学段</td><td>初中</td><td>参训学科</td><td colspan="2">体育与健康</td></tr>
<tr><td>工作单位</td><td colspan="5">天津市新华中学</td><td>专业职称</td><td colspan="2">一级教师</td></tr>
<tr><td>课　题</td><td colspan="8">排球正面双手垫球</td></tr>
<tr><td>教　材</td><td colspan="6">人教版《体育与健康(七年级全一册)》</td><td>章　节</td><td>第五章</td></tr>
<tr><td>学　时</td><td colspan="6">1学时</td><td>年　级</td><td>七年级</td></tr>
<tr><td colspan="9">一、教学目标
1.通过排球球性的教学，激发学生学习兴趣，体验排球运动的乐趣，为排球教学打下基础
2.在排球的学练中，渗透运动知识，使学生了解排球的训练方法，发展学生的力量和灵敏的身体素质
3.在排球的学习中，锻炼学生的自主学习能力和善于思考的意识，养成科学锻炼的习惯，树立自信心，学习生存技能
4.在排球的练习中培养学生遵守体育道德规范，增强合作意识和爱国主义、团结拼搏精神
二、学生学情分析
本节课授课对象为七年级的女生，处于初中阶段学生的特点是她们对学习的有意性和自</td></tr>
</table>

续表

<table>
<tr><td colspan="5">觉性有了一定的提高，特别是由于自主能力的增强而不希望过份地依赖教师，学生往往希望有更多自主、自由的空间。从小学升入到初中，运动能力不强，很多同学没有接触过排球运动，排球基础较差。对于初学者具有一定的难度，特别是学生处在发育成长阶段，心理因素处于不稳定阶段，自我控制的能力不够，会造成运动损伤，个别女生想练而不敢，见球就躲，表现出对排球运动的恐惧心理。因此在教学中充分运用各种有趣的教学形式与手段，来提高学生的求知欲望与兴趣，在学生的锻炼过程中时时处处都能生成思政育人的教学资源，如果利用好体育课堂对学生进行思政教育渗透，可以高效地促进学生思政素养的提升
三、本教学重难点分析及解决措施
（一）重点与难点
重点：垫球基本手型
难点：快速随球移动位置
（二）解决措施教学方法
1.采用游戏的方法，培养学生对排球的兴趣，提高学生积极性
2.注重启发诱导，采用观看录像示范、讲解示范、提示、分组练习、自我监督等方法引导学生进行练习，采用比赛、音乐、文字提示，等方法促进学生进行自主练习
四、教学准备
篮球馆场地、标志桶 10 个、排球 40 个、大屏 1 块、电脑 1 台、音响 1 台、手机 1 台</td></tr>
<tr><td colspan="5">五、教学设计</td></tr>
<tr><td>教学环节及时间</td><td>活动目标</td><td>教学内容</td><td>活动设计</td><td>媒体应用及分析</td></tr>
<tr><td>开始部分
（3 分钟）</td><td>1.加强课堂纪律管理，维持良好的教学环境
2.规范学生行为保证课堂教学活动的顺利进行对提高体育课堂效率具有重要意义</td><td>课堂常规：
1.整队集合报告人数
2.师生相互问好
3.教师介绍教学计划
4.教师宣布本节课目标
5.安排见习生检查服装</td><td>学生组织整队，报告人数
教师宣布本节课目标，安排见习生</td><td>通过课堂常规的教学培养学生遵守纪律，守规则的意识</td></tr>
<tr><td>准备部分
（7 分钟）</td><td>1. 使学生产生积极参与的意识， 能更好</td><td>一、慢跑热身练习
组织：一路纵队，</td><td>教师活动：
1.教师讲解注意事项</td><td>通过准备活动，不但达到热身的目的，同时</td></tr>
</table>

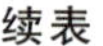
续表

教学环节及时间	活动目标	教学内容	活动设计	媒体应用及分析
	的掌握体育知识、技术、技能，帮助学生以饱满的精神和良好的身体状态去参加到体育课的学习活动中来 2.起到热身效果，使学生注意力集中，减少学生受伤的风险	绕球场拍球慢跑两圈 二、排球追逐游戏 组织：学生分散场地随机站位，拍球同时触碰其他同学后背，同时躲避其他同学 三、球性热身练习(1~2 组) 组织：学生分散场地随机站位，面向教师 1.持球围绕头、腰、脚绕环 2.脚下推滚球绕八字 3.指尖拨球 4.双手抛球 5.双手接击地球 6.双手抛球击掌 7.双手抛球下蹲	2.安排学生进行练习 3.教师巡视并利用语言进行纠正 学生活动： 1.认真聆听练习内容并练习 2.学生精神饱满，跑步时不讲话，不打逗 3.学生做动作有力，幅度大	还对学生进行良好习惯和思想品德的教育。如：拍球追逐游戏，在游戏完成过程中培养学生遵守纪律，公平竞争的意识，正确对待输赢的态度。选择节奏感强背景音乐《我和 2035 有个约》，歌词内容健康向上起到对学生爱国主义教育作用 兴趣性准备活动在体育教学中经常运用，能极大地调动学生的积极性，活跃气氛，提高教学质量。运用时，要注意控制运动负荷
基本部分 (30 分钟)	1.通过排球练习增进健康、强健体魄。提高学生的力量、灵敏、耐力等专项身体素质和运动能力 2.通过排球	一、排球正面双手垫球 1.通过观看最近的一部电影《夺冠》片段，引入排球教学 2.提出问题让学生在观看的视频里寻找答案	教师活动： 1.教师通过教师播放视频，引入今天的排球学习内容 2.通过讲解并示范、安排学生进行练习	通过多媒体的教学，让学生更直观的了解练习内容和技术动作的特点，学生学习的兴趣更加浓厚 在教学中利

续表

教学环节及时间	活动目标	教学内容	活动设计	媒体应用及分析
	练习培养学生的优良体育道德作风和爱国主义、团结协作的集体主义精神	问题:1.女排精神是什么? 2.排球正面双手垫球的击球时的动作是如何完成的,该动作要领是什么? 球性练习:(1~2组) 一、双人对抛球加垫球练习 组织:两人相对而站,同时将球抛到对方手中,对方进行垫球练习,高度超过头顶 二、双人击地球练习 组织:两人相对而站,同时将球击地砸到对方手中 三、双人抛、滚球练习 组织:两人相对而站,一人抛球,一人将球滚到对方手中,两人两球同时进行 四、四人三球抛球加垫球循环接力 组织:同学四人一组自由结组,站到标志桶位置,靠	3.教师利用语言进行提示指导 学生活动: 1.学生精神饱满认真观看教学视频,有所思考,回答问题 2.认真观看教师示范,聆听教师讲解 3.分组练习,互帮互助。能够在头脑中有一个正确的动作定型,从而在练习中给予加深和巩固 4.积极和教师交流	用《夺冠》影片引入女排精神,中国精神,并告诉他们没有轻易取得的成绩,任何成绩的取得都要付出一定的努力。女排队员靠着不服输的拼劲再次重回巅峰,打出了中国人的精气神和自信心,激励着一代代人朝着更高的目标前进。女排精神,中国精神。要为祖国自豪骄傲,为身为中国人而骄傲 在主教材的练习时,学生自己观看视频进行学习,分组让学生练习,练习中小组同学交流,培养他们积极乐观、充满活力的人生态度团结协作的精神。练习一段时间后集合同学,

续表

教学环节及时间	活动目标	教学内容	活动设计	媒体应用及分析
		近标志桶同学将球放到墙边,四人三球,发出口令后,抛球同时横向移动去接旁边同学球,依次循环 五、四人三球击地球循环接力 组织:四人三球,发出口令后,将球向下砸,同时横向移动去接旁边同学球,依次循环		请部分学生讲解一下练习中的心得体会,培养他们自主学习的能力和意识
	1.通过躲避球游戏增强学生的灵活性 2.培养学生对社会适应的能力和提高生存技能	躲避球游戏(1~4次) 将参加游戏的人分为两组,一组扔扔,另一组躲球。扔球的一组围成一个圈,躲球的一组站在中间。扔球人轮流砸中间躲球的人,如被砸中则退下。如果躲球的人接住球,则可以让一个退下的人入场。如此进行下去,直到躲球的人全部退下	教师活动: 1.教师讲解游戏规则,安排学生进行游戏 2.教师投入到游戏中,语言进行纠正 学生活动: 1.认真聆听游戏内容 2.听口令将队伍调整到位 3.游戏过程中遵守规则 4.学生精神饱满 教师活动: 1.组织学生站好,带领学生做拉伸运动	利用游戏达到以下目标: 1.培养学生遵守体育道德规范和行为准则,塑造良好的体育品德 2.引导学生在尊重自己和他人的基础上构建和谐的人际关系 3.锻炼初中生的生存技能,正确认识生命,爱护生命、学会运用保护生命的生存技能,倍加珍惜自己和他人的生命,热爱来之不易的幸福生活

续表

教学环节及时间	活动目标	教学内容	活动设计	媒体应用及分析
结束部分 (5分钟)	1.教会学生掌握科学锻炼的方法，养成良好的习惯，培养终身体育的意识 2.放松活动活跃课堂气氛，使学生身心都放松	1.放松练习 组织:学生们手拉手围成一个圈,进行放松拉伸练习 ☆ 2.课后小结 3.师生再见 4.值日生归还器材	2.集体总结上课情况 3.组织学生归还器材 学生活动: 1.迅速集合,做到快、静、齐 2.认真练习拉伸运动 3.认真听取教师小结 4.下课后将器材归到指定位置	通过优美的音乐学生进行集体放松,一堂体育课教会学生如何科学的进行锻炼,培养学生终身体育的意识 回收器材,增强社会责任感和规则意识
板书提纲	垫球技术分解动作 垫球技术的口诀 一、插 二、夹 三、提 四、蹬（送） 击球部位: 腕关节向上10厘米处 击球部位: 腕关节向上十厘米处 垫球口诀:插、夹、提、蹬(送)			
教学效果及反思	排球垫球技术是我安排七年级学生上的一节课,本节课在注重培养兴趣的同时发展运动技能,体育课要营造一个快乐、和谐、民主的教学环境,充分发挥学生的主体地位。我的教学环节和实施分为三大部分: 一、准备部分 利用带球慢跑,游戏、球操的形式,注重学生对排球学习兴趣的培养。开始上课就打破传统的教学模式,充分发挥学生的主体作用,让学生进行多种熟悉球性的游戏,这样既可以当做热身运动,又提高了学生们的学习兴趣,在“玩球”中熟悉球性。在快乐的气氛中加入一些思想教育,培养学生坚忍不拔的精神和品质,遵守游戏规则和爱国精神 二、基本部分 观看影片《夺冠》的精彩片段引导学生进入到今天的学习内容,向学生宣传女			

续表

<table>
<tr><td></td><td>排精神，排球运动的好处和乐趣，并告诉他们没有轻易取得的成绩，任何成绩的取得都要付出一定的努力。女排队员靠着不服输的拼劲再次重回巅峰，打出了中国人的精气神和自信心，激励着一代代人朝着更高的目标前进。女排精神，中国精神！我为祖国自豪骄傲
观看大屏，自学动作技术，分组让学生练习，练习中让小组同学交流，培养他们团结协作的精神。练习一段时间后集合同学，请部分学生讲解一下练习中的心得体会，培养他们自主学习的能力和意识。在练习的期间有一组同学的排球滚到场外，这时另一组同学看见后马上帮她捡回，老师注意到了这一细节，向她投向肯定的目光，并向她竖起大拇指。在课后回顾与分享这节课时候，有的同学提起这个环节，同学们送出了热烈的掌声，该学生露出开心的笑容
以躲避球游戏收尾，使本节课气氛更加活跃，培养学生发现和提出问题能力，自信自爱，坚韧乐观和抗挫能力
三、结束部分
采用形体拉伸的方式，在具有中国风音乐和动作的背景下使学生慢慢放松，结束本节课，让学生在练习中感受文化自信，民族自信
本节课能够充分的发挥学生在课堂中主体地位的作用，将技术教学融入到欢快的课堂教学气氛中，学生在锻炼身心的同时达到学到技术的作用
本节课还存在一定的不足：在排球练习中技能环节渗透教少，对于技术动作要点强调不够
总的来说，本节课比较圆满的完成了本次课的教学任务，教师及时观察，调控负荷，并给予学生充分展示自我的机会。在体育课堂教学中，充分挖掘体育思政育人的功能和资源，把体育课堂教学与思政教育有效地协同起来，从而发挥体育课堂的思政育人作用，培养德、智、体全面发展的社会主义事业建设者和接班人</td></tr>
<tr><td colspan="2">教学设计说明
（说明本课的教学设计思路、意图、理论支撑等）</td></tr>
<tr><td colspan="2">一、教学设计思路
本课坚持落实立德树人为根本任务，坚持“健康第一”的指导思想，有针对性地选取能促进学生全面和谐发展和增进学生健康的排球教学内容，使之符合学生学习需要。排球课堂可以与思政教育协同，从排球项目特点、项目内容、教学形式出发，充分利用体育教学的思政育人优势，发挥其思政育人的功能，以培养全面发展的新时代中学生
在教学中，以学生为主体，采用启发式教学方式，处理好教材和教材之间的关系，以促进学生速度协调、灵敏、爆发力发展为目的，充分调动学生学习积极性，让学生积极参与到运动中</td></tr>
</table>

续表

去，并在运动中学会体育知识技能，享受体育快乐、成功、挑战和合作的乐趣。达到增进健康，增强体质和培养发展心理品质的课程任务

二、意图

课程思政在本质上还是一种教育，是为了落实立德树人的根本任务。体育课堂中有很多落实“立德树人”思想的契机，努力做到每一堂课不仅传播知识，而且传授美德，让社会主义核心价值观的种子在学生们心中生根发芽

这节排球课，内容简单易行但又富有创意，学生通过游戏的方式进行排球的练习，教师通过有针对球性练习环节使教学富含变化、充满挑战，学生们跃跃欲试、气氛热烈活泼。最后躲避球游戏又使气氛达到愉悦，每位同学的脸上洋溢出开心的笑脸

三、理论支撑

坚持用习近平新时代中国特色社会主义思想铸魂育人，以政治认同、家国情怀、道德修养、法治意识、文化素养为重点，以爱党、爱国、爱社会主义、爱人民、爱集体为主线，在学科教学中，整合学科育人特点，进行理想信念教育、爱国主义教育、中华优秀传统文化教育、科学思想教育、生态文明教育、家庭教育、常态思想教育

充分发挥“课堂育人主渠道，知识育人主载体”的学科育人价值。使每一门课都有育人功能，每一位教师都承担育人职能。加强思政教育意识，寻找思政教育载体，减少思政教育痕迹，做到春风化雨润物无声

学生发展核心素养，主要是指学生应具备的，能够适应终身发展和社会发展需要的必备品格和关键能力。核心素养是关于学生知识、技能、情感、态度、价值观等多方面要求的综合表现；是每一名学生获得成功生活，适应个人终身发展和社会发展都需要的，不可或缺的共同素养；其发展是一个持续终身的过程，可教可学，最初在家庭和学校中培养，随后在一生中不断完善

体育健康不仅需要关注学生的体能、技能发展，更需要从个人和社会需求的角度出发，关注学生的健康行为、情感体验和道德品质等方面的变化，重视通过体育文化的传承来培养学生的健全人格，促进学生健康、全面地发展。体育运动中的诸多集体运动项目不仅是技术和战术的展示，更是团队协作与集体凝聚力的呈现；体育与健康的学练不仅有独立的学习实践，更有大众瞩目的自我挑战与超越；体育与健康教学的情境化设计不仅重视给学生提供完整的运动认知与体验，更重视引导学生科学健身、遵守约定的规则意识

教师作为教学的引领者，对学生素养和能力的提升起着至关重要、无可替代的作用。教师的教学方式更是影响着学生的学习兴趣、态度，影响着其思维力、创造力的发展。因此，我们必须把学生核心素养与教师的教学实践结合起来，用学生核心素养的理念促进我国教师教学方式的转变

排球:正面双手垫球

天津市蓟州区燕山中学　谢锋

类别方向:信息技术与教学融合创新

天津市中小学"学科领航教师培养工程"学员实践案例

所属区	蓟州区	学员姓名	谢锋	任教学段	初中	参训学科	体育与健康
工作单位	天津市蓟州区燕山中学					专业职称	一级教师
课题	排球:正面双手垫球						
教材	人教版《体育与健康(七年级全一册)》				章节	第五章	
学时	1学时				年级	七年级	

一、教学目标

1.通过排球垫球的练习,激发学生对体育的兴趣,培养学生积极参加体育活动的态度和行为

2.使学生基本掌握垫球技术,发展学生的灵敏性和协调能力。使85%以上的学生能学会排球垫球技术的基本动作,并能自主地进行学习和锻炼,提高与他人合作的能力

3.通过对该技术动作的学习,培养学生勇敢、机智、果断的优良品质和团结一致、密切配合的集体主义精神

4.通过学习,提高学生垫球的成功率和准确率,使2/3的学生可以把60%~70%来自不同方

续表

向的球垫到目标范围内(目标范围:3 米外,将球垫到离墙壁 3 米高直径 2 米的圈内)

二、学生学情分析

七年级(初中一年级)学生,根据大纲规定,处于水平四。该班为男生合班上课,共 36 名男生。这个学段的学生好玩、好动,对体育运动的兴趣较高,但是由于刚刚进入青春期,身体形态刚刚发育,肌肉、神经、心肺、呼吸等系统的发育均出现快速增长,呼吸和心血管系统的功能较弱,不宜进行强度较大的身体练习,同时学生的绝对力量和耐力都较差,容易出现疲劳

三、教学重难点分析及解决措施

(一)重点与难点

重点:排球正面双手垫球技术动作的难点是双手要以肩关节为支点外旋,注意控制手臂高度和击球手臂角度,击球时的发力顺序,垫球时蹬地跟腰及时

1.学生的球感不好,双手对球的控制不好,对击球点和击球部位的判断不准确

2.学生击球时不是顶肘而是抬臂,从而将球垫飞

3.学生击球时手、脚、腰等关节器官不协调,动作不舒展,蹬地跟腰不及时,压腕顶肘的动作很容易变成抬手臂

(二)解决措施

本次我采取讲解示范、集中纠错的教学方式,让学生进行对比学习、自主练习。教学过程中我将对正面双手垫球技术动作的重点和难点通过图解和平板电脑录像进行拆分讲解示范,在教学过程中我还将插入学生相互学习,相互纠错,共同完成学习任务的方法,让学生更快,更好的掌握排球正面双手垫球技术动作。同时,我还将对学生掌握技术动作的情况进行统一点评,对多数学生都出现的错误进行集中纠错,让学生记住并掌握正确的技术动作

四、教学准备

布置好场地,准备好排球(36 个)、音响等器材和一些小奖品(用于奖励完成较好的同学)、排球双手正面垫球的剪纸、平板电脑 4 个。

五、教学设计

教学环节及时间	活动目标	教学内容	活动设计	媒体应用及分析
开始部分 (3 分钟)	学法:模范学习 要求:认真观察 预期目标:领悟并能理解图示	一、课前活动 注:垫球的图例、图示	散点站位 教师引导视图	平板电脑图像导入、学生可以直观本课教学内容

续表

教学环节及时间	活动目标	教学内容	活动设计	媒体应用及分析
	学法： 1.集合、认真听讲，了解本课内容 2.模仿练习 3.学生练习，随师口令 要求： 精神饱满，主动进位 预期目标： 学生能正确完成队列练习	二、课的常规教育 1.体委整队 2.报告人数 3.师生问好 4.教师宣布本课内容 5.见习生活动 6.队列练习—齐步走立定、原地转发、反口令转发 注：动令与预口令	四列横队 1.教师引导集合 2.教师宣布本次课内容及注意事项 3.设问：反口令转发的区别 4.引导练习队列并小结本环节	
准备部分(7分钟)	1.做8节徒手操 2.领悟接力方法并讲解，师提问 3.分组练习(3次) 4.分组进入场地要求：有序、规范、主动进位 预期目标： 会讲热身方法并能组织练习	一、热身活动练习 1.慢跑 2.徒手操8节 (1)持球踏步(2)持球上举(3)体测运动(4)体转运动(5)体前屈(6)左右跨步(7)踢腿运动(8)跳跃运动 3.专项素质练习	1.教师引导操练习 2.讲解接力方法 3.设问：自己模仿图示尝试练习正面双手垫球 4.引导练习小结本环节	随音乐导入热身练习内容
主体部分(30分钟)	学法： 1.质疑、思考，建立概念 2.观示范、听讲解 3.骨干引领练习(9人/组) 4. 利用平板电脑	一、排球——上手传球 动作要领：屈膝提拳迎来球，含胸收腹臂悬夹，前身压腕球下叉，蹬腿跟腰肩放松。重点：双手要以	四组站成相对站立 1.设问：选位与手臂触球 2.讲解、示范并引导分组练习 (1)徒手练习	平板电脑摄录，组内自评，小组之间互评

续表

教学环节及时间	活动目标	教学内容	活动设计	媒体应用及分析
	摄录，师生探讨、反馈、练习要求： 进入积极操作程序 预计目标： 使75%以上的学生基本掌握双手正面垫球的正确方法	肩关节为支点外旋，击球时的发力顺序，垫球时蹬地跟腰及时。难点：学生击球时手、脚、腰等关节器官协调，动作舒展。 注：图示动作，平板电脑导入视频，分组练习使用视频摄录，小组讨论	(2)两人一组持球练习平板电脑摄录，点评 (3)一抛一垫练习 (4)四人一组设置高度练习 3.教师巡回指导 4.“教研一刻”(设问) 5.师、生反馈和小结本环节	
游戏	1.分组练习 2.观察与相互学习 3.各组展示练习——“比比看” 4.反思后练习提高要求：方法正确、积极主动进位、预期目标：迁移主体判断、选位	游戏：抢滩登陆。分为四组，持球加速跑团队接力赛	1.教师引导进入练习场地 2.设问：双手持球还是单手持球(安全教育) 3.“比比看”——再提高环节 4.学生自我反思小结本环节	
结束部分(5分钟)		一、放松整理 1.放松韵律操 2.拍打放松法 二、小结与作业 三、送还器材 四、课后追踪 注：规范性、科学性方法	组织：四列横队 教法： 1.教师引导，带入学生进入渤海湾惬意的境界，带领孩子充分放松 2.教师小结本环节 3.组织送还器材	随音乐导入放松练习内容

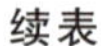
续表

板书提纲	图解与剪纸静态展示——平板电脑动态展示——平板电脑摄录组内自评、小组互评——通过课上练习发现问题——将练习视频发送到班级微信群中——体育家庭作业自我纠正练习——第二课时进行检查
教学效果及反思	本次课学生练习时间为28分钟，老师讲解示范10分钟，其他时间7分钟，学生的练习密度达到62%。通过本次课的学习，学生将进一步了解排球的基本技术和战术，全班有80%的同学可以正确的掌握排球正面双手垫球技术动作，100%的同学能够初步掌握排球正面双手垫球这一技术动作，同时建立起大家对学习排球的兴趣和学好排球的信心 本节课的亮点在于通过设问使学生思考本节课的学习内容、看我国女子排球队的比赛图片和视频，增加学生的学习热情。然后通过图片、剪纸以及讲解示范将本节所学重点内容逐一呈现，图片展示从原地双手垫固定球、到两人原地双手颠球。这其中将同学们分为四个组，每组分布在四个正方形区域内，各组组长负责用平板电脑进行录像，然后每组练习结束后，通过录像回放找出每个人动作的优缺点。“学起于思，思源于疑”，在教学过程中带有探索性问题的情境因素，具有强大的吸引力，能开启学生求知的心扉，点燃学生对知识与技能追求的热情。体育教学的过程需要采用一定的情境以激励、唤醒、鼓舞学生，促进师生双边活动的有效进行。在教学过程中教师有意地引导学生去发现问题或教师设置一些特定的问题，引起学生的质疑，产生探究的欲望，主动去发现问题。让学生带着问题去练习，让学生去自行“发现”，使学生从中体验到“自己作为发现者的权威感”，学生的学习兴趣和探索热情就必然会得到不断的发展和提高。本堂课是传统的技术课程，技术较枯燥，难度较大，我并没刻意去追求课堂的华丽与新奇，而是继承了排球教学的优秀传统，遵循由易到难、由浅到深的教学原则，层层递进，丝丝入扣，通过各种辅助手段循序渐进的让学生接触原地双手垫球的技术动作，使教学的有效性得到了最大的体现；与此同时我也很注重各个环节的启发诱导，各种辅助练习的巧妙预设，让课堂精彩纷呈，充满了浓郁的竞争氛围和合作的乐趣，从而教学的多样性由此得到了升华 此次授课的缺点也较多，首先在课上讲解的时间较多，不能使学生更充分的体会学习，不能充分的体现出以学生为主体的理念。其次，运用的音乐刺激，应该再切合本次课的教学重点，使整堂课完整有序不脱节。再次，通过学生课后的反馈来看，运动量的安排欠妥当，35分钟的运动量较大，应适当减少，使本节体育课的运动密度更加完善

续表

教学设计说明 (说明本课的教学设计思路、意图、理论支撑等)
指导思想(理论支撑): 排球是大多数学生非常喜爱的一项运动,根据"健康第一"的体育教学思想,培养学生自主学习的能力和充分发挥学生的学习潜能的原则。通过排球正面双手垫球技术动作的学习,发扬学生团结协作、锐意进取的精神,最终让学生掌握一项体育运动技能,爱上体育,爱上运动,树立终身体育的意识 **教材分析(设计意图):** 本次课所采用的教材是国家教育部根据新课程改革标准所编写的初中体育与健康教材中的七年级排球教学部分。该教材对学生的能力水平要求不高,只要求学生掌握排球的基本技术动作和简单的战术配合,课程时间强度适宜,符合本学段学生的身体发育要求 按照该教材的编写顺序,排球正面双手垫球是学生进行的第二次课的内容,是在学生基本了解排球运动的基础上,学习的又一单元。该项技术要求学生具备手、脚、腰等关节器官的协调性,"蹬地跟腰,压腕顶肘" **设计思路:** 课前准备:布置好场地,准备好排球(36个)、音响等器材和一些小礼品(用于奖励完成较好的同学) 开始部分(3分钟): 课堂常规:组织好学生,集合站好,清点人数,做好请假、见习学生记录,向学生宣布本节课的内容和注意事项 准备准备(7分钟): 队列练习、齐步走立定、原地转发(反口令练习),慢跑热身,球操 主体部分(30分钟): 1.对排球正面双手垫球技术动作进行讲述,让学生在整体上对该技术动作有所了解。 2.通过挂图和平板电脑展示正面、背面、侧面为学生做"排球正面双手垫球"技术动作的无球和有球的示范图例和录像,同时给同学们讲解该动作的难点,让学生对"排球正面双手垫球"技术动作有直观的了解,随后让学生跟着老师进行徒手模仿练习 3.组织学生进行无球练习(我将把该动作分解为3部分,教师喊口令,让学生跟着节拍完成动作),老师注意观察并作出必要的提示。然后同学集体做无球徒手练习 4.看到大多数学生的动作基本准确且较标准,组织学生两两成对,拿一个球进行有球练习。(由本组练习开始,引入平板电脑视频摄录,小组讨论) 5.一个同学抛球,另一个同学采用排球正面双手垫球的基本动作将球垫回给抛球的同学,

续表

此过程老师要仔细观察，及时纠正在学生中出现的错误动作 6.练到一定的程度，当多数同学基本可以将球准确地送到抛球同学手中的时候，要求学生集中，让技术掌握较好和掌握得不好的学生上前做示范，同时老师对大多数学生出现的错误进行集中纠错，对掌握的较好的学生进行口头表扬 7.成果检验，将原来的四个组分别分为4人一小组，两人拉手臂形成网，另外两人一抛一垫。在此过程中老师注意观察，鼓励大家并作出必要的提示 8.游戏：抢滩登陆。分为四组，每组九人。教师下达口令后，加速跑20米，然后迅速拿起一个排球，再折返回起点，与下一名同学击掌后，下一名同学继续，以此类推，先完成的队伍获胜。对胜出的队伍给予奖励（一个小礼物），同时鼓励失败的队伍，叫他们再接再厉，不要气馁 教学结束（5分钟）： 本节课的总体强度难度不大，恢复时间不用太长，组织学生做一些简单放松练习即可。我将带着大家一起活动，闭上双眼体会在渤海湾沙滩上惬意的感觉，再做两节瑜伽的放松拉伸，最后让大家锤锤手臂 充分放松后，要求学生集中，总结本次课上课的情况，下课并清点好器材

脚内侧传接球

天津市西青区杨柳青第四中学　谢立华

类别方向：教学模式改革实践

天津市中小学“学科领航教师培养工程”学员实践案例

所属区	西青区	学员姓名	谢立华	任教学段	初中	参训学科	体育与健康
工作单位	天津市西青区杨柳青第四中学					专业职称	高级教师
课　题	发展足球传控球能力之(脚内侧传接球)水平四(第一次课)						
教　材	人教版《体育与健康(七年级全一册)》			章　节	第三章		
学　时	1 学时			年　级	七年级		

一、教学目标

认知目标:通过本课的学练,使学生能认知脚内侧传接球正确动作要领,并可口述

技能目标:通过学练,使 2/3 学生能模仿教师示范,支撑脚滚动式落位,用脚内侧正确部位传、接球,掌握自我检查的方法,初步掌握脚内侧传、接球动作要领;1/3 学生能在教师和体育骨干的帮助下较正确连续互传 2~4 次或移动中互相对传 2~4 次

情感目标:通过合作练习及分组比赛,培养学生相互学习、相互帮助、勇于展示,团结协作的意志品质及进行足球学习的兴趣

续表

二、学生学情分析

本次课通过对学生学习情况初步观察了解，发现学生身体基本素质及运动技能水平差异较大，但有着尝试新鲜事物的主观能动性，模仿能力也比较强，有一定的认知能力。同时也发现绝大多数学生在以前没有接触过足球，基本技术十分薄弱，特别是部分同学对足球有一定的抗拒感

本节课意图运用技能练习与竞赛类游戏相结合的学练形式，帮助学生克服学习上的困难，调动学生学习的积极性和主动性，使学生以积极的心态投入学练中，在师生互动与生生互动中，让学生把动体与动脑结合起来，给学生提供认知，以及应用所学技术动作的机会，同学间进行合作探究，从而增强教学效果，提高课堂教学的实效性，最终达成本课的教学目

三、教学重难点分析及解决措施

（一）重点与难点

教学重点：支撑脚动作方法与脚触球的部位准确

教学难点：协调用力，触球瞬间的脚型稳定

（二）解决措施

教学重点解决措施：

1.热身练习：“踩蚂蚁”体会支撑脚滚动式落位；“一字步”踢球腿膝外展、勾脚尖

2.提问题“支撑脚与踢球腿有什么特别的地方”“怎样才能传得准接得稳”等问题，多媒体找寻答案，奖励性提问

3.专门性辅助练习：①无球支撑脚落位与踢球腿摆腿模仿练习；②二人踢球脚夹球练习

4.实践探索：①原地踢固定球（两人一球）；②原地踢移动球（两人一球）；③不同距离踢球（两人一球）；④分层差异化练习（单人、双人）；⑤自评、互评、讲评，展示讲解；⑥“小讲师”选拔竞赛；⑦“小讲师”任命结对

易犯错误	纠正方法
传球时，支撑脚离球过远或过近，不能准确用脚弓触球的正后方，使球传歪、传高	反复做原地或助跑几步传球练习，提示支撑脚与球平行踏地，脚尖向前。练习时先原地再助跑，先慢再逐渐加快，先轻轻传球再逐渐加大力度
传球时，膝关节未外展，脚尖未钩起，不能形成用脚弓触球，使球传不准	两人一组，一人踩球，另一人做传球模仿动作。踩球人注意观察同伴传球的动作
接地滚球时，未屈膝外展，前伸脚弓对不准球	反复练习屈膝外展，用脚弓迎球。先做徒手模仿练习，后与同伴合作用脚内侧接球，相互检查脚触球部位

续表

教学难点突破措施：

1.热身练习：①协调性热身；②"对向踢腿"体会肢体协调踢摆

2.提问题"踢球腿是如何摆动的""踢球脚触球瞬间是什么样的"等问题，挖宝藏（多媒体找寻答案），奖励性提问

3.专门性辅助练习：①无球上一步支撑脚落位与踢球腿摆腿模仿练习；②二人踢球脚夹球提拉练习

4.实践探索：①分层差异化练习，触球瞬间的脚型稳定：单人原地踢固定球；上3~5步不同距离踢球（两人一球）；移动中互向对传（两人一球）；②自评、互评、讲评，展示讲解

四、教学准备

教学策略：

围绕教学目标，针对学生实际，把学生"思、学、练"有机结合，引导学生积极、主动地参与思考并实践解决问题的方法。通过拆解练习内容要点，形成循序渐进铺垫式的练习内容来解决重点、难点学练问题，通过设问——合作探究——模仿体会——实践尝试——合作练习——自评互评讲评——改进再练习的小组合作方式练习，以及分层差异化的教学指导，让学生把已理解的知识和已掌握的技能用可直观的方式展现出来；课前1天将学习知识小提纲发给学生，预留家庭自学自查家庭作业

信息技术应用：

运用4台手提电脑隐藏授课内容小视频，以"挖宝藏"的游戏形式引导小组合作探究，以增加直观性、趣味性，课堂检验效果良好

教学用具：

足球16个、号坎18个、标志碟或标志桶20~40个、电脑4台、音箱1个、口哨1个等

五、教学设计

教学环节及时间	活动目标	教学内容	活动设计	媒体应用及分析
热身导引约7分钟	纪律意识培养 规范习惯建立 神经肌肉预热 情绪思维调动 预设问题探究	1.课堂常规 2.热身练习 3.骨干引领 4.集体探究	1.预热增量；2.协调性适应；3.游戏化拆解①脚后跟走②踩地鼠③一字脚④动态拉伸；4.探究合作（多媒体引入）："挖宝藏"竞答活动	运用4台手提电脑隐藏授课内容小视频，以"挖宝藏"的游戏形式引导小组合作探究，以增加直观性、趣味性

续表

教学环节及时间	活动目标	教学内容	活动设计	媒体应用及分析
辅助引入(约6分钟)	技术分部拆解 合作探究学习 游戏化趣味性 递进式重体会	讲解、示范引导(支撑脚滚动式落位及位置、踢球脚触球位置)	分组实践体验:1.“踩地鼠”练习(有标志点,有球参照,支撑脚练习);2.踢球脚夹球提拉练习	
技术巩固(约11分钟)	技术体验 实践练习 自测自评 初步掌握 助跑落位 踢球脚型 前踢后引	脚内侧踢球 ①直线助跑②支撑脚滚动式踏在球侧约15厘米处,膝微屈,脚趾指向出球方向③踢球腿以髋关节为轴由后向前摆动,大腿带动小腿,膝踝外展,脚尖稍翘,脚底与地面平行④用脚内侧部位敲击球的后中部⑤踢球脚随球前摆落地 脚内侧停球 身体正对来球,①判断来球速度和方向,选好支撑脚位置,膝关节微屈②接球脚根据来球提起膝踝外展,脚趾稍翘,用脚内侧对准来球③触球刹那,接球部位做相应的引撤或变向接球动作,将球控制在所需要的位置上	分组探究实践,教师巡回发现问题,个别指导,共性问题集中讲解:1.踢球腿摆动踢球体会(触球脚型、摆腿方式);2.两人一组一人踩球,一人原地做踢固定球练习(触球脚型,支撑脚落位)3.两人一组,相距2~3米,踢、停地滚球(动态体会技术要领);4.优秀展示,直观讲解示范引导	技术要领: 直线助跑,提膝外展勾脚尖;滚动支撑,球侧一脚把脚落;双臂展开,踢球后中随前摆 自测方法: 动作自然且连贯,触球瞬间脚固定,出球准确奔目标,前后旋转无侧旋
技能提高(约9分钟)	合作探究 分层指导 发挥骨干 言传身教		分组探究实践,教师巡回观察,分层差异化指导 1.两人一组,相距2~3米,踢、停地滚球(动态体会技术要领);2.近距离不停球一脚传球(触球脚型的固定体验);3.“小讲师”初选(移动中一脚互传)	

续表

教学环节及时间	活动目标	教学内容	活动设计	媒体应用及分析
拓展延伸(约9分钟)	小组评价 互比互观 学练效果 竞赛呈现 足球体能 特点突出	通过调整目标球门的宽窄、踢球距离等以不同的难度来进行竞赛展示，筛选体育骨干，建立友伴学习模式	技术比拼:“小讲师”筛选(分组脚内侧射门,大门、小门不同难度不同分值) 素质练习:“蚂蚁搬家”游戏	
收心引趣(约3分钟)	气息调整 情绪恢复 静态拉伸 小结评价	听音乐、练吐纳、静态拉伸防损伤	1.吐纳调息 2.静态拉伸 3.讲评小结	电脑连音响音乐推送
板书提纲	体育室外实践课,无室内板书			
教学效果及反思	本次课围绕教学目标,针对学生实际,把学生“思、学、练”有机结合,引导学生积极、主动地参与思考并实践解决问题的方法。通过拆解练习内容要点,形成循序渐进铺垫式的练习内容来解决重点、难点学练问题,通过设问—合作探究—模仿体会—实践尝试—合作练习—自评互评讲评—改进再练习的小组合作方式练习,以及分层差异化的教学指导,基本让学生把已理解的知识和已掌握的技能用可直观的方式展现出来,达到教学目标 面对基础差异化较大情况,在分层教学方面,还可以采取更加丰富的形式与方法,针对不同的学生针对性的细化与粗化效果评价方式,使更多的学生在成功体验的基础上更好的掌握足球技术的练习质量与效果			

教学设计说明

(说明本课的教学设计思路、意图、理论支撑等)

教学结构设计思路与意图:

课始:1.体会、练习游戏化热身练习内容(主要教学内容的核心技术要点拆解成的游戏化内容)完成热身导引;2.以多媒体“挖宝藏”竞答活动引发学生的好奇心,提升学生的学习与思考兴趣;3.以深化“踩地鼠”游戏、踢球脚夹球提拉练习体验支撑脚动作方法与踢球脚脚型固定,完成专项辅助引入主要教学内容。以趣味性强、难度低、易掌握的技术动作完成课堂

续表

教学的引入，激发学生的学习热情，活跃课堂气氛，让学生从身体和心理两方面充分做好上课的准备 课中：让学生在学练过程中，始终保持在头脑思考—体验实践—评价反馈—差异分层的节奏中进行，产生诸如“如何才能将球又准又快速的传给同伴”“怎样才能把球停到合理的位置”等思考内容，达到各组同学体会技术要领，完成自我检测并进行练习，达成技术巩固、技能提高、拓展延伸的教学设计意图，完成本课的教学目标 结束：通过吐纳调息、静态拉伸练习，师生共同做好放松，使得身心得到全面放松，从而使学生在活跃、轻松地气氛中愉快地结束学习任务，筛选的“小讲师”完成结对指导的角色定位，为课下与之后的教学延伸打下基础，以期达到终身体育的终极教育目的 **教学评价设计：** 本节课以学生自评、互评，教师讲评构成评价结构，多次运用学生优质示范进行展示性讲评，为学生搭建展示的平台，同时创设二人练习小组、多人竞赛小组(四个组别)、能力同质分组与异质分组以期以多角度、多元化的评价促进学生的练习积极性与练习效果的直观可评性，从而达成练习效果的最大化 自编技术要领评价标准：直线助跑，提膝外展勾脚尖；滚动支撑，球侧一脚把脚落；双臂展开，踢球后中随前摆 自编自测评价方法：动作自然且连贯，触球瞬间脚固定，出球准确奔目标，前后旋转无侧旋

原地前额正面头顶球

天津市第八十二中学　刘海宝

类别方向：信息技术与教学融合创新

天津市中小学"学科领航教师培养工程"学员实践案例

<table>
<tr><td>所属区</td><td>河东区</td><td>学员姓名</td><td>刘海宝</td><td>任教学段</td><td>初中</td><td>参训学科</td><td>体育与健康</td></tr>
<tr><td>工作单位</td><td colspan="5">天津市第八十二中学</td><td>专业职称</td><td>高级教师</td></tr>
<tr><td>课 题</td><td colspan="7">原地前额正面头顶球</td></tr>
<tr><td>教 材</td><td colspan="4">人教版《体育与健康(八年级全一册)》</td><td>章 节</td><td colspan="2">全一册第五章第三节</td></tr>
<tr><td>学 时</td><td colspan="4">2 学时</td><td>年 级</td><td colspan="2">八年级</td></tr>
<tr><td colspan="8">一、教学目标
认知目标：通过本次课的学习，学生能了解正面头顶球基本知识和方法，90%以上学生初步掌握完整的动作技术
技能目标：发展学生奔跑能力和下肢力量，增强学生的腰腹力和协调能力
情感目标：培养学生的坚强意志，养成相互交流的习惯，互帮互助，建立和谐的人际关系
二、学生学情分析
本次课的授课对象初中男生，身体素质都比较好，接受新鲜事物的能力比较快，有较强的思维能力，善于学习。现在通过前面几节课的学习，学生对足球有了初步的认识和了解，这节课开始足球的正面头顶球的学习</td></tr>
</table>

续表

三、教学重难点分析及解决措施

（一）重点与难点

重点：顶球部位，腰腹用力

难点：正面顶球的时机，触球后控制

（二）解决措施

1.学生分组进行头顶球练习：采取分组练习形式，主要让学生多体会来自不同方向的头顶球控球技术，增强正确技术的本体感觉

2.教师巡回指导，提示要点、纠正错误

3.难度递进式练习：通过练习帮助学生体会到顶球时机和触球后控制

①顶自抛球练习

②顶对抛球练习

③顶不同方向的来球

4.通过优生展示动作提高学生的自信心，给学生提供展示的机会

四、教学准备

1.足球比赛头顶球攻门精彩视频集锦，动作讲解挂图

2.触摸式一体机和音箱

教学环节（含设计意图）	教学设计
1.开始部分：情境导入，激发学习兴趣	时间为2分钟 由体委整队报告人数开始，教师语言导入，宣布本节课的内容：原地前额正面头顶球
2.准备部分：预热、调节、潜移默化的使学生全身心地投入到学习中	时间为6分钟 ①原地三面转法 ②慢跑：蛇形跑 ②徒手操：师生一起进行徒手操的练习
3.主体部分：充分调动学生学习的积极性，区别对待每一个学生，让每一个学生都在	时间为32分钟 播放足球比赛头顶球攻门精彩视频集锦 1.教师讲解示范提示动作要点 2.创设头球攻门情境学生练习 3.巡回指导帮助纠错 4.适时引导学生运用要点指导学练

续表

<table>
<tr><td colspan="2">教学环节
（含设计意图）</td><td>教学设计</td></tr>
<tr><td colspan="2">最适合自己的学习环境中求得最好的发展</td><td>5.个别辅导、及时反馈信息
6.优者示范，学生自评互相评价
7.针对练习的情况进行总结、讲评
8.为了促进学生全面的发展，培养学生团结协作的能力副教材安排了游戏：平板支撑传球接力。学生以小组为单位，通过游戏，启发学生积极思考，增强了学生集体的凝聚力，提高奔跑能力</td></tr>
<tr><td colspan="2">4.结束部分：消除学生的运动疲劳，恢复身体机能，促进身心健康</td><td>时间为5分钟
①教师采用引导、启发的教学方式。学生在教师的带领下相互拍打放松，当下课时，学生往往余兴未尽。这种教学手段方法，给学生留下了回味无穷的感觉。再次激发学生想上体育课的迫切愿望
②集合成四列横队集合，教师点评，安排收放器材，师生互道再见，结束本节课</td></tr>
<tr><td>教学过程结构设计示意图</td><td colspan="2">开始部分　上课常规

准备部分　队列转发
慢跑
徒手操

基本部分　熟悉球性　顶固顶球
前额正面头顶球　自抛自顶攻门
游戏（平板接力）　一抛一顶练习
球门一侧抛顶
45度角抛顶求
0度角抛顶球

结束部分　放松整理
小结，下课</td></tr>
<tr><td>教学评价设计</td><td colspan="2">一、运动能力评价：根据学生原地额前正面头顶球精准度控制评定成绩占50%
二、动作技术评价：根据学生原地额前正面头顶球的动作技术评定成绩占30%（各项技术所占的比例：屈膝、后仰20%，梗颈、顶球30%，触球时机和部位30 %，完整技术协调用力20%）</td></tr>
</table>

续表

<table>
<tr><td></td><td>三、学习态度、表现评价占 20%
(1)学生学习表现、学习态度、注意力集中积极参与、自学锻炼、思维活跃、听从指挥，体现出学生的主体地位(10%)
(2)意志情绪、善于合作，克服困难、情绪饱满、体验乐趣(10%)
四、加分：学习目标达成并在原有基础上有明显优势(5~10 分)</td></tr>
<tr><td>板书设计</td><td>体育课场地示意图：
1.上课仪式——四列横队：
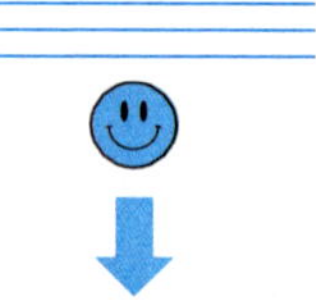
2.游戏(拿球站队比谁快)四路纵队：
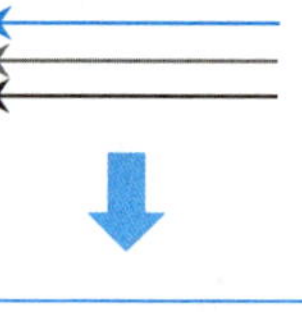
3.定位徒手操——四列横队：

原地前额正面头顶球
动作技术要领
屈膝　后仰　梗颈　盯球　顶球</td></tr>
<tr><td>教学反思</td><td>一、教学中提供了较为充分的感知、体验活动条件，通过尝试、观察、比较、分析、交流等活动，使学生的运动技能、身体素质、团队合作能力得到了较为充分的发展
二、围绕教学重难点遵循循序渐进的教学原则，遵循“综合发展，学生为主体，竞争进取”的观念，合理采用把握心理法、激发兴趣法、自学辅助法、启迪思维法和多项交流法等教法，达到使学生乐学、会学、持续发展的学、敢于竞争、善于合作的目的。学法遵循“循序渐进、因材施教”的原则，本节课学生主要采用分组、讨论、竞争等学法。使过去的被动学习完全被主动学习所代替，在学习过程中，逐步树立正确的合作观、竞争观，达到智力因素与非智力因素的和谐发展
三、抓住教学中思想品德教育渗透点，学生学习活动安全提示点，把思想品德教育和安全教育有机地渗透到教学之中，充分体现了体育教学健体育心的作用
四、在教学中感到存在一定的不足之处，如在教学管理上应进一步细化，在面向全体学生的同时进一步关注学生的个体，教学效果会更好</td></tr>
</table>

健身拳 1~4 动作

天津市佳春中学　王青华

类别方向：课程思政育人

天津市中小学"学科领航教师培养工程"学员实践案例

所属区	红桥区	学员姓名	王青华	任教学段	初中	参训学科	体育与健康
工作单位	天津市佳春中学					专业职称	高级教师
课　题	1.健身拳 1~4 动作　2.障碍赛						
教　材	人教版《体育与健康(七年级全一册)》					章　节	第九章
学　时	2 学时					年　级	七年级

一、教学目标

1.认知目标：让学生熟悉健身拳的动作名称、动作的要点、动作的行走路线、练习的学习方法，弘扬我国优秀民族文化遗产和爱国情怀

2.技能目标：90%学生熟练掌握健身拳 1~4 动作的套路，展示中华武术魂；发展学生灵敏、快捷、柔韧、力量素质

3.情感目标：培养学生自主、合作、探究、互评、互议的学习能力，同时培养学生爱国主义精神、勇敢顽强、锐意进取的精神，树立团结协作能力

二、学生学情分析

1.生理心理特点：初中学段的学生处于青春发育的高峰期，骨骼肌肉增长较快，神经兴奋性

续表

较高，且活泼好动，有较强的理解和模仿能力，容易接受新事物；通过武术教学，培养学生勇敢顽强和传承武术精神

2.运动技能基础：所授七年级学生，运动能力整体比较好，但是学生之间的体质和身体素质有明显差异，需要我分层教学、区别对待。最重要的是让学生熟练掌握健身拳1~4动作技术技能，改进提高动作规范和标准，加强学生学习的应变能力和学习技巧方法

二、教学重难点分析及解决措施

（一）重点与难点

重点：动作规范、准确，五法运用要正确

难点：动作连贯性、精、气、神的统一

（二）解决措施

1.以游戏形式课程导入：游戏名称“保卫钓鱼岛”，动与问结合，运用思政的理念贯彻游戏过程，培养爱国精神

2.运用多样化的教学方法和学法调动学生主动参与学练，针对教学的重点、难点采取有效的教学策略。运用微课等信息技术平台解决教学的难点

三、教学准备

1.课前录制微课：突破教学难点知识解决的方法。平板电脑6个，小组长录学练情况，参考学习，查找不足，探究解决的方法

2.器材：短绳8根、标志桶12个、小体操垫子8块、扩音器1个、U盘1个

四、教学设计

教学环节及时间	活动目标	教学内容	活动设计	媒体应用及分析
准备部分 课程导入 2分钟	引人入胜 融入课堂	课堂常规	提问，武术明星	激发学生思考活跃思维
开始部分 1.热身阶段：情镜设置 5分钟	培养学生爱国情怀和励志目标，情感教育	游戏：保卫钓鱼岛（慢跑中变化）	提问学生保卫钓鱼岛你们现在应该怎样做？你将来的梦想是什么？	通过游戏为载体，对学生进行思政育人教育，培养爱国情怀，树立正确的人生观、价值观
2.兴趣激发阶段：音乐下武术操	对手法、步法的基本动作的尝试练习，逐步进入基本动作的学习，培养学生武术精神	手法、腿法、眼法、步法、腰法的基本动作组合操，8节操4×8拍	动作节奏与音乐节奏融合，激发学生兴趣，活跃课堂氛围	结合本课教学内容进行专项技术的铺垫，逐步让学生走进武术的情景

续表

教学环节及时间	活动目标	教学内容	活动设计	媒体应用及分析
主体部分 1.全心投入学习阶段：教师统一指导学习	以正确优美的示范动作感染学生，激发学生“我很想学”的情感	教师先完整做健身拳1~4动作	分解进行教学，结合每个动作进行要点的讲解，学生尝试学习	教学中来 每一招每一势代表着学生的内心世界。调动学生主体参与的意识
2.改进提高互学阶段。	分组合作探究，提高健身拳1~4动作的规范、连贯性	利用微课平台学练，分组合作探究对重点、难点的强化突破	学生之间互学、互议，指出问题存在，帮助改进	微课和平板电脑的信息技术，调动自主查找问题，合作探究突破难点
3.集体练习、汇报表演阶段、评价	通过展示取长补短，拓展学习层面、增强自信心	展示1~4动作	通过教师评价，学生互评，促进学生改进动作。以完美动作表演体现“我能行”	培养学生团结协作，谦虚好学的习惯使学生能在表演过程中体验成功
4.障碍赛	勇攀高峰，团队作战	综合素质的练习。运用跳、跨、绕、跑四个动作进行不同形式的排列完成一系列障碍	障碍的顺序有本组队员交流合作进行设计，便于较快的完成障碍赛为胜	学生通过实践感触到团队的智慧、团队的力量、团队协作带给学生内心强大的变化
结束部分	调节放松，讲评总结	八段锦动作音乐：3个动作	学生总结学习成果，生成自己所知	培养学生总结、归纳和表达能力水平
板书提纲 场地布局	一、游戏：保卫钓鱼岛			

续表

<table>
<tr><td></td><td>二、学练组织形式："U"。
三、障碍赛组织形式。
00000000 → 障碍区
000000000 → 障碍区
********* → 障碍区
********* → 障碍区</td></tr>
<tr><td>教学效果及反思</td><td>生动有趣的游戏能够充分激发学生参与热情。简单的组合动作能够为复杂连贯的套路打下坚实的基础：武术操，对学习健身拳1~4动作起到的较好的渗透作用。利用信息技术教学手段微课和平板电脑，为学生创建自主、合作学习平台，模仿动作提高武术动作质量，展示出健身拳的"神"。规范示范动作和准确术语引导学生，由浅入深、由简到繁、循循渐进灵活运用，应用动作名称进行语言强化。通过学生间互相比较、交流、评价和小组探究中悟出动作要点，理解含义等，教学中让学生多练习、多体会、多思考，在实践中多应用，才做到想、练、实践的相结合，提高教学质量。不足：为了保证教学的安全性。健身拳攻防特点没有展示出来，本课没设计攻防拆解教学策略和练习对策，学生深入学习有一定的影响。学生对武术文化知识了解比较浅薄，对动作理解深度不够，例如：内外合一，动作变化与呼吸配合突出"气"，动静结合、形神兼备突出"神"</td></tr>
<tr><td colspan="2">教学设计说明
（说明本课的教学设计思路、意图、理论支撑等）</td></tr>
<tr><td colspan="2">导入片段
以提问的形式（大家知道哪些武术明星），学生踊跃回答）导入本科学的内容，让学生带着崇拜的向往学习本课的教学内容，激发学生学习的主动性和兴趣

热身阶段：情境设置保卫祖国游戏
通过游戏情境的再现，使学生提高反应能力、速度能力、判断能力，同时培养学生爱国主义精神。提问学生保卫祖国你们现在应该怎样做？（锻炼身体，从我做起）你将来的梦想是什么？（成为国家栋梁之才）。突出情感教育
</td></tr>
</table>

续表

兴趣激发阶段:武术操
1.结合本课教学内容进行专业技术的铺垫,逐步让学生走进武术的情景教学中来 2.重点是对手法、步法的基本动作的尝试练习,逐步进入基本动作的学习,培养学生武术精神  **全心投入学习阶段:教师统一指导学习** 1.教师先完整做健身拳1~4动作,以正确优美的示范动作感染学生,激发学生"我很想学"的情感。为学生能更快、更好地掌握组合动作要领而打下基础 2.分解进行教学,结合每个动作进行要点的讲解,学生尝试学习,调动学生主体参与的意识 设计意图:武术属于肢体语言,每一招每一势代表着学生的内心世界。模仿教师的动作很重要,先模仿上肢,再模仿下肢,最后整体模仿。在这个过程中教师随时用语言提示,以使学生的模仿更加逼真  **改进提高互学阶段** 1.分组合作学习,组长负责,每组有每组的教学风格。一组和二组:男生每一个动作练习必须喊出来"哈"。三组和四组:女生说出动作名称 2.小组内进行轮换展示,学生之间互学、互议,指出问题存在,帮助改进 3.小组通过看图片,结合组内和个人动作情况进行学习,加以强化,理解动作的要点和内涵 4.设计意图:在学生慢速体会时,学生之间可用口令控制练习,用自己的标准纠正动作,并自己琢磨动作,与同伴互相学习,与教师商讨动作等。此时要发挥小组长的作用,在这个时候教师巡回指导,鼓励学生练习积极性。同时重点提示学生在初步掌握动作阶段一定要记住不要改变方向练习,始终朝一个方向,这样会增强学生的记忆力 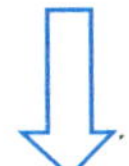 **集体练习、汇报表演阶段** 1.把每个小组学习的成果进行展示,小组之间互相评价、互相学习。发挥中学生好表现的特点,激发学生学习的自信心。评委打分(学生) 2.把每个组推荐最好的学生进行展示,看谁能夺得冠军

续表

设计意图:1.根据学生个体差异,重点辅导一般学生。鼓励他们建立自信心,使全班学生均衡发展。从练习活动中培养学生团结协作,谦虚好学的习惯 2.充分发掘学生运动潜能,通过教师评价,学生互评,促进学生改进动作。以完美动作表演体现"我能行",使学生能在表演过程中体验成功  **勇攀高峰,团队作战** 障碍赛:分四组,男生分四组,教师提供相同的器材(体操垫子和长绳、标志桶),运用跳、跨、绕、跑四个动作进行不同形式的排列完成一系列障碍,障碍的顺序有本组队员交流合作进行设计,便于较快的完成障碍赛为胜。综合素质的练习  **调节放松,课程回顾** 简单调整呼吸动作,全身心的放松,学生总结学习体会和心得

舞动青春

天津市宁河区教育教学研究室　李占斌

类别方向：新时代教学模式改革实践

天津市中小学“学科领航教师培养工程”学员实践案例

所属区	宁河	学员姓名	李占斌	任教学段	初中	参训学科	体育与健康
工作单位	天津市宁河区教育教学研究室					专业职称	一级教师
课题	广播操：舞动青春 预备节、第一节伸展运动						
教材	人教版《体育与健康（七年级全一册）》				章节	第一章	
学时	1学时				年级	七年级	

一、教学目标

1.学生通过查阅资料了解广播体操运动的历史发展与锻炼价值，掌握广播操舞动青春预备节与第一节的动作技术，能够总结出一些做好广播操的关键因素

2.学生通过广播操的学练能够对广播操运动特点有所了解，体会广播操的锻炼价值，在练习中感受美、体验美，能够在动作中表现出力与美

3.学生通过小组合作学习，发展沟通能力与合作意识，增强社会适应的能力

二、学生学情分析

我授课的学生为两个班的女生，学生上体育课的热情很高，但学生对于广播体操的锻炼价值认识很浮浅。学生的协调性、柔韧性一般，在练习中对动作细节的捕捉能力更有待加强。在

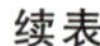
续表

表象上，虽然学生在小学阶段都在做广播操，但大多流于形式，并没有掌握广播操共性的练习方法

三、教学重难点分析及解决措施

重点与难点

重点：掌握预备节与第一节完整动作

难点：动作熟练准确到位

解决措施：

1.开始辅助游戏照镜子，增强学生的观察与模仿能力，为动作学习的准确性做好铺垫

2.布置任务让学生理清预备节每个动作路线与方法并进行连贯组合动作练习。逐一雕琢每一个动作（同伴协作，可组内再分组）来增加动作的准确性

3.尝试最快节奏的练习（可以降低动作标准与幅度要求），增强学生动作的熟练度

4.用问题来强化学生对口令拍节所对应的动作位置与要求的理解

5.以组为单位组织练习，要求创编队形、共同展示本节课的练习成果从而进一步强化动作

四、教学准备

1.依据翻转课堂的教学理论，让学生在课前自主查阅资料并进行预备节与第一节的学习

2.尊重学生的认知规律，用学案引导学生循序渐进的进行练习，为学生提供“导学案”

五、教学设计

教学环节及时间	活动目标	教学内容	活动设计	媒体应用及分析
一、课前	1.学生通过查阅资料了解广播体操运动的历史发展与锻炼价值并能够正确表述 2.学生通过信息技术手段学习广播操舞动青春预备节与第一节的动作，能够初步掌握动作	1.了解广播体操运动的历史发展与锻炼价值 2.初步掌握广播操预备节与第一节的动作	1.查阅资料与网络交流 2.学生通过视频、图解等进行自行学练	1.学生通过网络查阅资料，了解广播操、增强学科的文化内涵，引导学生正确的利用网络寻找答案 2.依据翻转课堂的教学理论，让学生在课前自主查阅资料并进行指定内容的学练
二、课中 准备环节	1.学生通过准备活动进行热身，达到适应本课活动要求 2. 学生通过游戏	1.上课常规 2.游戏：照镜子。 3.慢跑–徒手操	由教师带领学生完成	1.常规检查明确目标 2.增强学生的观察与模仿能力，为动作

续表

教学环节及时间	活动目标	教学内容	活动设计	媒体应用及分析
	增强观察与模仿动作的能力，能够更好的进入本课学练状态并活跃课堂	—静止游戏—喊数抱团游戏		学习的准确性做好铺垫 3.在热身的同时增强课堂的趣味性，努力营造生态型课堂。静止游戏主要是为了培养学生的规则意识；喊数抱团是为了让学生趣味自然的学练为后面的分组做准备
主体学练环节 (一)查验环节	学生通过交流与展示进一步了解自己课前学练情况，能够弄清自己的基础定位	1.游戏喊数抱团式随机分组(学生明确组内分工与职责) 2.共同展示课前成果	1.由组长牵头组织互相检查课前预习情况后进行练习 2.教师点评指导	1.趣味性的随机分组，明确分工，在保证课堂学习组织的同时，增强学生的合作等社会适应能力 2.将课前学练与课上学练形成链接，了解学生课前学习情况，以便及时调节个别教学方法与侧重点
(二)学练环节	1.学生通过广播操的学练能够对广播操运动特点有所了解，体会广播操的锻炼价值，能够熟练准确的完成动作 2.学生通过小组合作学习，发展沟通能力与合作意识	预备节 第一节伸展运动	1.基础学练 2.强化巩固 尝试慢节奏练习、尝试快节奏练习、尝试与他人同步练习 1.基础学练 2.强化巩固	1.让学生明确动作标准，培养学生健康体态、发展学生的协调、灵敏等能力，让学生在练习中感受美、体验美，能够在动作中表现出力与美 2.通过位置与方向的改变强化学生的

续表

教学环节及时间	活动目标	教学内容	活动设计	媒体应用及分析
			1~4八拍上肢动作练习、1~4八拍下肢动作协调练习、伸展运动完整练习	空间认知;通过改变运动节奏与标准、提高动作的记忆与熟练度;通过正常节奏与高标准提升个人对于动作的理解;然后逐渐提升练习难度尝试与他人合作的动作整齐划一,这是学生练习水平逐渐提升的过程
(三)展示环节	1.学生通过广播操的学练能够对广播操运动特点有所了解,体会广播操的锻炼价值,在练习中感受美、体验美,能够出色的完成展示,能够在动作中表现出力与美 2.学生通过小组合作学习，发展沟通能力与合作意识，增强社会适应的能力	小组学练展示	提升展示 以组为单位组织练习,要求创编队形、共同展示本节课的练习成果	进一步强化动作,强调动作熟练与准确到位,增强学生的团队意识、创新能力,展示本课学练成果
(四)体能环节	发展学生体能，强化广播操关键动作，学生在强化体能的同时拓展思维能够运用所学进行	体能练习	游戏：跑到指定位置翻开号牌，然后跑到号牌所对应的位置，完成	在发展学生体能的同时,强化对于广播操练习关键技术的理解

续表

教学环节及时间	活动目标	教学内容	活动设计	媒体应用及分析
	体能锻炼		该位置的练习任务，看谁完成的位置多	
整理环节	学生通过放松整理，调整自己的身心，能够以更加饱满的体态投入到新的课堂	整理放松	由教师带领拉伸、整理放松	放松身心
三、课后活动	学生通过体能锻炼、课前预习等自主学提升自己对广播操的认识，能够不断的提升自己迎接下次课	1.写出你本课的感悟与收获 2.体能锻炼 3.预习第二、三节	填写调查问	将体育教学向课下延伸与下次课形成链接，发掘体育文化，提升课堂内涵，构建单元教育体系
教学过程结构设计示意图	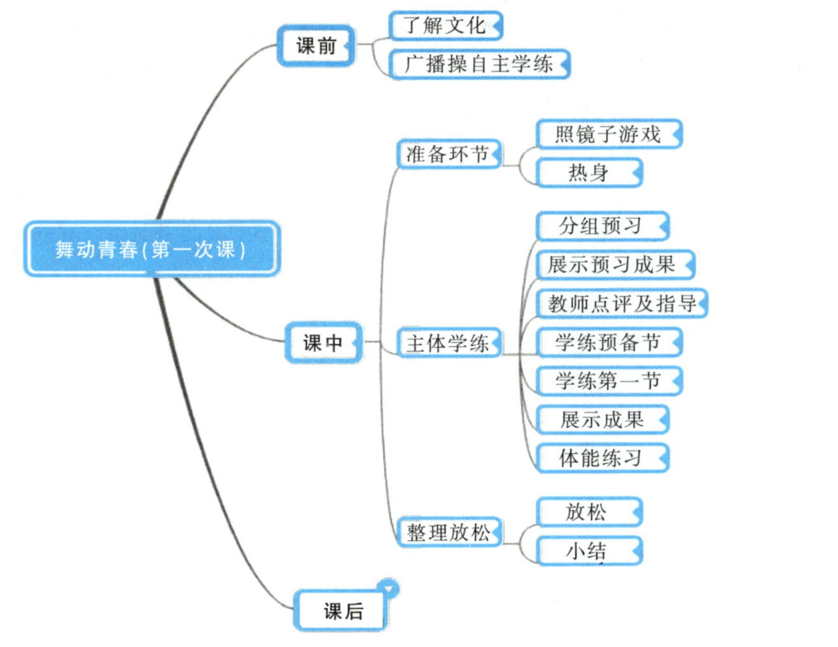 舞动青春(第一次课) 课前：了解文化；广播操自主学练 课中：准备环节（照镜子游戏、热身）；主体学练（分组预习、展示预习成果、教师点评及指导、学练预备节、学练第一节、展示成果、体能练习）；整理放松（放松、小结） 课后			

续表

<table>
<tr><td>教学效果及反思</td><td>1.翻转课堂教学理论在广播操教学中的应用效果非常明显,学练效果很好
2.导学案的设计过程是对教材深度挖掘的过程,其应用在学生学练习惯的引导上效果明显
3.如何使小组合作学习的职位设置更加合理仍是值得研究的问题,学生相关能力的培养需要一个过程
4.广播操有很高的锻炼价值,长期坚持标准动作练习对学生身体塑性效果是非常明显的,但为什么很少有学生能够体会到其真正的锻炼价值呢?这是一个值得深思的问题
5.如何挖掘与提升体育课堂的文化氛围是一个需要长期坚持的过程,在教学设计中教师要具备这个意识且长期坚持</td></tr>
<tr><td colspan="2">教学设计说明
(说明本课的教学设计思路、意图、理论支撑等)</td></tr>
<tr><td colspan="2">本课设计依据翻转课堂教学理论,巧妙设计学案引导学生在课前、课中与课后进行学练;倡导小组合作学习,引导学生自主学练;引导学生查阅资料了解广播体操运动的历史发展与锻炼价值,挖掘体育文化,展示体育与健康学科的文化内涵
一、课前
课前向学生布置了“查阅资料了解广播体操运动的历史发展与锻炼价值”和“学习广播操舞动青春预备节与第一节动作”两个活动,其设计意图是让学生了解广播操、增强学科的文化内涵,依据翻转课堂的教学理论,学生在课前自主查阅资料并进行预备节与第一节动作的学习,与课上学练相呼应,形成了翻转课堂的学习态势,相信这样会得到更好的学习效果
二、课中
(一)准备活动
准备环节为了增强学生的观察与模仿能力,为动作学习的准确性做好铺垫,设计安拍了“照镜子”游戏。热身活动也进行了教育元素的融入,活动形式为“慢跑—徒手操—静止游戏—喊数抱团游戏”在热身的同时增强了课堂的趣味性,使课堂更具备生态性;静止游戏环节的安排更是为了培养学生的规则意识;喊数抱团则是为了让学生趣味自然的学练,为后面的分组做准备,让课堂的各个环节自然连接
(二)主体学练
1.检验环节。
接上一环节,由游戏喊数抱团式随机分组过渡到了本课的主体环节,在趣味性的随机分组后明确分工,在保证课堂学练组织的同时,增强了学生的组织、协调、合作等社会适应能力,学生得到了锻炼。由组长牵头组织互相检查学生课前预习情况,教师点评指导的设计安排将</td></tr>
</table>

续表

课前学练与课上学练进行了链接,学生课前学习情况得到了展现 2.学练环节 学练环节设计了两个学练梯度,分别为基础学练层、强化巩固层。"基础学练层"让学生明确动作标准,培养学生健康体态、发展学生的协调、灵敏等能力,让学生在练习中感受美、体验美,能够在动作中表现出力与美。"强化巩固层"通过改变条件的"变量式"学练方法设计来丰富课堂练习形式,如:通过位置与方向的改变强化学生的空间认知;通过改变运动节奏与标准、提高动作的记忆与熟练度;通过正常节奏与高标准提升个人对于动作的理解;然后逐渐提升练习难度尝试与他人合作的动作整齐划一,这就是学生练习水平逐渐提升的过程 3.展示环节 "展示环节"是学生努力学练后进行展示交流汇报,是本课的高潮环节。目的是为进一步强化动作,强调动作的熟练与准确到位,增强学生的团队意识,与创新能力,展示本课学练成果 4.体能环节 通过游戏来发展体能,具体方法为:学生跑到指定位置翻开号牌,然后跑到号牌所对应的位置,完成该位置的练习任务,看谁完成的位置多。在发展学生体能的同时,强化学生对于广播操练习关键技术的理解 **(三)整理环节** 学生在老师的带领下跟随音乐调整身心,争取以更加饱满的体态投入到新的课堂 **三、课后** 课后布置课后作业,要求学生写出本课的感悟与收获,专门锻炼体能,预习广播操第二、三节,继续查阅资料了解广播体操运动的历史发展与锻炼价值。其设计意图为:引导学生架起心灵桥梁,总结得与失,感悟运动之美,将体育教学向课下延伸与下次课形成链接,发掘体育文化,提升课堂内涵,构建单元教育体系

支撑跳跃：山羊分腿腾跃

天津市静海区大丰堆镇后明庄学校　寇晓兰

类别方向：课程思政育人

天津市中小学"学科领航教师培养工程"学员实践案例

所属区	静海区	学员姓名	寇晓兰	任教学段	初中	参训学科	体育与健康
工作单位	天津市静海区大丰堆镇后明庄学校					专业职称	高级教师
课 题	支撑跳跃：山羊分腿腾跃						
教 材	人教版《体育与健康（七年级全一册）》					章 节	第四章
学 时	4 学时					年 级	七年级

一、教学目标

1.在反复学练过程中，学生能够用自己的体验说出支撑跳跃的动作要领，跳跃能力得到增强

2.通过学练，使 80%以上同学能够独立、准确地完成整个动作。15%以上的同学能够在同伴的保护帮助下完成此动作。使身体弹跳和支撑能力、力量和灵敏素质得到提高

3.在互动合作学习中，学生能够积极主动地帮助他人，对同伴的保护帮助表示感谢与信任，使学生对团结互助、积极进取、顽强拼搏等意志品质有所体验

二、学生学情分析

了解学生是教学成功的重要条件之一，七年级学生的自控能力和认知能力相比小学阶段已经有了很大提高，他们的认知能力、自练能力、自控能力都比较强，比较容易接受新鲜事

续表

物、思维活跃、观察力强，具有一定的分析和评价能力；同时此时期的学生心理比较敏感，自尊心强、害羞，特别害怕失败，根据这一特点，要求教师要给予学生更多的表扬和鼓励，以此来激发学生的学习兴趣。同时，他们在小学已经接触过山羊，有一定的基础，对器械的恐惧感会减少一点

三、教学重难点分析及解决措施

(一)重点与难点

重点：动作连贯、衔接紧密

难点：快速推手

(二)解决措施

为了突出教材的重点，我让学生分解掌握各个动作要点之后，完整练习、反复练习，通过小组合作学习，互相讨论，互相纠错，加深对动作的理解，使动作的连贯性得到增强

为了突破教材难点，在过器械推手练习时，我运用比喻法，向学生讲清过箱推手练习中"推"字的含义，去激发学生的想象力。我把山羊比喻成一块烧红的铁板，必须立即推离，而不能扶持或按住，使学生建立起正确的动作概念，以突破腾空后迅速推手的技术难点

四、教学准备

1.器材：山羊4个、大体操垫4块、踏板4个、跳绳40根、大绳1根

2.场地：将学生练习用的4个山羊按照高、矮顺序平行摆放，完整动作练习时，学生可以根据自身实际情况选择适合自己的场地进行练习，在做游戏时把山羊等作为游戏往返标志物，也体现了一物多用的教学理念

五、教学设计

教学环节及时间	活动目标	教学内容	活动设计	媒体应用及分析
开始环节（2分钟）	检查学生精神面貌，让学生了解本节课的教学任务，提示安全 育人目的：遵守纪律，态度端正	一、课堂常规： 1.体委整队报告人数 2.师生问好，宣布课任务 3.检查着装与不安全饰物 4.安排见习生做力所能及的活动	组织： 教法： 1.教师提前到场，检查场地器材 2.宣布本课任务，提示要求	

续表

教学环节及时间	活动目标	教学内容	活动设计	媒体应用及分析
准备环节(10分钟)	绳舞热身，挥洒激情释放自信，活动身体的各个关节，为主教材的教学做准备。 育人目的：树立自信，张扬个性	一、热身准备 绳舞： 利用单摇、双摇、编花跳、大绳、绳中绳等跳绳技术编排的绳舞，让学生尽情展现自我，感受运动的快乐，达到热身目的 二、辅助性练习 1.分腿俯身胯下击掌–挺身跳 2.跳背	3.安全专项提示，启动上课 要求：教师仪表端庄，语言亲切，所提要求要传递给每一位学生 组织： （绳舞） 教法： 教师语言提示学生进行练习，并激励学生勇于展现自己 要求：教师讲解清楚，带领学生进行活动，调动学生积极性和表现力 教法： 1.强调在学习、活动中的安全 2. 教师讲解动作方法和要领 要求：练习时，注意安全，注意力集中	利用大屏幕播放节奏欢快的音乐，教师带领学生进行绳舞热身，在欢快的音乐伴奏下，学生尽情释放自我，展现自我，是身体得到充分的活动

续表

教学环节及时间	活动目标	教学内容	活动设计	媒体应用及分析
主体环节（30分钟）	直观示范，使学生产生清晰的表象，然后采用多层次分段法进行教学，助跑踏跳；提臂分腿和完整动作。突出以练为主以教为辅。由易到难，由浅入深地让学生逐步掌握，同时也一步步地帮助学生克服心理障碍 育人目的： 抛弃怯懦 无谓攻坚 乐于助人 享受快乐	一、复习巩固山羊分腿腾越的各分解动作 二、山羊分腿腾越完整动作练习 动作要领： “助跑踏跳相连接，先跳后撑提腰背，分腿、顶肩推手快，展体挺身落地稳” 三、保护与帮助方法： 在提臂分腿练习时，让保护的同学站在器械的一侧，一手扶起上臂，一手托其腹部，使学生更好地掌握顶肩和提髋的动作；在完整动作练习时，保护同学站在器械的侧前方，学生过器械后，扶其上臂，落地后扶其背、腹，预防后倒或前冲 四、游戏：“两人三足” 两个人把一条腿绑在一起，变成两个人三条腿	组织： 教法： 1. 教师引导学生观看大屏幕完整动作示范，学生分解动作进行练习，强调保护帮助的站位，教师巡回指导，提示安全 2.教师示范完整动作，提示学生仔细观察，注意助跑踏跳上器械、推手挺身落地的技术动作，强调保护帮助的方法，消除安全隐患 3. 观看大屏幕视频慢放，牢记技术要点，改进练习 4. 学生在保护帮助下完整练习 5.教师参与学生学习，及时发现问题，用平板电脑录制学生错误动作，进行个别纠错 6. 引导学生通过自身学习感受，说出动作要点 7. 按动作要求自由选择场地进行练习	用大屏幕播放完整动作，给学生建立正确的动作概念 利用大屏幕播放慢动作，让学生尽快掌握“分腿腾跃”的空间技术 利用平板电脑录制学生错误动作，进行个别辅导，保护学生自尊心，节省教学时间 用平板电脑投屏到大屏幕，便于学生观察，节省展示时间

续表

教学环节及时间	活动目标	教学内容	活动设计	媒体应用及分析
		规则：学生分成人数相等的四组，两个人一组，听到口令后向前绕过山羊跑回与下一组击掌，下组同学继续，最先完成组为胜 要求：讲清规则，提示注意安全	8.教师巡回指导，引导学生加大动作难度（拉大踏板与山羊之间的距离），并进行个别辅导 9. 用平板电脑录制优生动作进行展示，互动交流评价 要求：从分段到完整动作，让学生准确把握动作的各个环节，引导学生加大难度，提升动作质量 组织： ♀♀♀♀♀♀ □ ♀♀♀♀♀♀ □ ♀♀♀♀♀♀ □ ♀♀♀♀♀♀ □ 教法： 1.教师讲解游戏方法和规则 2.分组讨论两人配合的方法 3.尝试练习 4.进行比赛 教师讲评，各组之间进行互评	
结束环节（3 分钟）	让学生从紧张的运动状态恢复到平静状态	1.意念放松“风雨中的小树” 2.总结本课学习情况	组织：四列体操队形 教法： 1.教师语言引导进行意念放松	利用视频创设“小树”在风雨中情境，教会学生更加坚

续表

教学环节及时间	活动目标	教学内容	活动设计	媒体应用及分析
	育人目的： 无畏风雨 坚强不屈	3.布置作业 4.师生道别，收器械	2.交流评价，布置作业要求：集中注意力；整理时身心放松；归还器械	强，无畏风雨，傲然矗立
板书提纲				
教学效果及反思	本次课是完整动作练习，在面对器械时，部分学生还是心存一定的恐惧感，在教师积极的引导与鼓励和同伴周密的保护帮助下，同学们都能克服心理恐惧感，大胆投入练习，出色地达到了预期目标 最后进行意念放松，学生在舒缓的音乐和教师缓慢的诱导词指导下进行练习，通过意念的想象，来调节大脑皮层的机能，达到消除疲劳的目的，让学生对坚强无畏、面对挫折不屈服的意志品质有所感悟，潜移默化地受到情的熏陶、理的启迪、身心的放松 通过本次课的教学让我最深的体会是感动，感动来自学生小小心灵的那份自信，感动于学生间那份纯纯的友情，感动于在保护同伴时表现出来的那份稚嫩的“成熟与坚定”			

教学设计说明

（说明本课的教学设计思路、意图、理论支撑等）

一、理论支撑

在教会学生学习新课程的理念指导下，根据学生的身心发展特点，在内容、组织、方法等各个层面体现以学生为本，发挥学生的主体作用，引导学生积极参与教学全过程，激发学生的合作意识和团队精神，使不同水平的学生在都能宽松、愉悦的学习氛围中体验到学习与运动的乐趣，感受到来自他人的帮助和集体的温暖

二、教学设计思路及意图

1.教学开始（树立自信，张扬个性）：2分钟的课堂常规，检查一下学生的精神面貌，让学生了解本节课的教学任务。然后教师带领学生进行绳操热身，挥洒激情释放自信，活动身体的各个关节，为主教材的教学做准备

2.诱导练习：为了使学生对主教材的动作有更清楚的理解和体会，我安排了两个诱导性辅助练习：两人分腿胯下推手接挺身跳、跳背练习

续表

3.主体教学(抛弃怯懦,无谓攻坚):为了提高学生学习信心,较快地掌握分腿腾越的关键部分,教师先给予学生一个直观的示范,使学生有直观的感性认识,产生清晰的表象,然后采用多层次分段法进行教学,让学生分层次学习(设置四个不同高度的山羊,供学生自选)助跑踏跳;提臀分腿和完整动作(包括做动作前的举手示意)练习几部分。在此环节的学习过程中,采用了双主教学法,以教师为主导做动作示范,让学生观察体会进行练习,突出以练为主以教为辅。由易到难,由浅入深地让学生逐步掌握,同时也一步步地帮助学生克服心理障碍 为了突出教材的重点,让学生分解掌握各个动作要点之后,完整练习、反复练习,通过小组合作学习,互相讨论,互相纠错,加深对动作的理解,使动作的连贯性得到增强 为了突破教材难点,在过器械推手练习时,运用比喻法,向学生讲清过箱推手练习中“推”字的含义,去激发学生的想象力。我把山羊比喻成一块烧红的铁板,必须立即推离,而不能扶持或按住,使学生建立起正确的动作概念,以突破腾空后迅速推手的技术难点 教师运用激励法对进步比较明显或者动作技术掌握较好的学生,给予及时的鼓励和表扬,引导学生在以有基础上,提升一个高度(比如在低山羊上练习的可以到高一点的山羊上去练习)使课堂始终保持着一种你追我赶,积极向上的活跃气氛 学生在这段学习过程中运用小组合作学习法、评价法、进行互帮互学、互评互纠,真正地成为学习的主体 接着进行“两人三足”的游戏,让学生用绳把自己和同伴的一条腿系在一起,两人三条腿进行跑动,不但锻炼了学生的动手能力,还使学生之间的协同配合能力得到了提高,同时也激发了学生体育学习的兴趣和参与体育活动的积极性 4.结束环节(无谓风雨,坚强不屈):最后进行意念放松,总结评价。以“风雨中的小树”为背景,创设情景:“小树”在风雨中摇曳,但仍挺直坚强的脊梁,终于迎来阳光,茁壮成长。引导学生进行心理放松,学生在舒缓的音乐和教师缓慢的诱导词指导下进行练习,通过意念的想象,来调节大脑皮层的机能,达到消除疲劳的目的,让学生对坚强无畏、面对挫折不屈服的意志品质有所感悟。然后学生间进行互评,教师进行总评 5.安全措施(乐于助人,享受快乐):课前认真检查场地设施,课上有针对性地进行巡回指导,在不断提高和完善动作的同时,加强对学生保护帮助方法的指导,培养学生相互关心、团结合作的优良品质,避免安全事故的发生。例如,在提臀分腿练习时,让保护的同学站在器械的一侧,一手扶起上臂,一手托其腹部,使学生更好地掌握顶肩和提髋的动作;在完整动作练习时,保护同学站在器械的侧前方,学生过器械后,扶其上臂,落地后扶其背、腹,预防后倒或前冲。这样不仅加强了学生对动作的理解,同时也增强了学生的安全感,教师进行个别辅导,对于体重大、力量较大的学生,可增加保护人员。脱离保护前要先交给学生自我保护的方法,确保教学过程的安全性

续表

6.教学方法与手段： (1)讲解示范法：通过教师的讲解示范，使学生了解动作要领，大脑形成完整的动作表象，在中间示范可以使学生从不同层面观察到动作 (2)双主教学法：以教师为主导做动作示范，让学生观察体会进行练习，突出以练为主以教为辅 (3)激励法：对进步比较明显或者动作技术掌握较好的学生，给予及时的鼓励和表扬 (4)保护帮助法：通过体验保护帮助，增加同学之间的相互信任，提升班级凝聚力，使学生减少恐惧感，体验成功的乐趣 (5)游戏参与法、小组合作学习法、评价法等在游戏实践中充分发挥学生的主动性和主体作用，让学生通过小组研讨，实践尝试，寻找配合默契的方法，充分调动了学生的学习积极性和创造性解决问题的能力

第二篇

教学研究实践性论文

借鉴核心素养视野下优秀课的“闪光点”提升常态课实效性研究

天津市佳春中学　王青华

天津市武清区杨村第十二中学　孙立强

摘　要：通过对天津市、全国中小学优秀课的观摩与交流，挖掘中小学优秀课中的“闪光点”，来引领体育教学改革的研究，推动中小学常态课教学向更高的目标、更高的质量发展。使“闪光点”对中小学的体育教学起到导向性、示范性、推广性，使中小学体育常态课成为学校教育教学的一道风景线，充分运用“闪光点”吸引学生积极主动参与运动，积极体验运动，促进学生身体、心理、社会适应全面发展的教学内容，对中小学体育课堂产生实际效果，不但可以提升体育教师的专业能力和业务能力水平素养的提高，而且可以促进学生体育核心素养的培养，提升常态课的实效性。

关键词：闪光点　优秀课　常态课　体育教学　体育核心素养

一、研究目的

随着新一轮体育课程改革的地推进，针对中小学生提出体育核心素养的培养，体育核心素养的培养平台就是常态的体育教学课堂，如何运用常态课舞台培养学生,需要提高中小学常态课哪些环节来提升,这就需要借鉴中小学优质课“闪光点”,把“闪光点”充分运用在中小学体育常态课中,改善常态课现状的问题,使常态体育课堂丰富多彩,对中小学生有一定吸引力的教学策略,调动每一位学生主动参与体育课堂,培养学生合作、探究的能力,享受体育教学带给自己的乐趣。体育优质课的价值确实很高,我们日常的体育课怎样上得和优质课一样的精彩,我们广大体育教师应当积极学习优质课中的那些“闪光点”?如何合理的把这些“闪光点”借鉴到我们日常的体育教学中去,提升中小学体育教学的实效性。本篇文章的创作和构思,来自于自己近五年的教学研究的所思、所想,把自己看到的有价值教学的精髓、听到美的教学心声以及自己的思想进行融合,进行现阶段体育教学蓝图的构想。希望能给年轻教师在体育教学的“土壤”中灌入养料,筑起腾飞,追求卓越。

二、研究方法

(一)学访法

针对论坛问题和培训内容进行反思和研修,归纳、整理、分析,建构自己的教学思想。

(二)观摩法

通过最近几年观摩市区现场的优质课和网上视频的全国一师一优课的学习,查找优质课的闪光点。

(三)座谈交流法

通过与优秀的体育教师的交流,探究他们的教学成功之处。

(四)个人教学实验

总结自己每次做课成功之处和常规教学焦点问题和想法,把常规教学作为平时科研的实验基地。

三、体育优质课形成的“闪光点”的关键因素

对中小学体育优秀课形成“闪光点”的关键因素进行整理，总结、归纳为以下七大方面。

(一)体育教师课前准备的充分

1.教案的编写体现“核心素养培养的预设”

教案的设计美观、图文并茂，给观摩的体育教师建立很好的印象，教案所反映的内容体现科学的核心素养的预设，有一定的针对性、有一定层次性、有一定的目标性、有一定可操作性，可以让观摩体育教师的“胃口”得到填充，为体育教学过程“闪光点”的不断频发预设了良好的铺垫，教案就是一个中心的发起点，教案蕴含着教师精华所在，是体育教学课堂实施的思想大脑的导图。

2.场地器材布置合理实用

优质课场地器材布置的“闪光点”在于“合理、安全、美观、实用、高效”。器材设计合理紧凑，倡导“一件器材贯穿体育课堂，提高器材的利用率和价值”。布置到位，整齐美观，美观可以吸引学生的眼球和主动参与的潜在意识的萌发。器材满足教学需要，做到“人手一物”有效提高掌握技术技能的程度。如：学习行进间运球技术，每人一球，可以单人练习，可以合作练习，不但锻炼学生自主能力而且锻炼学生合作能力和应变能力。器材安全可靠，坚固耐用，随时对器材进行安全检查，确保学生在安全的教学环境中快乐学习。

(二)教学过程设计的高潮迭起

1.导入体育课新颖形式，引起学生思维和内在动力发起的源泉

课的开端是否引人入胜，引起学生思潮的变化，对学习本课体育知识和技术技能起到铺垫作用，学生对学习的内容有个初步了解，是激发学生思维活跃的开始，调动学生主动参与课堂，使学生很快投入学习的状态活动中。不同的项目结合

不同的导入形式，形式多样化，从多角度、多空间、多层面拓展学生的视野范围，通过此阶段传承不同的体育文化。不要为了传授体育技术技能而传授，通过此平台，以塑造学生核心素养为己任，为学生以后的发展作好导航。

2.多样化的热身活动，激发学生的兴趣

观摩不同学段的体育教学内容的热身活动，给我的感觉就是要想让学生参与的兴趣持续，必须让学生接触不同事物的变化，有变化才能促使学生产生好奇心，体育课热身活动也不例外，形式变化、内容的变化，必须结合学习主教材的内容进行有机结合，对学习主教材的内容起到过渡作用，让学生不知不觉投入到主要技术技能的学习过程中，要遵循学生学习规律和对体育知识以及技术技能的理解能力的层面。

3.单元设计有创新、有核心素养内涵的层层深入理念设计蓝图

单元设计的科学性、系统性、合理性、层次性是最基本设计原则，必须遵循技术技能的学习规律、动作技术结构的形成规律等。单元技术设计的内容必须符合运动解剖学的基本原理和运动生理的原理作为基础，有依据可循，保证学生运动技术技能的有效学习。要想有突破，必须有创新，创新才能为单元设计输入新鲜的血液，才能使单元设计更加的具有拓展性、延伸性、发展性，单元设计的同时注入体育核心素养培养要素，使核心素养的内容在单元设计中全面地渗透进去。例如：一种体育习惯的养成不是一节或两节体育课能做到的。需要不同单元教学内容作为载体，逐步深入地培养过程。这就需要体育教师认真研究单元教学内容和核心素养之间的结合点进行有效的设计。

4.设置适合学生心理发展特点的有趣游戏，促进其潜在意识的萌发

游戏的设计结合了教材内容和学生发展的认知心理。拔苗助长的教学设计不利于学生认知能力提高，有可能会埋下不安全的因素的隐患。游戏给人的感觉是以动作和语言为主的外在表现形式，游戏地运用能开发学生潜在意识的萌发，如：和谐关系、心理愉悦、思维活跃等。体育教师对不同年龄阶段的心理学要有所掌握了解，同时不同学段游戏的教材内容的安排必须结合体育课新标准的要求进行核心素养的内容设计。游戏即可以锻炼学生素质和动作技能又可以开发学生的智力、思维，同时培养学生体育品质，塑造人格培养的环节。游戏不但是兴奋剂，还是

调味剂。有效的游戏设计为课堂注入活力，落实体育教学质量起到奠基作用。

5.身体素质练习结合学生发展的敏感期进行有效“课课练”组合设计

各种身体素质都有自己发展的敏感期，在这段时期所对应的身体素质发展相对比较快，身体素质发展的敏感期大多集中在儿童少年时期，如果错过了相应的敏感期，身体素质发展将很难得到理想水平。对儿童少年而言，在其敏感期发展相应的身体素质，对日后的身体技能学习都将打下坚实的基础。例如：速度素质（反应速度、位移速度、动作速度），反应速度的敏感期在9~12岁，通过各种反应训练刺激中枢神经系统，提高反应速度，练习的时间不宜过长。位移速度的敏感期在7~14岁（男），在7~11岁左右主要发展动作速度和频率。在12~14岁，在巩固已有的动作速度和频率的基础上，可通过发展肌肉力量来提高速度素质。动作速度提高更多取决于快肌的百分比和肌肉的力量的大小。体育教师在掌握不同素质发展的敏感期，同时必须有效选择符合不同发展期的练习的教学内容，形成有效的课课练，循循渐进，逐步提高。

6.教学组织过程行云流水，提升教师对教学课堂动态变化的应变技巧

教学组织好与坏直接影响教学内容目标实效性的落实，内容的安排和组织方式有机结合，组织对于学生来说就是在纪律、管理上有一定要求和形式的变化。上好每一节体育课，需要不同环节的组织形式的变化，组织的形式必须结合教学内容进行有针对性、合理性设计，才能提高体育教学学习质量，同时引起学生对新的创新变化，激发学生潜在的思维意识和兴趣的延续。组织的精心设计是完成教学内容目标最根本问题，也是连接师生之间形成共同体的有效链接，把有效更多的时间留给学生学习体育知识和技术、技能。组织是学生之间互相合作、默契配合真实场景的在现，同时培养学生之间的组织能力和纪律性，充分体现体育核心素养在学生成长过程的培养。

7.以教学方法、手段的多样化和评价形式的激励，建立师生交流共同体

（1）教学方法、手段多样化能使体育教学更加灵活多变，对技术的掌握和理解更加有效。不同学段、不同教学内容所选择的教学方法是不一样的，必须根据学生现有的知识水平和接受的能力有效的选择教学方法，才能提高学生学习的内在动力。单一的教学方法给学生一种枯燥无味、思维惰性、参与的意识不积极、对知识和技术、技能的生成达不到有效提升。一堂好的体育课，需要运用多样化的教学手段和策略开发学生主动地参与教学内容的学习，调动学生各种感官和学习动机，全新融入体育教学舞台。这就需要体育教师研修体育教学课标的内容，把握教学内容精髓和内涵，灵活、巧妙、多变、创新，改变一种开放式的教学思路，引领学生、激励学生主体意识参与体育课堂教学。

(2)激励的评价，可以促进学生心理的变化，为学生建立自信心，建立主动学习的有效机制。教学目标和任务是否真正落实，需要多样性的评价给与准确的定位性反馈。评价一节体育课完成的质量标准，设计多层面(课前教学的设计；课中教学组织、教学方法、教学策略等；课后学生生成有价值的资源)、多角度(教师、学生、小组)。那么针对学生来说，有效的及时评价学生课堂学习表现，不但可以有效提高、掌握学习体育知识和技术技能的程度，而且通过评价了解自己存在的问题，探究改进自己的学习策略。同时，激励评价为每一位学生注入“兴奋剂”，调动学生主动参与课堂的有效学习，形成一种内在促进机制，使学生的情感得到释放，为学生有意识、有意义的主动学习建立交流评价的链接。树立学生自尊心、自信心，培养学生内心的强大，把体育核心素养在学生的成长过程中逐步的渗透，需要教师对学生打“持久战”的评价的策略。

8.有效的课后反思，提升体育教学的实效性落实

反思是提高体育教学质量有效手段之一，反思的真正目的是发现教学过程出现的闪光点和存在的问题，教学的策略是否达成教学目标，反思不但促进教学资源的整合和教学的策略研究与创新，以及问题的梳理，而且提升研究型、科研型教师专业水平的提高以及对学生运动成长的反思研究。反思就是体育教学质量提升的推动剂和不断完善体育教学过程的深入思考。

(三)吸引学生眼球的教学资源和器材资源

教学资源的丰富多彩(体育 APP 软件、多样性的微课、体育风采专栏等等)，可以增加学生的视野，了解更多的体育知识和技术、技能，只有通过教学资源不断更新、创新，才能吸引学生的眼球，才能给学生带来体育的欢乐，学生的情感才能得到升华。

1.网络体育教学资源可以开拓学生的视野，了解更多的体育知识文化

(1)网络体育教学资源，易被广大学生接受，具有新颖性和可操作性。青少年是各年龄阶段中接受网络信息最快的群体，网络教学资源能最大限度地满足青少年学生的好奇心，是探秘欲望和实际动手操作的需要，网络的新颖和操作性对学生具有极大的吸引力，是开拓视野的新途径。

(2)网络体育资源具有灵活性和及时性，大大拓展了学校体育教育教学的时空。作为体育教育教学载体的网络，能将许多优秀教师的教育资源连接起来，真正实现资源的共性，发挥资源的最大效用，从而提高体育教育教学的效益，把优秀的教学资源分享给学生，让学生在短时间内获得最大信息量，提升学生大脑的智慧和思维。

(3)在网络体育教学中，学生可以通过电子公告牌系统、电子邮件、网络新闻和线上交谈等方法，实现师生之间、同伴之间的互助，通过互助交流方式不仅提高了学习效率和效果，而且在不同程度上将有助于学生合作精神的培养，网上体育教育的双向互动性，有利于学生身心健康双向机制的建立和发挥，弥补传统体育教学的不足之处。

2.器材资源的开发与利用，为技术技能的学习注入新的“武器装备”

通过全国、市级优秀课和自己平时体育教学内容的研究，体育教学内容的落实，需要多方面教学因素辅助和教学策略有效的实施，才能生成学生的知识和技能，那么器材的开发与利用可以为教学内容的实施注入新鲜的血液，拓展教学内容的延伸性、持续性、发展性、前瞻性。增添体育教学内容的活力，使学生对新事物产生一种内在的积极的心理，学生主动学习的愿望得到激发，教师可以利用有效资源的开发和利用解决教学中的重点、难点，解决教学中的困惑。

(四)教师基本功的过硬

教师基本功是完成教学质量关键因素，随着时代的发展对体育教师专业基本功的要求随之提高，在传统型的基本功上加大多方位的创新和教学的革新。教师必须适应现代学生发展观的需要，不断改进教师基本功的要素，才能最大化落实体育教学教育的目标的达成。参与杭州体育论坛会上，教育部袁贵仁部长指出：

"随着基础教育改革的不断变化，教师迫切需要不断创新教育理念，适应以学生发展为本的新观念，提高将知识转化为智慧；将理念转化为方法的能力，适应综合性教学、研究性学习，实践性教学的新要求，提高将学科体育知识，教育理论和现代信息和促进学生道德，学识和个性发展的综合水平"，既要做"经师"，又要做"人师"，对现代体育教师提出特别的要求和对体育教师教学基本功最好的解释。

(五)现代化媒体手段运用合理

时代的发展，塑造时代学生思维和学习方式变迁的变化，只有适应现代学生发展的需要，才能在体育教学领域走得更深、走的更远、走得更高。教学利用多渠道的媒体手段，可以拓展学生的视野、拓展学生的知识面、拓展学生能力的培养，利用媒体的热效应调动学生主体意识地学习，提高学生对体育知识、技能的认知水平，对学习体育技能、技术起到引导、渗透的学习过程，逐步生成自己掌握的体育技能，为自己终身健康掌握必要的运动技能，伴随自己一生的成长过程。

(六)体育与音乐的整合营造神采飞扬的氛围

体育教学不能孤立在自己的领域范畴，体育教学作为传授一个有效平台，利用此平台，丰富体育教学的内涵，挖掘一切可以挖掘的教育资料辅助体育教学的开展，通过观摩优秀课，大部分教师把音乐融入体育教学课堂，进行学科与学科的整合，有效的发挥整合资料的合力，让体育教学环境更加优越、更加宽松、更加快乐。让每一位学生在音乐的环境中，身心投入体育教学的学习中，学生不知不觉的走进学习体育的知识、技术的教学环境，生成自己的技能。

(七)平等和谐的师生关系促进课堂的活跃的交流氛围

人类的教育活动起源于交往，教育是人类一种特殊的交往活动。我认为没有沟通不可能有教学，失去了沟通的教学是失败的教学。我认为教学过程是师生交往、积极互动、共同发展的过程。通过优秀课的观摩，发现师生之间交流的频率非常高，通过交流，教师可以获得学生学习的信息(哪些方面掌握了、哪些方面存在的问题)，反之，学生也可以通过交流，获取教师的指导、帮助，改进自己存在问题。在下校调研听课中发现，教师与学生之间的交流的问题比较少，比较单一，只是把重、难点，讲解清楚，学生基本掌握技术技能，但是，学生的潜在意识问题没有解

决，只是存在技术层面，学生学习感受、学生内心存的疑问没有得到解决，要求教师主动与学生进行沟通与交流，师生之间不要存在屏障，师生应形成一个“学习共同体”他们都作为平等的一员参与学习过程，进行心灵的沟通与精神的交融。

四、借鉴优秀课“闪光点”提升体育常态课规范化、标准化，落实教学实效性

通过在天津市中小学“学科领航教师培养工程”中的学习，对学科改革有了充分的认识和提升。利用优秀课闪光点和改革的新思想落实差异性学生的培养，同时，要让体育课堂充满欢声笑语，愉悦身心，情感释放，陶冶情操。

（一）提升教师基本功综合能力，注重课堂“灵活多变”

常态课是锻炼每一位教师能力的基础平台，是锻炼教师对课堂教学内容决策的实践应用的处理过程，处理过程必须根据课堂进展的实际情况和预先设计进行有效结合，灵活多变，使课堂更加有鲜活力，更加有朝气，更加有生活情趣。上好一堂精彩的体育常态课，考验每位教师多方面的才艺，把自己的才艺利用平台和教学内容展示出来，需要教师开拓自己综合素养能力，能力培养需要不断积累，才能为逐渐形成自己的教学风格奠定基础，才能使自己教学的成长之路走得更远，走的更高，走得更具有时代感，走得更贴近学生的未来发展。

（二）结合体育核心素养内涵，创新体育教学设计

十九大提出的教育方针和教育精神，对教育提出更高要求，优先发展教育事业，努力让不同学段的每个孩子都享有公平而有质量的教育，提升有质量的教育，设计学校多层面、多空间、多角度高质量构建体系，学科课程高质量教育是其中之一，如何通过学科课程对学生进行高质量育人培养，要求体育教师明确学科核心素养的内涵建设，明确不同学段核心素养的培养目标和不同教学内容培养人格，做到有效衔接，层层为学生育人培养铺设轨道，这要求在平时体育常态课中创新

体育教学设计，以学生的发展作为核心素养培养的中心，围绕学生资源开展课程内容的设计。

设计的教学内容构建师生学习的共同体、教学交流对话是课堂活动的主旋律，课堂的交流对话开展得如何，不在于对话时间的长短、次数的多少，关键在于对话的效果。抓住体育教学内容的实质性、重难点解决策略和教学方法的应对等，对话交流目的服务于体育教学技术、技能内容学习需要，有话则长，无话则短，不能为对话交流而对话，对话交流可以阐述不同的观点和看法，了解每位学生学习的进度和幅度，每人的感受是什么。常态课的需要教师精心准备、精心思考、精心构思、精心推销、精心反思。抓住教学的灵魂，抚育未来的花朵。

（三）加强教师专业水平素养培养，丰富教学资源辅助教学实践内涵建设

体育教师必须具备专业性的技术动作技能和表达能力、对问题有专业视角的研究科研能力、娴熟地现代化信息技术能力、有效协调人际关系与沟通表达能力、问题解决即行动研究能力、创新思维与实践能力的结合能力、体育教学反思和自我发展能力。教师内涵的建设和培养有利于教学研究的发展，一堂课上得是否精彩，从侧面可以看出每位体育教师能力和教学的思想以及对教学内容的理解的深度和广度，俗话说“艺不压身，体育教师多才多艺，专业能力精通，才能达到炉火纯青的境界”。体育教师既做“经师”又做“人师”，才能成为真正学科领航的工程师。

（四）强化教学过程环节，注重教学“实效”，提升体育教学质量

对于常态课而言，只有每一位体育教师清楚了解不同教学环节元素，才能掌控教学过程，做到有序、有效、合理、科学地完成教学任务，不同教学环节之间既要有联系又要有不同环节的特点，突出不同环节的教学内容教学的特色和教学内涵，引起学生对不同教学环节内容的注意和新鲜事物的刺激，激发学生主体性参与课堂的教学。实效性的落实是否到位，要看学生的表现和情感的变化，也就是说，每位教师认真研究学生在不同环节学生的外在表现，通过交流了解学生内心的变化以及知识、技能掌握的情况。过程环节设计多方面元素，不要简单认为课的

准备环节、基本环节、主体环节、结束环节，这只是一个框架，是一个层次，这就好比一棵大树的主干和枝杈，从表面看只有形，没有神，要想大树给人一种茂盛之感，必须有生长的枝和叶的外在衬托，叶和枝的生长需要土壤的营养和阳光等，只有外在变化和内在的了解才能引起学生心理的变化。枝和叶好比是教学环节内在的细小环节，营养和阳光等是解决细小环节策略和方法。只有充分对教学环节元素之间的合理衔接和灵活多变的策略，才能使教学过程环节内容的实施做到心中有数，心中有目，心中有思，心中有新，心中有变。把教学内容环节的内涵运用体育教学舞台展示出来，同时展示每一教师才艺，创建师生之间和谐的学习共同体。

五、结论与建议

(1)借鉴优秀课中精髓的策略和方法，再融合教学改革的新思想于常态课教学中，与时俱进，强调体育教学内涵的创新和发展。

(2)教学资源的多样化、情趣化、生活化，在常态课体育教学中扎根发芽，同时，注重教学内容的研究和学生的研究，以研带教，以学带教，注重学生核心素养的培养。

(3)建构体育常态课思维板块，在不同层面，不同空间为学生构建学生学习平台，调动学生主体意识的参与，落实体育教学的实效性，提高体育课堂教学质量。

(4)大力开发时代网络数据，拓展学生的视野，引起学生的兴趣和好奇心，激发学生主动学习的意识，提高学生不同学段认知水平。

(5)体育教师综合专业能力是落实常态课的一把“金钥匙”，“金钥匙”是打开“锁”最直接的方法。体育教师要与时代发展同行，抓住时代特点融入体育教学。

(6)每一位中小学体育教师既做“经师”又做“人师”，才能成为真正学科领航的工程师，要求教师利用常态课的舞台作为研究性教师成长的有效机制。

课堂转型　践行学生体育学科核心素养

天津市佳春中学　王青华
天津市九十二中学　于飞

摘　要：随着新一轮体育课程改革的推进，如何发展学生的核心素养，如何在体育课堂教学中落实体育学科核心素养，是广大体育教育工作者面临的问题。只有体育教育工作者明白、了解体育学科核心素养的内容是什么，再结合体育学科的特点，通过学科核心素养要反映出学科最基本、最重要、最具有特性的特质。我有幸参与天津市高中体育课程标准研讨，基于学科核心素养，从不同的维度描述素养的内涵。对于如何利用体育学科发展学生的核心素养，我认为对于一线体育教育工作者关键点还是课堂，只有进行课堂转型，才能使学生具备适应一生发展和社会发展的必需品格和关键能力。课堂教学转型要促成学校把课堂中的教师、学生连接成学习共同体。

关键词：体育核心素养　课堂转型　共同体

一、体育教师是课堂转型的推动者和探索者

体育教师是发展学生核心素养的推动者，是目标引领下利用教育内容、使用教学内容方法，达成目标的探索者，体育教师的培养是学生体育核心素养构建基石。

(一)努力转变教育观念和教学思想，做课堂转型探索者

实现课堂转型关键在教师。无论是教学目标的确定、教学内容的选择、学习情景的创建、教学方式的运用、学习方式的指导，关键都在教师为了实现课堂转型，教师必须不断在课堂教学实践中探索，用先进的教育观念和教学思想，指导自己的教学实践。

(二)努力在教学实践中尝试、探索，增强践行课堂转型的信心

实现课堂转型，关键在教师寻找实现课堂教学转型的困难所在，寻找困难的办法。例如：一个班当中学生运动的能力、素质的基础、获取学习的能力等因素存在差异性，用统一的教学要求做单向的知识和技能的灌输，即使教师能“高效”的讲授，学生未必能高效的吸收，甚至有的学生根本无法掌握技术技能。平时，体育教师除了根据学生的学习能力调整教育要求外，还研究如何有效地组织学生，在课前、课上、课后，让学生教学生，让学生帮助学生，把学生之间的水平差异变成教育资源。让学生在课堂上学会合作学习，交流对话，给学生更多主动积极学习的时间和空间。如初中篮球教学中，对于学习胸前传接球技术，普遍教师对教学内容的处理、讲解越是精到，讲得越多，对学生来说，参与体育教学的机会越少，参与的程度越浅，而技能的形成、神经系统反应度、学生的应变能力等因素得不到提升，学习能力、思考力强的学生的学习潜力将得不到更好的发展，上升空间在无形中被限制。学生只有在传接球实践中探究学习，才能引发学生深度学习与思考，经过思考后解除了困惑，才会感受到学习的愉悦，这样的体育课堂教学才是真正转向发展学生学科核心素养的轨道上来。

再比如：老话题“先学后教，先教后学”不在于学和教时序的“先或后”根据体

育知识的问题、技能难易程度和对学生能力培养的发展点进行分析教与学的先后。学习高抬腿技术练习,可以让学生自己主动观看微课,自主练习,体育教师只对存在的问题进行指导学习体现先学后教。学习篮球战术"二过一",通过观看微课和演练示范,让学生形成表象,了解如何跑位、如何传球、传球的时机等,在教师的指导下完成,分组练习后,学生会产生这样或那样的疑问,通过讨论与交流的主动学习,锻炼学生解决问题能力、合作能力、探究能力体现先教后学,不管采用那种方式,都要以发展学生的能力为着眼点。

(三)营造体育教学课堂对话交流氛围的方法和养成交流习惯的方法

体育教学无交流谈不上教学,通过交流(语言、行为动作、表情等)互相传递信息,从中获得自己所需,提升学生主动合作学习、主动探究与交流。体育教师敢于放手,组织指导学生开展体育教学活动,在对话交流中,可能暴露出较多的学习体育知识和技术、技能的问题,提出较多的质疑,这些都是教学的资源,教师从倾听和观察中可以把握学生学习的心理、学习进程和存在问题。

(四)提高体育教师专业能力是实现课堂转型的保证

1.教学道德(师德表现)

体育教师专业素养能力一般包括教学道德。立德树人是当前教育的总体目标,要培养下一代有德行,教师就应该先有德行,而教师德行的根本就是要引领学生健康成长。

2.教学能力

体育教师教学能力包括对教育改革政策、法规、课程标准、核心素养等知识的认识能力和理解能力;对教学理论、方法的掌握以及运用的能力和课堂教学基本功(示范讲解语言技能、组织技能、教态变化技能、提问技能、反馈强化技能、运用现代技术的技能、综合评价技能、教学设计能力等)例如:培养和发展学生的学科核心素养,体育教师学会基于体育核心素养的教育单元的设计,不仅仅是体育知识点传达与技能训练的内容有效合理的搭配, 而且是体育教师基于学科素养,制定出体育教学目标与主题而开展的一系列的教育探究活动,基于体育学科核心素养来安排和设计课堂教学,形成结构化的教学单元。

3.教学科研能力

培养体育教师在体育教学活动中去发现问题的意识和解决问题的能力，只有体育老师有发现问题的洞察习惯。教学中的问题才会一个个出来，才能可能解决，发现问题是不容易，解决问题则更难，要有坚定改革的信念，要知难而进，努力在教学实践中尝试、探索、增强践行课堂转型的信心。

二、课堂转型必须研究课堂中教学因素

教学目标、教学内容、教学组织、教法、学法、教学评价、师生关系等方面，要求体育教师基于核心素养视野下，精心进行教学设计和活动内容组织等。

(一)构建学习的共同体的平台

例如：在课堂教学中，教师和学生形成教学共同体，共同面对统一学习体育知识和技术技能。对于讨论的问题的见解和观点，有共鸣，也有不同。学生会有质疑，这需要师生共同体的对话来完成交互的信息交流。互相尊重、信任是师生在教学共同体舞台交流和沟通保证。

1.教学交流对话是课堂活动的主旋律

教师和学生的对话、交流是学习共同体的重要体现。通过对话，教师可以把自己对体育教学的知识、技能技术的理解、认识与学生分享。通过对话交流，学生可以展示自己对教学学习的理解和认识。师生之间可以彼此了解，分享对教学内容的理解。如：学习武术优秀学生可以用自己学习方法和心得帮助未掌握的学生，同时，可以提高自己更清楚的理解武术精神、更好掌握动作的要点、动作攻防的作用和目的，把武术真正的真谛展示出来，不要只存在学习武术动作的层面，必须深入的研究武术的内涵，对学生内心的修养的渗透。

2.课堂交流对话重在效果

抓住体育教学内容的实质性、重难点解决策略、教学方法的应对等，对话交流目的服务于体育教学技术、技能内容的学习的需要，有话则长，无话则短、不能为对话交流而对话，对话交流可以阐述不同的观点和看法，了解每位学生学习的进度和幅度，每人的感受是什么。

(二)研究课堂学习体育活动的设计组织

学习体育活动的设计，要明确目的，要精心设计活动内容、任务、活动的组织形式、活动开展的方法和步骤。学生可以在体育教师提供活动设计框架中主动尝试探究学习，在“练中学”体验学习成功的愉悦。课堂转型，要重视学生学习活动的设计和组织，但是，不能为了活动而活动，学习活动设计组织基于核心素养进行有针对性、有效性的精心设计安排使教师的行为和学生行为和谐统一，形成教学共同体，才能发展学生核心素养的培养。

(三)探究基于体育学科核心素养的问题解决的教学设计

基于问题解决的体育教育，以问题的发现和解决为线索展开授课活动，基于问题解决的授课，是以问题和解决为主的教学。不同体育项目的教学设计组织思路是在教师的策划下、指导下、引导下和支持下，学生积极主动的参与体育知识问题和技术技能问题的发现，提出问题并解决，在探索问题解决的过程中学生获得技术、技能新知，建构学生自己体育知识过程，逐步转化、生成自己的技术技能过程。

三、结论与建议

(1)课堂教学目标从单纯的体育学科知识和技术技能的传授的培养转换为学科核心素养发展的轨道上来。

(2)课堂转型为体育课堂增添活力，让学生活动成为课堂教学中心，教师要把精力从专注自己的讲授转换到精心组织学生的主动与合作学习上来。

(3)课堂转型教学活动的设计、组织、评价中，要尊重学生主动学习的权利。平等对待，帮助学生学习，形成共同体一起参与课堂的学习活动，构架有效对话交流的舞台，实现教学相长。

(4)课堂转型关键一点是体育教师专业的成长，教师道德、教学能力、教学科

研能力,这三点是落实课堂转型主观的因素和关键点。

(5)探究基于体育学科核心素养的问题,解决课堂的教学设计,逐步在体育教学过程中渗透核心素养问题,核心素养的培养需要漫长的过程转化,体育教师需要建立转化的信心、信念,为了学生的一切服务。

精准化教学内容与中学生体育品德融合的实验研究

天津市扶轮中学　李斌

摘　要：培养体育品德对学生体育核心素养培养是很重要的，现在培养中学生体育品德的力度不够，致使体育品德对于现在的中学生来说比较匮乏，所以加强中学生体育品德教育的培养是很重要的。本文通过对我所任教的初一年级男生体育教学的开展，阐述了精准化体育教学。有意识的培养学生的体育品德，使他们获得自尊自强的心理状况；顽强勇敢、坚韧进取、主动去克服内在和外在的困难；自我挑战、追求卓越的意识；对规则的遵守，对对手的尊重，使他们具有公平竞争的意识和行为。

关键词：体育品德　精准化体育教学

一、研究目的

体育教学应该是以身体的练习为主要的手段，进而全面的发展学生的身心。体育教学和文化课教学不一样的地方就是体育教学的过程是在活动中进行的。学生在体育活动的时候，他们身体的各个方面都要参与进来。这就要求我们体育教师要有与时俱进的意识。要根据体育教学的独特性积极思考，取用得当的方法，对

每一个学生进行体育品德的培养，让体育教学中始终都贯穿着体育品德的培养。为了每一位学生的健康品德，在全面实施体育教学过程中发现很多学生的心理素质、团队意识、规则意识很差，为了改变这种趋势，增强学生体育品德，我试图通过在体育教学中有意识的培养学生的体育品德，来提高学生顽强勇敢、坚韧进取、主动去克服内在和外在的困难；自我挑战、追求卓越的意识；对规则的遵守，对对手的尊重，使他们具有公平竞争的意识和行为。

二、研究时间、对象

(一)研究时间

2019 年 12 月—2020 年 12 月。

(二)研究对象

所任教的初一男生。

三、培养途径

体育核心素养在教学设计中如何渗透，教学设计是实施体育核心素养的指挥棒。通过设计让体育教师抓住体育核心素养和教学设计之间的内在联系，从中探究体育核心素养在教学设计不同环节的策略和实施的方法。进而对我所任教的学生在体育课堂中进行体育品德的培养。通过我在课堂的引导，引起学生的兴趣，让他们知道体育品德的意义和重要性，以促进他们体育品德的养成。

(一)优化单元教学设计，落实体育核心素养的教学目标

单元教学设计的优势，对一个运动项目的教学进行整体设计，有助于学生系统学练一个运动项目，在一段时间内集中学练一个运动项目符合学习规律和运动

技能形成规律。初中学生要学的运动项目相对较多,单元教学计划的课时多少为宜由学生认知能力水平和素质水以及学校决定,不同学生的认知能力水平、运动基础和兴趣爱好决定了所教的运动项目应该有多少学时组成为宜,需要教师团队根据学生实际和学校未来发展进行研讨,设计某一运动项目的单元教学课时。单元计划课时设计必须对学生学习能力的提高有发展性、科学性、延伸性,让学生掌握一项以上的体育技术和技能来伴随学生未来的成长,作为终身的伴侣,塑造学生体育的人格。例如:我所教学生在50米的测试中大部分学生的成绩很稳定,但并没有一个明确的前进目标,课余时间也不会自己进行专门性的练习,无论自己的成绩是好是坏,都能够坦然接受,自强精神明显不足。

在上课的时候,我对能力不一样的学生设计不一样的目标,让所有能力不同的学生都能够"吃饱",这样就使他们的学习热情高涨,也让他们的水平逐渐的提高,而水平的提高也让他们对自己更有信心。而我在这时及时的对他们进行言语上的鼓励,更激发他们的学习热情,使他们不断的想是自己的成绩更好,这样加强了他们的自强心。

(二)树立学生信心,提升勇敢顽强、克服困难的能力

在体育锻炼中如果学生的体育品德好,那么课堂的教学效果就好。我在课堂中常对学生说:"你们会做的更好,你们一定行",有了好的体育品德,就有了好的课堂氛围,就有了好的学习兴趣。在课堂上我注意多鼓动大家的情绪,激励学生去主动学习。当学生有一点尝试和进步的时候,我及时对他们表示肯定,使他们的学习热情始终高涨。针对不同层次的学生,用不同的方法培养他们的体育品德,坚决不用惩罚这样的消极办法。在一些练习中,我也多多参与,和学生一起锻炼。比如,在一千米跑的练习时,我和学生一起进行,他们看到我都在跑,所有不想练习的孩子也都认真参与了进来,这样充分调动了他们的积极性,成绩和挑战困难的能力也得到极大的加强。

我觉得学生无论在学习的时候还是在日常生活里,都有可能会遇到这样或者那样的障碍,面对障碍时他们应该具有勇于跨越障碍的品德。而我所任教的初一男生这方面的能力是什么样的呢?我在课堂教学中发现,实际现状并不令人看好。比如说在1000米跑的教学中,我校是200米一圈的场地,很多的学生在跑到

第3圈的时候，因为心肺功能的问题很痛苦，面对这样的痛苦，有很多的同学不跑了；在跨栏跑的教学中，有很多的学生面对障碍不敢跨越。我们教师在面对这样的教学问题的时候，积极的引导至关重要。因为造成学生不敢或者放弃的原因就是他们的自信心不足，持久力差。那么，就需要教师根据学生实际情况，通过多种方法的练习，如一些专门性的器械练习和游戏等，在学生不知不觉的情况下强化其身体素质。此外，我还有目的的设计了不同难度的教学目标，让学生从低难度的目标逐渐向高难度的目标过渡。这样，就使学生的自信心逐渐的建立，从而获得最终的成功。

(三)不断提高，追求卓越自我

其实，学生在学习和生活中是想追求卓越的，也就是我们常说的希望自己获得更大的进步。而现如今，因为毕业考试的需要，更多的学生希望自己在文化课成绩方面获得更大的进步。而高考中没有体育考试的项目，所以学生对自己体育技能的学习和身体素质的发展不是特别重视。虽然大部分的学生和家长，包括文化课老师也知道身体锻炼很重要，但是实际操作的时候，用来让学生锻炼的时间很少。我认为在学校这个环境里，虽然有各种各样的体育活动，但是都有其局限性。比如学校的运动会是可以提高学生的运动兴趣，展示学生运动能力，让学生在运动中发现卓越自我的一种形式，但实际情况是什么呢?时间上不是很充裕，因为每次的运动会都在1天就的结束，很多项目都不能设置，场地也不允许有些项目的开展，很多学生擅长的项目都不能比赛。而且在可以参加的项目上每个班级都只能几个人参与，很多学生不能参加，使更多的学生沦为观众。所以我发现这一问题后，积极思考，在我上课的时候，在教授完新内容后，多根据不同的内容设计多种多样的比赛，这样也可以作为对学生上课内容的一个验收，而学生很高兴，因为他们每个人都有可能成为这节课的“冠军”。经过一段时间的操作，对学生发现卓越自我、追求卓越自我的效果非常好。

(四)教师言传身教

教师自身在体育教学中的形象对学生来说是很重要的，如果教师在课堂上很有感染力，那么学生就更愿意投入到教学中区。在课堂教学中，我每节课都做标准的示范，我认为教师准确、标准的示范不仅仅是技能技巧的显示，还应该用自己的独特的魅力去感染学生，在潜意识里告诉他们，这个活动项目他们一定可以做的很好，这样学生就会很有信心，哪怕他们开始有一点恐惧的心理，慢慢的也在教师的感染下消失的无影无踪，让他们的运动水平和挑战困难的能力获得很大的提高。对于个别差生，我们更应该为他们树立起标杆和榜样，这个榜样对他们来说不是遥不可及，就在他们的身边，教师就应该快速准确的找到差生身边的榜样，去激励差生好好练习，使他们的能力得到提高。

(五)胜不骄，败不馁

学生品德和修养的重要体现之一就是学生的一种人生态度，那就是胜不骄，败不馁。如果学生在对待胜负的时候，能够端正态度。心态客观合理，那么以后他们走向社会就会更好融入。我对我任教的初一六个教学班男生组织了一场4×100的接力比赛，通过赛后调查学生对待胜负的心态问卷中发现。赢得比赛的班级高兴的占80%，不高兴的占2%，认为需要继续努力的占14%，无所谓的占4%。而输了比赛的班级不高兴的占68%，认为需要继续努力的占23%，无所谓胜负的占9%。从而可以看出，学生对胜负还是很重视的。这一结果说明，我们老师可以利用学生的胜负心理去合理的安排教学内容，进而引导学生们去端正对待胜负的思想态度，使他们胜不骄，败不馁。

(六)团队配合，找准角色定位

文化课的教学主要通过学生在学习时的思维活动来掌握教师所传授的科学知识和技能，而我们体育教学的基础却是以师生共同的思维活动为主，以身体活动为主要手段来锻炼身体。让学生自我的感觉来承受一定的生理负荷，在生理负荷和外界干扰的情况下所表现出来的各种不同的行为和思想。体育教学的科目不少，不同的科目所培养的意志品质也不一样。如球类运动，就是一种集体合作的科目，能培养学生强烈的取胜愿望、很强的纪律性和团队感、以及勇敢拼搏、协同配合的意志品质。如田径项目难度大的，技术含量高，比如说跨栏、跳高等项目，可以培养学生自我超越、勇于挑战等意志品质。如每节课必做的队列练习，可以培养学生的团队感、服从性等意志品质。所以，针对学生需要培养的品德，选择不同的练习项目，合理的安排教学内容，是我们体育教师应该思考的问题。

我校是一校一品篮球特色校，在我的教学内容中更多的引入篮球教学，因为

我觉得在篮球比赛中需要学生更多的相互配合,可以很好的让学生在配合中找到自己的位置,发挥自己的力量,可以很好的培养学生的体育品德。在篮球比赛中,球员的角色分为中锋、大前锋、小前锋、得分后卫和控球后卫。在体育课教学中我让学生自己分析自己到底适合哪个位置,让他们有意识的根据自己选择的位置进行专门性的练习,在一段时间后,把他们组织在一起进行比赛。而在对我所任教的初一年级篮球比赛的6个教学班的了解中,我发现在开始比赛的时候只有1个班的同学在场上明确自己的位置、2个班的同学场上位置不是很清楚、3个班级的同学完全不清楚自己在场上的位置。通过一个月的教学比赛显示,学生在场上能够根据自己的能力担任不同角色,分工明确、各司其职,通过默契的配合,最终赢得比赛。这和学生平日练习中了解自己的个人身体素质和技术动作特点,找准自己在团队的定位,默契配合是分不开的。

(七)制造学习困难培养学生的意志

学生不应该是"温室里的花朵",如果他们拥有很强的意志行为,那必然要经历一些困难的处境。所谓"吃得苦中苦,方为人上人"。因此,我在体育课堂教学中有意识的创设一定困难的学习氛围,比如:不好的天气情况;不太平坦的场地等情况;利用得好也能培养学生勇敢顽强、不畏困难的意志品质。教师还要引导学生与困难作斗争,不要让一些小的身体不适、难度较大、挑战性较大的科目,吓退了学生。因此就得让他们不怕经受挫折,有勇气去努力尝试,这样才能让他们真正的获得较强的意志品质。

(八)遵守规则、文明礼貌、尊重他人、公平竞争

学生在体育活动中如果有遵守规则、文明礼貌、尊重他人、公平竞争等这些优良品质,那就意味着他们具有良好的个人修养和品德。学生在体育发展的过程中不仅要注重个人身体素质,更需要培养良好的体育精神。我们在体育教学中应该把大量的精力和时间用于培养学生内在的体育精神和品德教育上,而不应该只是注重发展他们的身体素质和运动技能。不能助长部分学生有功利主义的倾向,要让他们有遵守规则、文明礼貌、尊重他人、公平竞争的意识。这样发展下去,结果才能令人满意。我们体育老师在自己上课的时候,要把体育品德作为上课教授技能的重要基础,让学生都拥有优秀的体育品德,才能使他们拥有健康的心理,优秀的

品德。

(九)优化课时教学设计,围绕体育核心素养为核心

优化教学设计是培养学生体育学科核心素养的重要一步。现阶段学生体育学科核心素养较差的原因主要是教学目标不明确、内容缺乏系统性、教学方法沿袭传统、评价方式单一、教师专业素养有待进一步提升。通过教师的引导,注重学生学法的研究,使学生具备掌握体育学习方法,提高运动能力、形成健康行为与培养体育品德的能力。在初中体育教学过程中,应着重对学生学法进行引导,注重发展学生能力,重视提高学生自主学习、探究学习和合作学习的能力。有助于调动学生的积极性,提高教学质量,实现教学的内化。体育教师的指导表现为学生进行体育与健康实践学习创设复杂的、变化的、真实的学习活动与学习情境,引导学生在自觉自主的体验性学习中培养解决问题能力、合作精神、交往能力、学会学习等。

围绕体育学科核心素养进行教学设计,是培养学生核心素养的前提与保障。实施教学是学生核心能力的培养主要途径,我认为主要体现在教师的专业核心素养的素质和课堂教学设计的实施上。在课堂教学中有针对性的培养学生运动能力、健康行为、体育品德,是对教学设计的践行与补充。从教学设计的制定到课堂具体实施的转化,需要教师在实践中不断尝试、检验、创新。

四、结论与建议

综上所述,通过对我任教的初一年级男生一个学期的体育课堂教学发现,学生在体育品德培养发展方面还有很大的提升空间。体育与健康课程作为一门生命教育和生活教育的课程,符合学生好动天性,可以凸显学生的健康、快乐、活力与激情,是最重要、最有吸引力的活动。体育教师应更多地创设贴近学生和运动实际的体育活动与健康生活的真实情境,将学生体育与健康课程学习与解决真实的生活中体育健康问题有机结合,更多地关注体育与健康课程内容与学生身心发展需求紧密结合。而体育品德作为中小学生体育核心素养的重要组成部分,起着至关重要的作用。在体育课堂的教学中,我们教师始终应该是主导者的形

象，而所有的教学都是通过我们体育教师传递给学生。我们体育教师在课堂上对学生进行思想品德教育的时候应该把德育、体育结合起来。在教学过程中，我们应该根据学生的不同特点，从实际出发，因材施教、认真备课、精心设计，切实把德育放在第一位。用我们热情的工作态度、过硬的业务能力、创新的工作理念去发掘体育教材所蕴涵的德育因素，使学生都具有优秀的体育品德。

参考文献

[1]王仕刚. 浅谈体育与健康课堂教学中培养学生的意志品质[J].读写算（教育教学研究），2012（33）：342.

[2]邱冬英. 浅谈体育教学与学生的意志品质培养[J]. 华章，2010（30）：153.

核心素养视野下有效分层教学促进学生自主发展

天津市佳春中学　王青华　郑吉庆

摘　要：素质教育和新课程改革。都要求面向全体学生，促进学生身心素质发展。通过平时的体育实践教学的研究、文献资料的查询以及阅读有关的书籍，在培养学生的过程中要求每一位体育教师要尊重学生的个性差异，有效地进行分层教学，做到学生分层、目标分层、教学活动练习分层、教学评价分层等，让学生分层达标所练习的体育技术技能掌握的程度，从而使不同层次学生享受到学习的乐趣，体验到成功的喜悦，从而促进不同层次学生的自主发展。

关键词：尊重个性差异　分层教学　自主发展

无论是素质教育还是新一轮的体育与健康的新课程改革，都要求要面向全体学生，促进学生的全面发展。学生之间必然存在着个性差异，有效分层教学，递进提高，无疑是解决这一难题的一种较为理想而又可行的教学策略，通过分层教学，挖掘每一位学生的潜质，激发学生内在动力源泉不断涌出，使每一位学生的成长过程都受益，学生的个性才华得到充分的展示和发展，有效的提高体育课堂活动生机，在每一位学生的脸上流露出灿烂的笑容和成功的喜悦，促进学生体育核心素养的发展，为学生终身发展奠定基石。

一、学生自主发展的前提是对学生进行分层教学

学生学习的能力水平、理解能力、心理素质水平、运动的能力水平、运动素质的基础水平、对技术技能认知的能力、学生之间有效合作交流能力等,每一位学生学习成长的发展是不平衡的。如何对不平衡的现实存在的问题进行有效解决,给我们每一位体育教师提出一个尖锐的课题,如何攻克这个课题研究,必须从学生资源的情况入手研究,学生情况研究清楚,才能有利于教学有效的开展,这就要求进行学生分层策略研究。如:在我们平时的体育教学过程中优先考虑全体学生的体育知识、技术技能的掌握情况,通常导致教学知识、教学技术技能的基本化,教学速度缓慢化、教学方式因循守旧。“像赛马一样的教育”,让我们把注意力更集中在终点上,而不是整个赛程。但是,每一位学生更关注于学习体育技术技能的过程,过程给学生带来受益匪浅的知识和技能宝库,学生可以利用自主学习到的知识和技术技能去追求新的知识和体育技术技能,将新颖的想法付出实施,学生自主的发展才能打开快乐的空间,追求自己的向往。对学生分层重点从四点考察,划分学生将来发展方向:

(一)平时注意观察

不要过于依赖学生体育考试的结果分数,它们可能会误导你的判断。如:在我每学期初,使用备忘录作为一个指引,更多的依赖学生们的行为和所说的话做出判断,还要观察学生如何表达自己。我的一个女学生体质偏差,信心十足、有勇气、不服输和交际能力很强,属于潜力股,定性为激进的学生。经过三年历练,成为学校运动的标兵,体育中考满分。

(二)要事第一

作为一名体育教师,肯定有自己的一套行事优先原则,且很少打乱他们的顺序。搞清楚这些事你需要投入多少时间和体育有关的教学资源,然后看是否能找到一种方法为你的学生提高更多有效的拓展教学的挑战内容,激励学生进步。例

如:传授学生篮球防守技术时发现学生脚步移动比较慢,学生腿部力量和爆发力稍弱,采用足球拓展游戏多样化,改变学生移动慢的问题,内容不同,内涵相同。

(三)挖掘学生天赋

正如所有学生一样,每位学生是都是个人主义者,他们可能在体育方面获得极高运动的分数,也拥有极高的运动能力水平,经常会想出一些非同寻常的解决方案。作为一名体育教师必须成为一名敏锐的观察者,发觉他们身上的特性---兴趣、学习风格和习惯。如:米古莉同学,素质中等偏上,跑速中上。但是,她跑的节奏、栏间技术和跨栏技术非常优秀,是可塑之才。只是需要对存在的问题进行有针对性良方妙药的实施。她最终取得市级初中乙组 100 栏 2017 年第二、2018 年第一的成绩。因此学生是否是金子,需要教师有一双慧眼。

(四)投入学生关注

我认为平时的体育教学工作中,关心、关爱学生,会使有希望获得成功的孩子积极投入到学习和生活中,这似乎是不言自明的。在我平时的体育教学有很多实例,小小的善举就可以带来巨大的改变,投入一点时间去关心某个学生所重视的兴趣和爱好,并且赞同他的想法,就可以消除之间的陌生和隔阂,这是任何方法都不能办到的。

二、为学生量身制定合理的目标分层

对于每一位体育教师来说,怎样帮助学生按优先次序排列目标,在有效的时间内完成体育教育教学课堂任务,调整他们的学习和掌握技术技能的速度。他们彼此之间存在区别,而他们的需求是不同的。对于学生的成长和进步来说,至关重要。体育教师为学生提供更多辅助性的资源帮助,扩大学生知识面和视野。并且提供学生们感兴趣的、能够激励学生学习帮助的教学内容,一切从学生需求出发,发挥学生学习有效的最大值,培养学生体育核心素养的内心成长。

(一)给学生一定的自主权和选择的空间

体育教师尝试给学生提供多种选择,来表现他们知道和理解的知识。从体育教学课堂上灵活运用辅助的教学材料和方法,使学生每人都受益。例如:从单一技术到组合技术,他们使用教科书、网站、视频录像、偶像博客等途径,探寻自己所需,在与实际操作有效的融合,提升学生学习速度和进步的程度。

(二)为自己设立目标,有计划学习步骤

给学生机会,需要亲身体验为自己设立目标。我认为设立目标对学生的自信和成就感有重要的影响,学生满脑子是想法,身体精力充沛,需要积累经验、开发技巧,将长期目标划分阶段性短期目标,有两个优点:第一学生可以将精力和能力集中,否则可能会分散;第二学生可以用一种实际方式来估量自己的进步,提高效率。

(三)兴趣是学习动力的催化剂

开学初,对学生进行学习情况调查表,将有助于确定学生对什么体育教学内容感到好奇,以及学习的动机,尽可能地去理解这一好奇心,作为一名体育教师你起到关键作用,不仅要鼓励学生的兴趣,还要将这些兴趣与体育教学计划的教学单元联系起来,还要帮助他们发掘新的兴趣,兴趣是学生主动学习的动力和源泉。

(四)结合现代科技,架起一个有力桥梁

吸引学生的眼球,引起学生的注意,将教学内容研究的问题与真实的世界有机结合起来。互联网的灵活性,为学生提供了丰富且多种多样的学习选择,智能演示版、博客、电子邮件、微课、多媒体播发器、软件程序等多种方式增进学习体验,科技给学生提供可以使用且范围广泛的资料和学习机遇,这可能是其他方式永远也不能相比的。

(五)鼓励自我评估

经过一段时间体育知识和技术技能的学习,体育教师帮助学生反思所学到的东西,平时教学中要求学生写一段文字或列出一个列表,表明学生从一堂课或一

个单元中学到了什么,帮助学生了解自己的进步,并认识到这一进步,激励学生继续前行。例如:标准清单,列出某一项目要达到标准,帮助学生监控学生的进展,并且不因其他兴趣而分心,避免花太多时间在一个项目上。

(六)微妙的调整,换来最大的收益

在我平时教学工作中,尽可能地照顾学生的需求、能力和兴趣。尽管有自己的课程任务目标,必须坚持遵守,不妨尽可能地找到可以做出调整和拓展的地方,不妨考虑循序渐进的做出细微的改变。如:亲身尝试某个教学方法,而这个方法需要较长时间的策划和调整,我认为,可以在一个充分了解的教学单元上实施研究。

三、满足学生的需求,教学活动内容分层,促进学生自主发展

(一)初始阶段策略

学习是相互关联的,尝试将学生的兴趣、生活体验与体育学科联系起来,能够做到这一点的体育教师,对学习的关联性最有体会。在对新的体育思想、活动和技能产生兴趣的过程中,尽管体育教师不能让学生爱上每个体育项目,但可以在学习环境中创造出所诱发创造力的要素,以应用为核心,实际且多种多样的资源服务于学生,把重心放在这些方面。

1.对正在进行的工作进行调整

可以根据学生的需求做出计划调整,把重点放在教学内容、过程和结果上。把重点放在你做出任何调整上,不论大小,对已经正在体育课堂上做的工作进行调整。如:正在教的内容、计划、安排的学生练习的技术技能等。

2.在学习进度的速度和难度方面的调整

体育教师对学生学习的速度和难度进行调整。在实践中,我发现大多数学生期望以更快的速度学习体育知识、技术技能、进攻和防守战术,运用到实战中,这

样可以把他们的聪明才智才能展示出来，调整学习速度和难度并不难，需要体育教师给学生提供难度更多的练习内容。学习速度可以根据学生掌握情况可快可慢，做到弹性动态教学，使学生能熟练掌握体育知识和技术技能、战术思想等，使每一位学生都受益，都有所发展。

3.在学习深度和广度方面的调整

针对优秀学生而言，如果他们想有所成就，有所专长的发展，必须给学生机会拓展，搭建多样平台促其成长。如；通过互联网查阅资料，如何预防运动伤害、如何提高自己的认知能力水平、如何提高战术思想等。深度和广度学习通常会成功的激励学生的好奇心，因为它是通过范围更广泛的学习形态与他们的兴趣联系起来。

（二）拓展阶段的策略

为学生创造更多的选择具有多米诺效应，可以激励学生比以前更多努力，灵活性的计划为体育课堂上每一位学生带来益处。

1.过程中内容的精简，体育教师可以帮助学生筛选知识和技术技能

体育老师要将已经掌握的技术技能摒除，针对新的技术技能细致研究学习。精简内容的原则，评估学生的掌握情况、跳过已经掌握的知识和技术技能，设计可行方案。精简使学生能够跳过他们不需要的教学，通过更适合的学习方式，把精力集中到不足之处，继续拓展他们的优势。

2.分层教学策略

课堂分层教学提供多样的学习途径，根据自己所教学生的不同能力和经验水平，可以做出调整，当正在讲授所有学生需要学习的体育基础知识、原理和技术技能时，分层教学非常有效。分层教学策略在平时体育教学应用，教师在一个体育教学单元中策划多层次教学，如果学生证明自己有能力，学生可以前往下一个较难的层次技术技能学习，可以为优秀体育学生做具有挑战性的难度技术技能练习，成为教师的助手，辅助体育课堂学习，同时有利于每位学生自主发展。

3.分组教学

分组教学是体育教师经常采用的教学手段。当学生能够与拥有相似思维、特长的学生互相学习钻研技术技能、发现问题、分析想法，学生进步非常快。分组的形式根据教学内容、教学过程学习情况、学生的情况等保持灵活性的分组，这样一来，可以调整小组的构成，来应对学生的成长和需求，分组有利学生之间的合作学习，互相之间取长补短，借鉴对方，强大自己。在练习技术技能有一定难度教学内容时，可通过新的方式来拓展学生能力，但不宜太难，通过努力能达到即可。教师根据目标分层的内容对不同分组提供指示，按照程序指导整个学习过程，但要给学生足够的空间，探索出他们自己的解决方法。清楚地简明分组中每个学生负责什么，必须要做什么，在过程结束时要提供什么结果。

4.自主学习，促其发展

在实施分层异步教学的过程中，体育课堂始终突出了学生自主学习，小组合作学习探究，使课堂教学的过程变得学生自主学习、探索、实践的过程。充分发挥了学生的主体地位。教师在鼓励、引导的同时，力争保护好不同层次学生的求知欲、指导、训练、培养不同层次学习能力，从而使每一位学生学习会学习、自主发展。例如：学习棍术，根据学生掌握情况进行有效分组，不同组有不同学习目标，本组学生之间既要合作学习又要自主练习，对棍术每个动作要点、路线、力量、方向、手法、步法的变换等需要自主观察、探究其中的奥秘，边练习边思考、创造性的发展自己。

四、分层评价考核，强大学生内心应用

教师在分层评价中“采用不同标准、分层评价：纵比为主，同层横比”的方法。不同标准、分层评价就是用不同的尺度衡量评价不同层次的学生；纵比为主、同层横比就是评价结果是强调，发展现状与历史作比较，以其在原有知识水平的进步和提高大小作为评价学生是否完成教学目标的一个基准，这是进行分层教学的一个重要的方面。

(一)分层评价应关注差异性

各层学生之间的心智、习惯有较大的差异,需要运用多样化的学生评价方法,已发展性的学生评价机制,体育教师应针对不同层次的学生采用不同的评价方式。例如:2015届九年级一班的学生学习篮球技术技能时,我把学生分为三个不同层次进行教学评价的类型,对于优秀层的学生使用“竞争评价”方法,即以高标准、严格要求进行评价,同时培养合作互助、团队作战的能力。选拔优秀学生参加2018年区级篮球赛;对于中等学生使用“激励评价”方法,即要肯定学生的学习成果,给其制定一个目标指明方向,又要揭示出不足,鞭策其发展;对于差生使用“表扬评价”方法,因为学生在学习认知方面、学习积极性都存在问题,主要采用表扬的办法。关注于他们的点滴进步并给予肯定和表扬,已消除学生的自卑感。因此,基础不一样的学生设定不一样的评价标准,教师的评价一定要以学生的实际情况为依据,以充分激发学生学习的积极性,使其用于挑战自我、超越自我、主动参与教学,展开良性竞争、进而顺利解决教学的难点问题。

(二)分层评价应用多样化

分层评价应将质性评价和量化评价有机的结合在一起,发挥其各自的优点评价其特点,全面评价学生学习过程。自己平时的教学做法,对初中棍术成绩进行评级时,注重提升学生对实际动作要领的掌握程度。在练习时,将学生分“Y-优秀学生;T-提升学生”,这种不同层次,用灵活的方式巩固学生对知识、技术技能的掌握,使学生自主地接受多元化的棍术的练习。技能水平较差的学生,练习棍术时,有很大的抵触感,总害怕自己练不好、出丑,没有一点自信心,教师根据学生心理状况,适当放宽要求,以动作的单一性强化,逐个击破的教学策略,放慢学习速度和难度,只要发现学生努力程度和进步,及时给予肯定和表扬,帮助学生克服自己的心理障碍,为学生建立信心,突破自我,因为较差学生自尊心非常强,保护好学生的自尊心和自信心。优秀学生,教师要对其高要求、要求动作必须标准完美,这些学生有强烈的表现欲,常常会出现自我强大,教师可以给这些学生分配不同难度学习任务(如何拆解动作攻防,进行教学内容的拓展延伸促其发展)和结对培养对象(以Y带J,做好教师有利的助手,协助教师完成教学任务,有利学生之间的合作学习、良好关系的建立)。经过一个教学单元的学习,各层次学生的身体素质、技能水平、认知能力、心理水平都会较之前有所提高，这可以调动学生内心潜在的积极性，使学生在学习过程中感受学习棍术带来无比的乐趣。

五、结论与建议

(一)分层教学，让学生享受到成功的快乐

它摒弃教学方式、方法整齐划一存在问题，提倡尊重学生个体差异。有利于每一位学生自主发展，享受学习乐趣、体验到成功的希望，从而提高学习积极性和兴趣。

(二)分层教学过程中，以学生发展为本教学宗旨

课堂始终突出学生自主学习、分组合作学习探究，使体育教学过程的阵地变成学生学习的乐园，通过学生的自学、探索、实践，充分发挥学生主体作用。

(三)实施分层教学

教师在实施分层教学过程中，鼓励、引导保护好不同层次学生的求知欲、辅导、练习、培养不同层次学生的学习能力，使每一位学生都会学习、自主发展。

(四)教师应对不同学生，制定不同的评价体系

以调动学生学习热情，提高他们学习的积极性，同时要尽可能做到全面性，既要强化学生中弱势群体学生，又要突出成绩优异学生的个性化发展，

(五)分层评价在实践中具体实施

充分体现其前瞻性和科学合理性，真实体现了素质教育育人的要求，使学生身心得到健康发展，激发了个体的主体性、积极性和创造性。

刍议如何运用分组教学提高体育教学效率

天津市蓟州区燕山中学　谢锋

摘　要：现如今的体育与健康课的新课程改革正在逐步深入，随着新课程标准的实施，体育与健康课的教学也起了很大的变化。新课程标准树立了以“健康第一”的指导思想。以往教学中具有重要地位的耐久跑教学应该如何进行改革、创新，以便更好适应新课程标准的要求，这是值得我们深思的一个问题。初中毕业生体育升学考试对改变片面追求升学率、应试教育现象严重的状况有着明显的效果，是全面贯彻党的教育方针，保证学生德、智、体全面发展而采取的必要措施。与去年相比，2012 年体育中考做了一些调整，其中最大不同是中考中的 6 分考试升至 12 分考试。

一、背景思考

学校正在为打造品牌校而努力，每一名教师都在为这一目标付出自己的实际行动。作为中考成绩的一部分，体育与健康课以促进每一名学生强身健体为宗旨，以为每一届九年级毕业生打好中考第一仗为根本的教学理念。

从体育中考第一年开始,我校从早训加每周四节体育课训练,逐渐转变为每周四节体育课训练。从长远来看,应该将体育课调整为每周三节,有效提高体育教学效率,争取在短时间内达到训练效果,为文化课学习提供更充裕的时间。

班内分组选项教学要根据学生的实际情况和学校的实际情况进行教学。前几年我校教学模式还是传统的以班级为单位,因为一个老师的精力和专业是有限制的,要提高课堂教学的有效性,选项必须是精而少,这样才能明确教学目标,针对性强,便于管理,才能真正有利于优化课堂教学提高教学质量。

二、理念阐述

(一)教学要求

经过多年的教学实践和思考,我认为分组教学首先应重视实效性。分组教的目的是追求短时间达到高效果,更好优化课堂教学时间。分组教学必须依据教材的内容、学生的情况等客观条件出发,特别是要切合学生的具体情况进行分组,但不能太多的分组,否则会起到适得其反的效果。

其次,分组教学应该注意灵活性。在明确教师主导地位的前提下,分组教学应该充分发挥学生的主体作用,让学生有选择分组形式的较大自主权,以激发学习兴趣,将原来的“要我学”改变成“我要学”。这里,我总结了最常见的几种分组形式,并就其特点及实用范围浅述如下。

(二)研究对象

在2011—2012学年度,以本校九年级的300名学生为实验对象,通过为期一学年的教学实验。

(三)研究方法

(1)调查法:向学生发放对耐久跑教材喜爱程度和实验前后对比的问卷调查表,共计300份,回收率100%。

(2)实验法:经过长达两个学期的耐久跑教学实践,验证运用 12 分钟跑教法手段进行教学与评价的可行性。

(3)数理统计法:对所有数据进行百分率统计处理。

三、具体方法

(一)性别分组

这种分组适用于男女合班教学，且教学内容、教学目标有着明显的性别差异。以一个班级人数在 42 人计算,男生项目是必选 1000 米;三选一 50 米、一分钟跳绳、立定跳远;二选一实心球、引体向上。女生项目必选 800 米;三选一 50 米、一分钟跳绳、立定跳远;二选一实心球、仰卧起坐。如果合班教学会浪费很多时间,并且增大教师的工作量,最大的弊端是不能使学生充分得到锻炼。因此,从 2012 学年度开始,我与王亚平老师实行男女合班进行的课堂教学模式,例如:男生双手向前掷实心球,女生仰卧起坐;男生 1000 米跑,女生 800 米跑分别授课与测试。2011—2013 两个学年度,都按照性别合班教学。效果十分明显,成绩提高快,学生积极性高。

(二)行政分组

尤其是集体竞赛项目,如 800 米或 1000 米的练习,测试过程中,将班级人员随机分组,这种分组有利于培养学生的集体荣誉感,增强集体凝聚力,培养学生竞争意识。例如:总是一个班级或者一个组别进行测试或者练习,学生会产生倦怠的思想,同一组别的对手很难再次超越,相同比自己成绩稍差的也无法超越自己,会造成比上不足比下有余消极怠工的训练心理,练习过程中没有积极性。打乱原有编制,比如 1000 米跑,将满分的同学分到一个组别,3 分 51 秒~4 分 05 秒的同学分到一组,4 分 06 秒~4 分 20 秒的同学分一组,4 分 21 秒~4 分 40 秒的同学分一组。这些组别分别设立个人单项奖以及班级集体奖励。这样同一级别的同学在一起增加了自己的荣誉感,以及为班级争光的集体荣誉感,测试成绩有了显著提高。

(三)体能分组

一般可分为优秀、良好、及格三个组别,或则良好以上、及格两个组别。贯彻因材施教原则的分组形式,目的是“抓两头,促中间”,面向全体学生。例如中长跑、投掷等体能差异较大的项目。例如:1000米的练习过程中,如何解决体教结合的矛盾与融合点呢?可以在练习过程中将优秀以上的同学分成一组,作为校田径队的后备人才,使这些同学有更高的目标,实现自身的更高的突破,为校争光。良好的同学也会以这些优秀同学为榜样,争取加入这一组别,实现自我的提高。那么及格组别的同学也会不甘落后,整体的成绩将会有质的飞跃。实心球组别的同学可以在场地安排上,按照金字塔争冠军的形状布置,从7米、8米、9米、10米、11米以上,分两侧布置,每名同学都不甘落后,在练习过程中“近水楼台先得月”,可以直观的观察与学习比自己成绩好的同学的练习方法,互相交流,能够自评互评,使成绩得到最快的提高,充分提高教学效率。

(四)选项分组

因为一个老师的精力和专业是有限制的,要提高课堂教学的有效性,选项必需是精而少,这样才能明确教学目标,针对性强,便于管理,才能真正有利于优化课堂教学提高教学质量。男生项目是必选1000米;三选一50米、一分钟跳绳、立定跳远;二选一实心球、引体向上。女生项目必选800米;三选一50米、一分钟跳绳、立定跳远;二选一实心球、仰卧起坐。那么一名教师不可能面面俱到,那如何解决这一问题呢?以男生为例:首先通过测试以及平常的练习观察,让1000米优秀以上的同学分别对应良好和及格、不及格的同学结成师徒对子,几个组别相互之间比拼,看哪一组别的师傅能力强,评比方式就是徒弟提高的时间之和。实心球优秀的同学较多,那就一一对应带徒弟,最后以所带徒弟提高的米数确定最后排名。报名参加引体向上的同学较少,可通过课间操等时间集体练习,制定一个表格,对每次练习最高的次数进行记录,以周为单位最终确定周冠军。

(五)补偿分组

有意识地让体育优等生和后进生一对一分在一组,让优等生做小老师,这样分组后进生学习虚心,体育优等生能发挥自身优势,彼此进步都很快。这个分组与

上面的选项分组有相同之处，不同之处在于不对学生的某一项进行分组，就是将优秀的同学与未达标的同学，一对一或者一对几进行分组。也就是，以小小老师的形式，进行分组。这样的分组优点在于作为组长对自己的组员在哪些方面需要补偿，有最直观的认识，能够给予最直接的有效补偿练习，使优秀学生能够发挥自身的优势，将自己的优点以及好的练习方法传授给后进生同学。后进生同学也会产生一种发自内心崇拜感，虚心向优秀的同学学习，形成一种比学赶帮超的良好的学习气氛。

（六）健康分组

根据学生各自的健康状况进行分组。如体胖组、体弱组、近视组等。这样进行分组教学更有针对性，有利于掌握各自锻炼的特点。例如体胖组，实心球基本上以达到满分水平，根据其自身特点，制定耐久跑训练计划，使身体稍胖的同学之间互相比赛，达到更好的教学效果。针对这一分组，应该在新时代的体育教学中逐步推广开来。据调查：以 40 人教学班为例，体胖同学的比例占到 20%；体重偏低的的同学比例占到 10%；近视的同学比例占到 65%；这对体育锻炼有很大挑战，但也可以利用这一特点，强化训练。我校就出现“千金组合”、“胖子也有春天组合”等体胖组。引体向上是体重偏低组的最爱，全区只有 45 人报名参加引体向上测试的情况下，我校就有 21 人参加测试，最终取得全员满分的好成绩。其实，这些分组形式并不是单独存在的的，很多课上会有多种分组形式混合在一起。在实际教学中摸索出许多分组形式，诸如，按身高的不同、年龄差异、不同性格、完成情况的能力等分组方法。在教学中实施，教师要灵活多变，巧妙把握，教出符合教材的特色，教出突出进步的成绩，才是我们的最终的目标。

四、成效分析

（一）提高了学生体育兴趣和学习目的性

在对待体育的态度上，通过分组教学的实验后，学生对体育的兴趣浓厚程度有了较大提高；在对待体育课的学习目的性的认识上，正确认识程度也有较大幅度提高。

（二）培养了学生自我锻炼能力，逐步建立终身体育观

自我锻炼能力指在体育教学中合理运用自己掌握的体育知识、技术、技能，充分发挥自己的体育活动能力。培养学生会学，是我们教育教学的出发点和终极目标，而自我锻炼能力的高低往往是衡量学生会学本领的有效标尺之一。通过分组教学实验，学生按照计划、安排锻炼时间、选择训练内容、检查评比与自我调控、克服困难进行锻炼等方面的自我锻炼能力有明显地提高，为终身体育打好坚实基础。

（三）充分发挥学生主体作用，培养了学生的创新精神和实践能力

教师用少量的课时进行基本技术教学，更多时间是让学生自由组队进行训练教学比赛等，使学生在自由组队比赛等练习训练形式中自我锻炼提高，把学到的技术运用到比赛中去，检验技术运用是否合理，甚至自创一些适合自身特点的技术、技能，由被动学习变为主动学习，完成了“要我练习”——“我会练习”——“我要练习”——“我会练习好”过程的转变，让学生自己去思考、去实践、去探索、去创新，达到了培养创新和实践能力的目的，提高了体育课堂教学的实效性，使素质教育真正落到了实处。

（四）提高了学生体质健康标准的成绩和体育中考成绩

为了检验分组选项教学对学生体质健康标准成绩和中考成绩的影响，我们对选项前的学生进行了测试，通过一年的实验后，再对这些学生进行测试，并对两个测试结果进行分析。测试内容包括：男生：1000 米、实心球、一分钟跳绳；女生：800 米、仰卧起坐、一分钟跳绳。结果显示，成绩有明显提高，2012 年九年级毕业生在天津市初中生体质达标抽测中，获得全市第二名的好成绩，2012—2016 年连续五年九年级毕业班学生满分率均达到了 70%以上，平均分 29.6 分以上。

初中体育教学中如何培养学生的核心素养

天津市宝坻区第十一中学　刘彦青

摘　要：随着教育教学的改革，学生的核心素养这一概念被提了出来，提高学生学科素养是推动学生身心健康发展的重要途径。那么如何开展学生核心素养培养教学，从而推动初中生身心健康成长，是摆在我们每个体育教师面前的一个问题。本文通过个人查阅资料，总结经验，并结合教学实际，把这个问题作为研究的重点，进行分析、总结，从而得出结论。

关键词：初中体育　培养　体育核心素养

随着教育教学的改革，学生学科核心这个概念脱颖而出。学生学科素养的培养成了热门话题。那么什么是学科核心素养呢？学科核心素养是学生通过学科课程学习，形成最基本、最重要的素养。体育学科核心素养是决定体育学科课程标准、体育学科的知识体系、体育学科的质量评价标准的依据。体育学科核心素养的形成以结构化的学科知识与技能体系为重要基础和载体[1]。体育核心素养主要包括健康知识与行为、运动能力与习惯、体育情感与品格。对此，本人从以下几点进行说明，旨在将体育核心素养落实到体育教学实践中，让体育教学过程更加精彩，让学生感知体育教学的无穷魅力，让学生在愉悦的情景中学习体育运动知识与技能，从而提高学生核心素养的。

一、培养学生健康知识，使其养成健康行为习惯

（一）通过体育课堂教学，使学生学会健康体育知识

在初中体育教学中，学生学到健康知识非常重要，不仅可以帮助学生树立健康意识，还能让学生掌握多种多样的科学锻炼身体的方法、学会运动损伤的处理和预防，在今后的运动与训练中能够很好地处理突发问题。然而，在真正的教学实践中，很多学校的体育课程对健康知识的学习并不重视，有的学校根本就不开展，这样学生在发生事故的时后，就不能及时有效地处理发生的问题，导致事故随着时间的推移朝着不好的方向发展。那么我们体育老师这时候怎么做就极为重要了，在体育健康课程教学中为学生传授相关体育健康知识，让学生掌握科学的、健康的体育基本理论知识，同时也更好的开展体育运动技能的学习。

在体育教学实践活动中，我们要多开展一些体育与健康理论知识的宣传，可以利用健康课，也可以利用板块专栏等形式，宣传介绍一些相关身体形态与运动的知识、体育运动中需要注意的问题、运动损伤的预防与处理，学生饮食结构对健康的影响、准备热身活动在体育锻炼中的重要性等，为学生体育锻炼奠定良好的理论基础。如经常参加体育锻炼会让女孩子的身体形态更加优美，会让男孩子更加强壮；如学生在进行体育锻炼之前，要首先了解自身的身体健康状况，并依照自身身体情况进行适当强度的训练。如在雨雪天气，可以减少运动的时间或者强度，或者选择进行室内的一些活动，再比如没有在体育锻炼之前进行热身活动，就容易发生运动损伤，对学生的身体造成伤害。

（二）教师进行科学引导，使学生养成健康体育行为

健康体育行为素养的提高，需要我们体育老师在实践教学中帮助学生养成好的体育健康行为，以确保让每个学生都能享受到上体育与健康课的乐趣，让学生乐于参与体育运动，增强身体素质[2]。比如在上篮球课的时候，老师可以引导学生在上课之前的准备活动中加入篮球专项准备活动，课件让学生们运球熟悉球

性。在上一节完整的体育课之前，暗示学生我们首先要做课前热身活动，充分活动开我们身体的各个关节，让身体热起来，才能在接下来的课堂活动中发挥自己最大的能力。并且不会出现伤害事故，在练习过程中，多多表扬学生的学习热情，使学生在今后的学习中热情高涨，而且保证安全和效果，达到健康行为习惯的养成。

二、培养学生运动能力，使养成良好学习习惯

（一）提倡科学训练，提高学生的运动能力

所谓运动能力，指的是人在社会生活中，在掌握一定体育健康知识与技能的前提下，所获得从事各种运动的本领[3]。在体育教学过程中，培养学生的核心素养，提高学生的运动能力尤为重要。因此我们每一位体育教师在完成教学目标的基础上，将学生运动能力的培养始终贯穿整个体育课堂始末，提高学生运动能力。例如，每次课前，会带领学生热身运动，为学生上好课做好充分的准备，从而提高运动能力。如围操场慢跑两圈，或者是做一些定位徒手操或者是行进间徒手操。在课中，带学生做专门性素质练习，如各种跨步、高抬腿等素质练习，来进一步提升学生基本运动能力。还可以组织学生开展一些小游戏，如看“揪狐狸尾巴”、拔河、“高抬腿计数”个人赛等，这样学生就不会觉得课堂枯燥乏味，减轻了他们学习的压力，愉悦了身心，锻炼身体，进而提升学生运动能力，实现更好的教学效果。

（二）开展阳光活动，培养学生运动习惯

通过发展阳光体育运动来实现培养学生运动习惯。在开展多种阳光体育活动的过程中，提升课堂教学效果，阳光体育运动可以分多种形式来实现，我们可以在体育课程中，给学生做各种身体素质的测试，通过测试数据，学生对自己的身体有初步了解，并根据自己的情况，加强体育锻炼，从而增强体质。发展阳光体育运动

还可以不定期组织一些精彩纷呈的体育竞赛,并鼓励学生积极参与其中,如“校园足球联赛”“拔河比赛”“校级篮球联赛”等。上下午的阳光体育大课间活动,涵盖了篮球、足球、乒乓球、踢毽子、羽毛球、拔河比赛、跳绳等多项趣味运动,形式多样,内容丰富多彩。让学生乐在其中,学在其中,不知不觉的发展了运动能力。

三、培养学生的体育情感与良好的品格

(一)精心准备,摸透心理,调动学生体育情感

体育教师既是教学活动的组织者,也是调动学生体育情感的指导者。这就要求体育教师精心备课,关心理解学生,充分调动学生的学习积极性,让学生乐在其中,沉浸在其中。例如,我在途中跑课堂教学中,提前布置好场地器材,给学生创造良好的学习氛围。在上课之前,我准备了绳梯、环形拉力带、跳绳、重力环四种教具,学生们看见这些东西心里就会想,这是干什么用的呢?我们这节课要怎样利用这些器材呢?这就调动了学生好奇心,加上老师积极地引导,使其较快地进入学习状态。

同时,针对他们的年龄特点,利用他们对明星偶像的崇拜心理,在枯燥的途中跑开始前,让学生们观看博尔特等奥运名将的比赛视频,我一打开视频,学生们就沸腾了,我趁机询问,知道是谁吗?学生们说:“博尔特”,我问:“跑的帅不帅?”“帅呆了!”学生们异口同声,就着他们的热情,我继续问:“想不想像他们一样?”“想!”我说,那么接下来,我们大家一定要认真的跟老师学,争取像我们的偶像一样,跑出飞一般的速度。学生们的学习热情和积极性一下子就被我给调动起来了,所以接下来的课程进行的非常顺利,他们想象着自己像奥运冠军一样,在操场上驰骋,此次授课不但学习了教学技能,在情感上也是愉悦的。同时我还会有意识的去关心学生的生理状况,及时了解女生的生理周期,及时给予适当的安排。让学生们从心里感到满足,感受到老师的关怀和爱,在课堂教学中我还会尽量照顾到每个学

生，如适时抓住学困生的亮点，及时表扬鼓励，让学生知道老师没有放弃你。这样长期下来，学生就会在被感化，就会喜欢这个老师因此而喜欢上体育课。

（二）开展趣味竞赛，塑造学生体育品格

在体育教学中，学生体育品格的培养也是核心素养的一个至关重要的方面，通过各种各样的竞赛方式可以培养他们的规则意识、吃苦耐劳的精神以及团队合作意识。本人在短跑途中跑教学的拓展提高环节中，设计了“短跑+跳绳”接力跑比赛，每 4 名学生一组，第一个学生听到哨声开始快速跑，到指定距离高抬腿跳绳 5 次，放下跳绳原路跑回，与第二名学生击掌后，第二名学生出发，以此类推。因为是竞赛，要比出名次，所以学生们摩拳擦掌，热情高涨，都想着自己的小组能夺得第一名。这就培养了学生的竞争意识和挑战精神，我先是让学生们比试了一次，结果为了跑的快，跳绳抡出去很远，下一名学生跑到指定位置，还得跑出去拿跳绳，还有的跳绳抡出去之后打了结，导致下一名学生摘开绳子就用了很长的时间，最后导致小组的失败。通过这种情况，我及时的让他们分析查找原因，并及时引导他们，比赛项目不是个人行为，需要大家的合作，要为团队创造方便，自己跳完要把绳子放好，这样就培养了他们的团结协作精神；另外在比赛过程中还发现有的学生不遵守游戏规则，有的学生没有击掌便开始接力跑，还有的学生越过起始线，通过提醒，使学生意识到比赛的规则和法则，培养学生形成良好的学习态度。

在篮球教学中，分组运球接力赛，使同学们在比赛中发现问题，互相合作，从而不断激发学生责任感和团队意识，也就达到了加强学生核心素养的培养。

综上所述，要想在体育教学中培养学生的核心素养，使学生在健康知识与行为、运动能力与习惯、体育情感与品格方面有所提高和收获，就必须让每个学生都能享受到体育健康的乐趣，这就需要体育教师具备一定的素质，通过体育教学培养学生的运动能力和运动习惯；调动学生的学习情感，塑造学生的体育品格，达到提高学生核心素养的目的。我们作为新时代的体育教师，一定要从多方面严格要求自己，希望能够在潜移默化的指导下提升学生体育核心素养，为这个领域的发展贡献力量。

参考文献

[1]于堃.体育学科核心素养培育[J].黑河教育,2020(12):64-65.

[2]李加前.新课标背景下中学体育教学培养学生核心素养的实践研究[J].当代体育科技,2019,9(10):69+71.

布置迷你赛场，培养女生排球专项能力

天津市新华中学　柴海晶

摘　要：在中学体育教学中，教师要针对女生力量较弱、参与兴趣不足等问题，引导她们参与到迷你赛场的布置中，让学生从“爱玩”开始，一步步提升排球专项能力。教师引导女生降低网高、改变站位、简化规则等，让学生逐步了解排球，产生参与兴趣，一步步提升排球技能。

关键词：迷你赛场　排球专项能力　中学体育

在中学体育教学中，由于女生一般力量较弱、容易产生疲倦感，且对排球等体育训练兴趣不大，而常规的排球赛场太大，利用其展开训练的难度过大，所以影响了学生的参与效果。在中学女生排球教学中教师要充分考虑到女生的生理和心理特点，引导她们参与到长 14 米、宽 7 米的小型训练场地，降低训练难度，并引导学生自主参与到球网、站位和规则的设计中，这样就能提升学生的参与感，促使她们主动地投入到活动中。

一、降低网高，控制扣球力度

标准排球的球网宽 1 米，长 9.5 米，女子网高为 2.24 米，而不少女生的身高只有 1.6 米左右，她们很难在这样的网高下完成扣球等高难度动作。这导致学生参与兴趣不强。针对这个问题，教师可以适当降低网高，设置 1.6~1.8 米左右的球网，并组织学生展开扣球训练，学生就能更积极主动地投入到训练中。

在训练扣球这个技术动作的时候，教师引导学生在较低的球网上进行训练，这样就靠近了学生的最近发展区，能力弱的学生也有了挑战自我的机会。教师按照扣球的动作要领引导学生掌握取位、助跑、踏跳、挥臂、击球等细节动作。教师可以将学生的动作拍摄下来，播放给她们看，让她们自主找找动作中的问题是什么，并思考如何改正。如有学生认识到在助跑的时候自己没有控制好脚步，所以最后一步靠近球网太近了，这样不仅容易失去扣球的最佳机会，而且还有可能因为触网而造成犯规的情况。还有学生发现，自己在挥臂的时候没有掌握好动作要领，手臂没有伸直，没有在最高点击球，所以即使跳得再高，也很难发挥出力量。由于学生所用的是小球场和比较低的球网，所以她们在找到了问题后就能进行反复训练，不容易感受到疲乏感，因此训练态度更好，也更容易提升扣球训练的效果。

在迷你赛场中降低球网的高度，就能解决女生想要参加比赛，但是身高条件又不允许的问题，所以能让大多数的女生都兴致勃勃地参加到活动中。学生体会到了排球训练的快乐，她们就能更积极主动地训练，为下一步的学习奠定良好的基础。

二、改变站位，强化防守意识

在初学排球的时候，很多女生都有不知所措的感觉，看到球后下意识地躲闪，缺乏团队配合意识。此时教师要根据训练难度的不同，引导学生灵活地改变站位，

当一名学生缺乏防守意识的时候,其他的学生可以快速补位。这样能让学生提升团队配合的效果,并进一步提升防守意识。

在球场上一般分攻手、二传手、自由人等位置。主攻手常常站在靠近标志杆的地方,而副攻手则站在靠近二传手的位置,主要负责拦网,二传手负责将球送到让攻手最适宜扣球的位置,自由人则是专门负责接发球和扣球的。教师要组织学生在一段时间的训练后就交换位置,尝试在不同位置的训练感受。此外教师还要组织学生结合站位展开一些攻防训练。如教师组织学生分成三人一组的小队,分别排成纵队,在球网前展开垫球接力的活动,学生在完成了自己的垫球任务后要快速移动到队伍的最后,由后续的队员接替展开垫球。在活动中,要看一看哪一个小组失误最少,谁就是胜利者。此外还可以安排三人小组进行一人拦网、两人扣球的组合训练,看看两组队员中,哪一组的成绩最好。攻防训练很好地改变了站位,能让学生清楚地明白各个不同的位置,并逐步提升防守意识。

设置迷你赛场能方便学生在赛场上灵活地跑动,所以学生会更乐意改变自己的站位,帮助其他同学进行防守。在她们的相互配合和帮助下,一些集体意识比较弱的学生也有了浓厚的参与意识,并在同伴的示范下明白自己该如何体现出在团队中的价值。

三、简化规则,加强战术配合

排球比赛有较多规则,不少学生难以一次性掌握,所以在迷你赛场上,教师可以先简化规则,引导学生参加一些比较简单的游戏比赛,这样能激发学生的参与兴趣,等学生团队合作的能力有所提升后,再组织她们展开正式比赛,一步步熟悉规则。这样就能减轻难度,让女生能更主动地参与到活动中。

在展开拦网训练的时候,一开始可以先简化规则,引导学生分成不同的小组,站在球网两侧,展开拦网活动,看看谁的成绩最好。在学生熟悉了拦网动作后,再扩大难度,引导学生自由配合,将传球等动作加入进去,看看哪一组的得分最多。此时再将更多的规则融入进去,让学生了解拦网犯规的各种不同情况。如了解什么是过网拦网犯规、后排队员拦网犯规、拦发球犯规等。教师可以在学生出现了犯规的动作后叫停,引导学生回忆此前的动作,或者播放给她们看此前的录像,让学生说说哪一个动作是犯规的。这样就能让学生加深印象,她们在再次参与互动的时候就会主动思考如何控制好自己的行为,避免出现犯规的问题。在逐步强化比赛规则后,学生逐步认识到在发球、击球、拦网的时候容易出现哪些错误,也能知道球员位于哪些位置是犯规的,逐步掌握排球战术配合的要点。

在迷你赛场中展开简化规则的比赛,学生能在活动中对各种规则深化认识,同时也能及时认识到自己容易在哪些方面出现犯规的问题。学生就能在这方面入手进行主动训练,进而提升动作质量,强化和团队之间的配合能力。

在中学体育教学中教师要引导学生参与到迷你赛场的活动中,增加她们的训练机会,同时也减轻训练难度。这样就能吸引更多的女生积极参与到活动中,让她们多训练、勤运用,提升排球综合能力。

参考文献

[1]王景会.培养高中女生排球学习兴趣的措施[J].当代体育科技,2013,3(29):89+91.

[2]臧广成.试析高中体育教学中体育特长生的专项培养策略[J].课程教育研究,2017(27).

新时代学校武术教育发展机制与对策研究

天津市南开中学　刘日

摘　要：运用文献资料等研究方法，以我国新时代学校武术教育为研究对象，在当前新时代背景下，阐述我国学校武术教育价值，进一步探究我国学校武术教育的动力发展机制与对策。研究认为：学校武术教育对人的身体素质、思想道德、人格发展具有重要价值，且对民族文化和民族精神具有传承价值；面对当前从业专业教师缺乏且武术知识薄弱、学校武术教育内容异化、学校武术教学模式单一、学校武术教育地位边缘化等现实困境，应提高师资队伍的建设，以学生为本、推陈出新，增强学生对武术的认同感，以促进学校武术教育的发展。

关键词：新时代　学校武术教育　发展机制　对策

武术是我国最具代表性的优秀民族传统文化，它集中体现了我国悠久历史文化以及华夏先民的求生智慧与积极态度和深层的精神追求，是中华民族古老智慧的结晶。新时代新形式下，加强学生的民族优秀传统文化教育，在立德树人的教育根本任务中起着的举足轻重的作用。作为学校教育教学内容之一，学校武术教育也同样肩负强国强种、民族振兴、文化传承、文化自信、教育强国战略任务以及为国家、社会培养高质量人才的责任。然而，当前学校武术教育的发展道路并不顺利。主要以竞技武术套路为运动形式的学校武术教育,逐渐暴露出学校武术教育地位低下、技击功能的流失、武术文化内涵缺失、武术教育功能弱化以及教育内容不完整等问题。这既不利于武术的全面推广,更不利于学校武术教育价值的实现。由此,本文立足于武术学、教育学、哲学的综合视域维度,从价值指向、现状反思、发展对策三个方面对其展开新的探讨,探寻学校武术教育的发展机制和对策路径,旨在为新时代学校武术教育发展以及学校武术教育教学改革提供一定的参考依据。

一、学校武术教育价值

(一)增强身体素质,健全人格发展

以增强体质为导向的价值观始终体现在各时期的武术教育性政令中,强身健体是学校武术教育最本质的价值。20 世纪 80 年代,国家先后强调以“科学性和增强体质”为前提的中小学体育教学大纲的武术教育要求、“武术是我国传统的民族传统形式和健身方法”。新时代背景下,“素质教育”“健康第一”以及“健康中国”等理念成为了当前学校武术教育开展的行动纲领。随着社会历史变迁,武术由技击为主要功能转变到对人强身健体功能的注重,满足人的身体发展需求,使得武术适应了学校教育的需要。

体育课属性之下的学校武术教育最直接的任务在于增强学生体质,增进学生健康。学校武术的教学和训练具有健体强身、强壮筋骨、改善身体机能的健身作用,也是助力学校体育目标“健康第一”的实现有效手段。通过武术习练,不仅能极大的提高人体的各类机能和身体素质、提高机体肌肉与韧带的延展性、有效增强青少年儿童心肺的工作能力以外,还能使少年儿童的心灵意识与肢体动作和谐统一,有利于学生的身心健康发展。“形神共养”“内外兼修”是武术习练的基本要求,重视肢体动作、内脏器官、精神状态和内在思想与意识作为整体进行同步修炼,具有健身、防身、养生功能。通过以学校为场域进行武术教育对健全人格的发展具有重要价值。

(二)提升思想道德,助力素质教育

学校教育目的的实现需要达到社会对于学生的需求,输出的人才能够满足社会需要。学校武术教育一直是对"立德树人"这一价值理念极为重视。武术教育既要求练习者在身体层面技艺娴熟,更重视思想上内在精神的提升。

在学校武术教育的具体实施过程中,不仅要注重对学生专业技能的学习和掌握的引导,更要求教育者注重对学生内在的思想道德文化的教育,即武德教育。武德亦被称为武德修养,是武术习练者以武术自身文化特征所要求具备的道德准则,经自我约束、自我道德修养、自我行为规范、自我改造,以及长期努力所形成的高尚情操和道德境界。在传统儒学道学等思想影响之下,武术习练者通常练内重于练外,追求内外双修,要求拳理的修养与良好的武德,着重技术与内在相结合。有学者提出将学校武术普及教育立足于武术的精神教育价值,以育人为首,把培育刚健自强精神作为学校武术教育的首要目标。"文以评心,武以观德",道德教育是各时期武术教育教学中的最重要部分之一,武术强调"仁、义、礼、信、勇"的武德,对我国年轻一代思想道德提升,对我国素质教育推进具有重要价值意义,武德与技艺的结合应当是现代我国学校武术教育的重要内容。

(三)传承民族文化,激发民族精神

学校武术教育在爱国主义的重塑方面武德教育同样起到了无可估量的作用,把维护国家利益和民族利益作为习武者人生价值的首要目标,满足"民族振兴"和"国家治理"的需求,是民族文化传承发展和激发新一代青少年民族精神、民族自豪感的重要方法手段。

学校是进行中华民族传统优秀文化传承——武术的最重要、最广泛的基地和重要场域,青少年学生是中国优秀的传统文化与民族精神传承与发扬的主要对象。通过武术教育,引领和启迪青少年学生的人生观、世界观、价值观,培育和弘扬民族精神。同时,学校体育是实现体育强国的战略抉择。武术凝聚了中华民族五千年的优秀文化,作为中国最有代表性的文化符号,通过在学校武术教育的影响下,有助于传统文化的传承和民族精神的弘扬,以及产生强烈的爱国主义情怀。中华传统精神在武术中体现的淋漓尽致,这些都是武术长盛不衰的不竭动力,具有独特的民族精神价值。

学校武术教育属性在武术作为学校教育内容时主要通过对人的价值作用来体现。新时代学校武术教育为人的个体需要和社会发展需要的满足，学校武术教育作用的发挥和当代学校武术教育价值的实现奠定了基础。学校武术教育的根本价值在于利用武术对人的培养，体现在对人德、智、体三者发展，最终归根于人的全面发展的促进。

二、学校武术教育现状

(一)从业专业教师缺乏且武术知识薄弱

教师在教学过程中具有主导作用。从教育学理论上来剖析，教师作为教育三要素的其中一大要素，在教学过程中起着主导作用。长期的教学改革与教学实践经验证明，教师是学校教学改革中最大的动力因素，但是如果处理不好其内在的关系，那么教师将会是教学过程中最大的阻碍。因此，教师能否胜任其本职工作是广大教育事业参与者的重要考量因素之一。然则，我国武术的内涵极为深厚，且种类繁多、内容亦是复杂、技术动作路线和方向同样变化莫测。因此，具备一定的武术基础专业知识是一名合格的武术教师的一项必修课，否则就难以胜任这一角色。当前大部分学校中，由于师资队伍的短缺，学校通常会让一些专业性水平不高的体育教师来担任武术课程的教学，这些体育老师仅仅只是对武术有一定简单的了解，但由于武术类型种类繁多且各自具有其自身独特性与差异性，教师很难对其精髓进行把握，这对体育教师的教学质量的提高造成了一定的阻碍，进而使我国武术整体教学质量的提高受到极大的阻碍。

(二)学校武术教育内容异化

武术作为中华民族优秀传统文化的一部分，国家对武术给予了高度的重视。目前为止，学校武术教育无论是在理论或实践发展都不容乐观。虽然国家不断地号召“在各级各类学校中应不断地加强对学生的武术教育”，但实际情况却不容乐观。

早在2001年国务院颁布的体育与健康课程标准中部分表明，我国兴起于二十世纪九十年代的学校体育改革已步入新的发展阶段。但是,学校武术在教育改革中所得到的改善却是微乎其微,并且在其发展的过程之中一些不容忽视的现状早已是暴露无遗。1949年新中国成立后,对“唯技击论”的批判,武术自有的的防身功能也逐渐被淡化,这无疑是降低了武术独特的魅力,这一改变致使武术走上了“唯套路”的发展道路。将竞技武术套路的基础训练内容作为教学内容,并以发掘培养竞技武术套路运动员为主旨形成于计划经济时代的学校武术教育体系,这一体系的形成一时造成了无论是中小学的武术教学大纲、教学内容、教学目标、教学实施、教学评价都带有浓厚的竞技武术教学模式。回眸一个世纪以来的我国学校身体文化教育,竞技武术套路动作要求的单一性易引起学生的枯燥、乏味,学校武术伴随着全面西化的身体教育场域的到来开始“惨淡经营,艰难求生”。受西方文化的冲击,我们自始至终一直走在西方的身体教育之路中,而我国传统的民族文化则在这一浪潮之中被深深地冲击着、敲打着,在其中所占的份额逐渐减少,逐渐弱化,不论是教育教学理念的形成,还是教育教学内容的选择,都是在模仿西方的教学。

(三)学校武术教学模式单一

教学过程中“教师教,学生学”的陈旧教学方法与教学理念仍然难以改变,缺乏对学生武术学习兴趣与良好动机的培养与引导。在我国学校武术教学体系之中,武术教学管理体系不健全、教学方法过于死板、陈旧,教师与学生之间在课堂之中缺乏必要的沟通与交流、教师无法调动学生学习主动性等一系列问题是学校武术教育普遍存在的现象。

因此，学校应注重新颖的教学方法的灵活运用以及对教学方法的研究与创新,教师在承继优良传统教法的同时,同样不能忽略与现代科学新颖的教法相结合,培育和激发学生对武术学习的兴趣,让学生更深入地了解和掌握中华武术的精华。

(四)学校武术教育地位边缘化

在新兴文化的诞生与冲击下,传统武术的技击性逐渐被压制和削弱。然而旧有的传统观念与现代文明的结合同样期待起到了对传统武术的打击，比如尚德轻力、重文轻武等思想的影响得到广泛发挥，因此学校武术教育中武术的遭到打击是必然的事件。武术凭借其极佳的技击性在古代军事战争中作为一种军事手段，武术的技击性在民间得以彰显，成为社会潮流，而非大部分现代人眼中供人欣赏的身体艺术，能活动筋骨的花拳绣腿，而是中华崛起之精神代表。武术具有学校教育内容的独特性和中华精神文化的代表性，没有理由不挖掘中国武术的技击性。而当今武术在学校教育地日渐边缘化，在某种程度上是因规则之制约、德礼之规范的悖论造成。

三、学校武术教育发展对策

（一）提高师资队伍的建设

一支合格的武术教师队伍的建设，既要求教师有丰富扎实的武术基础理论知识和科学方法，还需加大在研究人员的专业素质提升路径的投入。首先，我国武术文化内涵深透，这就要求相关研究人员对武术科研项目具备一定认识论与方法论。在研究过程中制定相关的研究规则与条例时，便于加强研究人员对武术项目的充分了解与把握。当武术研究人员的研究实力提高后，我国武术教师综合素质和专业水平才有充分的把握加以提高，才能保证学校武术教育工作开展的质量。再者，武术科研部门的投入使其和各个学校之间的学术交流频次需求加大。学校方面亦可以自己组建研究团队，选择优秀的体育教师参与到武术教育研究工作中，通过体育教师对武术教育的深入研究与探讨，在武术技术的实践方面提高体育教师的武术专业素质，为学校开展武术教育工作增添一股强有力的力量。

（二）以学生为本，推陈出新

在教育的三要素之中，学生处于主体地位，教师要想取得理想的教学效果，学生要想实现学习目标，应该科学地具有针对性地对不同年龄段以及不同个性特征

学生采用不同的教学方式和方法。落后于时代的教材内容、单调乏味缺乏创新的教学方法直接影响到学校武术教学效果。因此,学校武术教育应当紧随时代发展的步伐,在发扬传统文化的基础上做到推陈出新,编写出适合不同年龄阶段,不同性格特点的优秀教材。其次,与当地武术文化相结合,积极创新开设有价值的校本课程,组织开展内容丰富、形式多样的武术活动等。在激发学生学习兴趣方面,应打破乏味枯燥、缺乏生机活力的武术教学和学习氛围,要求教师有针对不同年龄段的学生设计出不同风格的课堂气氛能力, 比如低年龄段的长用到情景教学模式,高年龄段的学生多组织一些武术竞赛活动。

(三)增强学生对武术的认同感

在中国五千年的历史演变过程中,中国文化用源远流长与博大精深来形容再合适不过了。中华传统武术文化经受我国传统文化、哲学、美学等文化思想的孕育滋养,因此在其身影之中时时刻刻散发着丰厚内涵和价值的独特魅力。传统武术教育本身就是对传统文化的普及和教育,自强不息、厚德载物、尊师重道、见义勇为等优秀文化以及思想伦理道德思想在传统武术文化教育中都有不同程度的彰显。加强新一代青年人对学校武术文化的教育,是对我国青少年实现自我人生价值观念,提升民族认同感和自豪感,进行中华民族的伟大复兴的重要途经。

参考文献

[1]刘文武,杜杰,胡海旭.学校武术教育——定位、现状、对策[J].武汉体育学院学报,2015,49(09):64-68.

[2]彭鹏,尹碧昌,郑锋.学校武术教育的发展审视[J].武汉体育学院学报,2019,53(12):46-51.

[3]杨建营,黄康辉.学校武术普及教育改革的立足点探析[J].北京体育大学学报,2020,43(01):106-113.

[4]周登嵩.学校体育学[M].北京:人民体育出版社,2004.

[5]贾磊,李岩.学校武术教育价值研究[J].齐鲁师范学院学报,2015,(08):51-55.

[6]朱瑞琪.浅谈武德教育与精神文明建设[J].北京体育大学学报,1999,22(01):13-15.

[7]邱丕相.全球文化背景下民族传统体育发展的思考[J].体育科学,2006,(08):63-65+79.

[8]郭玉成.武术在体育强国建设中的发展对策[J].搏击(武术科学),2010,7(05):1-2.

[9]武冬.新时代中国武术发展的新思考[J].武汉体育学院学报,2020,54(02):53-58.

[10]李丽.学校武术教育的发展现状与对策研究[J].青少年体育,2016,(11):65-66.

[11]邱丕相,王震.中国武术的回眸与展望[J].体育学研究,2018,1(03):55-60.

[12]杨文轩.课程改革背景下学校体育改革与发展研究[J].体育学刊,2018,25(05):1-4.

[13]国家体育总局武术研究院组编.我国中小学武术教育改革与发展的研究[M].北京:高等教育出版社,2008.

[14]刘彩平.学校武术教育的现状解读及发展策略[J].价值工程,2013,32(07):270-271.

[15]杨光.武术教学对学生民族传统体育文化自信的介入和影响研究[J].体育科技,2018,(04):36-38.

[16]王岗,邱丕相,朱佳斌.重构学校武术教育体系必须强化学科意识[J].体育学刊,2009,16(01):1-9.

如何让学校体育活动成为学生核心素养发展的“加油站”

天津市东丽中学　席江萍

摘　要：随着时代发展，国际竞争日趋激烈，社会对人的综合素养和创新能力提出了更高要求，作为新时代快速发展的中国，始终把“立德树人”作为教育的根本目标。作为我们长期奋战在教育一线的教育工作者们发现，现在大部分的初中学生社会责任感、创新精神、实践能力较为薄弱甚至令人堪忧，这与“立德树人”的根本要求存在很大差距，那么培养学生核心素养将摆在学校基础教育的首要位置，笔者立足于体育学科特点分别从学生长期参与的体育课堂教学、阳光体育活动、体育竞赛、运动专项训练四个方面真实的反应出学生通过参加体育活动所表现出的良好的运动能力、健康行为以及体育品德。

关键词：体育活动　核心素养　加油站

教育部在《关于全面深化课程改革落实立德树人根本任务的意见》中指出，目前教育中存在重智轻德，单纯追求分数和升学率的现象普遍存在，学生的社会责任感、创新意识和实践能力较为薄弱。教师的育人意识和育人能力还有待加强。作为我们教育工作者要清楚的认识到，教育的首要目标并不是为了让学生以分数求生存，而是要培养伴随学生一生的综合能力，以此来适应千变万化的社会发展，迎接日趋激烈的竞争与挑战，这是21世纪学生核心素养的根本。体育教学作为学校教育的重要组成部分,在提高学生的身体素质、活跃校园文化生活、陶冶学生情操和培养学生不怕困难、顽强拼搏、吃苦耐劳的品格等方面具有不可替代的作用。这就要求我们体育教育工作者要与时俱进站在学科教学的最前沿,用学科教学的新思想、新理念、新思维、新方法去探讨与实践,拉动学生积极参与到体育教学及体育活动中来,为培养学生核心素养的注入活力。

一、现阶段学校体育现状

(一)学校体育没有被重视

作为学校教育的重要组成部分,没有被部分学校所重视,甚至个别学校为了一味追求升学率,不能用发展的眼光看问题,违背教育规律,不能开足开全体育课程及体育活动,更是忽视了体育活动在提高学生的身体素质、活跃校园文化生活、陶冶学生情操和培养学生不怕困难、顽强拼搏、吃苦耐劳的品格等方面具有不可替代的作用,极大限度的限制了学生核心素养的形成。

(二)学生参与体育活动时间被挤占

无论是来自社会还是家庭,学生们从小就受到学习成绩好为大,高考成绩至上的思想灌输,一切跟学习相提并论的都是闲白,都是在浪费时间,过多的参与体育活动都是在挤占学习时间,在这种错误观念的影响下,即使在某一个项目很有体育天赋的学生对运动训练都有所排斥,认为体育无用论。从而制约了学生各项能力的提高以及核心素养的形成。

(三)体育教师教学观念过于陈旧

受应试教育的影响,部分体育教师对体育课程的教学规律、学生特点、育人能力等基本问题认识深度不够,导致教学观念陈旧,专业素质不强,在教材处理时,一般只是确定教学重难点,预设易犯错误动作与纠正方法。这种陈旧的处理方式,已经跟不上核心素养背景下的体育课教学的需要,在很大程度上限制甚至压制了

学生核心素养的发展。

(四)学生没能成为学习的“主体”

自新中国成立以来,我国就大力恢复教育,但是对教育的整体理解却忽视了最核心的以人为本的理念,透过中小学体育课堂的表现来看,学生并没有真正成为学习的主人,这一点常态体育课尤为突出,应试教育的思想不可动摇地左右着教师,考什么,教什么,练什么,测什么。在这样的教学环境里,学生不可能成为课堂学习的主人,充其量也就是应试教育的牺牲品。不能培养学生自信、探索、创新的优良品质。

(五)教师教学行为处于学科本位

就知识论知识、就技能轮技能,走不出学科界限,过于受学科知识与技能禁锢,教学行为过于呆板,不能体现教师的示范性和引领性,不但没能给学生打下坚实的知识技能基础,而且阻碍了学生发展核心素养强有力的支撑。

二、学校体育活动对学生形成核心素养的意义

(一)有利于增强学生体质健康

体育核心素养的培养可以通过体育锻炼增强人体骨骼肌肉的生长,利于人体生长发育,提高抵抗能力。能改善神经系统的调节,提高神经系统对人体活动时错综复杂变化的判断能力,并及时做出协调、准确、迅速的反应;使身体适应内外环境的变化、保持肌体生命活动的正常进行。帮助学生在学习和生活中保持一个良好的心理和生理状态。这是培养学生形成良好的核心素养最基本的条件。

(二)有利于促进学生心理健康

体育锻炼不仅能增强学生体质,而且在心理成长上也有不可忽视的作用。能

够克服过度自卑感，增强自信心，而且在教师的引导下，能够重新审视自己，看到自己的长处，正视不足，达到心理上的健康和平衡，促进自身的身心健康发展，提高自身的综合素质。

(三)有利于提高学生综合素养及优秀品质的形成

学生通过参加一些体育活动有利于体育精神培养，促进个人的良好意志品质的形成，并引导学生形成遵守生活规则，提高自觉意识、追求平等权利、合作共赢意识以及积极进取的生活学习态度。对学生核心素养的养成也有积极的推动作用，能促进学生学习能力以及技能的提升，从而锻炼出适应社会发展的综合型人才。

三、学校体育活动对学生核心素养的培养策略

(一)转变思想，为培养学生核心素养注入强大动力

全面贯彻党的教育方针。学校要与时俱进顺应新课程的改革潮流，重视学校体育活动多边开展及高效进行，时刻把“立德树人”作为根本任务，就新时期把学生培养成什么样的人，必须有明确的定位。全面发挥体育学科的育人作用，以体育课堂为主阵地，大力开展阳光体育活动、体育竞赛和运动队训练，充分发挥新理念是对培养学生核心素养的强大动力。

(二)让体育课堂教学成为撬动学生思想的杠杆

一切都在变，只有发展不变，这句话充满哲学味道。初中体育课把培养目标定位在体育与健康核心素养，标志着初中体育课堂教学已经进入到了新时代。体育课教学的新征程，需要体育教师拥有新的教育思想和先进的教育教学理念，这就要求我们体育教师必须转变思想、更新观念。以我们的思想为支撑，成为撬动学生思想的杠杆。

1.改变教学行为

努力提高教师教学行为的示范性引领性，给学生人生发展准备好必要的“桨”，让他们在遇到风浪的时候能够把握方向，能找到知识与道德的平衡点。我们要从“教运动基本知识与技能”向“教体育核心素养”转变，改变教学行为，才能找到对学生终生发展有益的DNA，给学生核心素养发展提供充分的营养。

2.教学中以人为本

发展学生体育与健康核心素养不是仅仅通过中考那几个项目练习能够实现，它需要教师根据学生学习心理、运动需求，结合初中学生的年龄特点，课程标准的学习目标建议，去选择学习内容。最大程度地实现学生想学、能学、学会、会学、乐学。这样，学生才会在体育课学习中，张扬个性、发挥潜能，进而达到发展体育与健康核心素养的目标。例如，在体育教学中对学生进行团结友爱精神的教育，需要教师积极进行教学情境的培养，在篮球教学比赛中，根据学生的篮球运动能力进行分组，让学生在体育教学中进行锻炼，鼓励学生与同组学生进行合作交流，通过相互帮助取得比赛的胜利，形成体育教学情境。在体育教学过程中可以引导学生关心其他学生，培养学生的团结意识，也可以让学生养成在困难面前努力拼搏的精神，促进学生综合素质的培养。

3.改变教学策略

在体育学科教学中，我们要紧紧抓住核心素养的要素要点作为开展教育教学和体育活动的切入点，那就是要形成一条由知识技术学习到体育与健康核心素养的逻辑线。即：知识技术—教育价值—情境运用—学习条件—怎样学习—能力素养。如：水平四耐久跑一课，教师为激发学生对耐久跑的练习兴趣，提出寻找适宜自己的靶心率，并利用往返跑两人接力探索符合自己心率的练习强度，通过自主合作探究，评判什么样的练习强度符合自己的体能状态。这样的教学活动，利用靶心率与耐久跑的关联性，将枯燥的耐久跑兴趣化，练习过程中学生通过自主、合作、探究使问题得到解决，不仅耐久跑能力得到锻炼，兴趣得到培养，体验到深度的学习方法，也收获了学习素养养成。

（三）让阳光体育活动成为激活学生的兴奋剂

每天锻炼一小时，健康工作五十年，幸福生活一辈子。这是要求我们每个人要养成终身锻炼的良好习惯，同时也是健康人生的基本条件。学校应有计划、有目的的制定一小时活动内容，并保证人员到位、器械到位、组织到位，开展学生喜闻乐见的体育活动，让每一个学生积极主动参与其中，发挥阳光体育运动蕴含"生命课堂"的内在，以提升生命质量为中心，及时疏导学生心理疾病，以生为本，以爱为轴，创造开放、大气、包容、温暖的生长环境，赏识、调动、激发、铺就每个生命快乐学习、快乐生活、快乐成长。一个个小活动不仅蕴含着大道理，更是激活学生形成核心素养的兴奋。

（四）让体育竞赛活动成为培养学生核心素养的催化剂

学校体育竞赛活动的开展不仅能检验学校体育工作的开展情况，更能调动学生参与体育活动的积极性，更能促进学校精神文明建设，学校应大力开展制度化的球类联赛、运动会、趣味比赛等以此来培养学生积极进取、勇于拼搏、团队合作等优良品质，真正让竞赛活动成为培养学生核心素养的催化剂。

（五）让专项运动训练成为点化学生的炼金石

学校运动队训练是学生课外体育活动的一个重要组成部分，学校应做好制度建设，鼓励体育教师和学生积极投入运动队训练，它不仅是对体育教师专业运动能力、训练水平的考验，更是对学生是否有吃苦耐劳的竞争意识以及顽强毅力的历练，很好地促进个人优良品行的形成。有实验证明：有竞争经历的学生能显示出较好的的个人修养和社会适应性，表现出更高的组织领导能力。这正是在当今到处充满竞争的社会所需要的核心素养。

四、结论

综上所述，学校教育由知识文化传授到素质发展再到核心素养培育，这是教

育发展的必然，是完善人类发展的科学过程，更是时代发展的迫切需要。学校体育既然接受了对学生新的培养目标的定位，就要义不容辞的接受挑战，积极转变观念，精心设计学校体育活动内容，更新方法，多渠道学习，以培养学生的核心素养为目标，发挥不可替代的作用，带着自己独特的味道真正成为学生核心素养发展的“加油站”。

参考文献

[1]刘永虎.浅谈在体育教学中如何培养学生的核心素养[J].中国校外教育，2018(22)：98-99.

[2]王君.体育教学中学生的核心素养及其培养[J].体育风尚，2018(06)：113-114.

[3]白静毅.舞蹈素质教育之思辨[J].北京舞蹈学院学报，2014(52)：50-53.

[4]吴存德.体育教师如何在教学中有效培养学生的体育素养[J].运动，2013(14)：127.

[5]李文江，苗成林.体育课堂增强学生体质面临的问题与对策[J].体育教学，2016，11：14-16

[6]温鹏飞.我国中小学学校体育工作的实效性研究[J].新课程导学，2017(05)：24

关于"全面实行阳光体育活动制度"现状、存在问题以及原因与对策的调查研究

天津市北辰区华辰学校　周静　安同浩

摘　要：本文对当前天津市部分中学生参加阳光体育活动情况进行调研分析，以了解阳光体育活动在中学开展期间，学生参与活动所存在的问题及对它的评价情况。通过调查发现：学生不同程度的了解阳光体育活动；在项目的选择上呈多元化；参加阳光体育活动的动机不是单一的，而是多层次的；学习负担重没有时间，运动场地不足，运动器材短缺，对体育无兴趣，是影响他们参加阳光体育活动的主要因素；针对于存在的这些问题，提出了有助于开展阳光体育活动的对策，为在今后如何更好地开展"阳光体育"活动提供了科学的参考。

关键词：阳光体育　部分　中学生　调查

一、问题提出

"阳光体育"是"全国亿万学生阳光体育运动"的简称。为切实推动全国亿万学

生阳光体育活动的广泛开展，吸引广大青少年学生走向操场、走进大自然、走到阳光下，积极参加体育锻炼，掀起群众性体育锻炼热潮以及扭转学生体质持续下降的趋势，2007 年 4 月，由教育部、国家体育总局、共青团中央发起的“全国亿万学生阳光体育运动”在北京全面启动，并结合《国家学生体质健康标准》全面实施。国内关于阳光体育运动的实施可行性，以及针对一些问题提出的改革对策和措施做了不少的探讨，但是由于地区、环境、硬件设施等各个因素的制约，每个地区所面临的问题，阳光体育的开展状况也都不尽相同，至今开展此项活动已两年多的时间，在这段时间里阳光体育是怎么开展的、是否促进了青少年学生积极主动的参与体育锻炼、是否培养体育锻炼的兴趣和习惯、是否有效的提高了学生体质健康水平呢？因此，真正意义上把阳光体育运动落实到位，让阳光体育更阳光，让中学生的体质健康不再成为智育培育的牺牲品，把学生健康是当成一件事关国家未来的大事来抓，从最基础的中小学具体操作抓起。只有这样，才会逐步扭转青少年体质下降的趋势。组织实施好阳光体育活动，充实学生的课外文化生活，让“我阳光、我运动、我健康、我快乐”的口号挂在学生口中，营造阳光的氛围，从而吸引学生的参与，让学生走到操场，走进阳光下，走向大自然；将“每天锻炼一小时，健康工作五十年，幸福生活一辈子”的阳光体育理念渗透到每位学生心中，培养终身体育思想，切实提高现代学生身体素质，扭转体质下降的趋势，使学生在和谐的大环境中健康快乐成长。因而，对阳光体育活动开展的现状调查就具有一定的实际意义。本人对部分中学生参加阳光体育活动状况做了调查来分析阳光体育活动的开展情况。为改善天津市中学生参加阳光体育活动提供可靠的参考依据。

二、研究对象和方法

（一）研究对象

选取了天津市四所中学，抽取 488 人，两所重点初高中学校（第四十七中学与南仓中学），二所普通初高中学校（九十六中学与青光中学）。其分布见表 1：

表 1 研究四所中学的对象分布(人)

年级	重点中学				普通中学			
	四十七中学		南仓中学		九十六中学		青光中学	
	男	女	男	女	男	女	男	女
七年级	11	11	11	11	11	11	11	11
八年级	10	10	10	10	10	10	10	10
九年级	10	10	10	10	10	10	10	10
高一年级	10	10	10	10	10	10	10	10
高二年级	10	10	10	10	10	10	10	10
高三年级	10	10	10	10	10	10	10	10
合计	61	61	61	61	61	61	61	61

(二)研究方法

(1)问卷调查法:本次研究采用问卷是经过信度和效度的检验,从四所中学七年级的中学生中抽取男女各 11 人,其他五个年级各抽取男女 10 人,进行问卷调查。通过不记名的问卷调查,共发放 488 份问卷,回收试卷 486 份,有效问卷 480 份,有效率 98.4%。(其中重点中学 244 份,普通中学 236 份)在调查中各校在主管校长,体卫主任及有关班主任的通力合作下,较好地完成了调查任务,并对得到结果逐题进行归纳整理。

(2)文献资料法:在调查的过程中,阅读了二十多本有关书籍,如:体育卫生与教育司的《学校体育工作基本情况与发展对策》、体育科学的《全国学生参加课外体育活动现状的研究》以及《中国学校体育》的相关文章。通过上网和阅读收集了很多的有关资料。

(3)数理统计法:将所有调查所得的原始数据输入 Excel 后进行数据统计处理,做到结论客观准确。

(4)访谈法:在发放问卷的同时,向所填问卷的学生进行访谈,同时也对学校部分体育教师与学校领导进行访谈,从而就能更全面的了解学生阳光体育活动的情况。

三、研究结果与分析

(一)学生对阳光体育活动的了解程度

表 2　学生了解阳光体育活动的程度

	非常了解		了解		了解一点		不清楚	
	N	%	N	%	N	%	N	%
重点中学	54	22.2	106	43.4	70	28.7	14	5.7
普通中学	45	19.1	101	42.8	44	18.6	46	19.5
合计	99	20.6	207	43.1	114	23.8	60	12.5

如表 2 所示，调查结果表明：近 87.5%的中学生都了解阳光体育运动，其 20.6%的学生非常了解，43.1%的学生了解，还有 23.8%的学生了解一点。重点中学不管是从了解阳光体育活动层次上看还是总体了解程度上看都是比普通中学的人数多。其中非常了解阳光体育活动的重点中学和普通中学的学生的人数相差 3.1%，了解阳光体育活动的学生人数只相差 0.6%，了解一点的人数相差 10.1%。很显然，重点中学了解阳光体育活动的人数与普通中学了解阳光体育活动的程度是有很大的差距的。然而普通中学要比重点中学不清楚阳光体育活动的人数多 13.8%。分析可知：重点中学对宣传阳光体育活动要比普通中学做的好，从客观上也可以反映出重点中学与普通中学对阳光体育活动的重视程度不同，重点中学开展阳光体育活动工作要好于普通中学。

(二)学生参加阳光体育活动主要形式

表 3　学生参加阳光体育活动主要形式

形式	重点中学		普通中学		合计	
	N	%	N	%	N	%
体育课	244	100.0	236	100.0	480	100.0
大课间体育活动	244	100.0	236	100.0	480	100.0

续表

形式	重点中学		普通中学		合计	
	N	%	N	%	N	%
广播操和校园集体舞	235	96.3	215	91.1	450	93.8
课外体育活动	85	34.8	148	62.7	233	48.5
班级、年级以及学校各项体育竞赛	58	48.3	91	38.6	149	31.0
体育兴趣小组、社团	129	52.9	24	10.2	153	31.9
课余体育训练	15	6.1	25	10.6	40	8.3
校运会	49	20.1	61	25.5	110	22.9
家庭体育活动	37	15.2	17	7.2	54	11.3
社区体育活动	23	9.4	21	8.9	44	9.2
假期体育活动	33	13.5	93	39.4	126	26.3
其他	18	7.4	25	10.6	43	8.9

如表 3 所示，调查结果表明：学生参加阳光体育活动的主要形式是体育课、大课间体育活动、广播操和校园集体舞以及课外体育活动。无论是重点中学还是普通中学的体育课与大课间体育活动都是必要的体育活动形式，所占比例为 100%；参与课外体育活动：重点中学占 34.8%，普通中学占 62.7%，普通中学参加课外体育活动人数要比重点中学参加课外体育活动的人数多 27.9%；参与班级、年级以及学校各项体育竞赛：重点中学占 48.3%，普通中学占 38.6%可以看出重点中学比普通中学搞的体育活动要多，参与的人数量大；参与体育兴趣小组、社团中：重点中学占 52.9%，而普通中学只占 10.2%，从百分比可以看出重点中学比普通中学体育兴趣小组开展的要好，而且学生参加的积极性要高。参与假期体育活动的形式上看：普通中学要比重点中学人数多 25.9%，从表中也可以看出：重点中学参加体育活动的形式要比普通中学参加体育活动的形式多，学校组织的活动中重点中学要比普通中学的兴趣要高。从总体看学生参加阳光体育活动的形式还是多样的，总的形式还是很集中的，都是在校内参加的阳光体育活动。

(三)学生一周参加阳光体育活动的情况

表 4　学生一周参加阳光体育活动的情况

	重点中学		普通中学		合计	
	N	%	N	%	N	%
经常参加	106	43.4	95	40.3	201	41.9
偶尔参加	119	48.8	99	41.9	218	45.4
很少参加	14	5.7	28	11.8	42	8.7
不参加	5	2.1	14	6.0	19	4.0
>60 分钟	64	26.2	84	35.6	148	30.8
30 分钟~60 分钟	136	55.7	95	40.3	231	48.1
<30 分钟	44	18.1	57	24.1	101	21.1

注:经常参加:每周二次以上,偶尔参加:每周两次,很少参加:每周二次以下

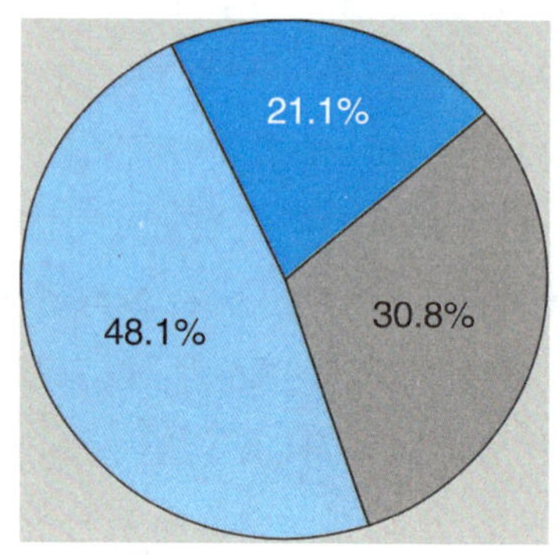

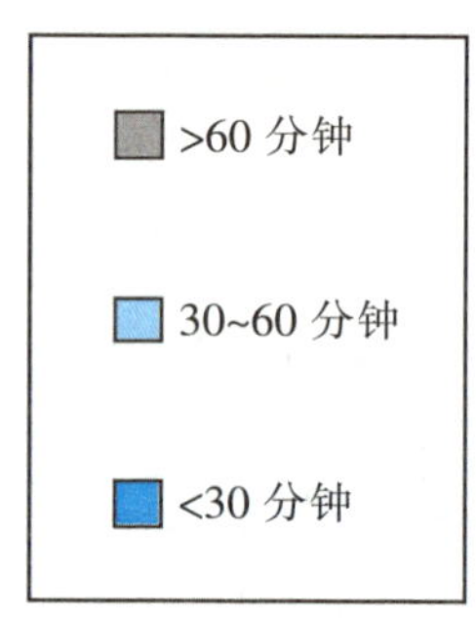

图 1　学生一周参加阳光体育活动情况

表 4 和图 1 显示:中学生在一定程度上参加了阳光体育活动,其中每周参加阳光体育活动两次以上的人数占 41.9 %,每周参加阳光体育活动两次的人数占 45.4%,可以说 87%以上的中学生每周参加两次或两次以上的阳光体育活动。两所重点中学每周参加阳光体育活动两次及两次以上要比普通中学参加阳光体育活动两次及两次以上的学生多 10%,但是普通中学每周参加阳光体育活动两次以下要比重点中学每周参加阳光体育活动两次以下的中学生多 6.1%、不参加阳光体育活动的多 3.9%。由此可以看出重点中学参加阳光体育活动的情况要比普通

中学的好。对于参加阳光体育活动的时间从总体上看有30.8%中学生在60分钟以上，普通中学人数比重点中学人数多9.4%;48.1%中学生在30分钟和60分钟之间,其重点中学比普通中学人数多15.4%;21.1%的中学生在30分钟以下,普通中学比重点中学人数多6%。从每次参加阳光体育活动的时间来看普通中学两个时间极端大于60分钟与小于30分钟的人数之和要比30分钟到60分钟的人数多19.4%，而重点中学在30分钟与60分钟之间的人数要多与大于60分钟和小于30分钟的11.4%。大于60分钟:普通中学比重点中学多9.4%;30分钟与60分钟之间:重点比普通多15.4%;小于30分钟:普通中学比重点中学多6%。从客观上可以说明:重点中学比普通中学对于阳光体育的实施情况要好。

(四)中学生参加阳光体育活动的项目选择情况

中学生参加阳光体育活动选择的项目不是单一的,是呈多元化的,如下图:

通过图2、图3可以看出:他们选择的项目排序依次是:篮球、羽毛球、乒乓球、慢跑、踢毽等。重点中学选择项目的排序依次为:篮球、乒乓球、慢跑、踢毽、羽毛球等,而普通中学则项目的排序依次为羽毛球、篮球、慢跑、乒乓球、排球等。排在前5当中四所学校共有的项目为:篮球、乒乓球、慢跑、羽毛球。其中重点中学篮

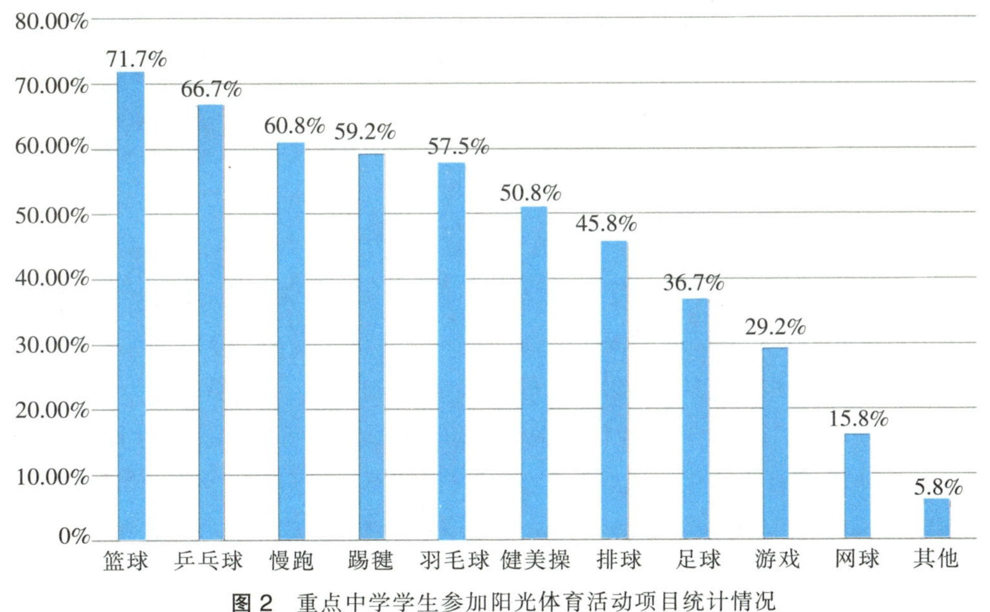

图2 重点中学学生参加阳光体育活动项目统计情况

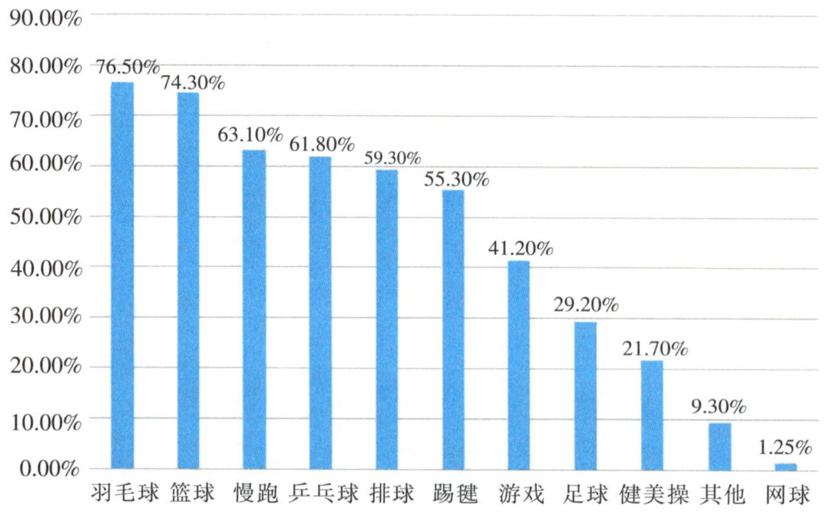

图 3 普通中学学生参加阳光体育活动项目统计情况

球项目排第 1，占 71.7%，但在普通中学排第 2，占 74.3%；乒乓球在重点中学排第 2，占 66.7%，在普通中学排第 4，占 61.8%；慢跑在重点中学中排第 3，占 60.8%，在普通中学排第 3 占 63.1%；从选择的项目上看，篮球和慢跑是他们普遍比较喜欢选择的项目。从中可以看出选择这两项主要和部分开展阳光体育比赛有很大关系。特别是这二所重点中学都是部分的篮球、田径传统校。所以在教学以及学生自己锻炼的时候都比较倾向于这两项。

(五)中学生参加阳光体育活动动机

调查结果表明：中学生参加阳光体育活动的动机不是单一的，而是多层次的。他们参加课外体育活动动机的排序依次为：增强体质、健美减肥、消遣娱乐、调节精神等。重点中学的动机排序依次为：增强体质、健美减肥、消遣娱乐、社交等。普通中学的动机排序依次为：增强体质、健美减肥、消遣娱乐、调节精神等。从他们的动机排序上来看，增强体质是他们首选的活动动机。由此可见，中学生参加阳光体育活动的动机是较为积极的，认识是较高的，但还有少部分学生的活动动机存在着问题，这就需要社会以及学校对阳光体育大力宣传，让学生真正了解阳光体育的内涵，从而引导学生形成正确的体育活动动机。

表5 学生参加阳光体育活动动机

	重点中学			普通中学			合计		
	N	%	排序	N	%	排序	N	%	排序
增强体质	162	66.4	1	153	64.8	1	315	65.6	1
消遣娱乐	69	28.3	3	76	32.2	3	145	30.2	3
调节精神	57	23.4	4	43	18.2	4	100	20.8	4
摆脱烦恼	23	9.4	7	21	8.9	7	44	9.2	7
健美减肥	82	33.6	2	86	36.4	2	168	35.0	2
社交	38	15.6	5	40	16.9	6	78	16.3	5
其他	35	14.3	6	42	17.8	5	77	16.0	6

(六)学生参加阳光体育活动主要场所

如表6所示，调查结果表明：学校的免费运动场所是四所中学参加阳光体育活动的最主要场所，他们选择活动的场所排序是：学校免费的运动场所、家里和宿舍、空地、公园、社会上收费的运动场所等。其中，重点中学选择的场所顺序是：学校免费的运动场所、家里和宿舍、空地、公园、社会上收费的运动场所等。普通中学选择的场所顺序是：学校免费的运动场所、家里和宿舍、空地、社会上收费的运动场所、公园等。在对选择社会上收费的场所进行阳光体育活动的学生进行访问调查时，多数学生说是周末去滑轮滑、假期去爬山等。但是从总体上看，四所中

表6 学生参加阳光体育活动主要场所

场所	重点中学			普通中学			合计		
	N	%	排序	N	%	排序	N	%	排序
学校的免费运动场所	244	100.0	1	236	100.0	1	480	100.0	1
社会上收费的运动场所	83	34.0	5	45	19.1	4	128	26.7	5
家里或宿舍	177	72.5	2	206	86.9	2	383	79.8	2
公园	109	44.7	4	41	17.4	5	150	31.3	4
空地	114	46.7	3	157	66.5	3	271	56.5	3
其他	17	7.0	6	24	10.2	6	41	8.5	6

学对于选择运动场所中学校免费的运动场所是首选的，社会上收费的运动场所中重点中学比普通中学多14.9%，公园中重点中学比普通中学多27.3%，而在家里或宿舍中普通中学比重点中学多14.4%，空地上普通中学比重点中学多19.8%。通过比较与分析可以看出重点中学与普通中学的区别，由于重点中学都在区中心位置，而普通中学都在边远区。从客观上分析地理位置也是影响普通与重点中学的学生参加阳光体育运动的场所的差别原因之一。

(七)影响学生参加阳光体育活动的因素

通过表7和图4可以明确看出：影响四所中学参加阳光体育活动的因素不是单一的，是多方面的。影响他们参加阳光体育活动的因素主要是学习负担重，没有时间，占总百分比为82.9%、器材短缺占总分比为63.1%、场地不足占总百分比43.3%等，其中影响重点中学参加阳光体育活动的因素依次为学习负担重，没有时间占84.4%、没人指导占44.3%、没兴趣占43%、没器材占41.8%、没场地占41.4%、技术差，怕丢面子占9.4%等，其中影响普通中学参加阳光体育活动的因素依次为没器材占85.2%、学习负担重，没时间占81.8%、没场地占45.3%、没兴趣占42.8%、没人指导占31.8%、技术差怕丢面子占10.2%等。其他中有的学生反映由于家长给学生压力，在压力下学生不得不舍去参加体育活动的时间来学习。

表7　影响学生参加阳光体育活动的因素

影响因素	重点中学		普通中学		合计	
	N	%	N	%	N	%
学习负担重，没有时间	205	84.4	193	81.8	398	82.9
没场地	101	41.4	107	45.3	208	43.3
没器材	102	41.8	201	85.2	303	63.1
技术差，怕丢面子	23	9.4	24	10.2	47	9.8
没兴趣	105	43.0	101	42.8	206	42.9
没人指导	108	44.3	75	31.8	183	38.1
其他	21	8.6	8	3.4	29	6.0

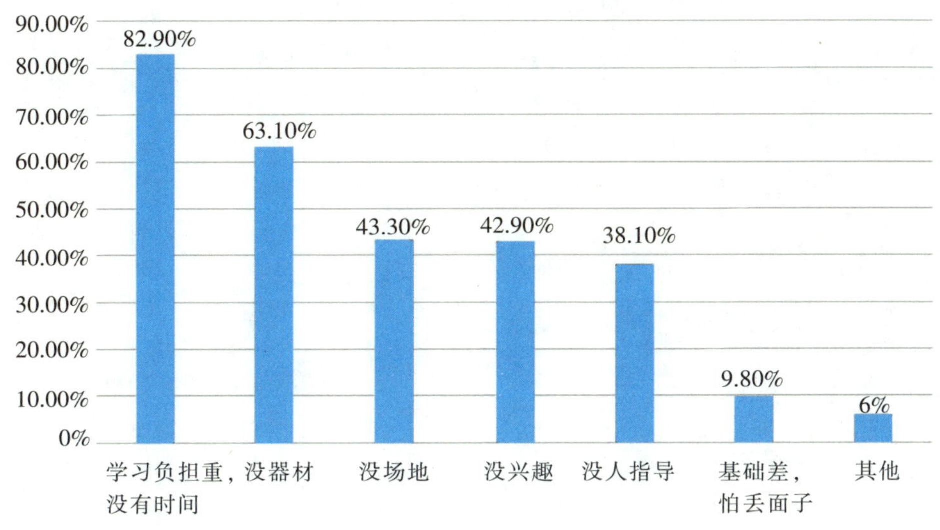

图 4 影响四所中学的学生参加阳光体育活动的因素统计

(八)四所中学对阳光体育运动的实施情况

阳光体育活动开展的好坏,不单单是看活动的开展,更要看开展后的具体实施情况及给学生带来的对体育积极参加的效果。这可以说是开展阳光体育活动真正的意义之所在。

通过表 8 可以看出:重点中学对开展阳光体育运动的实施情况比普通中学的开展阳光体育运动实施得好,从以下几点就可以看出。首先,从学校对《国家体质健康标准》的内容通报来看:通报情况从人数百分比分析重点中学比普通中学多 37.8%,不清楚的重点中学比普通中学少 25.1%;其次,从学校对达到《国家体质健康标准》的学生是否颁发“阳光体育奖章”来看:颁发情况人数百分比分析为重点中学比普通中学多 55.1%,不清楚为重点中学比普通中学少 28.2%;最后从学校是否组织全体学生积极开展《国家体质健康标准》争优达标活动看:组织的情况人数百分比分析重点中学比普通中学多 34.5%, 不组织的重点中学比普通中学少 8.3%,不清楚的重点中学比普通中学少 26.2%。总的来说,重点中学对阳光体育运动的宣传工作做得到位。重点中学不管是从学校对《国家体制健康标准》内容的通报情况、对达到《国家体制健康标准》的学生颁发“阳光体育奖章”以及学校组织全

表 8　四所中学对阳光体育运动实施情况

实施内容	实施情况	重点中学		普通中学		合计	
		N	%	N	%	N	%
学校对《国家体质健康标准》的内容通报情况	通报	179	73.4	84	35.6	263	54.8
	不通报	24	9.8	53	22.5	77	16.0
	不清楚	41	16.8	99	41.9	140	29.2
学校对达到《国家体质健康标准》的学生，是否颁发“阳光体育奖章”	颁发	181	74.2	45	19.1	226	47.1
	不颁发	19	7.8	82	34.7	101	21.0
	不清楚	44	18.0	109	46.2	153	31.9
学校是否组织全体学生积极开展《国家体质健康标准》争优达标活动	组织	203	83.2	115	48.7	318	66.3
	不组织	13	5.3	32	13.6	45	9.4
	不清楚	28	11.5	89	37.7	117	24.3

体学生积极开展《国家体质健康标准》争优达标活动等开展得都要优于普通中学。这主要是由于重点中学要求学生全面发展，特别重视脑力与体力的全面结合。而普通中学主要是注重学生的学习成绩，因为普通中学的生源就不如重点中学。这也就影响和制约着其阳光体育运动的发展。

四、结论与建议

(一)结论

(1)天津市部分中学的中学生都不同程度的了解阳光体育活动，通过对比分析重点中学了解阳光体育活动的人数要多于普通中学的人数，从客观上说明重点中学比普通中学要重视阳光体育活动的开展与实施。

(2)影响天津市部分中学开展阳光体育活动的主要原因主观上看是由于器材短缺以及场地等问题，客观上是由于学生学习压力比较大导致学习时间紧，而没时间去参加体育活动。

(3)天津市部分中学在参加阳光体育活动时,在活动的项目的选择上不是单一的,选择的项目大体上相同,只是在项目的排序上有所差别,但是重点中学开展的项目要比普通中学的丰富。

(4)天津市部分中学生参加阳光体育活动的动机不是单一的,而是多层次的。从他们的动机排序上来看,增强体质是他们首选的活动动机。学生参加阳光体育活动的动机是较为积极的,认识是较高的,但还有少部分学生的活动动机存在着问题,这就需要社会以及学校对阳光体育大力宣传。

(5)从目前学校对阳光体育运动实施的组织形式来看,各学校的组织形式大体相同而且较为单一,不能够使中学校园体育文化丰富起来。天津市部分中学参加阳光体育活动主要形式是以体育课和大课间体育活动以及广播操和校园集体舞,除此之外重点中学还以体育兴趣小组、体育社团、课外体育活动为主,而普通中学以课外体育活动、班级年级开展的各项体育活动、假期体育活动为主。

(6)天津市部分中学对于参加阳光体育活动的主要场所都是以学校免费的运动场所为首选,其次都以家里或宿舍以及空地为主,不同的是重点中学为公园和社会上收费的场所,普通中学为社会上收费的场所和公园。但须强调的是重点中学参加社会上收费的场所的人数要比普通中学的人数多。

(7)天津市部分重点中学开展的阳光体育活动与《国家体质健康标准》密切联系。这也说明重点中学非常重视阳光体育的开展与实施。

(二)建议

(1)增加对学校体育经费的投入,营造学校阳光体育的运动氛围,形成崇尚运动的校园文化,加大对学校体育场地,体育设施的投资新建,完善现有的体育设施,提高其利用率,并推广一些在场地、器材等方面花费较少而组织简易的体育项目。

(2)应该加强体育教师的业务能力,课上能充分调动学生的积极性。使学生能在玩中学到应该学的知识和技能。进一步加强学生的锻炼意识,根据学生的生理和心理特点,制定和开展丰富多彩的体育竞赛和课余生活,为学生的终身体育打下良好的基础。

(3)学校在以后的体育工作中不能只是口头上的宣传,应该把宣传工作渗透到实践活动中去,完善制度,完善学校在开展阳光体育活动组织和比赛制度,组

建各种体育兴趣小组，充分利用学校的体育资源，积极开展好各种比赛活动。加强学校、体育教师、家长三者之间的沟通联系，共同帮助指导学生参加阳光体育活动。实施阳光体育运动不能急于求成，结合各学校自身实际情况，始终贯彻落实“健康第一”的指导思想，提高青少年学生体质为最终目标，扎实深入的开展阳光体育活动。

参考文献

[1]中华人民共和国教育部.国家学生体质健康标准(2014年修订)[S].2014,7.

[2]王月华.开展全国亿万学生阳光体育运动的认识与思考[J].上海体育学院学报,2007(06):81-83.

[3]李冬梅."阳光体育运动"对体育教育专业提出的新要求[J].辽宁体育科技,2007(04):85+87.

[4]范立仁,等.全国学生参加课外体育活动现状的研究[J].体育科学,2000(02):7-11.

[5]俞世军,陈冀杭.杭州市中学生阳光体育活动状况的调查分析[J].浙江体高科学,2008(01):82-84.

[6]陈宗学,吴峰.宣城市中学体育教学现状与对策研究[J].安徽体育科技,2008(01):83-85.

凸显个性，与时俱进，建设阳光大课间

天津市新华中学　柴海晶

摘　要：体育作为“德智体美劳”中的一项衡量指标，是践行素质教育过程中推动学生全面发展的重要内容。近年来，阳光大课间活动逐渐兴起，在增强青少年体质、加强体育建设方面有其独特的锻炼效果。因此，本文以建设阳光大课间为方向，探讨利用阳光大课间活动推动学生凸显个性、与时俱进的可行教学策略，以促使阳光大课间能够更契合高中阶段学生的体育锻炼需求，进一步提高中体育工作的教学质量。

关键词：高中体育　阳光大课间　乡土资源

体育大课间活动要想达到在“阳光体育”方面的要求，一方面需要学校及教师能够不断改进及创新阳光大课间活动的形式，让学生乐于投入到阳光体育运动中去。同时教师还要结合学校的实际，以及学生的性别、年龄、生理、心理特点、认知规律等诸多影响因素，让阳光大课间活动的设计更为科学合理。因此，从这个思路出发，本文主要围绕趣味游戏、专项练习、因地制宜、整合音乐、融入乡土这几个方向进行具体探讨，以引导学生在参与阳光大课间体育活动的过程中能够释放活力、强化基础，真正感受到体育运动的魅力。

一、趣味游戏，释放活力

“兴趣是最好的老师。”无论是系统性地开展体育课程的教学，还是要推进阳光大课间的建设，学生的兴趣爱好都是我们要着重纳入考虑范围的一大影响因素。因此，教师要善于在课间活动的时候，设计和组织一些趣味游戏活动，通过游戏的形式来引发学生的参与兴趣，在活动中释放活力，享受乐趣。

例如，以课间篮球运动为例，很多学生都非常喜欢篮球这项运动，我们就可以将其纳入到阳光大课间体育活动的内容中，并设计一些与篮球相关的趣味游戏。比如运球接力、蚂蚁搬家、传球接力、抢球接力、头上胯下传球接力、面对面过人运球、直线运动（班上学生两两分组，面对面站立，距离 15 米左右，进行篮球直线运球）、开火车（每组双脚开立成一条直线，球在双脚间从排头传到排尾，排尾同学拿球跑到排头再往后传，如此循环）等之类的趣味游戏活动，这样一方面可以帮助学生熟悉和巩固篮球的技术性动作，还可以让学生在充满趣味性的游戏活动中放松一下，感受篮球运动的乐趣，以更好的精神状态投入到下节课的学习中去。

阳光大课间体育在本质上应该是一种快乐体育、趣味体育，要想达成这个目标，趣味游戏的设计与开展是非常有必要的。教师在组织趣味游戏活动的时候，还要强调和指导学生在游戏过程中的纪律和安全，并可以鼓励学生积极分享和提供自己关于游戏活动的设想及创意，以进一步拓展活动内涵，提升活动水平。

二、专项练习，强化基础

专项练习是指教师要确定一些固定的体育项目的专项训练，制定针对性和操作性强的实施方案，通过专项性的练习与拔高性的巩固，保证学生每天都能达成一小时的体育活动时间，以此来有计划、有组织的开展专项体育训练，让学生在专项练习中巩固运动技能，强化体育基础。

比如说广播体操与自由活动相结合，这是很多学校普遍采用的课间活动的形式。对于这种固定的专项练习，我们要加强对这种体育运动的规范性管理，使其能够真正发挥出阳光体育、趣味体育的作用。课间操铃响后，各班需要在指定地点集合整队，并要求班主任也要到本班活动场地，做好组织安排和监督指导的工作。体育教师则要统一管理和监督学生的站队，广播操活动过程中的表现及秩序。同时，要求学生在做广播体操时要做到步伐整齐、摆臂动作到位、左右转时整齐划一，杜绝在广播体操进行中有学生原地站立不做动作的情况，表现出精神饱满的良好运动状态，以高标准、严要求来规范课间操活动。

同时，为了加强阳光体育大课间活动的规范性，我们还要在体育活动制度及具体实施方案上做进一步的规范与完善。在优化方案的基础上，学校还要善于发挥不同主体的教育合力，如政教处、教导处、正副班主任等，都要参与到指导学生安全活动，确保纪律与安全的工作中来，让阳光大课间体育活动成为学生全员参与，学校党政工团紧密配合，教职工全员协作的一项常态化教学工作。

三、因地制宜，拓展空间

因地制宜是指我们在推进阳光体育大课间活动的过程中，要依据校园场地特点、场地设施和体育用品等各方面的实际情况来设计和开展活动，并在形式上不断创新，设计一些趣味性强的活动内容，以满足不同学生的兴趣爱好。同时，我们在推进阳光体育大课间建设的时候，还需要考虑到人体技能与运动规律，科学安排好活动顺序以及活动量，让学生能够劳逸结合，在体育运动中放松自己的大脑，为之后的课堂学习准备好良好的学习状态。

例如，活动的开展要与场地、设施等相结合，合理利用校园环境与周围环境，除了教室，还有操场上、大自然，这些沐浴阳光的地方，对于学生调节视力会更有帮助。学生在上课时间由于较长时间近距离用眼，睫状肌就会处于紧张收缩状态，使晶状体变凸，我们要利用课间活动的时间让学生去凝神远眺，促使睫状肌松弛，恢复视力，为下一节的的学习做好准备。同时，我们也要关注学生在推进阳光体育大课间建设中的主动性和创造性，鼓励学生充分发挥想象，可以动手制

作器材，设计游戏活动，这也是帮助学生劳逸结合，积极调适，消除疲劳的可行方式。

还有一点需要注意的是，阳光体育大课间活动不仅要注重活动形式的多元性，还要留给学生自由活动的时间和空间，这是非常关键的。这样的组合才可以有效地帮助学生减轻繁重的学业带来的焦虑和疲劳，而不是让课间锻炼也成为学生疲于应付的硬性任务，带给学生另一种形式的压力，大大减弱体育课间锻炼的积极效用。

四、整合音乐，舞蹈健身

在当下普遍应用的体育大课间活动中，一般都以课间操、眼保健操等作为具体实施方式，但在此基础之上，我们还可以进行进一步的创新和优化，将音乐融入与整合到阳光大课间活动中来，使之成为舞蹈健身的辅助工具，促使学生能够根据不同的音乐风格和节奏进行相应的舞蹈健身，以达到课间体育的锻炼效果。

比如说恰恰舞，这就可以是在阳光体育大课间活动中提供给学生的舞蹈健身的一种选择。恰恰舞的风格非常活泼、热烈，并且充满活力，我们可以选择歌曲《Me Too》作为背景音乐，结合歌词来进行恰恰舞的编排，以恰恰舞教学的课间教学设计来作为我们推进阳光大课间体育活动的一种具体实现形式，引导学生利用课间这个时间熟悉和学习恰恰舞这一个舞种，循序渐进地学习时间步、前进锁步、定点转、恰恰走步、之字步、原地换重心、合步跳法、圆步法技巧等恰恰舞的动作。这种阳光大课间体育活动形式新颖，内容丰富，也是非常受到学生的欢迎的。

音乐与舞蹈相结合的重要性不言而喻，二者可以说是相辅相成、相得益彰的。这也启示我们在推进阳光体育大课间活动的时候，要利用好时间，合理设计内容，有序安排环节，善于通过音乐与舞蹈的整合来让课间活动变得更为活泼、生动且丰富，以此来增强学生对大课间体育活动的参与兴趣，推进阳光大课间的规范性建设。

五、融入乡土，丰富资源

阳光大课间活动的建设并不仅局限于学校内部资源。我们还可以把视角由校内拓展到整个地区，各种文化资源、社区资源都是我们可以融入乡土的切入点。比如乡土地理、民俗风情、传统文化等，将地方可用资源作为推进阳光大课间体育活动的重要依托，以此来进一步丰富阳光体育大课间活动的形式，为学生带来更为丰富的运动体验，通过参与形式多样的体育锻炼来享受体育运动的乐趣。

为了进一步丰富学生业余体育生活，培养学生加强体育锻炼的思想意识，增强各班的凝聚力和学生自身体质，我们要善于挖掘资源，发挥地方资源的优势，开展极具特色的阳光体育大课间活动。以天津市为例，从气候上分析，天津可以说是四季特征较为鲜明的城市，春夏秋冬，各有不同的气候特征。我们在推进阳光体育大课间活动的时候，要考虑到天津市的天气特征，可以在不同的季节组织丰富多彩、形式多样的阳光体育大课间活动，让每一个学生都能自觉、快乐地参与到阳光体育运动中来，享受与季节相适宜的体育运功，以此来促进学生的健康发展。

由此可见，在推进阳光大课间活动的过程中，教师可以通过体育活动形式的针对性改进和创新，利用多种多样的活动形式，不断提升及优化阳光大课间的体育教学效果。那么，除了文中探讨的趣味游戏、专项练习、因地制宜、整合音乐、融入乡土这几个方向以外，教师还要在具体的实施过程中不断摸索和总结，建设阳光大课间更多元的策略与方法，以促进学生能够真正在阳光体育课间活动中凸显个性、享受体育、快乐成长。

总而言之，之所以要推进阳光体育大课间活动，很重要一个目标是要让学生能够有选择地参与、学习、享受体育，走向大自然，走到阳光下，投入到阳光体育活动中去，再以良好的精神状态走进教室，完成接下来的学习任务。这样科学合理的统筹安排与落实，可以有效地激发学生的运动兴趣，丰富校园文化生活，营造积极向上的学风，从而促使学生提高身体素质、劳逸结合、强健体魄，真正推动学生的全面发展。

参考文献

[1]余翔.在阳光中享受运动的快乐——在高中实施阳光体育与大课间活动的思考[J].当代体育科技,2013,3(34):194+196.

[2]孙瑜春.让学生在阳光中享受运动的快乐——在高中学生中实施"大课间活动"的探究[J].考试周刊,2014(58):115-116.

[3]桑小飞.共享运动 快乐成长——阳光体育大课间活动的有益探索[J].河北教育(德育版),2015(05):23.

学校大课间体育活动体系的建立

天津市北闸口中学　王金城

摘　要:本文以《教育部　国家体育总局　共青团中央关于开展全国亿万学生阳光体育运动的通知》等相关文件为依据,运用文献资料法、问卷调查法、数据统计法等研究方法,构建天津市中学大课间体育活动评价指标体系。确定一级指标5个,二级指标16个,并运用层次分析法给出各指标的权重,建立了评价模型,对天津市中学大课间体育活动起到有效推进作用。

关键词:中学　大课间体育活动　评价　指标体系

从2007年4月29日以来,天津市教委、体育局、共青团委等全面贯彻落实《教育部　国家体育总局　共青团中央关于开展全国亿万学生阳光体育运动的通知》,结合《国家学生体质健康标准》,以"健康、运动、阳光、未来"为宣传口号,在天津市中小学切实开展大课间体育活动,吸引广大青少年学生走向操场、走进大自然、走到阳光下,积极参加体育锻炼,提高学生体质健康。大课间体育活动是在传统课间操基础之上发展起来的一种课间学生活动组织形式,其活动时间长,内容丰富多样,组织灵活,运动强度适宜,深受学生喜爱,也是切实保证学生"每天活动一小时"的重要途径。但是由于学生中高考学业压力、场地器材缺少、活动内容单一、枯燥、学校家长重视程度不够等,尤其是大课间活动评价指标系统的缺失。使

得天津市中学大课间活动开展效果不明显,出现组织流于形式、领导权责不清、教师组织管理不力、学生练习积极性不高等现象。而究其原因,评价监管系统的不健全成为最主要的因素。因此,构建中学大课间体育活动评价指标体系势在必行。

大课间评价指标体系是根据大课间体育活动的目的和任务,系统地收集课间活动指导思想、设计、组织实施等方面的信息,依据一定的标准和方法,准确把握其各因素的联系和内在规律,将其重要指标科学有机组合而成的指标群。大课间体育活动评价指标体系有利于提高大课间体育活动的高效实施,提高学校领导责任心、教师工作积极性和学生锻炼的自觉性,为大课间体育活动注入强大的活力,提供最强有力的保障。

因此,本文依据相关政策与法规文件,根据天津市中学大课间活动的现状和特点,全面系统地构建一套中学大课间体育活动评价指标体系,从而促进天津市中学大课间体育活动的有效实施和可持续发展。

一、研究对象与方法

(一)研究对象

天津市中学大课间体育活动评价指标体系。

(二)研究方法

1.文献资料法

本人认真阅读学校体育学、体育测量与评价、体育统计学、中小学课程评估与管理标准等著作;通过中国知网进行文献检索,在天津体育学院图书馆查阅有关本研究的国内外期刊,系统查找研读有关大课间体育活动评价指标的文献资料,完成指标的初选工作,为本论文的研究奠定良好的理论基础。

2.问卷调查法

在天津市荣获“第十二届全国学生运动会科学论文“会议和天津市中小学现代化学校督导评估工作期间,对部分一等奖获得者和阳光体育运动专项督察评估专家发放三轮调查问卷，就大课间体育活动评价指标以及指标权重进行征询，对个别问深入求教、询问。其中共调查21位专家，三轮分别回收问卷21份、20份、18份，回收率为100%、95.2%、85.7%，所有回收问卷均真实有效。最后对问卷调查结果经过系统归纳、修改，完成指标的筛选和统计优化，形成基本统一的观点作为大课间体育活动的评价指标。

3.数理统计法

对问卷调查的结果进行详细搜集、系统统计分析，采用美国专家萨迪(T.L. Satty)提出的层次分析法(AHP)，运用定量与定性分析形结合的方法，科学分配各指标的权重，通过"和积法"进行归一化处理，得出中学大课间体育活动指标权重，运用yaahp3.0软件对数据进行统计学分析，构建中学大课间体育活动评价模型和指标体系。

二、天津市中学大课间体育活动评价指标体系的构建

(一)天津市中学大课间体育活动评价指标的选取原则

由于大课间体育活动是阳光体育的重要组成部分，它以"健康第一"为指导思想，促进学生身心全面发展，增强社会适应能力为最终目标。因此，我们在评价指标选取时应该尽可能反映学生大课间体育活动效果，反映其掌握运动技能，养成体育锻炼习惯，形成愉悦的锻炼氛围情况为目的，具体应遵循以下原则：

1.科学性原则

由于大课间体育活动是在《教育部国家体育总局共青团中央关于开展全国亿万学生阳光体育运动的通知》等一系列文件精神指导下，形成的促进学生全面健康发展的活动。它受社会、教育、体育等客观规律的制约，受青少年性格特点的影响。因此，评价指标应注意主观与客观、定量与定性相结合，客观反映大课间活动开展情况。

2.全面性原则

由于大课间活动包括指导思想、组织程序、活动内容、场地设施、经费、师资队伍、学生活动效果等多个层次、多个方面。因此，在选取指标时应尽可能包含大课间体育活动各个方面的信息，反映出各个环节、要素的优势与不足，以利于更好的监管和激励。

3.导向性原则

大课间体育活动包含众多信息，但各个方面价值作用不同。因此，指标体系的选取应对其重要环节给予一定的倾斜，并且应较为正确地反映中学大课间体育活动发展的状态与趋势。

4.通用性原则

天津市各个区域、各个学校具体情况不尽相同，大课间体育活动开展也各具特色。指标体系的选取时应充分考虑天津市各个中学的不同特点，反映出共性特征，使其在时间上、空间上适用于天津市所有中学。

5.简明性原则

大课间体育活动包含众多方面，但是指标的选取不是越多越好，应选取具有代表性的指标，做到不漏、不重、不繁琐，提高评价效率。

6.可操作性原则

指标含义准确清楚，选取一定要考虑到数据的调查、搜集、统计简单可行，对于计算繁琐，不易测量的指标，暂不列入评价体系或通过其他指标间接反映，以增强评价工作的可操作性。

(二)天津市中学大课间体育活动评价指标体系的构成

1.评价指标体系

本研究经过反复查阅资料，阅读相关文献著作，进行定性分析，完成指标的初选指标体系构成，确定指标体系由两级指标构成，其中一级指标 6 个，二级指标 20 个；经过三轮的专家问卷调查及访谈，逐层筛选，选出一级指标 5 个，二级指标 17 个；综合统计学知识，对专家筛选的指标进行相关系数分析检验，最终确立一级指标 5 个，分别为组织管理、实施资源、组织形式、学生活动效果、文化宣传；二级指标 16 个,其中组织管理包括领导机构、制度建设、监督评比;实施资源包括师资力量、场馆设施、专项资金;组织形式包括活动项目设置、分组形式、场馆分配、时间设置;学生活动效果包括身体素质、运动技能、活动态度、情意表现;文化宣传包括活动宣传、大课间体育文化(参见图 1)。

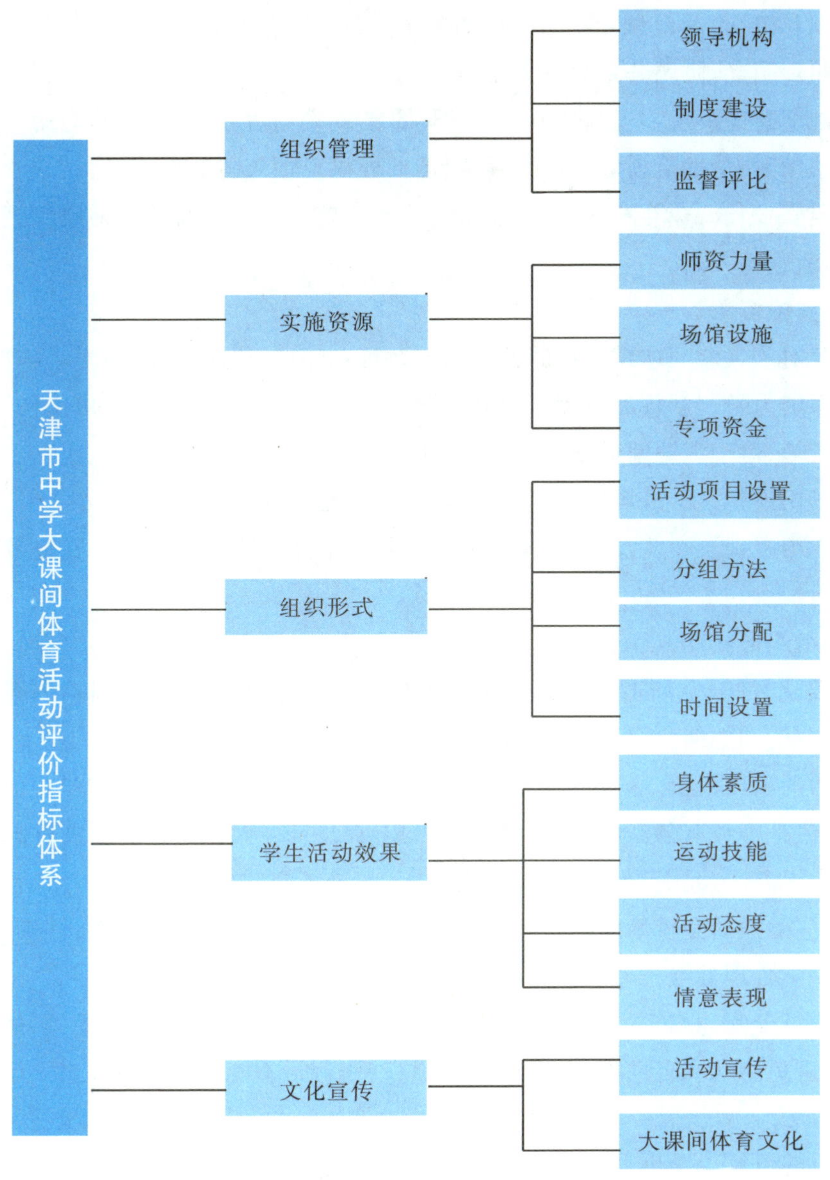

图 1 天津市中学大课间体育活动评价指标结构

2.评价指标解释说明

(1)组织管理

学校通过建立大课间体育活动领导机构,明确各部门职务职责,建立各项规章制度,有效进行大课间体育活动目标实施的过程。

①领导机构。学校领导小组人员的确定、机构构建、德育处、体卫艺、教务处等各部门职责明确,协调分工等各方面情况。

②制度建设。主要观测学校大课间体育活动实施方案计划、雾霾阴雨等恶劣天气活动预案、学生活动安全保障制度、活动效果反馈等各方面情况。

③监督评比。学生出勤、集合速度、服装、纪律等评比检查,教师组织管理监督、奖惩激励等方面。

(2)实施资源

学校对于大课间体育活动的投入和有效可利用的条件保障。

①师资力量。学校参与大课间活动所有的老师,包括体育教师、班主任、行政管理人员等,对于大课间活动的态度、科研、管理等各方面情况。

②场馆设施。学校场地、器材设施是否达到国家要求标准。

③专项资金。学校及上级部门对于大课间体育活动投入的专项资金及运用情况。

(3)组织形式

学校从时间、空间上如何对大课间体育活动进行合理安排,对活动内容进行如何选取、活动如何分组、对场地设施如何分配等方面的情况。

①活动项目设置。大课间体育活动的设置是否符合学校的情况和学生的身心发展特点、是否具有创新性、激发学生的兴趣、促进身体健康等方面来进行监测。

②分组方法。是否根据不同的活动内容,安排不同的分组形式进行活动。如眼保健操、广播操的全校集体练习;选项活动时可根据项目特点,按情感、性别、年级等进行科学合理分组。

③场馆分配。根据大课间体育活动项目特点,对场地进行合理分配,以达到锻炼效果,避免运动伤害发生。如乒乓球项目,一张台子不能容纳超过4名学生进行活动。

④时间设置。学生上下午活动是否达到每天一小时,及各项活动内容的具体

时间安排。

(4)学生活动效果

学生是大课间体育活动的主体,是评价体系中最为重要的环节。主要通过身体素质、运动技能、活动态度、情意表现四个方面反映学生的活动效果。

①身体素质。通过《国家体质健康标准》对学生在大课间活动中身体素质情况进行测量。

②运动技能。结合学生大课间体育活动内容,制定一定标准,对其体育健康知识、运动练习方法、技战术运用能力等方面进行测量。

③活动态度。对学生在大课间体育活动中的具体行为表现进行观测。

④情意表现。对学生在活动中表现出来的意志力、自信心、与他人交流合作情况进行监测。

(5)文化宣传

主要通过大课间活动宣传力度、效果及校园大课间体育文化反映文化宣传情况。

①活动宣传。学校大课间宣传的具体手段、宣传次数,学生对大课间体育活动知识的掌握情况。

②大课间体育文化。学校有关大课间体育活动的表演、竞赛以及特色项目。

(三)天津市中学大课间体育活动评价指标权重及数据模型建立

1.天津市中学大课间体育活动评价指标权重

本研究运用层次分析法确定天津市中学体育活动评价指标的权重,首先明确各个环节之间的关系,将问题层次化,建立层次结构模型;另外,根据专家的意见,运用1~9比例标度法对其相对重要性进行量化,即“1、3、5、7、9”表明两个指标相比,“相同重要、稍微重要、明显重要、强烈重要、极端重要”,“2、4、6、8”表明两者两判断居中;最后运用“和积法”进行一致性检验,确定各指标权重。

表 1　天津市大课间体育活动评价指标权重

一级指标 A	权重	二级指标 B	权重	归一化结果
组织管理 A1	0.1921	领导机构 B1	0.2334	0.0448
		制度建设 B2	0.3995	0.0767
		监督评比 B3	0.3671	0.0705
实施资源 A2	0.1722	师资力量 B4	0.3821	0.0658
		场馆设施 B5	0.3442	0.0593
		资金投入 B6	0.2737	0.0485
组织形式 A3	0.2332	项目设置 B7	0.3761	0.0877
		分组形式 B8	0.2334	0.0544
		场地分配 B9	0.1984	0.0463
		时间分配 B10	0.1921	0.0448
学生活动效果 A4	0.3114	身体素质 B11	0.3322	0.1034
		运动技能 B12	0.3403	0.1060
		活动态度 B13	0.1705	0.0531
		情意表现 B14	0.1912	0.0595
文化宣传 A5	0.0911	宣传效果 B15	0.4957	0.0451
		大课间体育文化 B16	0.5043	0.0459

通过对 A、B 层对比矩阵进行一致性检验，具体结果为 A 层 CR=0.0074，而 B 层中 W_{A1}、W_{A2}、W_{A3}、W_{A4}、W_{A5} 检验结果为 0.0056、0.0048、0.0064、0.0078、0.0041，CR 均小于 0.1，证明各层判断矩阵具有满意的一致性。

而 A 层的权重系数分别为 W_A=A1、A2、A3、A4、A5=(0.1921、0.1722、0.2332、0.3114)；B 层的权重系数分别为 W_{A1}=B1、B2、B3=0.2334、0.3995、0.3671；W_{A2}=B4、B5、B6=0.3821、0.3442、0.2737；W_{A3}=B7、B8、B9、B10=0.3761、0.2334、0.1984、0.1921；W_{A4}=B11、B12、B13、B14=0.3322、0.3403、0.1705、0.1912；W_{A5}=B15、B16=0.4957、0.5043。

一级指标从大到小排序为 A4、A3、A1、A2、A5，即最重要为学生活动效果，其次为组织形式，再次为组织管理、实施资源，最后为文化宣传；二级指标经归一化处理后，由大到小排序为 B12、B11、B7、B2、B3、B4、B14、B5、B8、B13、B6、B9、B16、B15、B1、B10，即最重要为学生运动技能、身体素质、活动项目设置、制度建设、监督评比、师资力量，这也符合以学生为主体，促进学生运动技能的掌握，“健康第一”的指导思想；活动项目设置是关键，充分激发学生兴趣、调动其活动积极性；制度建设、监督评比、师资力量是保障和基础的理念。

2.天津市中学大课间体育活动评价模型的建立

通过相关法律文件制定的定量指标和专家学者制定的定性指标，算出其具体的得分值(定量定性指标均采用百分制计算)，再综合上述各指标权重，运用多目标线性加权求和综合评价，得出计算公式如下：

$$A_i=\sum_{j=1}^{n}X_{ij}b_{ij} \quad (1) \qquad I=\sum_{i=1}^{5}A_i a_i \quad (2)$$

其中 X_{ij} 为第 i 个一级指标的第 j 个二级指标的得分值，b_{ij} 为第 i 个一级指标的第 j 个二级指标的权重，A_i 为第 i 个一级指标得分值，a_i 为第 i 个一级指标的权重，I 即为某中学大课间体育活动的综合评价值。

三、结论

(1)本研究在进行中学大课间体育活动评价指标的选取时，遵循科学性、全面性、导向性、通用性、简明性、可操作性六大原则，以使指标的确立客观实用。

(2)综合相关政策法规文件、专家意见，再加上天津市中学大课间体育活动开展的实际情况，确定一级指标 5 个，二级指标 16 个。

(3)运用层次分析法确定天津市中学大课间体育活动评价指标的权重，一级指标学生活动效果最为重要，二级指标运动技能和身体素质是核心，并构建了评价模型。

(4)本研究操作简便，可操作性强，能对天津市大课间体育活动进行有效评价，但是还需要在实践中不断丰富和完善。

参考文献

[1]李生民，王波，祝菁.普通高校阳光体育运动评价指标体系构建[J].北京体育大学学报，2011，34(9)：85-88.

[2]赵芳，等.普通高校“阳光体育运动”评价指标体系的研究[J].首都体育学院学报，2014，26(01)：35-39+51.

[3]天津市中小学体育(与健康)课程评估与管理标准研制组.中小学体育(与健康)课程评估与管理标准[M].北京：北京体育大学出版社，2009.

[4]张厚粲，徐建平.现代心理与教育统计学[M].北京：北京师范大学出版社，2003.

保证学生每天锻炼一小时的研究

——对中学保证学生每天锻炼一小时的实践分析与可行性效果的研究

天津市第八十二中学　刘海宝

摘　要:《保证学生每天锻炼一小时的研究(一)——对全区部分中小学保证每天锻炼一小时的现状调查分析与对策的研究》获得“全国第十一届中学生运动会科学论文大会——暨全国学校体育第八届学术年会”一等奖,并在大会上报告,全国许多著名专家肯定了本次调查报告的可行性,还提出一些宝贵意见和真诚的指导建议。我回校后经过一段时间的材料整理,按著名专家和体育知名人士的指导建议,按照调查报告的对策进行了实践活动。

经过三年时间收到了预期效果,使学生体质健康有了明显的改善,使学校阳光体育运动上了层次,成为了我校办学的一大特色,也成为了我校教育教学整体上水平的一大亮点。为学生身心健康和终身受益,有其重量级的意义和价值。

本文采取文献资料法、学生问卷调查法、实验跟踪法、同期效果对比法和数据统计法。对全市多所中学保证学生每天锻炼一小时的对策实践情况进行充分的分析,依据“四化”得到的检验效果进行实验研究,分析归纳出可行性模式,确保学生每天锻炼真实有效的一小时,提供依据,供兄弟校借

鉴和参考。

关键词：确保　学生每天锻炼一小时　实践　有效　可行

一、问题提出

克服形式主义，确保学生在校每天锻炼一小时，是学校阳光体育运动和学校教育教学整体工作的重要组成部分，是全方位推进素质教育的突破口，是立足中华民族优秀体育传统文化，弘扬社会主义核心价值观，增强学生体质健康的重要措施，是伟大祖国生生不息，千秋万代，学生们健康成长，发展壮大的历史根基。确保学生在校期间每天锻炼一小时，对学生掌握“三基”，增强体质，提高运动能力，培养锻炼习惯，对终身体育都有着极其重要的意义和价值。本文针对全国几位著名教育专家的指导建议和调查分析研究的对策进行了“四化”的实践，既克服形式上的学生每天锻炼一小时，又确保了有效上课的学生每天锻炼一小时，并实施了“三大途径”的常态化，有效时间的科学化，大课间活动的模式化和体育活动的俱乐部化。确保了学生每天锻炼一小时的时效性，活动的可行性，真正改善了学生体质健康的现状，使学校阳光体育已上了层次、上了水平，成为了我校教育教学整体工作的一大亮点，为兄弟校保证学生每天锻炼一小时提供了借鉴和参考。

二、研究时间、对象与方法

(一)实践研究的时间

2018 年 2 月—2020 年 12 月调研、实践、分析、再实践可行性效果分析、形成实验报告。

(二)研究对象

采用对天津市多所初中、高中身体健全,能够从事体育锻炼的学生(先天残疾除外)作为实践调查问卷研究和跟踪学校阳光体育成果的对象。

(三)研究方法

1.文献资料法

通过对学校保证学生每天锻炼一小时的相关文献，包括相关政策性文件、学术论文、实施方案、组织模式等进行收集,分析整理和对策的研究,从中找出有一定价值的借鉴和参考,为将来实践研究开展提供有效的理论依据。

2.问卷调查法

对多所中学学生参加每天锻炼一小时途经、时间、组织模式、内容形式和学校领导态度、学生兴趣和健康指标等为学生两个周期同内容调查问卷,2018 年共向全校学生发放问卷 1638 份(其中高中 650 份,初中 988 份),回收问卷 1638 份,其中无效问卷 18 份,有效问卷 1620 份,有效率为 98.9%;2020 年共向相同学生发放调查问卷 1616 份,(高中 640 份,初中 976 份),回收问卷 1616 份,其中有效问卷 1598 份,有效率为 98.8%。调查问卷采取 Cranach's 方法进行问卷,可信度测量真实,并通过检验。

3.同期对比法

采取实验初期与试验后期各指标对比的方法，进行可行性效果的比较和检验,使前后有可信的验证。

4.实践跟踪法

采取实践前后所取得的成效,进行对照比较,使可行性效果更有说服力。

5.数据统计法

采取对实践前后指标进行百分比统计和数据推理计算的方法,进行效果验证。

三、实践结果与可行性分析

(一)彻底告别形式主义,使途经常规化可行性分析

经过与多所中学校领导协商,从2018年2月新学期开始,坚决克服了举小旗赚吆喝的形式主义,硬碰硬的严格执行从中央到地方的有关保证学生每天锻炼一小时的规定,由原来的副校长主管体育改为党政"一把手"主管学校阳光体育,并担任学校阳光体育运动领导小组的组长,保证了学生每天锻炼一小时的"三大途径"的畅通,体育课课时量开齐开足,不准任何学科占用(特殊情况除外,如恶劣天气);课间操由上午的一次大课间活动,改为上午大课间活动,下午课间活动两次;由每周两次的课外体育活动,从原来只有学校体育训练队参加,改为全校全员参与的课外体育活动,确保了学生每天锻炼一小时,推进了素质教育的历程,弘扬了阳光体育核心价值观,使保证学生每天锻炼一小时可以落到实处、明处,使学生都能够不同程度的受益,得到了学生和家长的认可。如表1就是一个很好的证实。

表1 学生对一小时"三大途径"领导重视程度的调查情况

类别	样本(年)	非常重视			比较重视			一般重视			n
		人数	百分比	同期比	人数	百分比	同期比	人数	百分比	同期比	
高中	2018	228	35.1%	−39.7	196	30.2%	+13.1	226	34.7%	+26.5	n=650
	2020	416	74.8%	+39.7	109	17.1%	−13.1	51	8.2%	−26.5	n=636
初中	2018	488	50.3%	−29.7	281	29.0%	+16	201	20.7	+13.7	n=970
	2020	77	80.0%	+29.7	125	13.0%	−16	67	7.0%	−13.7	n=962
合计	2018	776	47.9%	−30.1	477	29.4%	+14.8	367	22.7%	+19	n=1620
	2020	1246	78.0%	+30.1	234	14.6%	−14.8	148	7.4%	−19	n=1596

从表1可以得出,虽然高中与初中对学校领导克服形式主义,重视学生每天一小时的锻炼的认可程度有不同的看法,但是总的来说有共同的看法和肯定。2018年非常重视的占47.9%,到2020年就上升到78%,提高了30.1%。2018年学

校非常重视的与比较重视的之和为77.3%,2020年则为92.6%,上升了15.3%。从中可以反映,学生的眼睛是雪亮的,认可程度是公平的。克服形式主义,保证学生每天锻炼一小时的“三大途径”成为常态化是可行的,是受学生欢迎、赞可和肯定的。

(二)确保学生每天锻炼一小时的有效时间科学化的可行性分析

为了确保学生每天锻炼一小时的有效时间科学化,我们把体育课高效课堂的密度标准定为35~38分钟,不计45分钟,其余时间按无效时间计算。

则:$t_{课每天}=3\times38/5=22.8$分钟,上午大课间活动有效时间40–10分钟(入场、退场计无效时间均减10分钟),那么$t_{上}=30$分钟,下午课间活动则为20–10分钟,实际有效活动时间则$t_{下}=10$分钟,每周的两次的俱乐部化的课外体育活动每次时间为50分钟,其有效时间按优秀课标准科学推算为38分钟。所以,每周两次课外体育活动平均到每天,那则为$t_{外每天}=2\times38/5=15.2$分钟。(其他锻炼如自主晨练、体育社团除外)。那么,可行有效每天锻炼的时间,按照科学的逻辑推理进行计算就可以得出,$T_{有效}=t_{课每天}+t_{上大课时}+t_{下课间}+t_{外每天}=78$分钟$>T_{有效}>T_{规定}$,从推理计算,我们很清楚看清,我校保证学生每天锻炼一小时的有效时间超过了规定的理论时间,这充分证明我校领导的重视程度和我校体育工作者的实干精神及科学管理的科学化。有效时间充分确保了学生每天锻炼一小时的可行性科学化。

(三)“大课间”活动组织模式化的可行性分析

为了发挥“大课间”活动的正能量,传承集体主义核心价值观,多所实验校“大课间”活动,从2018年2月开始就实行了模式化程序,从组织到内容,从春季到冬季,从冬季阳光长跑到四季阳光长跑,都步入有规律的模式化,并收到了可喜的成效,得到了学生和家长的认可。例如:冬令时的阳光长跑,由班级集体长跑和自主选项活动;夏令时的阳光晨跑、广播操、校操和自主选项活动;夏令时课间操改为早操等,组织形式上的模式化,深受学生欢迎和赞扬。如表2学生对“大课间”活动模式化的喜欢程度调查情况,更能反映了“大课间”活动模式化的可行性。

表 2　学生对“大课间”活动喜欢程度的调查

类别	样本(年)	非常喜欢			比较喜欢			一般喜欢			n
		人数	百分比	同期比	人数	百分比	同期比	人数	百分比	同期比	
合计	2018	737	45.5%	−33.9	324	20.0%	+7.7	559	34.5%	+26.2	n=1620
	2020	1269	79.4%	+33.9	196	12.3%	−7.7	133	8.3%	−26.2	n=1598

从表 2 不难得出，对学生“大课间”活动模式化非常喜欢的由 2018 年的 45.5%上升到 2020 年的 79.4%，提高 33.9%，持一般态度的由 34.5%下降到 8.3%，降低 26.2%，从中证实“大课间”活动的模式化是可行的，能够收到一定的效果。

(四)体育课外活动俱乐部化可行性分析

体育课外活动俱乐部化是我市近三年保证学生每天锻炼一小时的时代产物，是根据高中课普及到初高中的体育课外活动创新的模式。依据学校的实际情况初中部也可与高中选项一样选择学校的体育俱乐部。例如，我校的女子足球俱乐部就是一个很好的新鲜事例，从开展俱乐部活动以来，从学校仅有的初、高中女子足球队，开展到今天的班班都有一支女子足球队，这样已经成了“点”带“面”的格局，推动了素质教育多方面的进程，学生的体质健康指标均有所提高。以 2020 年初中体育中考为例，尤其是女生中考平均分与 2018 年同期比上升了 1.8 分，我校女子足球队主力队员都达到国家二级运动员认证，初中队员体育中考全部满分。实践证明采取可行的阳光体育运动俱乐部化，给学校阳光体育运动带来了无限生机，同时也成为我校办学的一大特色，更成为了我校教育教学整体办学水平的一大亮点。

表 3　我校女子足球俱乐部队员部分获得荣誉一览表

序号	时间	比赛类别	荣誉成绩	颁奖单位
1	2018 年 9 月	天津市初中足球比赛	女子组第二名	天津市教委
2	2018 年 11 月	天津市初中足球比赛	优秀运动员	天津市教委
3	2018 年 4 月	段静雯获区春运会初中女子乙组	1500 米第一名	河东区教育局
4	2018 年 4 月	张萌念获去春运会初中女子乙组	400 米第三名	河东区教育局

续表

序号	时间	比赛类别	荣誉成绩	颁奖单位
5	2018 年 7 月	扬程锦入选全国青少年校园足球夏令营	全国分营最佳阵容	全国青少年校园足球工作领导小组办公室
6	2018 年 7 月	王笑蕊在全国青少年足球夏令营天津分营(初中组)	二级运动员	教育部足球办
7	2018 年 7 月	扬程锦在全国青少年足球夏令营天津分营(初中组)	二级运动员	教育部足球办
8	2018 年 7 月	杨润莹在全国青少年足球夏令营天津分营(初中组)	二级运动员	教育部足球办
9	2018 年 7 月	张万荣在全国青少年足球夏令营天津分营(初中组)	二级运动员	教育部足球办

从表 3,我们可以清晰的看出,学校阳光体育运动俱乐部化是可行的有效的,只要真抓实干就能大放异彩, 也能为保证学生每天锻炼一小时的有效时间提供更给力的能量。得奖情况证明了这一切,也可以算可行性效果的真实写照吧！如图 1:

图 1　得奖情况证明

四、实践结论与可行性建议

(一)实践结论

(1)为保证学生每天锻炼一小时,必须坚决克服形式主义,不能让学生每天锻炼一小时只停留在形式上、口头上,只有克服形式主义,成为常态化,才能够保证学生每天锻炼一小时的“三大途径”一路绿灯。

(2)有效时间的科学化是确保学生在校每天锻炼一小时,传承阳光体育运动正能量的根,只有一小时有效科学化,才能确保学生每天锻炼一小时的有效可行,才可以得到社会和学生的认可。

(3)“大课间”活动模式化,也是保证学生每天锻炼一小时的重要指标,尤其是冬季阳光长跑变为四季阳光长跑,能收到事半功倍的可行性效果,深受同学们的欢迎和认可。

(4)学校阳光体育运动俱乐部化,成为学校立足中华民族体育之林,弘扬阳光体育正能量的主阵地、主渠道,同时也成了我校一大特色,成为了我校教育教学整体办学的一大亮点。

(二)可行性建议

(1)要真正的克服形式主义,就要认真开展学习党的群众路线教育活动,把学习放到实际工作中来,动真格的把保证学生每天锻炼一小时放到议事日程上来,开齐开足体育课,保证每天两次课间活动,保障每周两次的体育课外活动,彻底克服形式主义,使“三大途径”畅通,为保证学生每天锻炼一小时,立足阳光体育正能量,为祖国千秋万代,生生不息,使学生们都有一个好身体、好思想、有文化,将来成为民族复兴的有用人才,成为社会主义建设的劳动者,为中国梦的早日实现而奋进。

(2)为了确保学生每天锻炼一小时的科学化,我们要控制体育锻炼的有效时间,彻底铲除形式的一小时锻炼,为确保真实有效可行的一小时有效时间锻炼,本文进行了逻辑推理，可供兄弟校借鉴和参考。

(3)“大课间”活动模式化，给学校阳光体育带来提升空间和绿色生态的锻炼环境。是阳光体育运动的主阵地、主渠道，能给学生们带来了快乐，也给学生们创设了有规律的活动空间，既弘扬社会主义核心价值观的集体主义精神，又稳步促进学生的体质健康标准上升的态势，得到了学生和家长的认可。那么我们认为“大课间”活动模式：可行、可圈、可点。可供兄弟校参考试行。

(4)根据学校的具体情况，体育课外活动采取俱乐部化便于培养学生的个性，提高身体素质，增强体质，便于培养一技之长，终身受益，健康幸福生活一辈子。也是学校弘扬中华民族体育文化的一大标志，更是体育传统校的一大特点，同时也是学校教育教学整体工作上水平的一大亮点，也是进一步保证学生每天锻炼一小时重要的又一个环节。我校女子足球俱乐部所取得的成效有目共睹，深受学生们的欢迎和赞扬，也受到了体育知名人士，许多体育工作者和各级领导的肯定和表扬。因此，建议有条件的学校可试行推进、借鉴，定能取得比预想更好的效果。

参考文献

[1]认真落实学生每天一小时体育活动　全面提高学生体质健康水平——教育部体育卫生与艺术教育司司长杨贵仁在全国落实“中小学生每天一小时体育活动”现场研讨会上讲话摘登[J].体育教学，2005(06)：5-6.

[2]季凤海.实施课外文体活动工程　推进基础教育和谐发展[J].体育教学，2005(01)：8-10.

[3]杨娇，杨炳荣.持久开展阳光体育运动的对策[J].常熟理工学院学报，2010，24(12)：70-72.

第三篇

课题研究成果

第一章
团队报告

基于体育教材特质精准化——发展中学生核心素养的体系构建的实践研究

天津师范大学　洪海潇
天津市第四十三中学　邢克娟

摘　要：本文通过实验法、交流法、访谈法、调查法、观摩法、查阅文献资料法、数据统计法等形式，针对体育核心素养的内容与体育教材内容特性的内在联系进行深入剖析，探究如何优化体育教材设计、导学案设计、拓展大课间活动内容与形式设计、校本课程资源开发设计的内在知识点和技术技能与学生核心素养的内在发展建立起多角度、多层面的培养教学策略和教学措施，通过优化教学设计方案，系统地、完整地、发展地、可操作性地赋予体育教学的实践舞台，优化教学设计是实施的指挥棒，实践是检验设计的是否合理、有效主要途径。同时，把设计的中心理念核心素养内涵充分在精彩的体育教学活动中展示出来，把需要传递的体育核心素养内容通过学生主动参与学习和练习，形成学生自身能力的提高和发展，达到育人目的，才是目前我们体育教学活动改革的初衷。课题组人员用心深入探讨，不但提高体育教师自身的科研能力水平，也对体育核心素养与实践问题研究的落实有了新的认识和新的思想，对拓展体育教学活动内涵和发展有了更深入、更广阔的视野，同时对提高体育教学、大课间活动、校本课程的实效性和学生核心素养的发展注入更多活力。为学生未来身心健康的发展奠定终身的基础，为国家培养高品质、高素质、高技能的复合型栋梁之材。

关键词：精准　优化　核心素养　教学设计　体育教学　大课间　校本课程

一、课题背景研究价值及核心概念

随着“十三五”教育改革、创新的不断推进，国内基础教育呈现出不断向好的态势，素质教育、教育现代化、学生素养水平显著提升，但对中小学生核心素养的针对性培养还处于起步阶段，还未形成体系化、精细化和精准化的实践研究成果。本课题意在基于不同体育教材的特质精准化内容上，去找到发展学生们各部分核心素养的体系。在充分剖析体育教材特质的基础上，将教材与中学生核心素养进行深度联系、探索、发现与六大核心素养具有直接或十分紧密关系的体育教材（运动项目）或者是体育教材的某些方面，进而找到在课堂体育教学中能够更行之有效、更精确化的提升学生某项核心素养的抓手、落脚点、方法、手段。有利于帮助学生提高核心素养全面、协调、稳健的发展。

本课题以中小学生的核心素养为核心内容，迎合了当下教育对学生如何发展、怎样发展、发展成怎样的诉求，课题核心具有时代性和发展性。本题又以“体育教材特质”为切入点，经过深入剖析我们“耳熟能详”“普通”“熟悉”的不同运动项目特质，给我们呈现出更深入、立体、新鲜、更具“感情特色”的体育教材，然后进一步将两者的关系进行深度解析和搭建，利用我们最常用的载体，以一种全新的、细致的、有温度的方式，将教材进行“剥丝抽茧”的有序拆分，用严谨、科学的分类和分析与六大核心素养一一对应，去发现体育教材的特质，并探究这众多“特质”将

如何精准化影响学生核心素养的发展有助于广泛剖析众多体育教材特质建构影响中学生核心素养的体系，从而以体育课堂的方向为中学生核心素养发展课题建言献策，丰富中学生培养的途径。

本课题中涉及的核心概念界定如下。

体育教材：在学校体育课堂教学中的教学载体，直观表述就是用以体育教学的各种运动项目或理论知识。

特质：指个体事物在内、外在具有的区别于同类事物显著的特征或差异性、独特性。

精准化：是指针对不同对象或同一对象的不同状况，运用科学有效手段、方法、程序对其过程和结果实施精细、准确的管控。

核心素养：主要指学生应具备的，能够适应终身发展和社会发展需要的必备品格和关键能力。具体包含六大核心素养：人文底蕴、科学精神、学会学习、健康生活、责任担当、实践创新。

体系构建：体系构建的意思是聚散为整，指的是合理的把零散的东西联系在一起，组成一个整体，构成一个体系，便于整体研究。

体育核心素养课程改革是现代学校体育教学热门的话题，如何在学生身体发展过程中体现出核心素养的"影子"，需要从教师入手，只有体育教育工作者对体育核心素养概念、特征、内涵发展等方面，进行纵向和横向、微观和宏观不同角度深度理解和认识，才能对体育教学课堂核心素养真正的落实埋下思想动力和行动的内因所在。学生核心素养发展需要引领者(体育教育工作者)，需要载体(体育课堂教学、体育课外活动等)，而优化教学设计是把体育核心素养内容的内涵与体育教材的特性有机联系，精准细化，落实到教学设计每一个环节中，充分发挥载体的作用，把问题通过载体的平台，从多角度、多层面、多空间进行全面剖析与包装，巧妙地将核心素养潜移默化地渗透在学生学习的过程中。既要把教师优化设计新理念融入课堂教学中，又要把学生主动参与课堂教学内在动力充分调动起来，只有行动才能改变学生的行为和素养，才能体现出体育教学的生命的意义。

二、研究内容

(1)根据研究需要、研究能力、教学实际开展等因素,对中学体育教材这一研究对象的范围进行框定,精选出适当数量、类别的教材。

(2)对选定的教材进行“特质剖析”,剖析的依据是要与“核心素养”产生直接的关联,明确哪项教材对学生核心素养产生影响最显著的特质。

(3)根据“六大核心素养”的分类原则,将具有相似特质的体育教材进行归类,清晰、准确的梳理体育教材与核心素养之间的关联。

(4)在形成一定理论基础之上,结合教学实际,从师生课堂互动出发,研究如何在操作中利用众多“特质”精准化的影响特定的某项核心素养,在探究中形成可推广的模式化或程序化的行为、心理组织建议。

(5)运用本研究成果在教学实践中进行教学分析、总结,进行课例、案例分析,进而总结归纳出一套针对教材特质对核心素养能否产生积极影响的评价标准。

(6)体育教材特质精准化知识结构,保证体育教材特质精准化知识的连贯性。考虑不同年级学生之间的知识结构差异性, 相应的体育教材课程教学目标不相同,根据学生之间的差异合理划分体育教材知识结构的精准化。

(7)应该对体育教材内容进行科学的分析,保证不同年级学生体育教材特质精准化知识体系的逻辑性,逐步培养学生的体育实践能力.

(8)教师应该根据不同年龄阶段学生的特点对体育教材特质的内容进行挖掘,对不同的体育教材内容进行分层处理,并将不同种类的教学资源进行科学的精准化分类。

三、研究目标

(1)通过深入剖析中学体育教学中众多教材,理清不同教材的各自特质、特点,并根据各自对“核心素养”的关系或影响进行有序、科学的分类,形成一个具有

特色的教材分类目录。

(2)深入理解、解析“中国学生发展核心素养”,在充分领会六大核心素养各自内涵、外延的前提下,将其与不同体育教材、不同特质进行联系,确定哪些教材的哪些特质对“核心素养”的哪些方面具有显著的潜在影响力。

(3)在确定“特质”与“核心素养”紧密关系体系的基础上,探讨教师如何在教学实践中有依托、有计划、有组织地利用“特质”“精准化”的发展“核心素养”。

(4)通过逻辑分析以及案例分析(课堂记录、课例分析),建立一个以体育层面表现的学生核心素养指标评价体系。

(5)体育教材特质精准化注重内容的科学性和生活化,教材内容的确定既要遵循学生体能、运动技能、心理认知的发展规律,也要贴近学生的实际生活。

(6)追求跨学科知识内容的融合与迁移对体育教材特质精准化提升,因为学生核心素养的发展是各学科的“合力”,这种“合力”不是学科单独发挥作用并结合的结果,而是学科间知识联系与作用的共同结果。

(7)精准化的确定既要遵循学生体能、运动技能、心理认知的发展规律,也要贴近学生的实际生活。综合性的考虑体育教材特质精准化内容的结构,根据不同年级学生的实际情况制定符合规律的教学目标,保证体育教材特质精准化知识内容的完整性与系统性,有效发展体育学科核心素养。

(8)注重学生学科核心素养的培养,全面提高教学效果,促进学生学习能力地提高。改进教学方式注重课堂教学评价,关注学生个体差异和不同需求,确保每一个学生受益,是每一个学生都能在运动中体验到学习和成功的乐趣,提升学生学科核心素养,满足学生自我发展的需要。

(9)通过探索学校大课间体育活动科学化的研究和阳光体育活动遵循的原则,依据学生年龄特点,从而为学生创编更加适合学生体能实际水平、促进学生体能发展的身体素质练习内容和开展多种类型的活动方式。

四、研究方法

(1)文献资料法:通过在天津市图书馆和中国期刊网及CNKI等多种途径查

阅相关专著和论文，并搜集、筛选出与本研究相关的文献进行仔细研究，为本文的选题和撰写提供了理论基础和依据。

(2)访谈法：通过与体育学科名教师及相关领域专家进行面谈和电话访谈来了解他们对本课题相关内容的看法和建设性意见，为本文研究提供理论支持。

(3)逻辑分析法：通过对文献资料及数理统计所得的结果，进行比较、归纳、综合逻辑分析。

(4)比较研究法：以不同体育教材或者同一教材不同特质为比较研究对象，以其各自的现状、特征为入手点，以其本质共性、联系为主要突破点，从不同层面和角度进行比较分析

(5)案例分析法：对教学课例进行深入具体的剖析、研究，然后对课题设计作有针对性的比较、反思，提升研究的时效性。

(6)问卷调查法：以课题成员学校学生为调查对象，有目的、有计划、有系统地收集调查对象对于相关问题的态度和倾向性。

五、研究结果

(1)充分挖掘日常体育教学中常见的体育教材特质，以“特质”与“核心素养”的潜在、必然关联为切入点，探讨在体育教学中如何精准化的发展学生的核心素养。

(2)在研究过程中根据各自对“核心素养”的潜在、必然影响力，进行有序、科学的分类，力求形成一个具有特色的《影响核心素养的教材分类(检索)目录》。

(3)本课题重点突出“精准化”这一概念和研究目标，力求摆脱对学生核心素养泛化的、不精准的教育发展现状。

(4)研究过程中我们将用全新的视角对体育教材进行剖析，将体育教材与心理过程、心理现象、社会现象等方面进行关联，创造性的发掘体育教材特质的功能性。

(5)依据学生年龄特点，创编适合学生体能实际水平，能够促进学生体能发展的身体素质练习内容，创编适合不同年级学生开展的多种类型的体育游戏，创新

体育器材,开发利用学校体育资源。转变观念,转变发展方式,拓展阳光体育活动的形式。

六、研究的成果

(一)《优化教学设计与实施提高学生体育核心素养的实践研究》

(二)《初中体育导学案的设计与应用研究》

(三)《初中体育课堂教学提高学生学科核心素养的实践研究》

(四)《拓展学校阳光体育活动内容与形式,提高学生体育核心素养的实践研究》

(五)《体育核心素养视角下中学田径运动队训练实践研究》

七、课题研究人员可效度分析

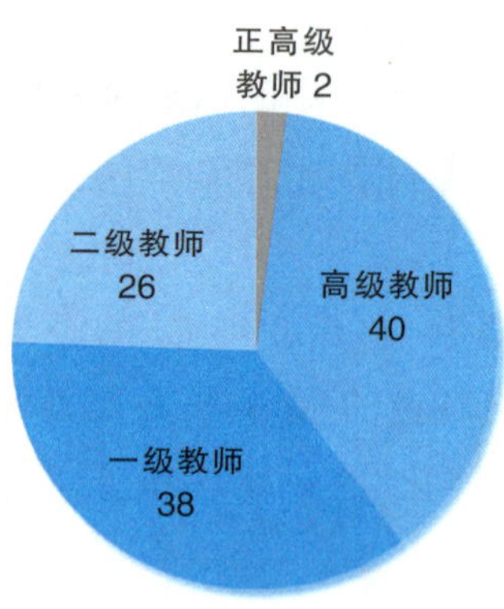

图 1　研究人员情况

如图 1 所示,来自天津市所有区县的直接和间接参与本课题的成员有 104 人,研究人员均为天津市初中学段所有学校的教师,他们都具有丰富的一线教学经验和管理水平，充分了解初中教学的实际情况，专业技能非常成熟。教师团队的职称结构包括正高级教师2名，他们是团队攻坚课题导师，负责整个课题研究引领和全过程的跟踪指导。高级职称人员共40人(团队和非团队成员)，是天津市学校初中体育核心素养课改发展的中流砥柱和积极参与者。另有，一级和二级职称教师年龄基本是年轻教师，这个年龄段的教师具有朝气、勇于创新，有较强的信息技术应用能力，为研究提供了强劲支持。

八、建议

(1)继续落实学科的课程标准，正确分析学情，建设开放而有活力的课堂教学模式，科学制定教学目标，合理安排教学内容，并加强体育教师核心素养改革的培训力度。

(2)切实关注课堂教学过程，根据教材的特性优化构建系统性、完整性、发展性、创新性的基于核心素养的不同教学过程，使课堂具有精准性。

(3)教学内容贴近学生的日常生活，把所学练的体育知识、技术、技能体育教学内容建立内在联系，做到有针对性、有持续性、有拓展性，体会学练的真实价值。

(4)拓展学生学练的途径，加大信息技术与体育教学内容的整合，促进学生自主、合作探究学习。

(5)有效安排体能教学，在不同的体育教学内容中，把其作为核心素养发展目标之一，保证学生体质和身体健康的发展。

(6)确立“体教融合”训练理念，将体育核心素养三方面内容贯穿体、教训练体系中，注重学生全面发展。

(7)建立多元的评价模式，使评价结果由“静态呈现”到“动态发展”，对学生进行全面的、综合性的评价。

参考文献

[1]潘绍伟.体育与健康学科核心素养视野中的教学设计与实施[J].体育教学，2018，38(04)：

8–11.

[2]庄弼.如何在体育教学中落实体育与健康课程核心素养[J].体育教学，2018，38(03)：11–15.

[3]北京教育科学研究院基础教育教学研究中心项目组.课堂教学如何为学生核心素养发展提供有效支点?——北京市学生发展核心素养的教与学研究报告 (2015)[J]. 中小学管理，2016(10)：37–40.

[4]廖勇娟，曹庆荣.如何在教学中落实体育核心素养[J].体育科技文献通报，2017，25(12)：120–121.

[5]张宝国.北京石油学院附属中学大课间活动现状及改革研究[D].北京：首都体育学院，2014.

[6]曲宗湖.阳光体育活动的设计与开发[M].北京：人民教育出版社，2005.

[7]欧阳骁骏.我国“体教结合”田径后备人才培养模式的探究——以皖北地区为例[D].哈尔滨：哈尔滨体育学院，2015.

[8]刘支峰.北京市示范性高中田径后备人才培养的研究[D].北京:北京体育大学，2014.

[9]林崇德.21 世纪学生发展核心素养研究[M].北京：北京师范大学出版社，2016.

[10]杨德军，余发碧，王禹苏，等.核心素养的落实：他方经验与本土推进[J].中小学管理，2016(10)：27–30.

[11]胡乐乐.国外核心素养体系构建探究[J].新疆师范大学学报(哲学社会科学版)，2017，38(6)：128–140.

第二章
个人攻坚报告

基于体育教材特质精准化——初中篮球校本课程开发与实践探究

天津市第一中学滨海学校 李健

随着2019篮球世界杯的结束，中国男篮在本次男篮世界杯中表现不尽如人意，主教练下课换人，主力球员遭球迷质疑。赛后中国篮协痛定思痛，研讨失败归因，多项措施总结后期工作思路和发展方向。而其中中国队与欧美国家强队在青少年篮球训练上的差距摆上桌面，也成为阻碍我国整体篮球水平全面发展的瓶颈，结合我国体教教育现状，学校作为广大青少年体育活动最根本的重要场所，对篮球项目在学校体育中的课堂教学与青少年篮球业余体育训练的校本课程开发与实践探究，是有着重要输送任务的各地篮球基地校、传统校的工作重点。只有拥有高水平的篮球教练员与教师，系统、规范的篮球校本课程教材，才能保证篮球青少年业余训练的成果，不断涌现大批优秀的青少年篮球人才。体育课堂教学、大课间体育活动、校本课程与业训是学校体育最重要的四个组成部分，如何提升这四方面的教育教学成果，是作为体育教师的研究方向与具体任务。本着攻坚课题的研究能够助力体育学科项目团队攻坚目标的实现与完善,促进体育学科全面深入发展。具有一定的实用价值和研究价值。向体育教育结合教材化方向延伸性研究,也是此个人攻坚课题的重要研究价值。

一、课程资源分析

篮球运动是一项集健身、体能和娱乐于一体的集体对抗性运动,集体运动的技战术、集体运动的对抗性、篮球比赛结果的不确定性和刺激性、观看比赛的娱乐性、多媒体通讯设备的便利性、国内外著名明星的连锁性效应的传播,都是诱导中学生积极参与篮球运动的重要诱因。它使篮球成为中学生最喜爱的体育运动之一,使篮球教材和校本教材成为中学生最喜爱的教学内容。但是,随着现代竞技篮球运动的不断发展和演变,其技术、战术和规则已经发展到了一个更高的水平,对运动员的身心素质、技战术素质和场上装备素质提出了较高的要求,也需要辅导员和教师对其内容不断进行修改,培养更多更好的篮球后备人才。

体育新课程改革对中学篮球课程教学内容和教学方法的选择和发展提出了越来越多的新要求。如何推广篮球项目教材,以适应不同层次的初中学学生的具体学习和训练水平;如何促进竞技篮球的普及,以满足当代中学生体育活动的需要;如何根据初高中学生不同时期的学习训练水平和需求,选择、编制和开发适合初高中学生的篮球教学内容;如何充分利用篮球作为一项集体运动,为广大青少年的健身和身心健康服务;如何满足不同学生的学习兴趣和能力,选择合适的篮球教学训练和教学方法。需要我们不断地进行研究和思考。因此,青少年篮球校本课程教学内容的开发与选择以及教学手段的运用是亟待研究的问题。天津市第一中学滨海学校作为天津市篮球传统名校, 学校有着浓厚的篮球文化与实践氛围。学生对篮球有学习兴趣,教师本人也是专业篮球运动员,从事篮球教学、训练 20 多年,取得了多项相关教育教学成绩,多年蝉联区域运动会男子篮球比赛初中组冠军。本课题研究具有良好的课程资源开发条件和教学环境支持。

二、课程开发目的及意义

篮球项目是一项极具竞争性、对抗性运动项目，也具有较高的锻炼和健身价值，在篮球学练的过程中，能够充分发展学生力量、速度、耐力和灵敏等各项身体素质；在复杂多变的比赛领域，学生的分析能力、阅读能力和应对能力都能得到提高，能在高强度激烈对抗的环境里，磨炼个人意志品质，发展个性和体能；在相互合作和团结的过程中培养团队精神和集体主义素质；能在观赏各级别篮球比赛的过程中，培养学生更高尚的体育品格，丰富学生个人的课余文化生活。其终极目标是培养学生的终身体育意识。

新课程标准并未对教学内容作更多具体的明确规定，因而在青少年篮球校本课程教学内容的选编与开发，训练内容的组织多样化就成为教学前首先要解决的问题。为了适应课程改革对中学生篮球教学内容和方法的选择与发展提出的新要求，也是为了满足中小学生参加篮球比赛的期望和学习训练的需要，本课程试图选择和编写体育篮球作为中学篮球校本教学内容（教材），从教材编写入手，着重探索和研究适合中学不同层次学生学习训练水平和学生学习需要的篮球教学内容结构，开发编写适合中学生活动和篮球技术运用的篮球训练内容和篮球游戏，探索适合中学生不同层次篮球技术运用的教学方法。这些研究与探索将对于新课程下篮球教学内容与方法的创新与重构，对于丰富和拓展新时期中学篮球校本课程的教学方法与教学内容，具有极其重要的应用价值和现实意义。

三、课程载体

见表1、表2。

表1　篮球校本课程开发教学一览表(水平三)

设计思路	以“健康第一”为指导思想,依据新课程标准相关精神,在指导学生学练过程中,充分发掘校本教材的内涵,让学生的技术从知识、技能到理论进行专门和深入的学习,并使其逐渐掌握此项球类运动技术,为其终身体育打下基础,符合课标水平三目标要求。以较复杂的篮球对抗游戏为主,结合篮球基本技战术教学,在篮球游戏中运用篮球基本技战术,发展学生的基本运动能力和体能。培养学生遵守比赛规则,团结协作顽强拼搏的精神
学习目标	在篮球游戏与基本技能学练中,掌握并运用基本技术技能;提高奔跑中控制球的能力,发展速度、灵敏、协调等体能;培养学生交际能力、拼搏精神和合作精神。培养学生主动参与、乐于合作的良好学习习惯,使其养成自觉锻炼的好习惯
学习内容	1.球性练习:原地、行进间双手体前拨动球;体前抛球体后击掌接球;颈部环绕交接球;腰部环绕交接球;膝盖环绕交接球;提膝胯下绕球;手指旋转球;胯下八字绕球;手臂、前胸滚动球 2.运球游戏:①单人运球:左、右手高、低运球;体前换手运球;单手前后、左右推拉运球;运两只球;听指令、看信号做左、右手高、低运球游戏;运球跑动听指令、看信号做停、起游戏。②多人运球:“捉尾巴”游戏;运球“找朋友”游戏。③运球比赛:运球过障碍接力赛结合天津市体育新中考篮球测试项目;小组横队集体合作运球比赛 3.传接游戏:①单人传接球:对墙单、双手胸前传接球,对墙反弹传接球;抛球跨一步接球;体侧单手(经头上)抛接球;双手前上抛球跑动接球;分组接困难球等。②多人传接球:原地双手胸前传接球;原地单手肩上传接球;原地反弹传接球;击地反弹叫号接球游戏;前后移动中传接球;传接球接力赛;三传两抢游戏 4.投篮练习及游戏(含击准):单、双手持球投击移动目标;单手胸前投篮比赛;单手肩上投篮比赛,定时、定距连续投篮比赛 5.综合比赛及游戏:体操棒赶篮球绕杆比赛;两传一抢、抢断球游戏;接球——运球转身(一周)—投篮比赛;“角篮球”游戏;“橄榄球”游戏;半场三对三对抗练习;全场二打一练习;全场三打二练习

续表

教学方法	1.采用以篮球基本技能学练为主体的篮球基本技战术及游戏化结合竞技化教学。篮球球性球感练习、基本技术技能于多样性练习之中,使基本技术技能的学练过程游戏化、情景化,让学生在快乐练习活动中学会和应用简单的篮球技术技能,提高控制和支配球的能力,形成初步时空概念。培养学生对篮球运动的热爱 2.采用竞赛学练法。将基本技术技能的学练与游戏化的竞赛融为一体。篮球教学变为亦游戏亦竞赛的活动形式,把基本技能的学练与各种竞赛结合起来,营造有趣的、竞争的学练氛围。在竞赛活动或教学比赛应用篮球技术技能,享受篮球运动带来的乐趣,增进合作与竞争意识 3.采用范例学习,配合师生互动演示,这样能能够体现内容的直观性,学生领会意图快,容易接受 4.分组练习和自主学习相结合,通过多次反复的联系,达到熟练程度。相互观察、相互评价、相互纠正 5.纠正错误法:由于学生间的个体差异,完成练习的情况各有不同,利用教具纠正,使其获得正确的动作,提高学生的学习信心
评价学习	1.考查项目:球性;评价要点:多种参与创意;评价方法:球性练习花样多,掌握较为熟练 2.考查项目:运球接力赛;评价要点:快速与配合;评价方法:计总时间,求平均值 3.考核项目:双手胸前投篮或单手肩上投篮;评价要点:投篮手法与准确性;评价方法:计总得分
注意事项	1.重视在对抗及游戏练习中,学练篮球基本技能,突出学生控制球能力 2.重视运用游戏和竞赛激发学生的学练兴趣,注重竞技游戏方法教学 3.培养学生竞赛游戏中综合运用运、传、投等基本技能的能力 4.提倡学生参与自评互评,进行基本技能的评价和动作优劣的甄别

表2 篮球校本课程开发教学一览表(水平四)

设计思路	以“健康第一”为指导思想,依据新课程标准精神,在指导学生学练过程中,充分发掘校本教材的内涵,让学生的技术从知识、技能到理论进行专门和深入的学习,并使其逐渐掌握此项球类运动技术,为其终身体育打下基础,符合课标水平四目标要求。进行篮球基本技能和简单配合教学,使篮球基本技能和简单配合于复杂的篮球比赛及游戏之中,通过游戏和竞赛运用技能与配合,发展一般体能和专项体能

续表

学习目标	掌握并运用篮球基本技术技能与简单配合;提高较复杂环境下控制球、支配球与对抗的能力,发展速度、灵敏、力量等体能;培养团队协作精神,形成竞争及规则意识
学习内容	1.球性游戏:双手体前抛(经头上)体后接球、双手体后抛(经头上)体前接球;双手体前抛(经跨下击地)体后接球、双手体后抛(经跨下击地)体前接球;胯下"八字"绕球;跨下前、后抛接球;两腿前后开立跳跨下左右运球;体后左右推拉运球。 2.运球游戏:①单人运球:前后转身运球;跨下"八字"围绕运球;体后运球;行进间变速运球,行进间体前变向运球。②多人运球:"运球与问好"游戏;纵队运球看手势叫数游戏;"干扰运球"游戏;行进间听信号、看手势变速运球;行进间过标志线急停、急起运球。③运球比赛:小组纵、横队集体合作运球比赛;体前变向运球绕障碍接力赛 3.传接球游戏:①单人传接球:双手前上抛球——跑动接球。②多人传接球:原地单手体侧传接球,移动中反弹传接球;叫号传球;跳起传球——跳起空中接球;三角形快速传球比赛;四角传接球;圆周上移动传接球。③传(抛)接球竞赛:圆周传接球与抢断球游戏;单手肩上传接球比远;传接球接力赛 4.投篮游戏:单手肩上投篮及比赛;多位置定点投篮比赛;行进间单手高手投篮;行进间单、双手低手投篮;假动作突破投篮;跳起投篮 5.综合竞赛游戏:抢占有利位置和空间比赛;抛球——抢空中球游戏;运球绕障碍——传球循环接力赛;跑动中接球——运球——行进间高手投篮比赛;"端线篮球"游戏;"三人制"篮球比赛;半场擂台赛;全场简化规则的教学比赛
教学方法	1.采用多球学练法。人手一球,让学习多接触球,增进学生控制球、支配球的能力;也可采用每位学生两只篮球,利用另类的篮球游戏提高学生驾驭球的能力 2.采用游戏学练法。选用适合学生年龄特征和项目特点的单人多人游戏、协同与互助游戏、干扰与对抗游戏,组织学生在游戏活动中学练基本技能技巧,提高空间分配能力和角色意识 3.采用竞赛学练法。把基本动作技能技巧的学练,同人与人之间、组与组之间的单个动作或串连动作的比赛结合起来,让学生在协同与对抗环境中激发学练兴趣和探究欲望。通过泛化规则的篮球教学比赛,让学生尝试运用基本动作,扮演竞赛中攻防角色,以满足其竞争欲望和需求 4.采用领会学习法。组织学生带着问题参与篮球活动,特别是基本技能的学练阶段或游戏竞赛过程中,更要指导学生分析基本动作技能的结构,讨论基本动作的运用时机,让学生在学练中主动领会技战术的动作意图和实战效用

续表

评价学习	1.考查项目:“干扰运球”游戏;评价要点:动作迅捷、躲避快;一定时间内干扰成功的次数 2.考查项目:反弹传接球;评价要点:快速与到位;评价方法:一定时间时成功的次数 3.考核项目:体前变向换手运球;评价要点:动作连贯性与实效性;评价方法:动作技评 4.考核项目:行进间高手投篮;评价要点:动作连贯性与准确性;评价方法:动作技评
注意事项	1.重视运用游戏和竞赛激发学生的学练兴趣,注重竞技游戏方法教学 2.培养学生竞赛游戏中综合运用运球、传球、投篮等基本技能的能力 3.提倡学生参与自评互评,进行基本技能的评价和动作优劣的甄别。强化篮球基本技能与简单配合的学练,并能在游戏中灵活运用 4.重视游戏和竞赛在技能学习中的作用,突出竞争、对抗与方法教学 5.提高游戏和竞赛中运用基本技能与简单配合的能力;注重基本技能的运用效果与简单配合的应用方式 6.强调集体行为和规则意识,重视动作运用过程中的实用性和健身价值的自我互评

四、技术讲义目录

篮球讲义

第一讲　球性练习(一)

(1)双手抛接球。

把球抛过你的头,同时抬起它的脚后跟。接球时蹲下,弯曲膝盖。向上抛球后前后击掌。

(2)身前两手相互传接球练习。

直立,两臂伸直。用手指和指端将球从一手传向另一手。

(3)单手托球经腋下、头上绕环。

右手持球,前臂托球。当球转过来的时候,球应该从腋窝下转到反手并托球。手应该沿着球的前面和左后面快速举起。然后球应该在开始时的同一位置向右手。

第二讲 球性练习(二)

(1)球在两腿之间绕“8”练习。

方法:右手将球从腿的中间传到左腿后面的左手,左手将球抱在左腿周围,这样连续。

(2)胯下两手前后颠接球练习。

左右两脚分开蹲下,把球放在胯部。把球抛起来,然后把手放在背后,用你自己的腿接住球。

第三讲 传接球双手头上传(接)球

(1)双手头上传(接)球。

要领:传球时,双肘弯曲,将球举于头上(掌心空出),用前臂、手腕、手指的力量,将球传出。

重点:持球(高于头),扣腕出球肘为轴。

难点:翻拌手腕、弹拨球。

(2)双手头上接球。

要点:伸臂迎球,触球后,手臂后引缓冲。

难点:伸臂迎球,空掌心。

易犯错误:

①持球不到位。

②传球时,摆臂下压没有抖腕,指拨球。

③接球时,没有主动伸臂迎球,而是抱球、挟球、等球,掌心触球。

第四讲 传接球原地双手胸前传接球

(1)原地双手胸前传接球 技术要领:双手持球于胸前(两臂不要外张),手指自然分开,握在球的两侧偏后,两腿曲膝前后(左右)开立。传球时候,两腿蹬地同时重心进行前移,两臂平伸,手腕向上顺势翻转,利用拇指的下压,中、食指轻拨球将球协调传球。

(2)接球时,手臂前伸与球相接,手指分开,拇指呈八字形排列,双手呈半球形。当手触球时,双臂同时向后缓冲,将球抱在胸前。

(3)教学重难点。

重点:传、接球时手型动作是否正确。

传、接球时全身是否协调用力。

难点:传球高度是否在胸、腹之间。

第五讲 运球

运球游戏:单人运球:不断变化运球高度;运球过“桥”;运球绕过障碍。双点运球:交替定点位置运球;交换运两球;运球比低(左、右手);隔人(同伴在怀中)运球;两人运球追逐跑。多人运球游戏:定时运球“拉网捕鱼”;运球接力赛;以小组为单位的集体运球。

第六讲 传接花样练习

传球游戏(包括传球和投掷):单人传球:传球前后胯部;体后单手传递球。多人传球:原地迎头传球;四个角,五个角,多球接球游戏。传(掷)接球比赛:小组多球接球比赛(比赛球号);抛球叫数接球游戏。

第七讲 防守(1)

(1)对外线有球队员的防守。

位:一步或一臂距离。

手:球的同侧用手举起,防止传球;球的异侧手下探,防变向。

脚:球的异侧脚略微靠前,顶住对方的相应脚,防变向。

眼:看对方腰腹部,因为这里是无法做假动作的。

步:滑步的时候用顺步。

(2)对外线强侧队员的防守。

位:贴住进攻者。

手:球一侧的手掌心向来球方向,另一侧的手臂弯曲,顶住对方腰部。

脚:球一侧的脚在前。

第八讲 防守(2)

(1)对外线弱侧队员的防守。

位:偏向有球一侧的角度要大些,以能够同时看到人球为准。

手:两臂自然张开即可。

脚:球一侧的脚在前。

(2)对内线中锋的防守。

绕前、对抗、卡位。

(3)防守空切队员。

在人球兼顾的前提下,上一步用肩胯挡住进攻队员的路线。

第九讲 传球的学练方法

传球的方法有很多,开始学习应该是一个基本的传球方法,然后逐渐掌握其他传球技术。练习时应结合传球游戏,在游戏中体验传球意识和控制着地点。一开始,可以用二传一抢,三传二抢等游戏来练习。然后逐步过渡到移动中的二传二抢游戏。三传三抢对抗游戏,在教学比赛中加强实践。

第十讲 投篮的学练方法

投篮技术的学习应该基于单手肩上投篮, 因为它们在游戏中被广泛使用,也是其他投篮技术的基础。练习时可以采用多种游戏的形式进行,比如,几个人轮流投 10 次，比赛谁投中的命中率高；也可以几个人比赛，看谁连续进球的次数多；可以轮流比赛提高投篮命中率；也可以采用增加防守的投与传相结合的游戏法进行。投篮游戏必须结合基本技能学习的同时。

第十一讲 组合技术学练法

一个人练习的时候可以可采用运球后急停接原地投篮动作方法，运球接行进间进行投篮的练习方法，体会运球传球投篮相结合。两个或两个以上的球员可以采用传球、运球和投篮相结合的练习。同时，采用多人传接球游戏、一对一、二对二半场转换练习，提高突破与投篮、传球与投篮、传球与突破等技术动作的真假转换能力。

第十二讲 传切配合学练方法

根据传球切入易出现的问题，可以侧身练习跑动，传球给移动队员运球，然后在有防守情况下进行练习。接球者要结合假动作进行跑动，传球者重点解决传球落点的问题。游戏和比赛是最有效的练习，切入者要掌握好切入实际和路线，要在传球者可能传球时切入，传球者传球前注意与其他意图的假动作结合。

第十三讲 二攻一配合学练方法

二攻一配合难点有两点，一是在接近防守时，持球人要有强行上篮的意识。也就是当防守人没有全力上前防守时，持球人要积极突进投篮。二是传球时机与技巧，传球实际要掌握在防守人真的上前防守时再传，而且传球要避开防守人，准确及时传给同伴。所以第一次练习时，可以反复练习半场两人攻一人传球游戏，然后在练习中被动防守强迫上篮。然后在全场比赛中练习二攻一。

第十四讲 盯人防守配合学练法

盯人防守要注意两点，一是脚步移动要快速灵活，二是要负责任。脚步移动快速灵活要靠勤练，责任问题要有责任心，自己对手要盯住。在练习时，首先要练习脚步动作，重点应练滑步、后撤步、侧身跑，关键是脚步移动速度与重心的转换。然后练习防守位置的把握和保持，可在游戏和集体比赛中随时检视自己的位置是否正确，要在盯住自己对手的前提下再考虑协防问题。

第十五讲 全场配合

综合性篮球比赛游戏：体操棒打小篮球游戏；两人抢球游戏；“角篮球”游戏；“橄榄球”游戏。

第十六讲 全场配合

综合竞争博弈:占据优势的空间地位和空间竞争;抛球——抢空中球游戏;运球越过障碍——投掷循环中的接力赛;在运动中接住球——正手或低手击球“端线篮球”游戏;“三人制”篮球比赛;半场擂台赛;简化规则的篮球教学游戏。

课程评价如下。

(一)评价目标

让学生能够了解自己在篮球校本课程学习和进步的情况。评价的结果,不仅是篮球校本课程的终级目的,通过评价更能激发与调动各层次学生的学习积极性与兴趣,让教师及时了解教和学的基本状况,以便有计划,针对性地帮助学生顺利的掌握篮球运动的基本技术技能。

(二)评价办法

采用纸笔测验(基础知识)和情感表征法。纸笔测试以教师评价为基础,表现法以学生自我评价、互评为基础,结合教师评价。其中个人对抗能力、技术应用被学生选中,适当加分。

(三)评价内容:

1.纸笔测试内容:

选择题(在下列题目中只有一个正确答案。)

(1)近代篮球运动起源于________。

A.中国　　B.英国　　C.美国

(2)篮球基本技术包括等________。

A.移动、传、接球　　B.运球、防守

C.移动、传球、接球、运球、突破、投篮、防守、篮板

(3)标准的篮球场的尺寸为________。

A.长 32 米、宽 16 米　　B.长 25 米、宽 12 米　　C.长 28 米、宽 14 米

(4)一场篮球赛共需要人________。

A.5　　B.10　　C.9

(5)篮球运动的特点________。

A.简易性、大众性　　B.综合性、对抗性

C.简单性、通俗性、综合性、对抗性和集体性

绩效考核内容：团结协作；其中个人对抗；这项技术的应用将由学生选择，并给予适当的加分。

(四)评价标准

基本知识：做好五个问题笔记；全对记优；做对四个记良；做对三个记及格；做对两个记继续努力。

团结合作：在实践活动中，能与同学紧密合作记录优；基本与同学合作记良；能与同学合作记及格；不能和同学一起合作记继续努力。

运球：可以顺利完成 50 米技术动作记优；基本能运完 50 米记良；能运完 50 米记及格；很难完成记继续努力。

传球和接球：在 30 秒内传球和接住墙上的球，传、接 28~30 个记优；传、接 20~24 个记良；传、接 15~19 个记及格；传、接 10~14 个记继续努力。

投篮：罚球线上 10 次投篮，投中 7~10 个记优；投中 5~6 个记良；投中 3~4 个记及格；投中 3 个以下记继续努力。

技术运用：在体育比赛中，能熟练运用篮球各种基本技术记优；基本能运用篮球各种基本技术记良好；能运用篮球各种基本技术记及格；不能运用篮球各种基本技术记继续努力。

个人进行对抗能力的练习：在比赛中，对抗能力很强记优；对抗能力较强记良；对抗能力强记及格；对抗能力一般记继续努力。

(五)评价工具

表3 运动评价表

姓名	基本知识	团结合作		运球		传、接球		投篮		技术应用		个人对抗		综合评价
	师评	自评	互评	自评	互评	自评	互评	自评	互评	自评	互评	自评	互评	

(六)课程结论

在新课程改革的形势下,校本篮球课程的开发和普通中小学教学内容的有效整合是满足学生需求、因材施教的重要保证。在教学中,必须选择和适应竞技篮球精确的教材,形成适合各年龄段学生的内容体系要调整不同时期的学生,选择合适的学习目标,选择和编制准确的学习内容。校本课程的结论是:在中小学篮球校本课程的探索与发展过程中, 如何运用好篮球教学内容与方法的选择与发展策略,可以最大限度地提高新课程下篮球教学的效益;中学篮球校本课程教学内容与方法的有效开发与选择,应以运动技能学习的灵活运用与整合、情感意志的培养与课堂情境的整合、体能训练与游戏竞赛的结合为基础。

(2)为了突出对初中生篮球课程开发的有效设计,即对篮球基础知识、运动技战术、比赛的组织与研究、篮球比赛的欣赏等方面进行有针对性的教学研究与探讨。笔者认为,初级中学篮球校本课程开发结合了初中生的身心特点和活动需要,以及专项教学开发的意图,实现了初级中学篮球课程重视篮球技战术开发的理念,为学生的健康发展和终身体育奠定了基础。

(3)青少年篮球课程的开发可以充分突出篮球运动的教学特点,使篮球成为一项综合性的训练项目和运动,具有竞技素质、竞技特点和健身效果,使篮球运动的内容、形式、快乐等特点深深扎根于每个学生的心中。本校本课程认为,青少年篮球校本课程的精准化开发并未弱化篮球基本技术技能和简单配合及篮球运动相关属性的教学。课程开发以其丰富多彩的竞技教学内容、多种形式的竞技教学方法、生动活泼的竞技化学训练方法,积极适应学生心理发展的评价水平、生理负荷要求和对体育活动的期望。初级中学校本篮球课程的开发,使篮球基本技术的教学更加以游戏为导向,简单有趣,具有竞争与合作的一般知识,行为规则更加广泛,使篮球更适合学生学习和练习,激发学生对体育运动的兴趣,提高学生篮球水平和健身效果。

参考文献

[1]李超.我国青少年篮球训练现状及策略[J].当代体育科技,2018,8(29):36-37.

[2]张才超.浅谈少年篮球运动竞赛方法的改革[J].体育教学与训练,1992(21):68-69.

[3]王骏.昌吉市青少年篮球业余训练现状调查分析[J].商,2015(52):264-265.

[4]栾伟东.我国青少年篮球运动发展对策分析[J].金田,2013(08):376.

[5]马克,霍笑敏.青少年篮球传统校面临的问题及其社会功能转变的思考[C]//.2013 年全国竞技体育科学论文报告会论文摘要集,2013:748-749.

[6]马中洪.业余体校篮球运动员训练初探[C]//.《体育科研》2008 年第 2 期(总第 110 期),2008:68-69.

学校大课间体育活动科学化的研究

天津市北闸口中学　王金城

摘　要：本文运用问卷调查法、文献资料法、实地调查法、数理统计法等方法，对天津市北闸口中学大课间体育活动现状进行详细调查，找出其优势和不足，并建构科学合理的大课间体育活动体系。结果显示：北闸口中学体育教师配备较为合理，学历较高，但年龄、职称结构和专项分布不太合理；场地器材配备达到国家要求标准；活动内容较为单一；评价激励体制还不够完善和全面；学生对大课间体育活动持支持态度，但认识还不够深刻；确立以“学生为本、健康第一”的中学大课间体育活动指导思想；建立系统的大课间体育活动目标体系，促进学生的全面发展；建立五级管理机制大课间体育活动管理制度；构建以学生为本，丰富多样的大课间体育活动内容体系；建立因人而异、因项目而异，灵活多样的组织形式；建立科学合理多元系统的评价激励体系，并构建客观的评价模型；完善安全预案，加强医务监督。

关键词：中学　体育　大课间　体系

长期以来，许多学校的课间体育活动仅限于学生做操，多年来他们一直在做同一套广播体操。它的内容单一、枯燥、形式机械，学生们早已厌倦了它。它不仅体育锻炼效益低下，而且制约了学生的个性发展，违背了“以学生为本”的教育理念，导致体育教育的人文性缺失。与课间操相比，大课间人文体育活动时间长、内容丰富、组织形式多样。它调节学生紧张的学习状态，在轻松和谐的音乐中进行调节活动，缓解学生紧张的情绪，陶冶学生的情操，振奋学生的精神，加深师生关系和友谊，增强学生的节奏感，培养学生的团队精神、合作精神、竞争意识和集体荣誉感，为学生创造更多的锻炼环境，使学生身心健康发展，实现体育与艺术、休闲与锻炼、传统与现代的相结合完美统一。

天津市北闸口中学坐落于天津市津南区北闸口镇北闸口村，一直贯彻教育部“每天活动一小时，健康生活一辈子”的号召，教育教学及管理遵循教育的本质和规律，秉承“以学生为本”的宗旨，在注重学生掌握知识文化的同时，也关注着学生终身锻炼的习惯和意识的培养，重点开展阳光体育大课间活动。但是，随着社会的发展，学生具有不同的特点和差异性，对大课间开展的组织形式、内容、管理制度等的要求也越来越高。为此，我们应精心创设适宜的校园人文体育活动气氛，开展符合本校特色的大课间人文体育活动，为学生提供展示自己的能力、水平、个性的机会。

基于以上认识，我校以确立《学校大课间体育活动科学化的研究》为契机和突破口，创办我校人文体育教育工作的新篇章。

一、研究现状

（一）相关概念的界定

传统课间操一般是在课间时段进行的，指每天上午第二节课与第三节课之间的时间，进行课间广播体操和眼保健操等[1]。

“大课间”是贯彻《基础教育课程改革纲要》《学校体育工作条例》《体育与健康课程标准》过程中派生出来的新概念，它已不是“踢踢腿”“弯弯腰”的课间操了，而是逐渐发展成一门系统的、有目的、有组织、有计划的以终身可持续发展为宗旨，以促进学生健康发展的一门新生活动课程。

大课间体育活动是近年来在课间操基础上发展起来的一种校园体育活动，具有活动时间长、内容丰富、参与面广、形式灵活、强度适宜等特点。活动时间多则一

小时,少则半小时。

人文体育是以"以人为本,人本关怀"为体育运动的基本指导思想,以人的发展为宗旨,并在此基础上折射出体育文化和体育精神,体现对人的尊重和人人拥有平等的权利,并展现体育的内在本质美和体育的哲学内涵。

我们所提倡的大课间人文体育活动是以学生身心协调发展为基础,以快乐体育为主体,以终身体育为目的的蕴含丰富人文价值的体育活动。

(二)大课间体育活动发展背景

大课间体育活动是在学生对身体健康和体育活动时间的需求不断增长中产生的,它的产生和发展主要经历三个阶段:1978 年,教育部颁布《关于落实中小学生每天一小时的体育锻炼的通知》,使得传统课间操向大课间体育活动转变。

到了 20 世纪 90 年代,教育部颁布的《学校体育工作条例》要求学校体育工作要与素质教育相适应,大课间体育活动的开展就逐渐呈现蓬勃之势。

进入 21 世纪,大课间体育活动的试点和推广已开始在全国范围内展开。它在提高学生身体素质、愉悦身心、缓解学习压力、促进社会适应等方面具有不可替代的作用。

(三)关于体育大课间活动的研究

本人通过文献检索,找到有关体育大课间活动的论文著作 270 多篇,研究成果丰富。然而,根据以往的研究发现,这些对大课间体育活动的研究往往集中在理论层面,如大课间活动的意义和作用,实践研究较少;也局限于大课间活动的一个方面,如活动内容、组织形式等,缺乏全面的研究;体育课间活动缺乏完善的激励与评价机制的研究;活动模式的研究注重集体性,忽视学生的个体差异性,忽视学生的需求;研究往往集中某个城市,缺乏对学校大课间体系的具体研究;对课间体育活动系统的研究比较宏观,缺乏针对性和实效性。这只是学校大课间体育活动改革的建议措施,不能提出具体的可操作性措施。为此,本研究从实际出发,结合天津市北闸口中学大课间体育活动的具体情况,以学生为主体,以学生为本,帮助学生建立一个感兴趣,适合学生身心发展的大课间体育活动体系,提高体育活动的锻炼质量,不仅让学生真正的喜欢上体育活动,还为阳光体育运动的开展增添了活力与色彩。

二、研究思路

本课题研究通过对北闸口中学大课间活动的现状进行深入调查研究，总结其经验与不足，结合学校的实际情况和学生的身心特点，构建其一套适合中学体育大课间活动的可操作体系，让学生在活动中享受学习过程的精彩，在学习中体验活动的乐趣，营造一种团结合作、积极向上的校园环境，从而促进学生的身心健康发展。同时，通过“提高中学大课间活动质量体系的研究”这一课题的开发与建设，提高学校的办学位次，创“阳光课间”之特色，为校本课程的开发与运用服务。

三、研究方法

(一)文献资料法

本人认真阅读《学校体育学》《体育测量与评价》《体育统计学》《体育心理学》《必备教育体育与健康课程标准(2011 年版)》《中小学课程评估与管理标准》等著作以及各种政策法律文件；通过中国知网进行文献检索查阅有关本研究的国内外期刊，系统查找研读有关大课间体育活动的文献资料，为本论文的研究奠定了良好的理论基础。

(二)问卷调查法

本人严格遵循体育科研方法，利用天津市中小学现代化学校督导评估工作期间和阳光体育运动专项督查期间，向各位专家和体育一线教师和班主任，反复征询请教，设计出与本研究有关的调查问卷。问卷分为学生问卷和专家问卷。学生问卷的内容包括动机、态度、积极性和活动内容；专家问卷就本文研究内容、问卷信度效度检验和体育大课间活动评价指标及指标权重进行深入求教。其中，学生问卷的发放采用分层抽样和随机抽样相结合的方法，每个年级均随机选取 170 人发

放问卷，三个年级共发放510份，超过学生人数(970人)半数，保证本文研究的信度和价值。问卷发放利用体育课时，采用现场发放—亲自指导填写—现场回收的形式，来保证回收率和有效率。回收510份，回收率100%，有效问卷496份，有效率97.3%。而专家问卷共调查21位专家，三轮分别回收问卷21份、20份、18份，回收率为100%、95.2%、85.7%，所有回收的问卷均真实有效。

(三)现场调查法

本人做为北闸口中学体育教师，实地调查学校大课间活动内容、模式、组织形式、场地利用、器材布置、师资力量等，获得第一手真实资料。

(四)数理统计法

对问卷调查的结果进行详细搜集，运用Excel和yaahp3.0软件对搜集到数据系统统计分析，获取有效数据。其中运用Excel分析北闸口中学大课间体育活动学生的态度、积极性、师资力量等；运用yaahp3.0软件获得大课间体育活动评价模型和指标体系。

四、结果与分析

(一)北闸口中学体育大课间活动现状研究

1.北闸口中学体育师资力量调查分析

(1)北闸口中学体育教师配备情况分析。

表1　北闸口中学体育教师配备统计表

教学班级(个)	学生人数(人)	男体育教师	女体育教师	专职体育教师(人)
28	970	5	2	7

根据《中小学体育教师配备标准》要求，初中阶段平均6~7个教学班级要有一名专职体育教师，体育教师生比不能低于1:300。从表1可以看出，北闸口中学体育教师均为专职，1名体育教师平均教4个教学班级，师生比为1:139，男女比例为5:2，均达到国家要求标准。说明北闸口中学体育教师配备合理，能满足学校大课间体育活动的开展。

(2)北闸口中学体育教师年龄情况调查。

表2 北闸口中学体育教师年龄情况统计表

年龄	20~30岁	30~40岁	40~50岁	50~60岁
人数	1	3	1	2
百分比	14.30%	42.90%	14.30%	28.50%

从表2可以看出，北闸口中学体育教师40岁以下有4人，占总数的57.1%，40~50岁占14.3%，50~60岁占28.5%。老中青结构不太合理，中年人数较少，以青年教师为主。年轻教师静力旺盛，愿意承担较为繁重的教学任务，对组织体育大课间活动较为有利，但其工作经验较为缺乏，又成为不利因素。

(3)北闸口中学体育教师学历职称情况调查。

表3 北闸口中学体育教师学历职称情况统计表

	学历			职称		
	硕士	本科	专科	高级	中级	初级
人数	0	6	1	0	4	3
百分比	0%	85.70%	14.30%	0%	57.10%	42.90%

体育教师的学历和职称反映了他们的知识储备和教学经验。从表3中可以看出，北闸口中学体育教师除一位体育教师为专科外，其他均为大学本科学历。从教育背景来看，基本满足学校体育教学与发展的需要。但在高学历毕业生日益增多的情况下，尚没有引进硕士学历教师。从职称情况上来看，北闸口中学的体育教师职称结构很不合理，没有高级职称，中级和初级各占57.1%、42.9%，这可能一方面因为教师参评人数多，职称评定压力较大，另一方面也需各位体育教师对待工作投入更大的积极性，不断提高自身专业素质和业务能力。

(4)北闸口中学体育教师专项情况调查。

表 4　北闸口中学体育教师专项情况统计表

专项	田径	足球	篮球	健美操
人数	4	1	1	1
百分比	57.1%	14.3%	14.3%	14.3%

体育教师的专项特长是学校开展体育大课间活动的有力保障之一。从表 4 可以看出，北闸口中学的体育教师专项特长结构不合理，比例严重失衡。体育教师以田径项目为主，占总数的 57.1%，而足球、篮球、健美操项目各项仅有 1 人，排球、羽毛球、乒乓球等深受学生喜爱的运动，没有专项的老师，更不用说轮滑、跆拳道等新兴体育运动了。这不利于大课间体育活动项目的开展，影响学生运动技能的掌握和活动质量。因此，需要学校引进其他专项人才，也需要各位体育教师积极参加继续教育培训，使自己成为一专多能的全面人才。

综上所述，北闸口中学体育教师配备较为合理，以青年教师为主，学历情况较为合理，但职称结构和专项特长结构严重失衡。

2.北闸口中学体育大课间活动时间与内容调查分析

开展大课间体育活动好与坏的关键是活动内容。大课间体育活动项目的简单和重复将会制约学生参与的积极性，影响活动效果。

表 5　北闸口中学大课间活动内容统计表

时间	上午(30 分钟)	下午(30 分钟)
内容	眼保健操、广播操、跑步	眼保健操、自编操、学生活动(7 年级 50 人足球队伍、7 年级 10 人跳跳球队伍、8 年级 15 人呼啦圈队伍、8 年级 20 人空竹队伍、8 年级 60 人健美操队伍、9 年级 30 人篮球队伍)其他学生由班主任组织本班学生长绳、皮筋、沙包等小器械活动。

从表 5 中可以看出，北闸口中学上下午均安排体育大课间活动，而且均为 30 分钟，从时间上来看，满足每天活动一小时的要求。但是通过实地调查发现，上下午除去学生集合时间，活动时间均不到半个小时，而且不良天气和教学任务(考试等)因素影响，大课间体育活动经常被取消。就活动内容而言，学校大课间活动内

容为眼保健操、广播操、跑步、自主活动。自主活动内容较为丰富,有球类、新兴项目、传统项目,也有游戏。但可能由于时间限制和体育中考压力,上午有跑步内容,而没有学生活动时间;下午活动内容受制于教师专项限制,羽毛球、乒乓球等项目均没有。

3.北闸口中学体育大课间活动组织形式调查分析

表6 北闸口中学体育大课间活动组织形式调查分析表

组织形式	活动方式	内容
集中式	眼保健操和徒手操	眼保健操、广播操、校自编操
军事式	跑步	慢跑两圈
自主式	自主活动	篮球、足球、健美操、呼啦圈、跳跳球、空竹、游戏等

科学的组织形式对大课间体育活动具有重要的作用。从表6所示,北闸口中学采用集中式、军事式和自主式相结合的形式,这种形式具有多元性、多层次性的特点,能够锻炼学生身体素质、心理品质、愉悦身心,同时有利于学生组织性和纪律性的提高。但是学校大课间体育活动过于重视跑步和徒手操的练习且时间过长,注重身体素质提高和纪律性的培养,忽视学生的主体地位和主观能动性,很大程度上挫伤了学生活动积极性。

4.北闸口中学体育场地器材设施调查分析

表7 北闸口中学场地器材设施情况调查表

学生人数	班级	场地	器材
970	28	400米塑胶标准场地1个、室外篮球场4个、综合体育馆1个、室外排球场地2个、体育活动小区1个、沙坑2个	足球、篮球、软式排球。单杠、双杠、肋木、长绳、短绳、毽子、空竹、乒乓球、跳跳球、体操垫、沙包、羽毛球、呼啦圈等

场馆、器材等硬件设施是大课间体育活动顺利开展的重要条件,是学生进行体育锻炼的物质保证。从表7可以看出,根据《中小学体育场地、器材配备标准》,北闸口中学的体育场地器材可满足30多个教学班的体育活动, 达到国家颁布的标准,满足学校开展大课间体育活动的需要。

5.北闸口中学体育大课间活动评价体制调查分析

通过调查显示,北闸口中学大课间体育活动评价制度还不够完善,主要针对学生组织纪律性,如服装、考勤、出入场等,对于学生活动效果、班主任、体育教师、组织管理等的评价细则较少,并且还没有对于学生的自主活动情况评价方案。

6.北闸口中学体育大课间活动学生情况调查分析

(1)北闸口中学学生对大课间体育活动的认识。

表 8　北闸口中学学生对体育大课间活动理念的认识

选项	对大课间体育活动时间概念上的认识				对大课间体育活动理念的认识			
	过去的课间操	过去的课外活动	所有下课时间	课间操和课外活动	健康第一	终身体育	健康幸福	必须锻炼
百分比	8.65%	22.98%	8.47%	57.40%	82.86%	28.23%	35.89%	19.76%

表 9　北闸口中学学生对体育大课间活动作用的认识

选项	大有好处	一般	没有感觉	反对
百分比	83.67%	12.93%	3.23%	0.17%

从表 8 和表 9 可以看出，学生对进行体育大课间活动具有较高的认同度,且认识到了体育大课间对自身发展的重要性;但学生对体育大课间在时间层面上的认识具有一定的片面性,可反映出学生对进行体育锻炼的不同诉求。

(2)北闸口中学学生对大课间体育活动的态度。

表 10　北闸口中学学生对体育大课间活动的态度

选项	对大课间体育活动的态度				对大课间体育活动锻炼自主性			对教师参与体育大课间活动的态度		
	喜欢	一般	不喜欢	无所谓	经常	较少	没有	应当	管理即可	不必参与
百分比	72.38%	21.38%	3.24%	3.00%	59.80%	38.35%	1.85%	86.90%	11.48%	1.62%

从表 10 可以看出,学生多数喜欢参与课间体育活动,且有半数以上学生能够自行参与锻炼;但也有学生对参与与否持无所谓态度,反映出目前的课间锻炼未

能充分引发学生兴趣,必须强化引导,改进内容与形式,以吸引学生参与。此外,对教师参与活动,绝大多数学生表示出了赞同的态度。

(3)北闸口中学学生对大课间体育活动内容的态度。

表 11 北闸口中学学生对体育大课间活动内容的选择

选项	球类	游戏	轮滑等新兴项目	韵律操或舞蹈	武术类	田径类
百分比	45.66%	18.46%	16.97%	8.15%	6.32%	4.44%

表 12 对体育课内容进入大课间体育活动的态度

选项	适宜	无所谓	不适宜
百分比	65.94%	19.53%	14.53%

从表 11 和表 12 可以看出,学生对大课间的内容选择具有多样性,尤其对于球类项目,且对一些接触较少的新兴体育项目有一定兴趣,且多数学生希望将体育课内容项目改编为大课间项目。这说明,体育大课间活动还应承担培养和引导学生接触不多新兴项目的兴趣和技能,以丰富大课间内容。

(4)北闸口中学学生对大课间体育活动组织形式的态度。

表 13 北闸口中学学生对体育大课间活动分组形式的选择

	兴趣分组	友情分组	异质分组	随机分组	班级分组	其他
百分比	48.12%	21.22%	15.2%	10.89%	3.47%	1.10%

表 14 北闸口中学学生对体育大课间活动开展体育竞赛的态度

选项	赞成	无所谓	无感觉	反对
百分比	72.59%	22.78%	2.77%	1.86%

从表 13 和表 14 可以看出,北闸口中学的学生喜欢自由的分组方式,尤其是按照兴趣爱好分组, 不喜欢组织纪律性强的班级分组方式。且经过调查,有95.37%的同学不排斥与异性一起进行活动。同时,对于在大课间时间开展体育竞赛持支持态度。

(二)北闸口中学开展大课间体育活动的优势和存在的困难

1.北闸口中学开展大课间体育活动的优势

(1)北闸口中学体育教师配备较为合理,学历较高,青年教师人数众多。

(2)北闸口中学采用集中式、军事式和自主式相结合的组织形式,能够锻炼学生的组织纪律性;保证上下午体育大课间活动,场地器材达到国家要求标准,为顺利开展大课间体育活动提供了强有力保障。

(3)北闸口中学学生对体育大课间活动有很高的认同感,能认识到对自身的重要性;对体育大课间活动持积极喜欢的态度,且能够自主参与锻炼;学生喜欢按照兴趣进行分组活动,不排斥与异性一起活动,支持体育竞赛的发展。学生对课间体育活动的支持态度是开展课间体育活动的主要依据。

2.北闸口中学开展大课间体育活动存在的困难

(1)北闸口中学体育教师年龄结构和职称结构不合理,没有具有高级职称的体育教师;体育教师专项分布不均衡,体育教师所具备的专业技能不能满足学生的兴趣爱好。

(2)北闸口中学大课间体育活动内容相对单一,注重徒手操和跑步,忽视学生的自主性;学校领导对体育大课间活动重视不够,学生每天一小时的有效运动时间无法保证,且容易因天气因素和学习任务而被取消;组织形式不太合理,注重身体素质提高和纪律性的培养,忽视学生的主体性和自主性;不能有效合理利用现有体育场地器材设施,评价激励体制还不够完善和全面。

(3)北闸口中学学生对体育大课间活动认识还不够深刻,现有的大课间体育活动内容不能满足学生的兴趣爱好。

(三)北闸口中学大课间体育活动体系的建立

1.构建大课间体育活动的指导思想

制定科学的指导思想是行为的前提和指南,能够正确有利地引导大课间体育活动全过程。体育活动大课间指导思想:全面贯彻党的教育方针和新课程标准,坚持“以学生为本、健康第一”的指导思想,全面优化学校体育场地、器材设施利用率，把开展大课间体育活动作为学校的一项重要教育任务，保证学生每天一小时体育锻炼时间，增强学生的体质，促进师生和谐健康发展，培养学生意识，积极参与体育活动的兴趣爱好，形成坚持体育锻炼的习惯和终身体育的意识。

“以学生为本”应当将学生当做一个整体，在体育大课间活动中，真正关注学生的情感、热情、尊严、技能、意志品质等，注重学生的个体差异性，培养学生的个性，激发学生的经验和创造力。整个活动体系的建立以学生为中心，从管理机构、组织形式、组织内容、宣传、评价激励体制等以学生的发展需要为前提，构建科学合理的人文体育大课间活动体系。

2.创建大课间体育活动的目标

一个规范且富有活力的大课间体育活动不仅是开展一项活动丰富校园文化生活，更是一所学校办学思路的展现。通过创建体育大课间活动体系，提高学生“健康第一”的意识，让学生在活动中形成一种正确的终身体育观；培养学生积极体育锻炼的习惯，增强学生体质，全面发展学生身体素质；激发学生的运动兴趣和爱好，掌握体育锻炼的运动技能；愉悦学生身心，缓解学生的学习压力，形成健康的心理状态；培养学生交流沟通能力，提高学生之间的合作意识与竞争意识；培养学生意志品质，营造积极向上的学风，用体育精神塑造学生的人格；丰富学生的课余文化生活，创建具有人文特色的校园体育大课间活动体系。

3.构建完善的大课间体育活动管理制度

建立多层次、多主体的组织结构和责任机制，凝聚全校师生力量，共同组织管理大课间体育活动，减轻体育教师的压力。如下图所示通过建立五级管理机制，一是校长负责大课间体育活动，提高学校对大课间活动的重视程度。明确规定各层机构的职责，完善大课间体育活动组织的管理制度。采用分权、分职责的分层管理模式，不同管理层分别完成不同职责，防止无组织、无结构、无监督、相互推卸责任的现象。不同的管理层相互配合，共同协作，可以大大提高工作效率和锻炼效果。具体如图 1 和表 15 所示。

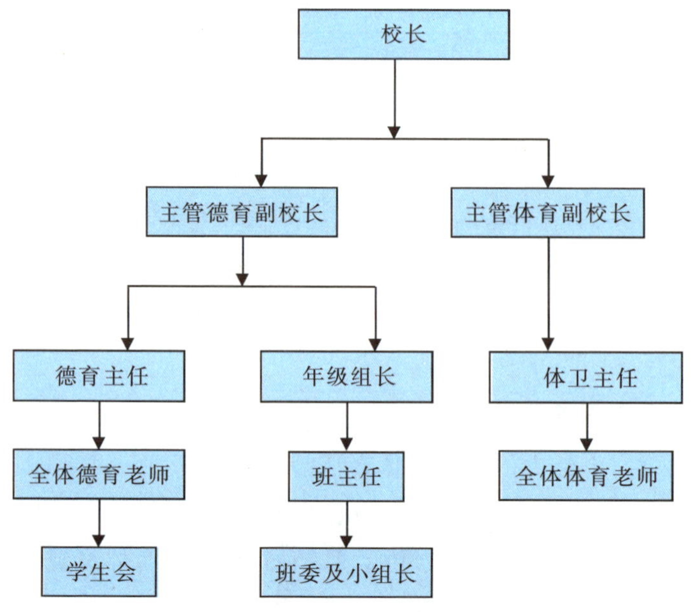

图 1　大课间体育活动领导小组结构

表 15　中学组织管理情况调查表

管理层	职责
校长	负责大课间体育活动总体方案、思想及各项规章制度制定，经费器材等体育设施投入，各方面督导评比宣传工作等
德育、体育副校长	负责活动的指导，了解活动中存在的问题、解决问题，检查督导各部门、教师的工作等，提高大课间体育活动的质量
德育主任、年级组长、体卫主任	负责督促各自部门教师、学生履行自己的职责，应付各种突发事件，保证学生安全、体卫主任主持大课间活动的正常进行
体育教师	负责体育活动内容制定和方案的设计；大课间活动的组织、音乐的选择、各项活动的普及培训，检查活动质量的检查、监督、活动的指导，并做好当天活动记录
班主任	组织各班学生集合、做操、激发学生兴趣爱好，正确引导学生积极参与活动
学生会	负责具体的检查评比工作，如服装、出勤、活动质量、教师是否跟班等

4.以学生为本,丰富中学大课间体育活动内容

在进行中学大课间体育活动内容构建时,首先应考虑学生的兴趣爱好,年龄心理特点,另外也应根据本校实际情况,场地器材设施的具体配备,同时也应考虑体育中考所规定的项目,来制定本校的大课间体育活动内容。在满足学生需求的同时,完成学生的素质教育,为体育中考和升学做好准备。由于近年来学生不注意正确的用眼要求,导致学生当中近视率不断攀升,视力逐年下降。因此,上下午课间操必须安排眼保健操。为了培养学生的集体荣誉感和组织纪律性,同时使学生充分热身,活动全身各个关节,广播操和校园自编操也须安排进去。同时考虑到初中学生活泼好动,不喜欢束缚,崇尚自由的特点和初三体育中考的任务,七、八年级将完全根据自己的兴趣爱好选择自己喜欢的体育项目进行活动,而九年级必须有规定项目(耐久跑、实心球、跳绳、仰卧起坐、50 米、立定跳远、引体向上)和自选项目,而且在规定项目中耐久跑必选,其他项目按照市教委中考要求,实行"3 选 1"和"4 选 1"。具体如表 16。

表 16 中学大课间体育活动项目设置表

年级	项目
七、八	上午:眼保健操+广播操+自选项目 下午:眼保健操+自编操+自选项目
九	上午:眼保健操+广播操+自选项目 下午:眼保健操+自编操+规定项目

而根据学生的项目选择,排在前十位依次为足球、篮球、羽毛球、排球、乒乓球、游戏、轮滑、健美操、跆拳道、空竹,其他如武术、体操、呼啦圈等项目也有同学选择。而针对我校体育教师专项分布不均衡的情况,有针对性地加强教师专项技能的培训,培养一专多能型的教师,另外充分利用发挥其他文化课教师的其他专长等方法,提高教师专业素养和业务能力,确保大课间体育活动的全面开展。此外,还聘请了校外兼职教师和高校实习生,以解决我校教师不能满足大课间体育活动要求的问题。

5.建立灵活多样的大课间体育活动组织形式

根据不同年级和不同项目的特点,组织形式安排要灵活多样,因项目而异。对

于眼保健操、广播操、自编操和初三规定项目采用集体式、军事式的组织形式，而对于自选项目采用自主型和竞赛型相结合的方式进行组织。分组形式操类按照班级分组式，其他自主活动，采用以兴趣、友情、异质相结合的分组形式。而由于学生上下课集合需要一定的时间，根据实地调查我校集合时间大概在6~8分钟，因此大课间体育活动时间一次应安排在40分钟。同时，根据不同活动项目，可以安排不同的背景音乐。恶劣天气学生在教室做眼保健操，进行棋牌游戏活动。

6.合理安排学校体育场地设施资源

根据本校具体的实际情况，优化整合学校场地资源，因地制宜，明确场地的使用，避免发生拥挤。另外，针对新兴场地缺乏的问题，尽可能地在现有场地资源上就地取材，使一块场地变成多功能场地，尤其像面积最大的田径场，更应该合理利用。具体场地利用情况：对于篮球场地、排球场和乒乓场地均只供各自项目进行活动，综合体育馆进行羽毛球、健美操、跆拳道活动进行使用，足球场地供学生进行操类活动，左边一半进行足球项目活动使用，另外一半进行游戏、空竹、武术、呼啦圈等活动使用，而跑道上进行轮滑和跑步使用，器械体操区进行体操活动，田径场两端场地进行跳远、实心球、跳绳、仰卧起坐等项目练习。

而对于有些新兴项目器材设施缺乏的问题，一方面向学校申请专项资金投入，购买专门的器材；另一方面鼓励学生自带器材，像轮滑鞋、羽毛球拍等；同时，教师自己开发制做简单器材，以缓解学校器材使用压力。

7.加大对大课间体育活动的宣传力度

大课间体育活动的宣传力度直接制约着大课间体育活动的可持续发展，利用学校体育报刊栏、校园广播站、电视台、国旗下演讲等宣传窗口大力宣传大课间体育活动，同时规定每班做一次有关大课间体育活动的主题班会、板报设计以及全校性的演讲比赛，进一步加深对大课间体育活动的深刻认识。另外，大课间体育活动也需要家长的支持，可以邀请家长来学校参观大课间活动，家长会时也可以进行实时宣传，使家长转变观念，提高对体育的认识，从而更好地配合学校教育学生，这样就会达到事半功倍的效果。

8.完善学校大课间体育活动的评价激励体制

大课间体育活动是师生共同参与的课程，其评价应体现多元化的特点。不仅要评价教师，还要评价学生和组织管理大课间本身等，而且评价标准要根据评价对象的个体差异，体现科学合理的多元化特征。本人详细制定了两级大课间体育活动评价指标，并科学确定其权重，建立起评价模型。具体计算公式为：

$$A_i=\sum_{5}^{n} X_{ij}b_{ij} \quad (1)$$

$$I=A_i a_i \quad (2)$$

定期奖励在大课间体育活动中表现出色的班级、教师和学生。由德育处、学生会对班级的表现和学生的大课间体活动做出合理的评价，由校领导对体育教师、班主任的表现进行评价。具体奖励措施包括：大课间体育活动先进班级，并纳入各级“三好班级体”的评选；优秀体育指导教师奖，并纳入学期教师考核；大课间体育活动先进标兵，并纳入学生学期考核，“三好学生”等荣誉称号的评定。

9.完善安全预案，加强医务监督

在开展大课间活动时，因人数众多，时间集中，需要学校做好相应的安全保障工作和组织工作，制定完善的安全预案。大课间活动要求学生统一校服和运动鞋；学生做好充分的准备热身活动；要求学生在指定的位置做规定的活动，不得擅自进行其他危险活动；在活动过程中，学生应相互礼让，相互帮助，共同做好安全防护工作；体育教师和班主任应及时了解学生的身体状况。学生如有身体不适及既往病史，应及时通知学校；定期检查运动器材的安全性。此外，学校还应建立一定的医疗监督机制，如突发伤害事故和疾病的处理、运动负荷的监测等，以“防患于未然”。校医和体育教师应做好医疗准备，普通医疗用品应齐全，常见的运动损伤要快速地处理，一旦发生安全事故，应在第一时间正确处理。

五、结论

(1)北闸口中学大课间体育活动具有一定的优势，也存在许多的问题和不足。其中，体育教师的配置较为合理，学历较高，但年龄、职称结构和专业分布不合理。场地器材配备应符合国家要求和标准；活动内容相对单一，忽视学生自主

性的培养;组织形式不太合理;不能有效、合理地利用现有的体育场馆、设备和设施;考核激励体系不完善、不全面。学生对大课间体育活动持支持态度,但理解不够深入。

(2)确立以学生为本、健康第一的大课间体育活动指导思想,全面优化学校体育场地、设备设施利用率,把开展大课间体育活动作为学校重要教育任务。

(3)中学大课间体育活动的目标体系为促进学生身体、心理、意志品质、社会适应性、丰富校园体育文化。

(4)建立五级管理机制,凝聚全校师生力量,共同构造和组织管理大课间体育活动,并明确规定各层机构的职责,完善大课间体育活动组织的管理制度。

(5)综合考虑学生的兴趣爱好,年龄心理特点、体育中考、本校实际情况,构建以学生为本,丰富多样的大课间体育活动内容体系。

(6)根据不同年级和不同项目的特点,因人而异、因项目而异,建立灵活多样的组织形式。操类采用集体式、军事式组织形式,自主活动项目采用自主型和竞赛型相结合的组织形式。

(7)根据本校具体的实际情况,优化整合学校场地资源,因地制宜,明确场地的使用,提高场地有效利用率,避免出现安全事故。加大器材投入经费,鼓励学生自带器材,解决器材不足问题。

(8)建立科学、合理、多体系的评价与激励体系,构建客观的评价模型。客观评价不同的评价对象,启动激励措施,激发积极性。

(9)完善安全预案,加强医务监督。

参考文献

[1]朱莉莉.北京市小学大课间体育活动的研究[D].北京:首都体育学院,2014.

[2]刘发坤.新乡市城区中学大课间体育活动现状调查及策略研究[D].新乡:河南师范大学,2011,(04).

[3]张宝国.北京石油学院附属中学大课间体育活动现状及改革研究[D].北京:首都体育学院,2014.

[4]李建军. 学校课外体育活动的现状与思考[J]. 新乡教育学院学报,2004,17(4):142-143.

[5]江延英.普通中小学大课间体育活动探索[D].武汉:华中师范大学,2008.

[6]何云东.大课间活动在初中体育课程开发的实践和研究[J].中国学校体育,2008(81):17-20.

[7]冯学东.唐山市乡镇初级中学课余体育活动现状的调查分析[D].石家庄:河北师范大学,2008.

[8]纪成周,钟声.影响高中大课间体育活动开展的六大因素及对策研究[J].运动,2010,(10):95+106.

[9]谬文胜,刘云生;徐思毅.学校课程·生活体育校园文化关于大课间体育活动的研究(上)[J].中国学校体育,2002(04):52.

[10]刘莉.湖南省示范性高中体育组织形式的现状研究[D].岳阳:湖南师范大学,2007.

[11]吴昊.浅谈对大课间体育活动的几点新认识[J].中国学校体育,2007(02):44-45.

[12]李彩秋.对唐山市"趣味性大课间体育活动"的实施与效果的调研[J].北京体育大学学报,2004(01):106-107.

[13]赵军.选设大课间体育活动项目宜遵循的几个原则[J].中国学校体育,2009(02):93.

[14]周凤施.对大课间体育活动的理论研究[J].湖北体育科技,2007(06):713+716.

[15]吴键.大课间体育活动的价值再探讨及制度建设[J].体育教学,2009,29(12):6-7.

[16]袁建刚,钱建龙."一小时体育活动"对学生身心影响效果的比较研究[J].湖北体育科技,1999(02):86-88.

把花样跳绳作为学校特色建设的实验研究

天津市静海区大丰堆镇后明庄学校　寇晓兰

摘　要：《国家中长期教育改革和发展规划纲要(2010—2020)》提出，最大限度发挥和挖掘学生的身心潜能，让学生的主体性得到提高，追求身、心、智、能的全面发展，为祖国培养合格的建设者和接班人。同时也对中小学提出“办出特色”的改革目标。体育作为学校教育的重要组成部分，不仅是学校育人重要途径，也是实施素质教育形成教育特色、不断促进学校体育改革发展的必然之路。为此，本文把花样跳绳作为学校特色建设的实验研究，意在构建适应学校发展且有益于学生身心健康的特色体育项目，让其在学校体育工作和学校特色建设中发挥重要作用。

关键词：花样跳绳　特色建设　认识成果　技术成果　实践成果

一、问题的提出与文献分析

(一)课题研究目的

早在1993年,《中国教育改革和发展纲要》对中小学就提出“办出特色”改革目标,国内各大院校开始了自己的特色建设与发展之路,特色教育思想在创新实践中开始积累经验,取得了一定成效。《国家中长期教育改革和发展规划纲要(2010—2020年)》中又明确提出“鼓励学校办出特色、办出水平”的工作方针,教育“特色”问题开始进入一个新的历史阶段。当前,“特色”建设作为我国各级各类教育改革与发展所指向的基本目标之一,把“特色”作为一个教育载体促进了学校优质教育发展,走“特色发展之路”已成为广大教育工作者的共识,渴求也自然成为必然。而特色作为载体在推进教育发展的同时,它的自身建设同样也需要一定的载体。在推进学校特色建设过程中任何一所学校离不开内部各系统间的各教育组成,特色建设需要将学校内部各特色发展融入到学校整体之中,需要学校各内部环节协调发展,才能构建起学校特色发展的整体环境。在这种整体环境下,各学科协调并举,发挥各自的教育作用为学校特色发展添砖加瓦,成为学校特色建设的重要支撑力量。

学校体育是整个学校教育工作中的重要组成部分,是育人的有效途径,也是实施素质教育形成教育特色不断促进学校体育改革走向成功的必然之路。为此,构建适应学校发展且有益于学生终身发展的特色体育项目,以此显现学校体育教育特点,不断积淀体育文化。

在这种背景下,其一,探索学校体育特色发展与建设,就需要从学校体育全局中认真地对学校体育的优势同学校课程建设适应化进行分析,对特色传统项目的定向进行大众化向个性化、特色化发展的可行性进行深刻的研究。

其二,目前学校特色项目建设仍是学校重点工作之一,由于各学校教育环境存在个体差异上的不同,学校内部的体育教育自然面临的问题也会存在有差异,各学校从体育教育层面规划学生发展的目标水平及要解决的主题也是不一样的,

构建起适应学校发展、学生发展的学校传统体育校本课程有助于促进学校体育教育发展。我校长久以来一直以“人手一根绳，人人会跳绳，人人会花样跳绳”为我校的特色，在我校的辐射作用下，大丰堆镇“花样跳绳”特色项目已初具雏形，为全县体育教师做特色活动展示，应邀参加各大活动开幕式展演等，区域影响已经形成。如何在现有的基础上，以传统体育项目“花样跳绳”为载体加强学校体育校本课程建设，做大做实做强学校特色建设，促进体育教育教学工作的进步，体现优势，彰显特色，为学校教育持续发展奠定基础同样意义深远。

基三，通过对本课题的研究，探索教育现代化的具体操作途径和方式，为我校和各地的教育现代化提供实践范例。

(二)与本课题相关的国内外研究现状

跳绳动作简单，便于学习，练习形式多样、内容丰富，同时具体很强的创造性和很高的强心健身价值。跳绳在世界上都很普及，“跳绳强心” 运动开始于加拿大， 民众非常喜欢这种简便易行而又具备强大健身效果的运动，“为了您的心脏来跳绳吧!”就是加拿大健身民众的健身口号。后来，他们经过精心设计、周密计划和细致组织把跳绳作为在校学生贯穿于全学年的体育教学项目。1984 年，美国看到加拿大的成功经验，把此项活动进行了移植，并称之为“心跳运动”，后来风靡于欧洲。

跳绳这项运动在中国也得到了广泛喜爱。在 1999 年就有香港心脏专科学院在中国香港特区政府教育署、卫生署的全力支持下，向全香港中小学生推行一套系统的具有长远战略意义的有效预防心脏病的计划，名为“跳绳强心”计划，希望通过教授有趣的花式跳绳，鼓励青少年做运动及建立健康的生活模式，从而预防和减少心脏疾病的发生。

我国在全民健身计划实施以来，一些企事业单位、各级各类学校就经常举办跳绳比赛；还出现了一些学校把跳绳运动定位为学校特色，部分城市已经把跳绳活动送入了“竞技场”，我国青岛的竞技跳绳，是世界上比较罕见的跳绳技术，以发明人胡平生为首领的一批年轻人，正在为这项运动的推广做努力，并开设了我国第一个跳绳网站。

二、研究的主要内容创新点、理论依据及步骤

(一)课题研究内容及预期创新点

1.研究我校特色发展方向与分期特色发展目标

(1)确定我校体育特色方向。就其学校而言,要立足学校实际向内看,展望学校远景向外看。学校教育需要健康而简捷的文化,以“花样跳绳”为特色,学生能积极、参与、创新、表现,从而获得满足、自信、成功。

(2)确定期间体育教育主题。从学校实际看,目前,我校有完善的梯队管理制度,拥有优秀的学生群体,我们也在努力营造学生终身发展体育校本课程的氛围,它也是发展学校体育文化,形成特色的研究之一。中期,将以我校教育形成特色,辐射带动其他兄弟校,把“花样跳绳”进行深入推广。远期,我们将涌现出一批精英,在各级各类比赛中展露锋芒,成为我们的骄傲;做为体育教育工作者,怎样以学校体育为载体,发展学校特色,我们面临新的课题和挑战。怎样确定学校未来体育特色发展目标,让优秀的学生成长终身受益、让教师专业发展扩大影响、依据我校实际从校园活动中规划“花样跳绳”校本课程,完善教学内容、拓展教育途径,是我们立足学生健康与发展,展望未来的,持续稳步做好校本课程,深入研究学校校园体育文化的重要内容。

本课题研究一要指向学校校本课程构建与整个体育教学活动;二要指向教学文化,体现“寓教于乐”“开拓创新”,让“花样跳绳”在长期稳定与持续中,逐渐形成特色;三要紧密结合我校教学实际,以课堂为渠道开展行动研究,通过社团活动、课外活动、大课间等进行实证分析和理性思考,边研究边总结边推广;四要指向“教师文化”,整合教师群体智慧,形成丰厚的教育资源,提升教师对“花样跳绳”运动的理解和认识。

2.实现有成效的研究亮点

我校将创新追求实效,打破在概念争鸣上开展跳绳教学。通过结合学校与学

生发展实际，探索发展过程中学生所存在的内在需求和关键问题，准确选择相关教育理论来分析和解决这些问题，确定具有“分析实际定课程、有了课程构模式、出了模式促发展”的教育途径。

（二）课题研究的理论依据

1.理论依据

《中国教育改革和发展纲要》和的《国家中长期教育改革和发展规划纲要(2010—2020年)》都倡导：让学生建立健康第一的思想，充分发挥和挖掘学生的身心潜能，让学生的主体性得到提高，追求身、心、智、能的全面发展，为祖国培养合格的建设者和接班人。同时也对中小学就提出“办出特色”的改革目标，国内各大院校开始了自己的特色建设与发展之路，而体育作为学校教育的重要组成部分，不仅是学校育人重要途径，也是实施素质教育形成教育特色不断促进学校体育改革走向成功的必然之路。为此，构建适应学校发展且有益于学生终身发展的特色体育项目，在未来学校体育工作和学校特色建设中必然会彰显出它的重要性。

所谓教育特色，就是指在办学主体的刻意追求下，在长时间的教育实践活动中逐步提高办学水平、逐渐提升育人效果，且呈现整体风格独特的学校教育。跳绳不受场地和器材的限制，简便易学，花样繁多，深受学生喜爱，也是学生展现自我创新的途径，如果能够以科学发展观为指导，遵循教育发展规律、教育价值取向原理，开展花样跳绳校本课程建设，花样跳绳特色项目一定会得到巩固与升华。

2.课题研究方法

第一，文献资料查阅法，查阅文献把握校园体育文化对学生、对学校、对社会的价值判断、行为取向、意识影响以及由此产生的特定活动领域和活动形式，让课题的研究有一个较高的立论点。

第二，调查研究。了解我校师生对体育运动的认识以及根据我校开展花样跳绳的情况，制定出有效对策和相应的运动处方。通过对教师教育观念、健身意识和运动能力的分析，确定教师指导团队；通过对学生学习能力、兴趣特长和身体健康情况的现状调查，制定课题研究的起点和基础，有效提高研究的现实性和针对性。

第三，本课题主要采取理论与行动研究的方式。通过调查问卷，了解学生对构建花样跳绳课程教学方式的意见，在实践中探索学生欢迎的、高效的课堂教学策略与健康需要,在理论的指导下进一步总结、推广。

总之,坚持理论研究与实践探讨相结合,实证研究与专题研究、典型个案研究相结合,强调重点,突出特色,以保证研究的合理性及实践效益。

(三)课题研究的步骤

1.规划

学校将通过“四步走”战略,进行“促进学生全面发展”教育特色背景下的花样跳绳校本课程构建,促进学校体育特色的形成。以构建学校体育校本课程为载体,丰富学校“立足学生自我发展”教育特色,创设“人人学跳绳、人人练跳绳、人人会跳绳、从中悟哲理”的校园体育文化氛围,传播民族文化,研究适宜学生群体选择适宜的终身体育项目,为学生终身体育奠基。

(1)构筑理念。在着眼学生全面发展、个性发展、创新能力培养等方面成长需要,在帮助师生树立“立足学生自我发展”教育理念基础上,构建花样跳绳校本课程。

(2)促进行动。通过改进适应学生发展的课程模式,不断完善课程构置、教学内容、教育方法、评价方式等,促进教师将民族文化落实于教育实践之中。

(3)形成模式。通过构建自主健体体育教育模式,营造主体性校园体育文化氛围,多种形式拓展“人人学跳绳、人人练跳绳、人人会跳绳”全员参与、长远发展的教育渠道。

(4)积淀文化。通过在“立足学生自我发展”教育背景下的学校特色教育,从发展校园体育文化角度紧抓两个基点——课程建设和内涵提升, 重文化积淀求卓越;力求四种联动效应——学生健康奠基,教师民素专业发展,学校科学发展,文化不断积淀。使学校教育在核心价值观引领下促进学生全面发展,形成适应学生长远发展的教育风格,显现我校学校体育特色,凸显学校“立足学生自我发展”的办学特色。

2.阶段

2019 年 11 月—2020 年 1 月	规划远景目标,实施技术培训,运动特色展示
2020 年 2 月—2020 年 7 月	广泛宣传,营造人人参与运动的氛围,全员参与,实现人人会运动

2020 年 8 月—2020 年 10 月	以体育教师与学生骨引领抓提升，初步形成校本课程理论体系
2020 年 11 月—2020 年 12 月	提升校园运动水平与文化品味，人人有自己的运动健身体验
2021 年 1 月—2021 年 2 月	形成可行性分析报告,成功教学案例
2021 年 3 月	完成结题,形成影响,出研究报告与结题报告

(1)准备阶段(2019 年 11 日—2020 年 1 月)

①规划远景目标;挖掘课堂教育潜力,积极申报开展“花样跳绳”对促进我校体育特色发展的可行性实践研究意见,实施技术培训。

②以“学科领航”工程学习培训为契机,征询专家对课题立论建议,提高认识,坚定信心。

③规划花样跳绳教学、构建校本课程、开展模块教学实践性活动。

④利用静海县每年一次的校园“体育节”开展大型展示,营造氛围,开展宣传。

⑤开展学生访谈,收集有利与不利因素信息,进行调查分析,为后期校本课程建设奠定思想准备基础。

⑥确定花样跳绳为学校大课间活动重点内容之一,搭建学生全员参与活动平台。

(2)实施第一阶段(2020 年 2 月—2020 年 7 月)。

广泛宣传,奠定“人人学跳绳、人人练跳绳、人人会跳绳”向“人人会跳绳、从中悟哲理”校园体育文化基础,向课程教育目标迈进。

(3)实施第二阶段(2020 年 8 月—2020 年 10 月)。

①以体育教师与学生骨为引领,在教师中开展全面培训,并将校本课程列入学校教师健康工程之中,形成实质性全员氛围。

②提出研究假设、制订研究计划、查阅文献,丰富研究。

(4)实施第三阶段(2020 年 11 月—2020 年 12 月)。

①拟定调查问卷,对学生进行学习花样跳绳阶段性问卷调查,从中分析学习感受与健康体验,从中发现问题与矛盾,查找教学缺失与不足,完善教学方法与途径。

②规划开启学习花样跳绳“启发性”理性认识,提升校园跳绳整体水平与文化

品味。

③根据研究方案,购买、编辑、复印相关资料,编排表格,供教师学习,开展培训及指导教师解疑,推进深层发展。

(5)实施第四阶段(2021 年 1 月—2021 年 2 月)

提升总结,形成可行性分析报告。

(6)实施第五阶段(2021 年 3 月)

①借鉴我校重视艺体活动为契机,营造大规模展示平台,扩大影响,持续推进学校体育特色发展步伐。

②开展宣传、营造氛围,规划长远发展方案。

③以花样跳绳为主载体丰富校园体育活动,扩展学生活动空间,在校园中为学生创设一个健康、和谐的体育环境,使他们由被动学练向主动学练转变,由教师指定项目向敢于积极主动选择适合自己的锻炼项目转变,推进自我行动下校园体育教育模式。

三、研究成果

(一)认识成果

1.课题的界定

所谓“体育特色学校”是指我校在创建体育特色学校的过程中,学生人人参与体育锻炼,对全体学生的全面发展都有所促进;体育精神逐渐渗透到学校工作的校园(班级)文化建设、教育教学工作及管理、后勤工作及管理等各个方面,从而呈现出独特的体育整体风貌。在我校是指以花样跳绳活动为依托,以校园(班级)文化建设、教育教学后勤工作及管理凸现体育精神为着力点,通过两年左右的时间使学校整体呈现出独特的跳绳活动新风貌。

2.建设

建设即创立新事业,增加新设施。在我校具体指增加校园(班级)文化的新设

施,通过强化体育课质量和花样跳绳活动的开展,并与教育教学工作及管理有机结合,促进学校教育教学质量的提高,促进学校师生精神面貌焕然一新,使学校整体呈现出独特的精神风貌。

3.策略

策略是根据创花样跳绳活动发展的形式而制定的行动方针。学校花样跳绳特色学校建设的总体布局策略是:先创"花样跳绳特色",即形成全体师生人人参与跳绳,人人会跳绳,在竞赛上多出成绩,出好成绩);再创"花样跳绳特色学校",即将跳绳运动辐射到学校教育教学等方面的工作及管理中,使学校整体呈现出独特的精神风貌。

(二)技术成果

在反复的实践、反思、论证、改进过程中,我校的"花样跳绳"活动得到了有效开展,并形成了自身特色,下面是我们的一些做法:

(1)群策群力,营造和谐氛围。

为了解决体育教师短缺,保障花样跳绳活动的顺利开展,我积极跟校领导沟通,结合我校实际情况制定了《花样跳绳活动对班主工作的考核要点》,让活动、竞赛与班主任工作考核直接挂钩,体育教师定期通过理论讲座、观看视频等手段给班主任进行花样跳绳运动专业培训,经过长时间的教学实践,可以说现在的班主任们个个精通跳绳、爱好跳绳,形成了后明庄学校的一大特色,各班班主任每天课余时间都自觉组织本班学生进行花样跳绳活动并积极参与其中。实践证明,这样既提高了班主任对体育活动的重视、保证了学生的活动时间,也提高了学生的参与率,并为大力开展花样跳绳运动提供了强有力的保证。

(2)实践探究,制定评价方法。

我校花样跳绳的开始时只有简单基本技术动作并脚跳、单脚交换跳、编花跳、双摇跳等,后来通过这些基本动作逐渐创编了编花双摇跳、二带一、八字绳、三顶一、双环跳、和绳中绳等多个组合项目。学生练习主要是采用先集中后分散的练习形式,制定了操作性较强的集体展示评价体系。

(3)因材施教,普及花样跳绳运动。

如何普及、高效地进行花样跳绳运动的教学,一直以来是各校比较困惑的难题。经过我校的教学实践,我也深刻地认识到,要解决好教学中的各种难题需要用机动灵活的方法去应对,仅靠教师的满腔热情是不够的,要了解学生、因势利导、投其所好,根据学生的年龄特点选择合理的教学方法,来激发学生的学习兴趣和练习热情;还要取得其他教师的通力合作,创设一种和谐的教学氛围,这样才能在较短的时间内取得最佳的教学效果,达到甚至超越预期目标。

首先,学生是学习的主体,针对不同年级不同层次学生的自身特点,在教花样跳绳时,老师要求全体同学必须大声喊出自己跳的数量,以提高学生的注意力;并要求随着音乐节奏进行练习,我还在教学中穿插了一些自编的绳操来调动学生的兴趣,同学们学习积极性很高,很快掌握了动作。

再则,根据学生的身心发展特点,让学生观察各种花样跳绳的教学录像(如录制本校学生的花样跳绳动作,起到榜样示范作用,激发学生的练习热情),根据学生喜欢模仿的特点,让学生从视觉上建立运动动作的表象,学生反复模仿视频里的示范动作,从动作的连贯性到规范性都有了明显提高,课间的时候主动要求放花样跳绳视频进行学练,大大超出了预想的教学效果。

(4)开展竞赛,促进活动质量。

为了提高学生参加花样跳绳活动的积极性,让学生掌握多种跳法,提高跳绳质量。每学期,我们都组织师生花样跳绳对抗赛。每个组别根据年龄特点、跳绳的难易程度设置不同项目的比赛。全体师生根据自己的喜好都有了自己一展身手的机会。这些项目繁多的花样跳绳活动,大大调动了师生参与的运动兴趣,使学生在短时间内提高自己花样跳绳水平上起到了极大地促进作用。

(三)实践成果

(1)教师的变化。

课题研究,不仅使教师整体素质得到提升,教师的教学机智更加灵活,而且在全校形成良好的科研氛围,使参与研究教师(尤其是主研人员)的科研水平大幅提高,促进教师专业化成长。我校现有市级骨干教师 2 人,县级骨干教师 8 人。这些教师现已成为学校(乃至县内)各学科教学的中流砥柱。

教师教学行为发生了变化。由于教师教学观念的转变,直接影响其教学行为的改变。教师在教学中注重依法执教,自觉遵守学校规章制度,规范自己的教学行

为;注重团结协作,在教学研究中相互取长补短,在集体备课中实现资源共享;注重不断学习,提升素质,向专家型教师发展。

(2)学生的变化。

两年多来,学生不仅行为习惯发生了明显变化:能自觉遵守中小学生守则和各类规章制度,校园内不乱追逐打玩,人手一根绳,学生的身体素质得到了明显提升,体质健康达标率逐年上升,学生体质健康数据显示,我校学生的平均成绩均高于其他同类学校 5 个百分点以上。

(3)学校的变化。

在我校形成以“花样跳绳”作为学校阳光体育活动特色项目以后,学生体质健康达标率逐年提高,课堂教学效率有所提升,“花样跳绳”项目也成为了我校一个对外的窗口, 对周边学校进行了有效辐射,2020 年 10 月静海区教育局在我校召开了跳绳特色展示活动, 全县体育教师及体卫主任共计 200 余人观摩了本次活动,把花样跳绳运动进行了推广。

(4)思考。

学校整体呈现出独特的体育风貌,并不是一朝一夕的事,尤其是要将“花样跳绳”活动辐射到教育教学工作中,有一个逐渐积累、内化、外显的过程。并且,由于实验研究时间较短,部分学生未真正了解跳绳的魅力,当领悟跳绳真谛的时候,又步入高中的学校将面临新的养成训练,未能形成一体化的训练体系。在此情况下,我们只有立足于学生实际,在“花样跳绳特色学校”氛围的感召下,借助于体育精神的渗透,学生体育核心素养的养成,强化学生行为习惯、学习习惯的养成教育,让不断更新的学生提高综合素养。

四、结束语

根据当前教育改革发展的趋势、学校发展及学生自身素质提升的需要,课题组用三年多的时间对“创花样跳绳特色学校”进行了全面系统的研究,先后经历了酝酿准备、探索实验、创特色活动和创活动特色四个阶段,摸索出了创花样跳绳特色学校的一些方法,形成了后明庄学校花样跳绳特色等技术成果和提高教师教学教研科研能力，促进学生自我管理、自主学习，提高学校教学质量等实践成果。

我校两年来，脚踏实地地开展学校花样跳绳工作，并把活动作为学校的发展特色之一，逐步形成了鲜明的办学特色。通过开展花样跳绳特色建设的研究，培养了优秀的体育后备人才，推动了学校群众性体育活动的开展，促进了我校教育教学的改革与发展。

参考文献

[1]夏青.特色体育及阳光体育研究[M].北京：北京体育大学出版社，2012.

[2]张永茂.跳绳运动对青少年心肺功能影响的实验研究[D].成都：成都体育学院，2014.

[3]贺群.荆门市城区小学花样跳绳运动开展现状及对策研究[D].武汉：华中师范大学，2020.

[4]王健.教育振兴从校园体育开始[M].南京：江苏人民出版社，2018.

[5]谷松.体育运动中青少年心理健康素质培养研究[D].武汉：华中师范大学，2017.

[6]陈瑞生.学校精神的研究[D].上海：华东师范大学，2010.

[7]程明喜.改革开放以来我国中小学教师培训课程价值取向研究[D].长春：东北师范大学，2019.

优化教学设计与实施提高学生体育核心素养

——以《短跑》为例

天津市宝坻区第十一中学　刘彦青

一、研究背景

在当前新课改深入实施的形势下，在体育教育中，教师在重视学生运动能力和运动技巧提高的基础上，还要着力于学生核心素养的培养，使学生能够养成积极乐观的品德意志，并树立终身体育意识。因此，结合团队攻坚大方向和课题组主题，基于体育教材特质精准化，本人结合短跑项目从核心素养概述入手，进一步对体育教学中培养学生核心素养的策略进行了具体的阐述。

二、核心概念的界定

体育核心素养是指自主健身，其核心能力主要包括由运动认知能力、健身实践能力和社会适应能力，体育学科核心素养是对知识与技能、过程与方法、情感态度价值观的整合，是以学生发展素养为核心价值追求。本课题定义的体育学科核心素养主要涵盖了体育与健康课程，对于当代学生由内而外全面健康个体的塑造，是营造健康积极生活方式的关键要素。

三、国内外现状

国外研究表明，核心素养就是对学生终身发展有益的 DNA，只有找到人发展的“核心素养体系”，才能给学生的基础教育打下坚实的基础。2014 年，我国教育部顺应时代的发展，教育的发展，首次在《关于全面深化课程改革落实立德树人根本任务的意见》中提出研制与构建“各学段学生发展核心素养体系”。自此，“核心素养”作为深化基础教育课程改革的关键要素，正式在我国提出，实为落实教育立德树人的根本任务。体育素养就是学生通过体育学习而获得的体育知识、技能、方法与观念，体育核心素养的培养是未来促进基础教育模式的转型，从重视知识体系的科学性和系统性转向重视核心能力和体育素养的养成，由重视学生知识结构与能力转向重视学生全面发展。

四、理论依据

在研究大量文献的基础上，了解当前中学体育与健康课程的实施情况，参照构建中学生核心素养的大背景，结合短跑具体教学实际情况，阐述体育核心素养的内涵，分析体育核心素养的价值，探寻核心素养背景下的中学体育与健康课程有效实施之道。体育核心素养要在学生的身上扎根发芽，必须以教学的设计为抓手，使单元教学设计和课时教学设计之间有效衔接，在设计中充分落实体育核心素养的精神，学生体育核心素养是否能真正提高，关键看教学设计内容是否能在体育课堂中落实。教学设计是实施体育课程改革的基础条件，教学设计的实施是体育核心素养落实和发展的主要途径，是培养学生运动技能、健康行为、体育道德品质有效的舞台。

五、研究目标

核心素养重点关注的是新时代、新社会环境所要求的基本素养教育问题。它在素质教育强调培养人的全面发展的基础之上重点突出了适应社会必需的核心要求。

体育教师对体育核心素养的深入认识和理解，要把握国家体育与健康课程改革重要的教育方针和教育的方向，把立德树人和学生全面发展作为体育核心素养研究最终目标。体育核心素养在教学设计中如何渗透，教学设计是实施体育核心素养的指挥棒。通过设计让体育教师抓住体育核心素养和教学设计之间的内在联系，从中探究体育核心素养在教学设计不同环节的策略和实施方法。实施课程教学是检验教学设计成败的有效平台，可以从中发现创新点和问题所在，探究教学设计内容改革的新举措和培养学生体育核心素养的策略。

六、研究内容

(1)优化短跑单元教学设计，落实体育核心素养的教学目标。

(2)优化短跑课时教学设计，围绕体育核心素养为核心。

(3)通过短跑课堂实践检验体育核心素养是否在教学过程有效的落实，课堂有哪些变化，教师与学生之间互动效果，学生学习主观能动性以及学生内在情感是否得到升华等。

七、研究方法

(1)文献借鉴法。回顾与本人研究相关的基础理论和应用理论数据，及时分析和组织,丰富相应的理论基础,提高教师自身的理论素养,促进研究的深化。

(2)个人实践法。通过途中跑课堂实录,继续探索和反思教学实践,及时写教学笔记,反思,经验总结,论文等,并在适当的时候在研究小组进行沟通。

(3)经验总结法。及时总结实验经验和教训,修改、补充和完善操作措施,努力将存在问题解决,将好的教学方法形成文字总结。

八、预计创新点

(1)教学设计与实施成为落实体育核心素养有效的途径,教学设计要有灵魂,实施要有生成转化功能,评价体系要有促进和提升效能。

(2)构建教学设计评价体系和课堂教学评价体系。运用评价手段检验体育核心素养落实的情况,

(3)运用科研引领课程教学的改革,没有实践的针对性研究就不能对体育核心素养有更深刻的理解。因为体育教师是实施体育核心素养执行者、导航者,肩负者国家教育的未来。

(4)学生存在差异性,运用体育核心素养发展观,为差异性的学生量身制定有效的"良方妙药",探究体育核心素养下分层教学促进自主发展研究。

九、研究思路与步骤

(一)研究思路

(1)设计体育核心素养下的短跑途中跑教学设计,教学设计中反映出体育核心素养的内容(运动技能、健康行为、体育道德品质),每个环节设计目的必须结合体育核心素养内涵进行构思。

(2)提高设计的研究能力,对待中期的问题进行多次研讨交流,集思广益,教学设计能体现出体育核心素养的亮点,注重教学设计的科学性、合理性、可行性、

发展性。

(3)教学设计成效需要教师根据设计的思路和体育核心素养理念进行课堂实践,检验设计的成效,如:学生学习能力变化、技术学习变化、情感表现、学生的参与度等运用体育核心素养的评价体系给予准确评定。

(4)以课堂实录方式对学生课堂表现给予准确评定,查找教学设计与实施之间内在联系和存在的问题, 同时研究在教学中成功方面以及需要改进的策略,让体育核心素养真正在学生身上发生变化,通过体育核心素养下的课程改革落实立德树人的教育方针。

(二)研究步骤

(1)第一阶段——结合核心素养进行短跑教学设计,研究体育核心素养下教学设计评价体系,根据评价的体系评价教学设计情况,提高在教学设计中渗透体育核心素养的培养。

(2)第二阶段——结合优化的短跑教学设计进行实践的课堂教学,把设计的言语艺术转化行动艺术。运用实践行动来检验教学设计科学性、合理性、可行性、发展性、有效性,从中探究体育核心素养与课堂教学之间衔接点,渗透体育核心素养的教学策略和方法以及教学方法创新研究。

(3)第三阶段——根据课堂实录,研究体育核心素养的落实情况,课堂实录作为媒介与学员之间进行分享,研究制定出评价课堂教学评价的体系,来判断在课堂教学中渗透体育核心素养的成效,同时对课堂教学实录给予点评。

(4)总结阶段——全面总结课题研究成果,形成文字性材料。

十、研究成果

通过为期一年的教学研究,本人完成了以下研究成果。

1.核心素养视野下的短跑单元教学计划的设计与实施

2.核心素养视野下的《短跑——途中跑》教学设计、课时教案

3.核心素养视野下的《短跑——途中跑》课堂实录

4.《基于体育教材特质精准化，短跑途中跑教学中培养学生的核心素养》市级公开展示

5.研究过程性论文《初中体育教学中如何培养学生的核心素养》

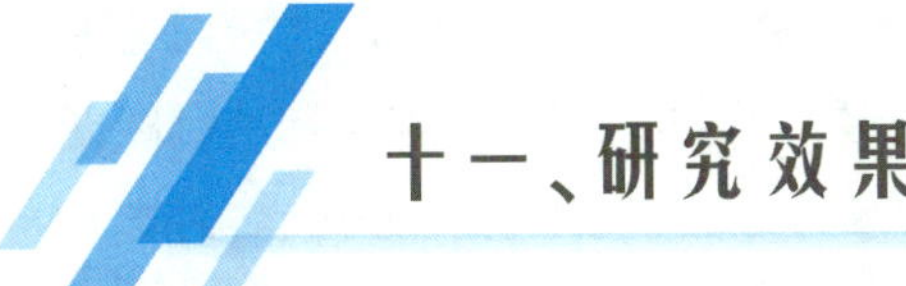

十一、研究效果

(一)核心素养视野下短跑单元计划的设计

1.核心素养视野下的单元教学目标和课次确定

一个体育项目单元计划总目标是通过系列的课次目标的构建，有计划、有层次、有条理的进行。体育项目课次确定需要考虑两个方面，一方面：结合学习体育项目技术技能结构特点和难易程度。另一方面：结合学生的学情考虑(认知水平和体质情况、发展区等因素，有效合理进行弹性单元计划教学设计，一切以学生核心素养发展为中心有效的落实。本单元短跑教学，我共设计了 6 次课完成，从了解快速跑的方法，到通过锻炼让学生学会并更好的完成短跑教学，到最后通过在教学各个环节发展学生各方面的能力，也就是多种核心素养的培养，做到了循序渐进。如：科学体育锻炼是体育学科必须要教会学生的素养，这个因素应从小养成，从低端进行渗透，逐步养成终身锻炼的好习惯。体育品德培养甚至比知识、技能、体能更为重要，需要我们在每个学年、每个学期之中分析，合理地运动技能或体能相结合，让学生在学习运动技术发展体能的同时发展这些要素，依据学生心理发展规律和智力发展特征，不能随意的切分，教师研究不同体育项目的精准化的特性、精准化内容与体育核心素养内容建立内在联系，做到教学的实效性。真正落实单元计划教学设计在学生核心素养的培养构建体系作用。

2.核心素养视野下单元计划的教学重点、难点设定

重点、难点课次内容精准化确定，要具有层层铺垫作用、连贯的发展性，只有这样才能把核心素养的内容通过教学内容的重点、难点的具体措施和策略落实到实处，因为重点难点的精准确定与多种因素有关，学生体质、认知水平、学生创新

的思维、学生心理水平以及本身体育项目的结构特点分不开的。只有充分全面考虑，才能设计出高水平单元计划的重点、难点。

3.核心素养视野下单元计划的教法和学法的选择

单元计划中不同课次的教法和学法的选择必须根据所学体育教材内容和学生学习能力水平综合选择，因为跑是一向比较枯燥的运动项目它不像篮球、足球等项目具有载体，因此在不同教学内容选择不同方法，利用各种方式、各种方向的跑，比如变相跑、反应跑、十字接力跑等多种练习方法，注重对学生人性化教学，掌握动作后，利用各种比赛跑，激发学生的热情和参与能力。选择适合的教法和学法有利于拉近师生之间关系，同时对培养体育核心素养具有积极推动催化剂的作用，希望体育教师开发、拓展自己的现代化设备优势，为体育教学课堂注入现代化的信息，使学生主动、有意的目的学习，从多个角度综合培养学生体育核心素养，跟随现代化时代的教学改革的步伐，勇于创新、勇于尝试、勇于拓展的教学先进理念。

(二)优化短跑途中跑课时的教学设计、在教案中渗透核心素养的教学内容

优化教学设计和课时计划是达成教学目标、任务的关键，教学设计反映出教师设计的理念和构建的想法、目的，蕴涵着教学的内涵和教学思维，预设结构、假想问题是否能变成现实，起到课堂教学指挥棒的作用。

1.目标定位精准；为学生指明学练方向

在研究过程中，我以短跑途中跑为例，结合核心素养下三维目标的内容的内在联系，构建落实的目标，为学生学练的发展的过程的目标达成，具有可操作、发展性、前瞻性、创新性的不同小阶段目标，让学生通过主动思考、探究解决良策、主动参与学练，经过一段时间的努力学练，在学习收获、精神状态和心情得以调节，有利于学生身心健康的发展。

课堂教学是检验核心素养落实有效载体。

首先，在途中跑课前我做了精心准备，提前布置好场地器材，给学生创造良好的学习氛围。我准备了绳梯、环形拉力带、跳绳、重力环四种教具，孩子们看见这些东西心里就会想，这是干什么用的呢？我们这节课要怎样利用这些器材呢？这就调

动了学生好奇心，加上老师积极地引导，这样能够激发学生的学习兴趣，带着一种期待的心情，使其较快地进入学习状态。

其次针对初中生的年龄特点，利用他们对明星偶像的崇拜心理，在本课的开始部分，让学生们观看博尔特等奥运名将的比赛视频，我一打开视频，学生们就沸腾了，我趁机询问，知道是谁吗？学生们说“博尔特”，我问：“跑得帅不帅？”“帅呆了！”学生们异口同声，就着他们的热情，我继续问：“想不想像他们一样？”“想！”我说，那么接下来，我们大家一定要认真地跟老师学，争取像我们的偶像一样，跑出飞一般的速度。学生们的学习热情和积极性一下子就被我给调动起来了，所以接下来的课程进行的非常顺利，他们想象着自己像奥运冠军一样，在操场上驰骋，不但学习了教学技能，在情感上也是愉悦的。还可以利用大屏幕播放正确和错误动作对比，慢镜回放，化抽象为具体，引导学生观察和思考，为学生营造了比较好的情境和体验，培养了学习的兴趣。

在途中跑技术教学的学练环节，为了让学生更加直观的观看自己的动作和同学的动作，并方便于对比，我在学生练习的过程中，找了四名小组长，分别对自己本组成员动作进行摄录。在第二轮的练习中，又换了四名同学摄录，录完以后，由小组长组织本组同学观看各位同学的动作和自己的动作，互相纠正错误动作，并从本组同学中找出跑步姿势最“帅”的同学，给大家展示。通过这样的操作，真正的把课堂交给了学生，让他们成为了课堂的主人。

学习完技术动作以后，我没有安排学生一次又一次的枯燥的跑步练习，针对本节课的教学重点和学生在练习中存在的问题，加强摆臂和摆腿的练习，将学生分成四个小组，分别练习四个内容：①高抬腿跳绳梯；②环形拉力带对抗跑；③负重摆臂练习；④高抬腿跳绳。刚刚分完小组，还没等我布置完任务，就有同学提出抗议：“老师，我要练习那个拉力带！”我一下子就笑了，“看你这个急脾气，老师都还没说完，都有机会的，咱们四个小组顺时针轮换，每个项目练习两分钟！”这下子学生们都高兴了，有些不满意项目，没敢吱声的同学也高兴了，都想体验一把不同的运动体验。所以我们体育教师在教学中要开动脑筋，多安排些学生们感兴趣的内容来激发学生的学习兴趣，为终身体育打下良好的基础。

在放松环节，运用动作优美的拉长操并配合轻音乐来给学生放松。同样提醒学生要注意头部动作、眼神和身体的感觉，保持一种美感，还要有柔软的感觉，并

通过优美的动作展示，激发学生在做动作时保持身体的优美姿态，体验动作的美感。让学生感受到动作的优美，享受体育之优美。

由以上可以看出，在这一节课的每一个环节，都对学生不同方面的核心素养进行了培养和渗透，通过课堂这个载体，很好地对学生核心素养进行了培养。

十二、问题与展望

(1)加强体育教师核心素养改革的培训力度，能根据不同学段学生的实际准确定位学生核心素养的发展精准化的目标。

(2)根据教材的特性优化构建系统性、完整性、发展性、创新性的不同体育教材的核心素养下的单元计划。

(3)探究核心素养的内容与体育教学内容建立内在联系，做到有针对性、有持续性、有拓展性。

(4)利用多媒体与体育教学内容的整合，拓展学生学练的途径，调动学生主动参与学练，改变学生学习的方式，有利于学生自主、合作探究学习。

(5)加大学校体育核心素养知识、文化、精神等不同层面的宣传力度。

参考文献

[1]李忠宏.如何培养学生的体育学科核心素养[J].新教育时代电子杂志(教师版)，2017(34)：85.

[2]李强.中国体育与健康课程中的核心素养培养研究[D].济南：山东师范大学，2018.

[3]廖永娟，曹庆荣.如何在教学中落实体育核心素养[J].体育科技文献通报，2017，25(12)：120-121.

核心素养视野下，探析排球教学精准化的实践与策略的研究

天津市新华中学　柴海晶

摘　要：排球教学要以其核心素养为基础和导向，排球运动能力作为该项目核心素养的重要和基本因素，因此排球教学的首要目标就是发展学生的排球运动能力。为了加强学生排球运动能力的教学，就要打好排球基本技术的基础，抓好重要技术的细节教学，创新教学方式以改变比赛的新法则，从而提升学生排球教学技术、技能和比赛运动水平。

关键词：排球　核心素养　教学实践

处于初中阶段学生的特点是其对学习的有意性和自觉性有了一定的提高，特别是由于自主能力的增强而不希望过份地依赖教师，学生往往希望有更多自主、自由的空间。从小学升入到初中，运动能力不强，很多同学没有接触过排球运动，排球基础较差。对于初学者具有一定的难度，特别是学生处在发育成长阶段，心理因素处于不稳定阶段，自我控制的能力不够，会造成运动损伤，个别女生想练而不敢，见球就躲，表现出对排球运动的恐惧心理。因此在教学中应充分运用各种精准化的教学形式与手段，来提高学生的求知欲望与兴趣，并高度重视学生的身心健康。在学生的锻炼过程中时时处处注重核心素养的养成，还可以利用好体育课堂对学生进行“女排精神”的教育，可以高效地促进学生思政素养的提升。

一、行之有道，探析中学生排球教学的新途径

(一)抓基础，稳步推进

在排球教学中，首先要抓排球运动的基本技术教学，只有让学生把排球运动的基础打好，才能实现学生排球技战术水平的稳步提升，增强学生进行排球运动的兴趣和激情，能够通过排球运动达到锻炼身体和发展身心健康的目标。

发球、垫球、传球、扣球等是排球的基本技术。这些基础动作不能熟练掌握，上述的运转就不能完成。例如，排球的发球技术就包括下手发球、上手大力发球、上手飘球、侧面下手发球、勾手大力发球、勾手飘球、高吊球、跳发球等。首先，要让学生学习最简单的发球技术——下手发球。在教学过程中，要抓住准备姿势、抛球、挥臂和击球这四个环节。让学生反复练习，直到能够协调、准确地完成下手发球，再进行其他发球技术的学习。否则，下手发球掌握不好，就开始学习跳发球，那么学生的发球技术就不能牢固掌握，造成发球失误率高。因此，在排球教学中首先要抓排球运动的球感、发球、垫球、扣球等基础技术，才能促进学生排球技战术水平的稳步提升。

教学过程中，利用《夺冠》影片提高学生练习排球的兴趣，引入“女排精神”“中国精神”，并告诉学生没有轻易取得的成绩，任何成绩的取得都要付出一定的努力，勇敢拼搏。女排队员靠着不服输的拼劲再次重回巅峰，打出了中国人的精气神和自信心，激励着一代代人朝着更高的目标前进。教师还可以对学生进行分组，在分组时每队都应该分配水平不尽相同的同学，从而使练习时能够进行小组内的互助学习，共同提高排球技能和身体素质水平，一起去解决和完成体育运动中的任务。在练习中同学们进行分工，同学之间彼此的合作与努力，培养良好的团队意识和协作能力。在小组内的一次次反复练习和同学们之间相互配合中，互相交流提醒，关注队友尊重同伴，表现出积极向上、乐观开朗的人生态度。

(二)讲科学,适应机能

科学训练是指依据运动训练过程中的客观规律并按照具体的运动训练理论知识指导运动者进行训练的过程。科学训练是运动者运动技能水平高效提升的重要保证。在排球教学过程中应该遵循排球技术动作发展的客观规律,紧密结合排球运动与技术的理论知识,并结合学生的学习水平和条件,灵活调整训练和教学的方法与内容,才能保证学生能够顺利和牢固地掌握排球运动技术。因此,在排球教学中,要进行科学训练,有效结合学生的心理、生理、身体机能等特点,科学合理安排教学训练。

例如,排球"扣球"的教学过程中,首先要根据扣球动作技术的理论把扣球动作分解为助跑、起跳、空中击球、落地四个环节,然后结合击球点来确定助跑的起点、速度、方向,根据球的高度确定起跳的高度,在完成击球后随即落地缓冲。其中空中击球环节是最难掌握的,这应用到了体育运动学"鞭打"的理论,即在人体运动中,鞭打动作形式主要目的是使末端环节(手或手持的器械)产生尽可能大的速度或动量。根据这个理论给学生解释扣球动作起跳后为什么要依次连贯做出侧身、曲肘引肩、转髋发力、顺肩推肘、伸直臂甩手这一系列动作。同时,要紧密结合学生的身体技能水平来确定抛球的高度、速度等等,使学生的身体机能与练习动作高度适应,才能让学生准确、科学地掌握技术动作。通过讲科学对技术掌握的帮助已经明确,对学生认知和思维帮助简单加以陈述,起到归因作用。在扣球的教学中可以利用多媒体,在观看技术动作时,使学生更直观地了解练习内容和技术动作的特点,学生学习的兴趣更加浓厚。

(三)相交叉,多元整合

排球技术的学习是为了让练习者具备进行比赛的能力,使练习者在排球运动过程中能够根据场上的形势和具体情况采取合理的动作技术,实现比赛的持续性和得分的目的。因此,排球运动过程中不是单个技术动作的运用,而需要场上对抗的双方队员综合运用各种技术动作。这就需要在排球课堂教学过程中,让学生进行多种技术交叉训练,使学生能够灵活运用各种技术动作,才能实现排球比赛过程中排球运行的多回合和持续性,最终得分,同时提高比赛的观赏性,传承排球体育文化素养。

例如，排球在对方队员完成发球后，本方队员首先要进行第一次触球，由于对方发球的不确定性，这一次触球也叫防守或者一传，接球队员就要通过观察、移动、调整身体姿态等一系列动作才能完成击球，使球的运行向有利于进攻的方向发展。而在排球的基本技能训练的过程中，往往进行单个动作练习如双手垫球，这种不与比赛相结合的单个技术训练不利于学生运动能力的提升。所以，在训练的过程中应该单个技术动作与其他技术相结合以模拟比赛的实际情况，把垫球与侧向、前后移动的步法技术相结合起来，把扣球与垫球相结合，把垫球与二传相结合等等。因此，排球的教学要遵循多种技术动作相交叉的原则，使学生的多种技术可以有效地整合，同时培养学生判断能力、整合能力、解决问题的能力。

二、强化细节，探析中学生排球教学的关键

（一）发球，配合手腕手掌

发球是排球运动开始的动作技术，发球的目的就是让对方球员不能有效地完成一传，从而破坏对方的进攻，并使本队得分。根据发球的方式和效果可以分为下手发球、上手大力发球、上手飘球、侧面下手发球、勾手大力发球、勾手飘球、高吊球、跳发球等。无论是哪种发球技术，都包括准备姿势、抛球、挥臂和击球环节。通过教学和训练让学生掌握发球技术使其能够成功发球比较容易，但是想要发出攻击性强的球却不易，这就需要学生的发球非常具有精准度和目标性，而达到这个发球的水平必须注重训练学生的发球动作的细节。

在学生能够掌握各种发球技术之后，就要训练学生发球的精准度，如旋转速度、飞行速度和轨迹、精准落点等，实现这些精准的发球，就需要学生精细的发球动作。在教学过程中，应该让学生从体会手的击球部位、击球一瞬间手腕的发力方式以及击球的时机等练习中观察排球的运动方式，从而有目的地选择发球的方式。如：想发下旋球就下压腕关节，并且用整个手掌和手指裹球；想发飘球就用手

掌拍击球的后部而手腕却不能发力。而每一种发球的练习要持续长时间反复练习,直到学生能够精准把握自己发球的细节动作,再配合发球时身体躯干和肢体的发力大小和速度等因素,有效提升学生的发球能力。因此,在排球发球教学过程中,应该注重发球技术的细节教学,只有肢体动作精细才能保证运动达到指哪打哪的效果。

(二)垫球,控制弧度方向

排球的垫球技术是用前臂从排球的下部击球的技术动作。在排球运动中用以接发球、接扣球和接拦回球等,也是重要的后排防守技术,更是组织反攻战术的技术基础。垫球包括正面双手垫球、侧面双手垫球、低姿势垫球、跨步垫球、鱼跃垫球等。无论哪种垫球技术动作,都是针对来球的速度、方向、高度等因素做出动作使排球发生反弹。垫球效果的好坏,直接影响到本队组织进攻进行反击的成功率。因此,只有提高学生的垫球技术和能力,才能为排球运动中实现组织进攻打好基础。

一般来说,由于来球的速度比较快,垫球时要充分利用球来的速度,双臂或者单臂做出直臂垫球的动作,并且充分利用下肢的蹬地力量,做到垫传稳、准。这就要求垫球队员把握好垫球的力度和方向,使出球的弧度和方向符合预设效果。在教学中应该抓学生垫球的细节训练,如先进行"定点定向"练习,学生站在一个固定点,然后给学生喂球并让学生将球垫传至某一位置。然后再进行"动点定向"练习,学生根据来球的情况选择位置,并且将球垫传至指定位置。通过这样的细节训练,就能够帮助学生把握垫球的力度和方向,使球朝着学生预设的轨迹和方向运行。因此,在排球的垫球教学过程中,应该强化学生垫球稳定性的训练,通过多种练习强化垫球后出球弧度和方向的精准度,同时加强学生灵敏素质、速度素质等练习以及判断能力的培养。

(三)传球,加强移动选位

排球的传球技术是以手指成半球状击球,手指对球的控制面积较大,容易把握出球的方向,传球变化灵活且准确性高。传球技术主要用于二传,为最后的扣球得分创造绝佳的条件。传球技术分为正面双手上手传球、背传球、跳传球等等。在传球过程中不但要把球稳定、准确地调整起来,便于本方队员扣球,而且还要根据

场上情况灵活巧妙运用隐蔽动作迷惑对方球员，造成其防守漏洞增加本方得分的几率。因此，传球队员必须做到传递精准，还要具有相当强的观察和调整能力，这就需要传球队员传球技术娴熟高超。

传球能够精准到位，需要传球队员根据一传传球的效果，做出精准的选位和快速的位移，并且高度结合自身传球的技术和手法。在排球教学过程中，学生熟练准确地掌握传球的动作技术之后，就要训练其传球能力，开始进行模拟比赛的特定传球训练。可以在场地某位置设置一个类似篮筐一样的圆圈，可以稍大一点，让学生将球传起来后落入圈中，开始可以定点传球，然后增加难度进行动点传球，通过变化来球的速度或者高度等因素，让学生在反复练习中逐渐能够精准选位和快速位移，最终提升传球的合理性和精准度。因此，排球教学中的传球训练，要抓传球适应性的训练细节，帮助学生具备受迫性传球的能力，提升学生的传球水平。

三、新解规则，拓展中学生排球教学比赛新思路

（一）间接法，增加趣味性

比赛是促进学生热爱一项运动最好的方式，因为比赛是一项运动开展和人们参与的高级形式。人们在比赛中可以体会到团队协作与赢得比赛的乐趣和成就感。但是对于一些技术水平并不高的人群来说，严格按照比赛规则的约束进行比赛的话，有可能比赛过程中出现失误的情况，不利于比赛的流畅性，人们参与的兴趣与热情就会打折扣。这就需要适当地放宽规则要求，有利于减少比赛过程的中断，激发参与者的比赛兴趣。

例如，在排球教学中进行教学比赛，由于学生刚学不久等原因，学生不具备较高的排球运动能力，在接发球或者传球的过程中会出现一些失误，造成排球落地。按照比赛规则只要排球落地后就意味着比赛中断和失分。那么，为了让学生在比赛中体验多回合的进攻与防守的乐趣，就需要适当降低规则要求，如每队在一回

合中最多出现一次排球落地的情况，在排球落地弹起再次落地之前能够救球并符合三次触球后球到对方半场内的要求，比赛就可以继续。比赛就能够延续更久一些，学生的兴趣会更浓厚。因此，在教学比赛中可以灵活运用规则。

（二）不公平法，提升激烈性

在排球教学比赛中，当双方实力悬殊造成比分一边倒的局面时，弱者失去竞争的积极性，强者也觉得乏味，造成比赛不精彩，也不能有效地激发学生的运动激情，那么学生的锻炼效果就大打折扣。因此，为了激发学生进行排球运动的积极性，可以适当地改变一下比赛规则，以增强双方的得分兴趣，提升比赛的激烈程度。

例如，在排球教学中进行分组对抗比赛，随机分组后，两组之间展开了比赛。但是，比了一段时间后，发现比赛双方实力差距悬殊，一方大比分领先，这时出现了双方比赛兴趣不浓厚的情况，为了让双方继续兴趣浓厚地完成比赛，教师可以改变比赛规则，如可以让弱队的发球直接得分时得 2 分，强队发球失误就要扣除 2 分，这样，就能够让弱队重新燃起希望进而继续激烈地进行角逐。因此，在教学比赛中为了激发双方的激情，可以适当改变比赛的公平性。

（三）人数不等法，调动积极性

排球是对抗的双方各六个队员在场上进行比赛。对于运动水平不高的人群来说，接发球或传球成功率是不好把控的，经常会出现发球直接得分和传球失误而失分的情况，中断了比赛，降低了比赛的观赏性和体验性，不利于学生激情参与。为了提升比赛的回合数，提升比赛的激情，可以让比较弱的一方多一人进行比赛。

在较弱的一方多加一人，这方的队员在场上的站位就更稠密一些，这样就减少了该队队员跑动接球的距离，提升了传起球的有效率，能够使双方的比赛延续更多的回合，弱队队员也不会因为老是接不住球或者传不好球而懊恼，较强的一方也能够进行多回合的进攻与防守，双方的对抗比赛的快乐和有趣的体验就更加强烈。因此，在排球教学比赛中可以合理地改变一方的比赛人数，调动双方热情比赛的积极性。

综上所述，排球在教学中，应该遵循抓牢动作技术的基础、讲究科学教学与训练、多种技能方法相交叉等训练的原则；通过强化发球、垫球和传球的细节教学提升学生的排球技术水平；合理和灵活运用新的规则激发学生的排球比赛的兴趣和

激情，创新的精准化排球教育教学的改变，才能有针对性的落实中学生体育核心素养的落实，同时提升学生的排球运动能力，为学生从事排球运动的终身锻炼打好基础，促进其身心健康全面发展。

参考文献

[1]汤慧亮.基于核心素养“目标设置”在排球垫球教学实践探究[J].文体用品与科技，2019(11)：122-123.

[2]陈天奕.基于学科核心素养的高中排球专项化教学实践研究[J].现代教学，2020(19)：7-8.

[3]彭玲琳，李成明.基于核心素养的教学实施报告——以排球正面双手垫球教学为例[J].体育世界(学术版)，2020(02)：108-109.

[4]尚力沛，程传银.基于发展学生核心素养的体育单元教学设计[J].体育学刊，2018，25(01)：98-103.

浅析三形态四分段校园足球训练课中的教练员执教策略

天津市西青区杨柳青第四中学　谢立华

摘　要：受国家选派“2016年校园足球教练员赴法留学项目”，2016年赴法国进行校园足球专项学习，期间发现校园青少年足球的训练理念、训练手段、教练员的策略确有独到之处，并且与本人多年校园足球改革试验有很多相似之处，结合近20年的校园足球教育教学实践经验（其中2012年开始至今已进行8年的校园足球教育教学创新实验），经过探索思考与教学策略整合已初步形成立足校园为本—融合资源建立区域联盟的格局；足球课普及—学生社团个性发展—学校代表队技术提升的梯级发展；课内普及—课外提升—定期区域交流的模式。其中比较核心的是探索研究新形势下校园足球训练课教学模式、教学结构及课中的教练员执教策略的优化。

校园足球训练课中通过实践较普遍且多采用三种教学模式课的方法进行针对性训练：即执行教学模式、战术决策教学模式、自我适应教学模式。

一堂常态足球课，一般情况下教学结构主要是确定一个主题，采用三种形态（技术练习、情景模拟、游戏对抗），分成四段教学来进行，例如：根据情景与训练需要设定一个主题，一堂课先从热身游戏开始，从比赛中发现问题，根据问题设置技术练习和情景模拟，练习过程中提出不同的限制条件，使训练由易到难，层层推进。在情景训练中培养队员分析问题、解决问题的能力，培养队员阅读比赛的能力，最后对抗游戏再回归比赛，所有训练

内容来源于比赛并为比赛服务,课的结束以开放性的评价形式由师生共同完成此节课的小结。

在教学课堂上所有教学资源与教学手段始终是围绕着学生而发生的。内容要符合学生的年龄特点,教学方法要便于学生思维的发展,结构要以实效为目的,所有都要按学生的发展规律一步步循序渐进,在充满耐心的前提下从细节潜移默化的进行教育教学过程。

在三形态四分段的校园足球训练课中教练员的执教行为(执教方法、执教流程、执教规范等)直接决定了校园足球的健康与可持续发展。教练员具体的规范和要求包括:课前准备—课的介绍—课的组织与实施—课后总结。

关键词:校园足球　训练课　执教策略

结合个人教学与国外学习提升经验,通过梳理、实践校园足球训练课,整理成此文。在理念与理论上主要借鉴了认知学习理论与行为学习理论的观点,基于对学习理论与足球项目规律的认识,设计而成校园足球训练课教学模式,根据训练课的顺序与各环节的特点分别将其定义为热身对抗环节、协调性练习环节(低年龄段)、情境训练环节、技术训练环节以及结束对抗环节。

在情景、练习、游戏三种教学形态中,教练根据训练主题设置变量、提出限制性条件,并让球员适应这些变量与限制条件,为球员提供一个发现问题并试图解决问题的环境,运用指导性教学法与积极性教学法完成对学生的知识与技能的教授。

在教学课堂上所有教学资源与教学手段始终是围绕着学生而发生的。内容要符合学生的年龄特点,教学方法要便于学生思维的发展,结构要以实效为目的,所有都要按学生的发展规律一步步循序渐进,在充满耐心的前提下从细节潜移默化的进行教育教学过程。

一、理论基础

校园足球训练课应该注重对教学和理论学习的运用。各层次、级别的教练员均需要主动或被动的进行理论学习或系统培训。理论学习并不是告诉教练员如何去训练自己的队员,而是借助于理论学习的一些原理指导队员如何去进行训练。

(一)认知理论

皮亚杰认为每人都是独立的个体,能够思考,他们参与到学习的过程中,并且为他们自己的学习负责,因此这一派学者认为个人有能力去适应环境,从而进行相应的学习,据此理论认为教练是可以通过提问而了解球员大脑里在想什么,这些想法是否正确。与皮亚杰的观点不同,布鲁纳的理论价值在于强调教练与多个球员之间的关系,他可以提问多个球员,球员之间又可以交流,相互学习、这种多元的关系就构成了团队概念。维果茨基提出要非常了解球员,训练要个性化,因为设计的训练超出了球员的能力范围,对于球员来说是不实用的,反之设计的训练太过基础,队员也是没有好处的。所以维果茨基认为作为教练员需要能了解到球员的长处和短处以及能力区间,能够量身定做训练方案并且提出挑战,球员又能够在他们的能力范围内找到方法解决问题。依照上述理论,教练员不仅要能够在球员基础能力到极限能力这个区间内做出合理安排,还要知道如何提问、问什么、通过什么方法帮助球员解决问题。

(二)行为理论

以巴甫洛夫、华生、斯金纳为代表的行为主义心理学理论为足球训练也提供了有价值的参考。行为主义的观点认为教练不可能看到球员脑子里在想什么,因此,球员不能够连续吸收一个整体的东西,我们在授课过程中就会倾向于把整个课程分成很多小块,并且在每个小块都进行非常详细的介绍。学习中的大量重复、反馈和强化就是该理论的体现。

二、校园足球训练课理念

基于对足球项目发展规律的认知与实践研究，根据训练课的不同顺序与各环节的特点分别将其定义为热身游戏环节、协调性练习环节（低年龄段多运用）、情境训练环节、技术练习环节以及游戏对抗环节。对于15岁以上的学员，教练员可以根据实际情况不进行协调性练习环节的设计，但是对于15岁以下的低年龄段的学员，该环节不能缺少。在游戏、情景与对抗游戏环节中主要是由教练根据训练主题设置变量、提出限制性条件，并让球员适应这些变量与限制条件，为球员提供一个可发现问题并试图解决问题的环境。

情境训练是教练员根据训练主题，通过一定的组织形式与限制性条件形成问题情境，让球员在不断的重复练习中，通过交流、适应、协作的方式找到并执行问题的解决方案。

技术练习是将情境训练中存在的问题还原到“技术层面”，通过不断的重复与强化，形成稳定的情景应答模式。

热身游戏环节、情境训练环节、技术练习环节以及游戏对抗环节四个环节有其内在的逻辑关系，其逻辑起点在于通过热身游戏环节提出问题，然后通过情境训练探索解决问题的方案，找到问题的答案，再通过技术练习环节从“技术层面”对问题的解决方案进行强化，最后通过游戏对抗环节检验训练的效果。整个过程基本遵循了“提出问题、分析问题、解决问题、验证效果”的思路。核心思想是将比赛中出现的问题置于模拟情境中，在教练引导下让队员自己思考探寻问题的解决之道。在寻找问题解决方案的过程中强调了队员的主体参与地位，提高了队员对各种情境下的观察信息、分析信息执行决策的能力。

三、教学方法的应用

(一)积极性教学法或开放性教学法

针对上述四个环节,可以通过两种教学方法进行落实,分别为主动教学法与指导性教学法。主动教学法的理论基础为皮亚杰、布鲁纳等人的建构主义,在足球训练中主要通过引导的方式让球员自己寻找问题的解决方案,以培养球员的认知能力、创造性以及思维决策能力。主动教学法又可分为两种,第一种为自我适应性教学法,该方法偏向于让球员进行探索,主要通过规则设计与条件限制将主题情境勾勒出来,以提高球员素质和创造性为原则。该方法主要用于热身对抗与结束对抗环节,在对抗中,教练要明确对抗小目标,向球员传达清楚的行动指令,球员要努力的去适应规则与限制条件,并努力探索问题的解决方案。教练作为设计者不能直接干涉球员的行动,让球员自己去适应各种限制并找到解决方案,但是教练可以通过限制条件进行间接干涉,如时间、空间、触球次数、控球次数、传球方式等。在对抗中或结束后,教练可以"冻结"或还原比赛中的问题片段,并对问题进行描述,通过提问的形式引导球员寻找解决方案,导出训练课的主题。在两个对抗中,尤其是热身对抗,规则与条件限制是关键,只有合理的规则与条件限制才可以清晰的展现出训练主题,才可以提供一个让球员探索问题的环境。第二种为战术决策性教学法,主要用于情境训练环节,该方法偏向于对球员进行引导,强调认知过程的干涉,教练要明确情境训练的大目标与小目标,并向球员传达行动的指令,要直击战略层面,在训练过程中教练可以在前期、中期或末期给予行动建议,以引导球员找到问题的解决方案,在引导过程中,教练要善于提问,通过互动传递行动的建议。

(二)主导性教学法或指导性教学法

指导性教学法主要理论基础为巴甫洛夫等人的行为学习理论,通过对"刺激—应答"的不断重复建立条件反射。该方法主要应用于技术训练环节,属于执行性教

学方法，在练习过程中，教练要明确训练的大目标与小目标，同时告诉球员操作方法，提出行动、姿态或动作规范方面的要求，球员必须完全按照教练的指令去完成技术练习，其要点在于不断的重复，通过重复强化技术。技术训练又可分为分析性技术训练与适应性技术训练，分析性技术训练中，球员的训练必须按照教练的指令，如在脚内侧传地滚球的训练中，要求球员必须使用非优势侧进行传球。适应性技术训练则主要提高球员使用技术的灵活能力，该训练融入了部分球员决策能力的训练，可以让球员自己选择行动方案，如在运球突破时球员既可以选择左晃右拨的方式过人，也可以选择“踩单车”形式，行动方案由自己决定。由于适应性技术训练体现了球员自主性，因此在实际教学过程中主要体现了主动性教学法。

四、校园足球训练课的设计策略与方法

校园足球训练课主要有四个部分（暂不讨论协调性练习），分别为热身对抗、情境训练、技术训练与结束对抗，四个环节的目的各不相同，因此在进行训练课设计时，不同的环节要采用不同的策略与方法。教练首先要确定练习的阶段，是进攻阶段（控球、推进、射门），还是防守阶段（反推进、抢截球、保护球门），然后要对主题的特点进行分析，分析主题内容在比赛中最理想的组织形式应该是什么？要点又是什么？当教练掌握这些内容后就可以着手去设计一堂有效的主题训练课。

校园足球训练课的理念在于启发，通过启发式教学培养球员的认知能力、创造性以及决策能力。如果要实现上述目标则需要对训练课进行合理设计，在进行设计时首先要对主题的特征进行分析，然后基于特征与训练要点去设计四个环节，四个环节要形成一定的逻辑关系，形成环环相扣的整体。在这个过程中需要教练思考规则与限制条件，变量的设置等，通过赋予一定意义使训练接近正式比赛，以提高球员比赛中的运动表现。

五、教学模式

校园足球训练课中较普遍采用三种教学模式课的方法进行针对性训练：执行教学模式，战术决策教学模式，自我适应教学模式。

（一）执行教学模式

执行教学模式是指教练员让队员按照规定的要求完成练习内容，让队员在无对抗或有对抗的情况下反复进行练习，教练员在练习中要提出对训练内容的具体规范要求，告诉技术和战术的一些解决方案，例如：按照何种技术标准完成接球与传球、如何脚步移动、身体的姿态达到何种角度等，是一种对技术和战术的强化训练，通过训练使球员技术和战术更加稳定。这种训练方法重在规范化的动作重复，是一种强化动力定型的练习方式，通过大量重复技术与战术训练来提高队员对技、战术掌握的熟练程度。

（二）战术决策教学模式

战术决策教学模式是在情景模拟教学训练时使用，在对抗人数不等的情况下进行，将情景设置的目的和动作指令告诉队员，多为让队员重复进行训练，教练员可以给出建设性意见与队员互动，增强队员对不同情景的适应能力。这种训练方法可以节省时间，是一种比较有效率的训练方式。

（三）自我适应教学模式

自我适应教学模式是教练员在热身游戏与对抗游戏部分经常采用的一种教学方法。首先可以将游戏目标、游戏阶段提前告知球员，与球员交流，例如，我们这次游戏想干什么。训练目标不可提前告知球员，通过游戏的练习使学生自己潜移默化地发现问题所在。让学生在遵守练习要求的前提下进行自由对抗，教练员通过观察发现问题后叫停，提出开放性的问题，引导学生通过自己的尝试去寻找解决问题的答案。从而通过这样的方法增强队员对不同对抗局面情况下的收集

信息、分析信息与执行决策的能力，使队员学会通过自己的思考而解决比赛中出现的问题。这种训练方法可以更好的提高学生练习的主动性与积极性，也是学员普遍比较感兴趣的学习方式。

中国的教学课堂由起初的国家规定教学大纲，教学进度与教学内容到新课程改革“大开发”，各地区各学校百花齐放，自创出丰富多彩的教学模式而形成了极具个性化的特点，突出优化的同时也出现了方向性困惑，从切身感受来说，尊重事物的发展规律而形成的具有规范化的教学模式似乎更优一些，从教学训练来说规范、系统的体系建设似乎也是比较重要的。

六、课堂的教学结构

校园的一堂常态足球课，教学结构主要是确定一个主题，采用三种形态（情景、练习、游戏），分成四段教学，例如：根据学生情况与训练需要设定一个主题，一堂课先从热身游戏开始，从游戏中发现问题，根据问题设置技术练习和情景模拟，练习过程中提出不同的限制条件，使训练由易到难，层层推进。在情景训练中培养队员分析问题、解决问题的能力，培养队员阅读比赛的能力，最后对抗游戏再回归比赛，所有训练内容来源于比赛并为比赛服务，课的结束以开放性的评价形式由师生共同完成此节课的小结。

客观地讲，我们的一节常态足球课是由我们的具体“国情”来决定的并且不乏有特色的课，但在针对性与细节操作上还是有所不同的，仅以本人一节实践过的校园 U15 足球课为例。

(一)热身游戏(图1)

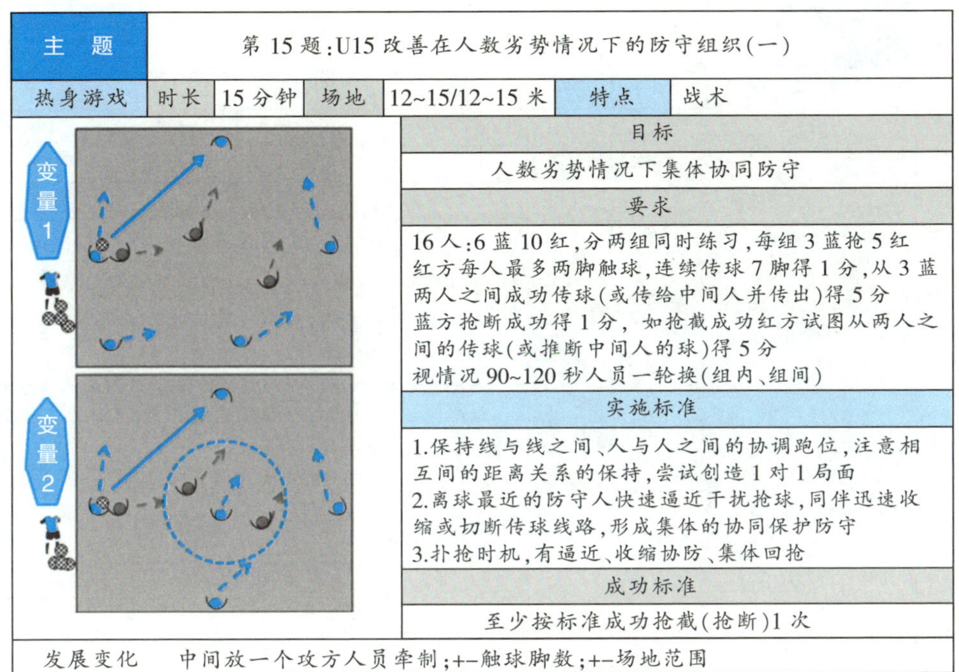

主　题	第15题:U15改善在人数劣势情况下的防守组织(一)						
热身游戏	时长	15分钟	场地	12~15/12~15米	特点	战术	
变量1 / 变量2	目标						
	人数劣势情况下集体协同防守						
	要求						
	16人:6蓝10红,分两组同时练习,每组3蓝抢5红 红方每人最多两脚触球,连续传球7脚得1分,从3蓝两人之间成功传球(或传给中间人并传出)得5分 蓝方抢断成功得1分,如抢截成功红方试图从两人之间的传球(或推断中间人的球)得5分 视情况90~120秒人员一轮换(组内、组间)						
	实施标准						
	1.保持线与线之间、人与人之间的协调跑位,注意相互间的距离关系的保持,尝试创造1对1局面 2.离球最近的防守人快速逼近干扰抢球,同伴迅速收缩或切断传球线路,形成集体的协同保护防守 3.扑抢时机,有逼近、收缩协防、集体回抢						
	成功标准						
	至少按标准成功抢截(抢断)1次						
发展变化	中间放一个攻方人员牵制;+-触球脚数;+-场地范围						

图1　热身游戏

目的:

激发兴趣,预热身体,暴露问题;

教练员通过存在的问题设计技、战术练习和情景训练;

热身更接近比赛,教练员通过场地设置或调控变量,诱使队员们暴露和主题相关的问题,既达到了热身的目的,又为技术和情景训练做好铺垫。

(二)技、战术练习(图 2)

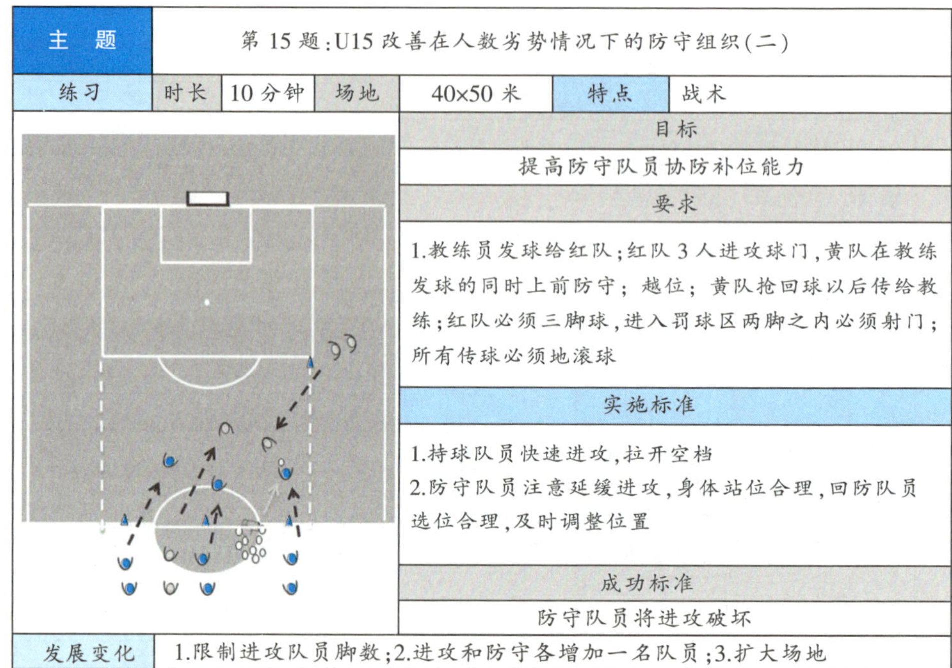

主　题	第 15 题:U15 改善在人数劣势情况下的防守组织(二)					
练习	时长	10 分钟	场地	40×50 米	特点	战术
	目标					
	提高防守队员协防补位能力					
	要求					
	1.教练员发球给红队;红队 3 人进攻球门,黄队在教练发球的同时上前防守;越位;黄队抢回球以后传给教练;红队必须三脚球,进入罚球区两脚之内必须射门;所有传球必须地滚球					
	实施标准					
	1.持球队员快速进攻,拉开空档 2.防守队员注意延缓进攻,身体站位合理,回防队员选位合理,及时调整位置					
	成功标准					
	防守队员将进攻破坏					
发展变化	1.限制进攻队员脚数;2.进攻和防守各增加一名队员;3.扩大场地					

图 2　技/战术练习

目的:

强化技/战术练习要点;

解决热身游戏反映出的问题;

通过强化性的重复练习使学员建立规范化技、战术能力或掌握技、战术的要领,教练在此刻需要的是"苛刻",对于出现的技术问题要及时给予正确的指导纠正。

(三)情景模拟(图3)

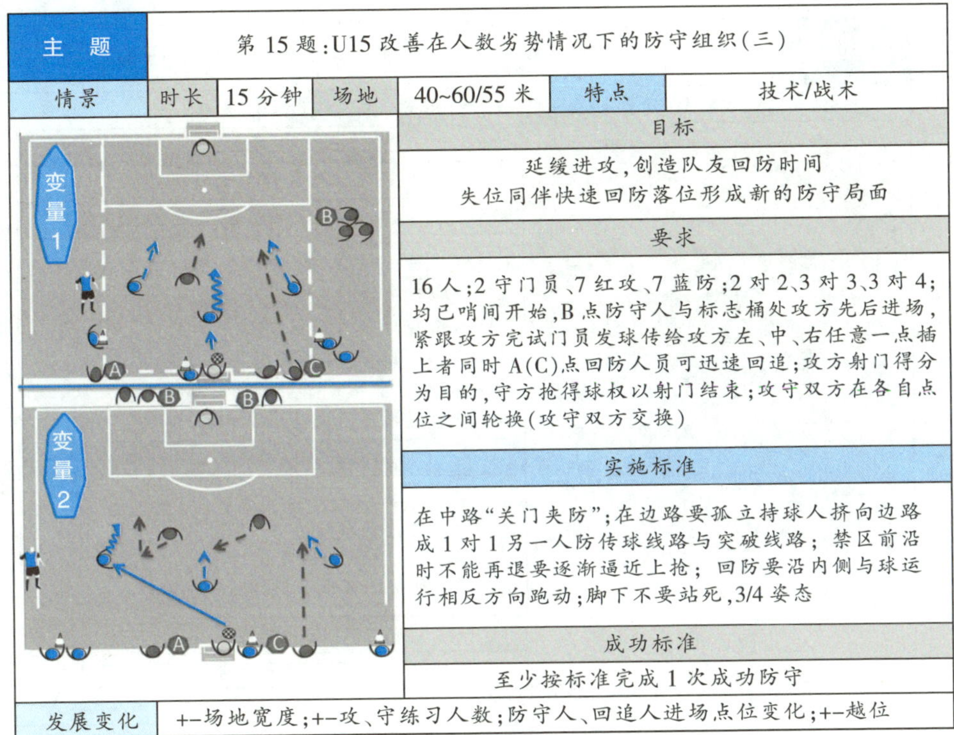

主题	第15题:U15改善在人数劣势情况下的防守组织(三)					
情景	时长	15分钟	场地	40~60/55米	特点	技术/战术
变量1 / 变量2	目标					
	延缓进攻,创造队友回防时间 失位同伴快速回防落位形成新的防守局面					
	要求					
	16人;2守门员、7红攻、7蓝防;2对2、3对3、3对4;均已哨间开始,B点防守人与标志桶处攻方先后进场,紧跟攻方完试门员发球传给攻方左、中、右任意一点插上者同时A(C)点回防人员可迅速回追;攻方射门得分为目的,守方抢得球权以射门结束;攻守双方在各自点位之间轮换(攻守双方交换)					
	实施标准					
	在中路"关门夹防";在边路要孤立持球人挤向边路成1对1另一人防传球线路与突破线路;禁区前沿时不能再退要逐渐逼近上抢;回防要沿内侧与球运行相反方向跑动;脚下不要站死,3/4姿态					
	成功标准					
	至少按标准完成1次成功防守					
发展变化	+-场地宽度;+-攻、守练习人数;防守人、回追人进场点位变化;+-越位					

图3 情景模拟

目的:

迁移技、战术练习内容;

情景模拟中自我体会、尝试解决问题;

教师适时介入提出开放性问题,引导思考;

情景训练是校园训练的精华部分，情景训练中教练提出问题让队员去思考,诱使他们找到解决问题的办法,并亲自去实践,这样既能培养队员分析问题解决问题的能力,又能培养队员阅读比赛的能力,他们平时训练就从比赛实际出发,模拟真实比赛场景,使队员更加适应比赛的氛围,到真实比赛中队员们就能更合理的处理球,融入比赛。

(四)对抗游戏(图4)

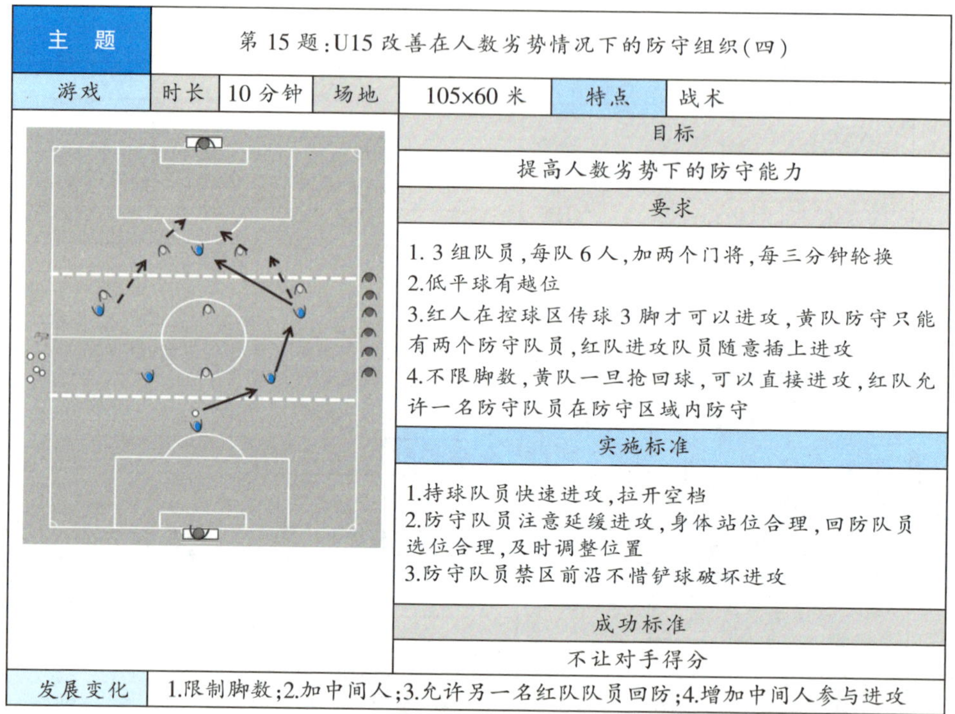

主　题	第15题:U15改善在人数劣势情况下的防守组织(四)						
游戏	时长	10分钟	场地	105×60米	特点	战术	
	目标						
	提高人数劣势下的防守能力						
	要求						
	1. 3组队员,每队6人,加两个门将,每三分钟轮换 2.低平球有越位 3.红人在控球区传球3脚才可以进攻,黄队防守只能有两个防守队员,红队进攻队员随意插上进攻 4.不限脚数,黄队一旦抢回球,可以直接进攻,红队允许一名防守队员在防守区域内防守						
	实施标准						
	1.持球队员快速进攻,拉开空档 2.防守队员注意延缓进攻,身体站位合理,回防队员选位合理,及时调整位置 3.防守队员禁区前沿不惜铲球破坏进攻						
	成功标准						
	不让对手得分						
发展变化	1.限制脚数;2.加中间人;3.允许另一名红队队员回防;4.增加中间人参与进攻						

图4　对抗游戏

目的:

迁移情景,实战对抗;

开放性引导学员思考实践;

寻找问题,准备策略;

回归到对抗中,教练只提一个要求让队员去体会在技术训练和情景中所学到的东西,最后让队员自由发挥,去支配比赛,享受比赛。对抗游戏更接近比赛,队员都积极地参与其中,有利于培养队员比赛能力和团队合作精神。

七、执教策略案例

通过实践探索我们在四个方面对教练员提出了具体的规范和要求：课前准备—课的介绍—课的组织与实施—课后总结。

(一)课前准备

为保障训练课能安全、有序、高效的进行，一节训练课前，教练员至少要提前用 30 分钟的时间为训练课做好前期准备。

(1)准备器材：一般情况的标配为每人一球、三种颜色的分队衫、标志桶、标志碟、标志杆、训练圈。

(2)场地布置：教练员要根据队员的年龄段的特点、本次课的教学内容与教学要求规划安排好场地的位置、大小、器材的选择与具体布置(种类、颜色、间距等)、分队衫的分配等。

(3)安全复查：最后再检查一遍场地、器材及课堂内容设计等方面是否有安全隐患，并及时解决。

(二)课的介绍

课堂内容的介绍分为两个部分，一个是对本次课的训练主题与具体训练目标的介绍，一个是对训练要求与实施的标准的具体介绍。

对于本次课的训练主题与具体训练目标的介绍，教练员力求用清晰洪亮的语音，简短且准确的语言完成，例如："本节课的主题是 13~14 岁学员的射门练习，具体目标是随球合理调整身体姿态侧重提高射门力量。希望每个人都全力以赴完成射门的练习。"这个阶段就是要让每名学生都清楚这节课的主题与目标是什么。

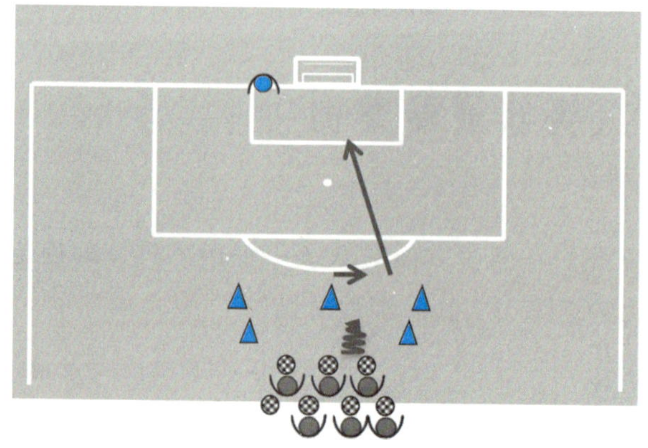

图 5　13~14 岁学员射门练习

对训练要求与实施标准的具体介绍。我们通过一个案例进行讲解，如图 5，这是 13~14 岁学员射门练习。

教练介绍课程流程：

(1)清楚的介绍这个练习的目标——随球合理调整身体姿态侧重提高射门力量；

(2)介绍这个训练的场地是如何布置的，例如：介绍标志碟的限制范围的作用，安排在禁区前的意义等；

(3)练习方法：守门员 1 轮 1 换守门或 3~4 球一轮换，另 1 人拾球；射门人员 1 人 1 球；射门目标球门内；禁区前沿完成射门（惯用、非惯用，左用左右用右）；轮流做传球人；视情况 2~3 分钟一组；

(4)实施标准：身体前倾；手臂平衡；支撑脚与球水平线偏向射门方向；小腿快速摆动，踢球脚锁紧脚踝并绷紧脚面，保持绷紧顺势前移；保持身体朝向射门目标；注意要有摆脱动作；

(5)教练或找几个球员演示一下；

(6)询问还有什么疑问或不清楚的地方，必要时要让球员进行复述，以确保他们理解讲解要求。讲解同样要求教练员力求用清晰洪亮的语音，简短且准确的语言完成介绍，一般把握讲解 3~4 分钟，实际练习 13~15 分钟。

(三)课堂的组织

课堂的组织是一节课的重点部分，对于课堂的组织与实施法国足协在五个方面给了明确的教学方法和要求,分别是:球员执行情况、分数管理、鼓励与表扬、纠正与指导、变量的调控。

教练员通过练习、情景与游戏的不同组合排列完成主题的教学任务。

以下图表为三种教学形态(表1)

表1 三种教学形态

教学方式	定义	组织形式	要求
游戏:让孩子自己玩,有对手有队友有目标,提问让孩子思考还有什么可能性,巧思后开始可以提一些假设性的开放性问题	人数相等情况下进行的练习,有一个或几个共同的目标要素:队友、对手球门(进攻的方向)、自己有进攻与防守的目标、脚下有球	游戏阶段:可提前告知球员,与球员交流 游戏目标:可告知球员,例如,我们这次游戏想干什么 训练目标:不可提前告知球员,通过游戏自己潜移发现问题所在	1. 适应游戏、比赛的限制条件 2.自己发现解决问题的方法 3.根据环境的不同将技术表现出来拿出自己的解决之道
情景(游戏的一个时刻):有耐心,让学生自己去发现过程中有暂停(保持瞬间状态),向队员提出一个问题让队员自己找出答案(根据练习主题定提问内容),告诉方法原则但要队员自己实践出具体的跑动线路等,让队员先思考教练再指导;对整体进行指导	侧重动作重复,人数不等,目标不同	游戏阶段:可提前告知球员,与球员交流 游戏目标:不可告知球员 训练目标:不可提前告知球员	学员遇到一个问题通过不断重复练习不断的去思考去解决问题
练习:必须听教练的不断的重复;主要是技术上的内容需要重复练习,教练员要亲自示范展示,教练员要一直给予纠正与指示;对个体的指导	1.适应性,有很多选择的练习,注重信息收集的能力 2.分析性,收集信息的能力比较弱,偏于重复	游戏阶段:可提前告知球员,与球员交流 游戏目标:可告知球员,例如,我们这次游戏想干什么 训练目标:不可提前告知球员	1.球员要执行一个动作或数个技术动作 2.球员模仿或复制 3.通过不断的重复模仿来自我修正

1.观察球员的执行情况

在技、战术练习中，教练要通过指导性教学法及时纠正队员的问题，观察以确认球员是否遵从指示。如果他们没有理解，需要问谁知道问题在哪，如何调整。如图6中的练习是一个关于配合进行的正向接球射门小组合(有守门员)的练习，这个练习会要求需要传球后通过限制区接球射门，不能调整。队员练习中，教练可能会发现队员在进入限制区才传球，也可能是停球后射门。此时教练要马上叫停，示范指导学生纠正技战术。

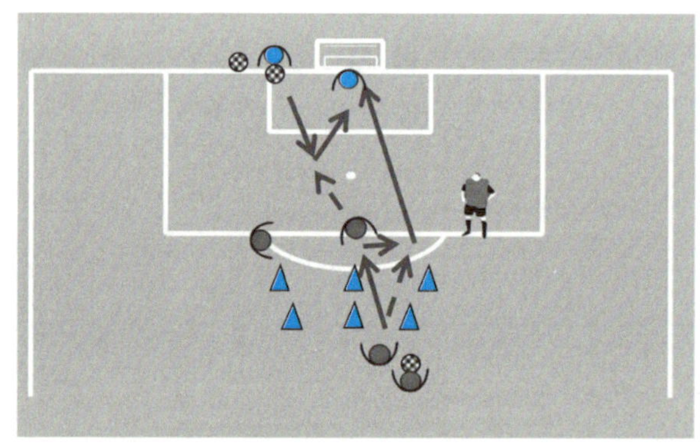

图6 正向接球射门小组合(有守门员)

2.分数管理

教练员在游戏与情景部分一般都设计成攻守状态，并将成功练习折算成分数，以得分的形式以期达到激励作用、增加课堂趣味性与提高学生融入课堂的主动性，实施过程中双方队员要分别经常性的高声报出得分情况，来激励球员更加投入到训练中。例如：在进行“斗牛”热身游戏时，通过设计要求攻方每传一脚球攻方均要报出传球脚数，连续传球10次得1分且以后每传一脚累计加1分，在前几脚传球时守方队员会习惯性的松懈，随着传球成功次数的增加，当传到临近10脚球时，攻方报出的传球脚数会不经意间促使守方加快防守时的动作速度与协同防守的欲望，从而在训练节奏、训练强度等方面有所提升，此时大家就会非常认真，更加积极和投入，训练气氛也会被带动起来。

3.鼓励与表扬

在校园足球课的过程中教练员对球员在技、战术方面严禁批评和指责,多进行鼓励和表扬(在一些生活方面的教育可以出现一些指导性的语言运用),尤其在低年龄段更不要批评,多进行开放性的语言引导,法国儿童足球训练专家丹尼尔说:“我们要尽一切可能保护好孩子们的兴趣与他们的独特性,因为那是他们独有的,我们不能人为的泯灭掉他们的灵性,而且要小心翼翼的保护好。”从实践来看,确实这样会激励更多的队员积极的主动参与和进行自我纠正,能使学生更加自信和积极的投入到训练和比赛中,达到良好的训练效果。

4.指导与纠正

在校园足球课中一般采用两种教学方法:积极性教学法或开放性教学法、主导性教学法或指导性教学法,对课堂中的问题进行指导与纠正。

积极性教学法或开放性教学法主要运用于游戏与情景教学形态,主要通过开放式的提问,引导的方式让球员自己寻找问题的解决方案,以培养球员的认知能力、创造性以及思维决策能力。

主导性教学法或指导性教学法主要运用于技术训练环节,属于执行类教学方法,在练习过程中,教练要明确训练的大目标与小目标,同时告诉球员操作方法,提出行动、姿态或动作规范方面的要求,球员必须完全按照教练的指令去完成技术练习,其要点在于不断的重复,通过重复强化技术。

5.变量的调控

这个环节是教练员指导策略的核心要素,也是一节课教学质量控制的关键环节,不论是游戏、练习、情景都需要通过降低或提高难度以适应队员的实际能力,使球员在课堂上能够体验更多的成功,并能够感受到挑战。变量的调控主要通过增减场地大小,增减攻、守练习人数,增减个人或集体触球次数等来进行调控。

举例说明, 如图 7 是一个限制性的情景训练,U15 改善在人数劣势情况下的防守组织。这个练习场内是 2 对 3,这是一个比较难的训练。当比赛进行几分钟后,教练发现球员训练内容基本完成但局面过于简单了,接下来就需要进行难度的提高。比如要求防守队员 5 秒之内完成抢断,且要 3 秒之内将球传给守门员,攻守双方各增加一人成 3 对 4,这就提高了防守难度,防守队员需要更快的观察信

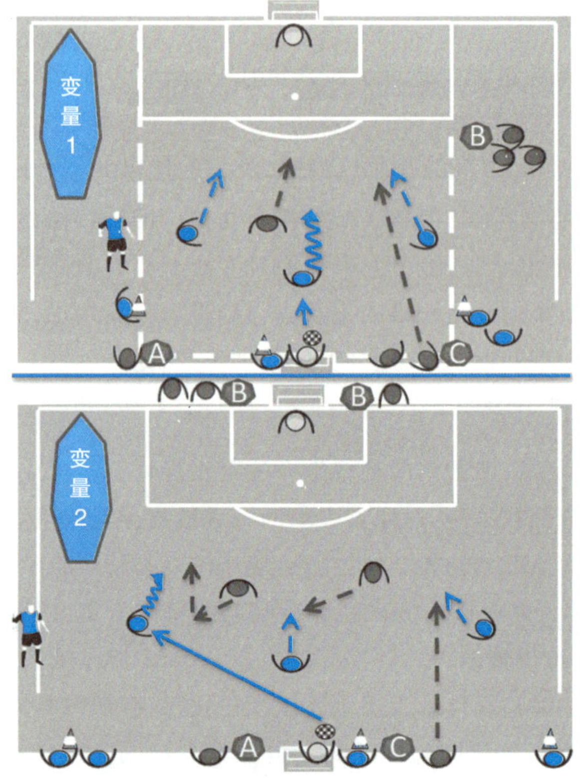

图 7 限制性条件的情景训练

息分析信息并做出行动，回防人员要更积极的回撤。

(四)和球员一起做总结

教练员要特别重视与球员的沟通交流。每一堂训练课后，都要进行围绕主题的总结。学生对课堂的感受，学生自我理解与掌握的程度，学生对教学内容的自我总结，对课堂的建议等反馈要非常重视。这种回顾和总结对教练与队员来说都是非常重要的，一方面会使学生记住这些自己的真实感受，并在下一次训练中表现的更好，另一方面对教练在下节课及时做出适应性改变也提供了积极素材。

八、小结与建议

(1)校园训练课设计先从热身游戏开始,从“异化比赛”中发现问题,在根据问题设计技、战术练习和情景训练,用技、战术练习、情景训练来解决比赛中存在的问题,最后对抗游戏让队员去展现技术和情景训练中学到的东西。

(2)足球课以主题形式开展,以解决具体的实际问题,目标达成为最终目的,采用目标教学法,启发学生积极思考,培养他们分析问题、解决问题、阅读比赛和执行比赛的能力。

(3)内容的安排是循序渐进的,教练通过变量的改变调控难度和强度已达到最终的教学目标。

(4)规范性,系统性,尊重学员年龄特点与规律,从 u7 至 u19 均采用这种模式,有衔接、有递进,重点在于对学员的思维意识、观察与分析信息能力、技战术实际运用能力等方面的培养,在课堂中间注重生活教育。

(5)教练员热身活动的安排应学习校园的方法,从比赛或游戏开始,培养学生对足球的兴趣,让更多热爱足球的孩子参与进来,通过足球活动增强他们的身体素质。

(6)教练员多激励队员,适时的提出表扬,增强学生对比赛的自信心,鼓励队员多交流,尤其是眼神交流,训练无球队员的跑动和要球时机。

(7)教练员不能只注重足球的技术练习,要启发引导学生,培养他们积极思维能力、阅读和执行比赛能力。

(8)教练员课的内容设计要从比赛实际出发,平时训练多和比赛场景相联系,到真正比赛中学生才能应付自如,通过设置限制条件与变量的调控来引导学员的提升。

(9)校园足球训练课中,要充分体现球员的主体地位,教练的一切执教行为都是为了球员的长远发展,包括了作为人的发展和球员能力的发展。积极的鼓励、激励、引导和交流都使得球员不断成长,最终拥有独立的思维能力、更好的社会适应能力以及保持学习的热情和主动性。

开展校园足球过程中德育工作实践与研究

——滚动的足球　筑梦成长

天津市蓟州区燕山中学　谢锋

天津市蓟州区燕山中学的前身为蓟县师范学校，建于1950年，至今已有67年的办学历史，积淀了丰富的学校管理、教育教学经验，被天津市政府命名为“校园管理先进校”“绿色学校”“教育教学优秀校”“德育工作特色校”“办学水平一级校”“全国青少年科技示范校”，多次在市、县级各种体育竞赛中取得优异成绩，并为上级学校输送一大批优秀体育人才；连续多年被评为蓟州区教育工作红旗单位。在历年体育中考测试中始终稳居蓟州区前三名的好成绩，为我校跨入高标准、高水平的中学教育行列，奠定了良好的办学基础。

基于此，我们以《教育部办公厅关于做好全国青少年校园足球特色学校及试点县(区)遴选工作的通知》文件精神为契机，使中国足球的“春天”更美，使我校的足球水平再上一个新的台阶，以科学的理念、务实的态度和敢为人先的勇气，以足球项目为载体全面提高学生的身心素质，最大限度地挖掘学生的足球潜能和终身足球事业为目标，并在创建足球特色学校中做了一些尽心尽力的工作。

一、足球教学特色优势

几年来，我校在全面贯彻教育方针，面向全体学生，提高全面素质的基础上，十分重视足球传统项目建设，我们深知创建足球特色学校需要精心设计和艰苦的实施，而复杂的实施过程，更需要全校上下同心协力，形成共识。

加强领导，制定明确校园足球建设的目标和长远发展规划，确保创建活动有效实施。学校成立了以何志校长为组长的领导小组，李国旺副校长具体主抓此项工作，选派一名素质过硬的体育教师谢锋老师(赴法学习)担任教练组组长。组织教师认真学习天津市教育委员会创建体育特色学校的有关精神，提高师生创建足球特色学校重要性的认识，积极推进学校课程改革，提高学校的办学质量，塑造学校良好新形象。学校根据实际情况研究制定了创建足球特色学校的工作目标以及近期和长期发展规划(见图 1、图 2)。

图 1

图 2

领导小组：校长任组长，分管校长为副组长，统筹规划学校足球教育发展思路，制定相关评价、管理制度，统筹安排经费投入，并对学校足球教育创设良好的发展氛围。成立学校足球办公室，具体制订学校足球训练发展规划和足球队伍各年龄段训练计划与发展目标，建立由学校、赞助企业、家长组成的足球委员会。

加强制度化管理，建立一系列足球运动管理制度。制度的完善和建立，保证学校足球体育特色项目的正常开展。每年都认真制订年度工作计划，每学期制订具体实施计划，并及时记录好各项活动的开展情况，做到定期研讨，每学期、每年度做好总结回顾和反思。每年的工作根据课程开展、社团组织、足球队训练、夏令营选拔(图 3)中的得失，制定由点到面的进一步规划，争取做到每年都能在方方面面有一个质的飞跃。

图 3

我校于2015年8月被教育部遴选为全国首批校园足球特色学校，近年来我们始终以普及校园足球为抓手，以圆梦绿茵场足球塑国魂为追求，坚持每周上一节足球课。为了普及校园足球，为了提高学生学习兴趣，锻炼学生基本技巧，寓学习于娱乐，我们开设了特色课程——足球韵律操（图4）。足球韵律操旋律优美、整齐有序、进退自如、舒展娴熟、简洁流畅，孩子们练习中以一丝不苟的形象、意气风发的英姿，充分展现团结、健康、奋进、坚强的燕中风貌，展现严谨求实、勇于拼搏、开拓创新、积极进取的燕中精神，展现健康成长、乐观向上的青春朝气，这也充分展现出足球进课堂给学校教育教学带来了一缕春，自从学校被遴选为校园足球特色学校之后，陆陆续续全区特色学校罗庄子镇初级中学、第二中学、马伸桥中学、实验中学、第一小学、第三小学、公乐小学、西龙虎峪镇中心小学、大杨学校等学校一起进行足球特色课程研修与合作。看，这边风景独好！

图4

二、预期目标

我校创建足球特色学校的目标是，让学生体验运动激情，分享足球快乐，感悟足球文化，发挥学生特长。传授足球知识和技能，让学生走走进足球文化领域，感受足球的丰富内涵，加强足球软环境建设，组建的学校足球队，现在全校学生都能参与足球练习，足球技能均有效提高，在足球的金字塔塔基打牢之后，组织部分同学组织年级足球队，并择优选拔校队，男生 20 人，女生 20 人。参加区、市小学生足球赛并获得较好名次(图 5)。

图 5

三、创建步骤

巩固足球特色项目，首先，把足球纳入大课间活动。大课间体育活动中将足球运动确定为特色内容。更要加强足球教学研究。把足球教学纳入平时体育课堂教学之中。学生的体育课以班级为基本单位，每节课前 10 分钟以足球专项能力培养为主要内容，提高学生踢球的兴趣，根据学生掌握技、战术的情况，分层进行技、战术的传授与教学开展。加强足球文化氛围建设，例如：有效利用学校各种宣传阵地，例如利用宣传橱窗、学校广播、黑板报等普及足球知识，加强足球运动的宣传，让学生更多的了解足球运动的历史和我国足球运动的历史，激发学生爱国热情和民族情感。设置有关足球宣传标牌，让每个学生时刻感受到足球的熏陶。班级球队普及率达到 80%。先参加特色学校之间的足球友谊赛，逐渐参加校际和县区比赛，获得较好名次(图 6)。

图 6

提高学生足球技能，班级球队普及率达到100%，参加市级中学足球赛事，力争获得较好名次。在参加市级比赛过程中，多向兄弟学校学习，邀请兄弟学校到蓟州区参加比赛交流，能让学生们有更多参与的机会。

四、主要措施

提高教练员队伍素质，确保教练员培训。学校每年至少一次有计划地安排教练员参加各种形式的教练员培训，并注意后续教练员的培养，吸收年青教练员参与训练指导。目前学校有两名专职足球教练员，一名兼职足球教练员，教练员分别参加了五次校园足球国家级培训学习、一次英足总教练员培训、一名教练员参加校园足球赴法留学；两名教练员取得中国足球协会D级足球教练员资格(图7)。

图7

落实教练员待遇:学校将逐步在教师考核及职称聘任等方面逐渐出台一系列的优惠措施,对于从事学校特色项目教学并为学校争得荣誉的教师给与优厚的待遇。福利待遇:教练员享有体育教师相同的室外授课补助。

加大体育设施硬件的投入,为更好的开展足球运动奠定基础。学校每年增添部分公用足球,保证课堂教学和训练的需要;及时修补损坏地面,确保学生安全的活动;及时添置其它常用体育器材,如球网、比赛用球、记分牌,以保证足球运动的正常开展。

体育经费保障充足。设立有体育工作专项经费,纳入学校年度经费预算,体育教育经费不低于10%,保证体育和校园足球工作的正常开展。特别是学校搬入新校区之后,为了使足球队的训练、班级足球课、足球社团等活动的顺利开展,学校请示相关部门,在第一年建设了两块五人制足球场,已经基本满足日常上课和训练的开展。

营造浓厚的足球运动氛围。向广大家长宣传创设足球体育特色项目和学生参加足球运动的重要意义,以得到家长充分的支持。建设以足球为主题的校园文化:学校宣传窗设有"足球专栏",宣传有关足球的知识和活动等。

完保证体育时间。足球队伍建设:加强梯队建设,保证有20人的二线足球队伍,有20人的一线队员。训练时间:每周训练四次,每次保证1.5小时的训练时间。

从2021年暑期开始,与蓟州区俱扬足球俱乐部一起合作,开展俱乐部进校园的活动,俱乐部免费为燕山中学校队提供教练,每周参加一次足球队的集训工作。俱扬足球俱乐部邀请燕山中学、第八小学、西龙虎峪镇中心小学众多队员,免费在俱扬足球训练基地开展暑期集训(图8)。

图 8

将足球教学引入校本课程，编写足球校本教材(图 9)。举行班级之间的足球比赛和足球特色周。在编写教材过程中，联系蓟州区第二中学、马伸桥中学、罗庄子中学、实验中学、第一小学、第三小学、第八小学、公乐小学、西龙虎峪镇中心小学等足球特色学校的足球教师一起编写校本教材。在蓟州区骨干教师科研课题研究中，以校本教材的编写为依托，开展教学科研研究，全区所有特色学校教师均参与课题研究的主要工作，现已开题。争取在课题研究中，能够为蓟州区的校园足球的有效发展，特色教学的优质课程开发，足球队员的一条龙成长规划做到细化统筹规划。在蓟州区校园足球又一个五年的规划中，能够起到推波助澜的作用。

天津市蓟州区燕山中学

基础知识

一、足球运动的起源与发展

足球运动是一项古老的体育活动，源远流长。经历了古代足球游戏和现代足球运动两大历史阶段。

中国古代把脚踢球叫“蹴鞠”。在我国两千多年以前的文字记载中，当时的足球就叫“蹴鞠”，蹴就是踢的意思，鞠就是球。当时的球是用皮子做的，里面装有毛发之类的东西，用来进行踢球游戏。蹴鞠活动在我国经历了汉、唐、宋、元、明、清多个朝代。

蹴鞠

在西方，公元 10 世纪以后，法国、意大利、英国等一些国家有了足球游戏。到 15 世纪末有了“足球”之称，后逐渐发

天津市蓟州区燕山中学

脚内侧踢球

脚内侧向前踢球

脚内侧踢球练习

二、脚内侧停地滚球：

图 9

为了给学校增添更浓的足球氛围，给学生更多的比赛机会，初中学生每周至少一节足球课，每年的校学生足球赛采用联赛的形式，由初中各班组织训练参加，比赛采用 5 人制或 8 人制。还在足球联赛期间，邀请家长和教师，分别组成足球队，开展教师、家长和校队的三个组别的比赛。在蓟州区俱扬足球训练基地开展三个级别的比赛，邀请已经毕业的学生回学校与新生参加校园足球感恩足球联谊活动(图 10)。

图 10

五、成立足球组织

抓普及。各班成立男女各一支足球运动小队，每小队有一个以上足球，利用课余时间经常参加活动。班主任老师做好分组、辅导和组织活动等工作，每班每名同学有一个足球。

抓基础。利用体育课、体育活动课等时间进行足球基础教学活动。将兴趣活动课的内容重新进行编排，让学生开展以足球运动为主的体育活动，每周每班至少一节足球课。

抓考核。每学年末学校安排一次学生足球水平考级测试，作为评定学生参加足球训练的阶段性成果的依据，同时开展评优奖惩活动，每个学期末，开展足球队各种评优活动。

开展科学训练。学校制定有系统、科学的训练计划，常年开展课余足球训练，注重提高训练效益，并配备有安全、医疗等应急方案。定期邀请校外专业教练员提供技术指导。

六、建立竞赛制度

学校对校队的评价奖惩。学校对足球办公室给与极大的发展空间,经费归办公室统一调度,在各种比赛上给与大力支持。当然,学校在关注足球文化总体发展状况的基础上也非常重视足球比赛的成绩。不断完善校内足球竞赛制度、并趋于稳定;每年组织校内足球班级联赛、年级挑战赛,每个班级参与比赛场次每年不少于10场;积极参加校园足球联赛;主动承办本地足球比赛。学校班级联赛评价奖惩:①各年级奖第一名,其余为优胜奖,并颁发最佳团队奖一名。②每个年级设最佳球员、最佳守门员各一名。③全校设冠军杯一个。④根据各班选送的摄影、绘画、作文作品获奖的数量评选各级部一、二、三等奖。

七、学校获本特色荣誉

2015年8月我校被教育部遴选为全国首批校园足球特色学校。

2015—2016两年间，我校体育教师被推荐参加校园足球骨干教师国家级培训两次、校园足球骨干教师国家级培训(提高班)一次。2018年校园足球赴法留学项目教师一名。国家D级教练员一名,英格兰足球总会初级教练员一名。国家一级足球裁判员、二级足球裁判员各一名。

我校先后共有80余名同学在天津市足协参加业余足球运动员注册。

2019年3月,蓟州区电视台对我校校园足球特色开展进行了重点报道。

2019年4月我校七年级三班顿思宇同学成功通过市级选拔,成为蓟州区首位入围校园足球夏令营活动的同学,并被评为国家二级运动员,于同年7月19日前往山东鲁能足校,代表天津市参加为期一周的足球夏令营活动。2021年全国校园足球夏令营的选拔,在天津市选拔期间,张玉奥洋、张怡两位同学分别入选中学女子甲组、中学女子乙组的夏令营队伍,与天津市的足球精英参与了先后六期的集训(图11)。

图 11

2019 年 9 月—11 月燕山中学女子足球队(图 12)代表蓟州区参加天津市中学生足球联赛,成为我区第一支参加市级比赛的女子足球队,并在 2020 年取得历史性突破,闯入天津市初中足球联赛前八名,最终取得第七名的好成绩,谢锋老师被评为天津市校园足球感动人物。我校被评为天津市校园足球优秀特色学校,燕山中学从开始校园足球文化建设以来,产生了很多积极影响。

图 12

八、学生体质全面提升

从 2015 年学校开始发展足球特色,普及足球文化开始。学生体质健康有了较大的提升,学生体质健康达标检测中全校的优秀率和合格率逐年上升。

九、体育氛围日渐浓厚

学校每学期定期组织一次校园足球文化节，在为期一个月的足球文化节上，有班级足球比赛、足球嘉年华游戏、亲子足球比赛、师生足球比赛、足球海报、小报、标志设计等(图 13)。通过这些活动,学生有了一项自己的兴趣爱好,多了一个锻炼身体的手段和方法。很多原先没有锻炼习惯的学生和家长纷纷利用校园开放时间到校用参与足球运动的方式锻炼身体,增加亲子互动。同时也增强了学校的体育氛围。

图 13

十、兄弟学校纷纷效仿

学校的校园足球文化建设在区域内已经有了一定的知名度,很多学校纷纷到校进行参观学习和经验交流。比如区域内的马伸桥高中、公乐小学、蓟州二中等,更有外省市的山西晋城中学、黑龙江花园小学、北京市门头沟小学等,在一次次的交流中,不仅是对我校阶段性工作的有效总结,更是对下阶段工作的部署和展望。

2019 年 12 月中旬我校谢锋老师和李增智老师两名教师在蓟州区首届足球教师培训中,作为初、高中讲师,对全区教师进行了实践、足球游戏以及足球理论方面的培训和交流(图 14)。

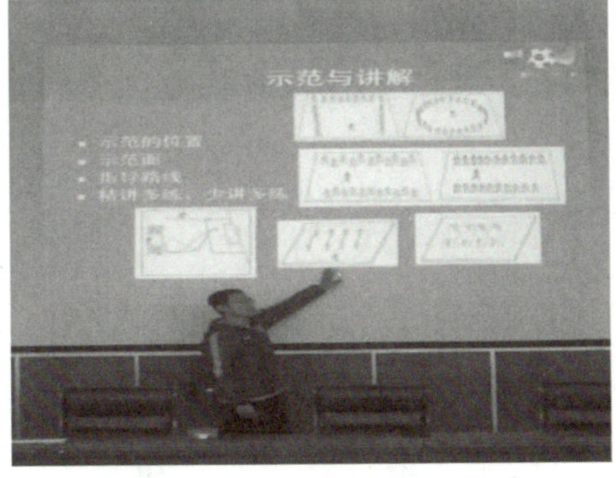

图 14

十一、家校配合受益良多

目前,学校除了拥有四支生机勃勃的校足学生队外,还拥有一支蓄势待发的校足教师队。此外,家长们的支持也最令人瞩目,随着一场场足球赛的深入,足球运动作为一种良好的粘合剂,促使着家校的和谐沟通。

十二、办老百姓满意学校

在足球课程的引领下,学校文化建设“以点带面”,整个校园散发着青春、活力和阳光的氛围。学生在足球课程中不仅提升了自己的身体素质,还培养了学生拼搏、团结协作的品质。在这一过程中,学生的综合素养得到了提升。学生学习轻负高质,在自信、阳光的环境中快乐学习,家长满意度得到了大幅度提高。

第三章
双新课题研究报告

优化教学设计与实施提高学生体育核心素养的实践研究

天津市佳春中学　王青华

摘　要：本文通过实验法、交流法、访谈法、调查法、观摩法、查阅文献资料法、数据统计法等形式，针对体育核心素养的内容与体育教材内容特性的内在联系进行深入剖析，探究如何优化体育教材设计的内在知识点和技术技能与学生核心素养的内在发展建立起多角度、多层面的培养教学策略和教学措施，通过优化教学设计方案，系统地、完整地、发展地、可操作性地赋予体育课堂教学的实践舞台，优化教学设计是实施的指挥棒，课堂实践是检验设计的是否合理、有效的主要途径。同时，把设计的中心理念核心素养内涵充分在精彩的体育教学课堂展示出来，把需要传递的体育核心素养内容通过学生主动参与学习和练习，形成学生自身能力的提高和发展，达到育人目的，才是目前我们体育教学改革的初衷。课题组人员用心深入探讨，不但提高体育教师自身的科研能力水平，也对体育核心素养与实践问题研

究的落实有了新的认识和新的思想，对拓展体育教学内涵和发展有了更深入、更广阔的视野，同时对提高体育教学质量的实效性和学生核心素养的发展注入更多活力。体育教学课堂才具有真实意义，才能反映出体育教学的真谛，为学生未来身心健康的发展奠定终身的基础，为国家培养高品质、高素质、高技能的复合有用的国家栋梁之才。

关键词：优化　教学设计　核心素养　体育教学

一、研究的主要内容

（一）优化单元教学设计，落实体育核心素养的教学目标

单元教学设计的优势，对一个运动项目的教学进行整体设计，有助于学生系统学练一个运动项目，在一段时间内集中学练一个运动项目符合学习规律和运动技能形成规律；单元教学设计与实践相联系：不同学段倡导进行单元教学设计和实践、单元教学计划的课时多少为宜由学生认知能力水平和素质水平，以及学校决定、单元教学计划要确立明确的学习目标、单元教学计划要进行结构化的内容设计、单元教学计划要考虑创设真实的学习情境、单元教学计划要提出学习评价的内容和方法。

（二）优化课时教学设计，围绕体育核心素养为核心

构建育人目标；选择教学内容的既包括不同类别、不同项目的选择，同时也包含在单个项目教学内容的选择；改进教学方法，注重学生学法的研究，实现教学的内化；安排有效的体能训练内容；从内容导向设计向目标导向设计转变；设计从教师单向传授向师生互动的学习指导转变；设计从脱离学生与运动实际向联系学生与运动实际转变。

（三）课堂实践是检验体育核心素养是否在教学过程有效的落实

围绕体育学科核心素养进行教学设计，是培养学生核心素养的前提与保障，

实施教学是学生核心能力的培养主要途径;运用体育核心素养构建的评价体系进行课堂实录的针对性、有效性的评价。

二、理论依据

苏联著名教育家巴班斯基所提出的:“全面合理的组织教学过程的方法,是在教学规律、教学任务、教学内容、教学方法等形式的基础上,有科学根据的选择教学内容,在规定的时间内,以保证提高学生学科核心素养发挥最佳效果”。中共中央、国务院《关于深化教育改革全面推进素质教育的决定》指出:“健康体魄是青少年为祖国和人民服务的基本前提,是中华民族旺盛生命力的体现,学校教育要牢固树立健康第一,的指导思想。新课程突出强调学生身体、心理、社会等方面的发展,倡导学生主动参与、乐于探究、勤于实践的能力。马克思主义讲客观物质世界的运动、变化和发展。与时俱进,就是要求人们的思想认识要随着客观世界的发展变化而不断深化。本课题的研究带动体育教师的个人成长,顺应时代的发展,不甘于人后,传道授业解惑必将走在时代前沿引领学生不断探索和进步,通过对区域体育与健康课程实施进行调查分析, 为当前学校体育的改革和推进提供理论支撑。

三、研究目的和意义

(一)选题意义

理论意义:核心素养重点关注的是新时代、新社会环境所要求的基本素养教育问题。它在素质教育强调培养人的全面发展的基础之上重点突出了适应社会必需的核心要求,本研究通过对区域体育与健康课程实施进行调查分析,为当前学校体育的改革和推进提供理论支撑。

现实意义:在研究大量文献的基础上,通过实验追踪的方式,来了解当前中学

体育与健康课程的实施情况，参照构建中学生核心素养的大背景，结合具体教学实际情况，来阐述体育核心素养的内涵，分析体育核心素养的价值，探寻核心素养背景下的中学体育与健康课程有效实施之道，体育核心素养是否能在学生的身上扎根发芽，必须从教学的设计为抓手，单元教学设计和课时教学设计之间有效的衔接，在设计中充分落实体育核心素养的精神，学生体育核心素养是否能真正提高，关键看在教学设计内容手否能体育课堂中的落实，教学设计是实施体育课程改革的基础条件，教学设计的实施关乎到体育核心素养落实和发展的主要途径，培养学生运动技能、健康行为、体育道德品质有效的舞台。

(二)研究价值

1.理论价值

体育核心素养理念的提出符合社会主义核心价值观和培养全面发展人的要求，但其实现需要一线体育教师的透彻理解和认真落实。教学设计是教师根据大纲和课标的内容，根据学生实际情况运用合适的方法和手段对未来课堂所进行的设想和计划，在设计的过程中能够充分体现教师的核心素养教育理念和思路，如果基层教师的教学设计能够充分体现体育核心素养，那么在实施的过程中才会有更加精彩的呈现。

2.实践价值

从体育核心素养发展观在教学设计的指导思想、教材分析、学情分析、教学流程、安全隐患、教案这几个部分中的体现寻求核心。以体育核心素养下教学设计带动体育教学关键环节的改革，从技术要求转向能力培养的学习目标设置，合理运用教学策略，创新教学顺序，有效开展体能练习，通过教学设计渗透体育核心素养理念，转变体育教师的观念，深入理解体育核心素养内涵建设，提高体育教师创新教学设计的能力，使素养培养与教学内容衔接，素养培养与学生认知水平发展区衔接，素养培养与教学策略衔接，素养培养与学生自主学习、合作学习、探究学习有效结合，素养的培养与现代化多媒体教学融合，以素养的培养提高学生安全教学策略，提高学生体质健康的提升，塑造学生高尚人格，充分体现以学生全面发展，立德树人的教学宗旨。

3.研究目标

(1)体育教师对体育核心素养的深入认识和理解,同时把握国家体育与健康课程改革重要的教育方针和教育的方向,把立德树人,学生全面发展作为体育核心素养研究最终目标。

(2)体育核心素养在教学设计中如何渗透,教学设计是实施体育核心素养的指挥棒。通过设计让体育教师抓住体育核心素养和教学设计之间的内在联系,从中探究体育核心素养在教学设计不同环节的策略和实施的方法。

(3)探究在体育核心素养的视野下对教学设计评定体系,通过体系评价判断教学设计是否有效,有效落实以学生发展为中心的教学理念。

(4)实施课程教学是对教学设计成败检验的有效平台,从中发现创新点和问题所在,探究教学设计内容改革的新举措和培养学生体育核心素养的策略。

四、预期创新点

(一)教学设计与实施成为落实体育核心素养有效的途径

探讨体育核心素养视野下教学设计的策略和举措,为广大体育教师落实体育核心素养提供有价值的依据。教学设计要有灵魂,实施要有生成转化功能,评价体系要有促进和提升效能,育人目标才能落实,学生的未来才有发展。

(二)构建体育核心素养视野下教学设计评价体系和课堂实践评价体系

运用评价手段检验体育核心素养落实的情况,探究存在的问题,改进设计目标、内容、方法等。

(三)运用科研引领课程教学的改革

没有实践的针对性研究就不能对体育核心素养有更深刻的理解,对体育教师专业的素养发展对策研究。因为体育教师是实施体育核心素养执行者、导航者、发展者,肩负着国家教育的未来。

(四)学生存在差异性

运用体育核心素养发展观，为存在差异性的学生量身制定有效的“良方妙药”。例如:传统教学,让 85%学生掌握排球垫球的技术技能,而我要说的是 15%的学生问题,如何让 15%学生获得成功,享受成功带给学生自信、笑容,是我在体育核心素养下考虑的问题。注重学生个性发展来自教学改革前沿的呼声,通过课题研究,探究体育核心素养下有效分层教学,促进学生自主发展。

五、研究的原则

(一)坚持教育性、健康性原则

要坚持育人的宗旨，遵循教育规律和不同年龄段学生身心健康发展的特点，寓学于乐,寓炼于乐,注重学生未来发展。

(二)坚持全面性、科学性、合理性原则

体育教学内容与形式力求丰富多彩,科学安全教学过程落实,根据学生个性发展,合理安排有效的教学策略

(三)坚持可操作性、可发展性原则

根据学生实际水平结合教学内容难易程度,确定可行的有效教学措施,经过努力进入学生发展区水平。

(四)坚持学生主体性,教师引导性原则

核心素养的培养,需要学生主体意识加强,主动参与课堂教学的学练,学生核心素养才能在学生成长中得到提升。

六、研究的对象和方法

(一)研究对象

初中生

(二)研究方法

1.文献资料法

课题组成员通过查阅有关核心素养六十多篇书籍、期刊等资料,提高对体育核心素养认识和体育教学课程的新动向。

2.访问法

打破学科界限,利用微信平台、腾讯会议等形式了解核心素养改革前沿,教学方法及策略,为课题研究提供有价值信息。

3.交流法

团队攻坚课题组(导师 2 名、学员 16 名)、双新课题组(负责人 1 人、成员 10 名)和非课题成员(一线体育教师 32 名),进行多次交流学习,探究可行的发展策略。

4.观摩法

通过看体育教师的课堂实录,评定核心素养落实情况。

5.调查法

根据在核心素养视野下进行有关问题的调查,为解决问题提供有利的依据和说明。

6.数据统计法

通过上交教学设计材料情况和体系评价表的评定(自评和小组)情况。

七、研究思路与步骤

(一)研究思路

认真学习有关体育与健康课程改革的新精神,重点研究体育学科核心素养的内涵,对体育核心素养有自己的新认识,提升对体育核心素养理解。

设计体育核心素养下的教学设计,教学设计中反映出体育核心素养的内容(运动技能、健康行为、体育道德品质),每个环节设计目的必须结合体育核心素养内涵进行构思。

每一位教师提高设计的研究能力,对待中期的问题进行多次研讨交流,集思广益,每个教学设计都能体现出体育核心素养的亮点,注重教学设计的科学性、合理性、可行性、发展性。

教学设计成效需要教师根据设计的思路和体育核心素养理念进行课堂实践,检验设计的成效,如:学生学习能力变化、技术学习变化、情感表现、学生的参与度等运用体育核心素养的评价体系给予准确评定。

对实践课堂教师进行微信或电话交流访谈,以课堂实录方式对学生课堂表现给予准确评定,查找教学设计与实施之间内在联系和存在的问题,同时研究在教学中成功方面以及需要改进行的策略,让体育核心素养真正在学生身上发生变化,通过体育核心素养下的课程改革落实立德树人的教育方针。

(二)研究的主要过程与步骤

1.准备阶段(2019 年 11 月—2020 年 3 月)

(1)加强理论学习。运用文献资料法:查阅文献、报纸、期刊、网络信息等资料文献研究;讨论制定课题研究方案,提交专家组指导并进行论证。

(2)撰写具体实施方案,申请立项。

2.实施阶段(2020 年 4 月—2020 年 12 月)

(1)接到立项通知后,做好开题前准备。组织有关教师学习国家教育改革前沿的相关理论、学科核心素养、体育核心素养建设教育理念和发展的方向,为课题研究的深入提供理论支撑。

(2)第一阶段——结合自己特长进行教学设计。团队研究体育核心素养下教学设计评价体系,根据评价的体系评价每位教师教学设计情况,提高在教学设计中渗透体育核心素养策略和方法。

(3)第二阶段——结合优化的教学设计进行实践的课堂教学。把设计的言语艺术转化行动艺术。运用实践行动来检验教学设计科学性、合理性、可行性、发展性、有效性,从中探究体育核心素养与课堂教学之间衔接点,渗透体育核心素养的教学策略和方法以及教学方法创新研究。课堂转型,践行体育学科核心素养。

(4)第三阶段——根据课堂实录,研究体育核心素养的落实情况。课堂实录作为媒介与学员之间进行分享,研究制定出评价课堂教学的体系,来判断在课堂教学中渗透体育核心素养的成效,同时对课堂教学实录给予点评。

3.成果总结阶段:(2021 年 1 月—2021 年 3 月)

全面总结课题研究成果,写出课题的研究报告。

八、主要解决的问题

体育核心素养在教学设计中如何渗透,教学设计是实施体育核心素养的指挥棒。通过设计让体育教师抓住体育核心素养和教学设计之间的内在联系,从中探究体育核心素养在教学设计不同环节的策略和实施的方法。

探究在体育核心素养的视野下对教学设计评定体系,通过体系评价判断教学设计是否有效,有效落实以学生发展为中心的教学理念。

实施课程教学是对教学设计成败检验的有效平台,从中发现创新点和问题所在,探究教学设计内容改革的新举措和培养学生体育核心素养的策略。

九、个人研究在团队攻坚中的地位作用

结合精准化的教材特性促进学生体育核心素养。结合自己教学的实践,进行有针对性的教学案例分析。对上交的不同课堂实录题材进行真实的案例分析,把好的教学策略和教学的经验进行总结,形成阶段性的课题过程材料,为攥写结题报告提供有力的依据和案例过程说明,把优秀的教学案例推广给年轻教师学习,提高年轻教师对教材深入的研究,把握教材的特性与体育核心素养发展的内容建立内在联系,进行有针对性、科学性、系统性、可操作性的核心素养的教学研究。

十、主要攻坚成果

(1)研究报告《优化教学设计与实施提高学生体育核心素养的实践研究》

(2)评价体系构建《体育核心素养视野下优化教学设计以及课堂教学体系评价标准》

(3)核心素养视角下不同教材单元计划、教学设计、课时教案的系列

(4)核心素养视角下论文成果:《课堂转型,践行学生体育学科核心素养》《借鉴核心素养视野下优秀课的“闪光点”提升常态课实效性研究》《核心素养视野下有效分层教学 促进学生自主发展》《多元化的教学方法促进体育教学实效性的实验与研究》

十一、完成课题的保障条件

(一)人员保障

本课题成员学历为本科和研究生学历，均是来自教育一线的优秀体育教师，

有着自己丰富的教学经验，都是各区青年骨干教师，其中高级职称有 5 人，中学一级职称有 6 人。

课题承担者王青华 1998 年至今担任初中体育教学。并被区体育教研室聘为体育兼职教研员、中小学体育教学专业研究会理事、中小学体育教学专业研究会分会秘书长。先后获评“优秀指导教师”“阳光体育先进教师”“优秀裁判员”称号、市双优课优秀指导教师，红桥区“师德先进个人”“学科带头人”“区级名教师”“科研先进个人”“教育教学工作积极分子称号”“优秀评委称号”“优秀课外辅导员”“基本功提升工程指导教师”。李斌为高级教师，其《篮球持球交叉步突破接行进间投篮》获优秀课一等奖、论文《浅析阳光体育大课间长跑活动》获国家二等奖，参与课题《河北区中学生学校健康体育生活方式的调查研究》已结题。张岩老师参加“信息技术与教学融合课”大赛获国家一等奖，其论文《运用纵横评价法改进中学体育评价的研究》获第十三届科报会二等奖，参与全国教育科学“十三五”规划课题“利用‘纵横评价’机制，提升学生体育核心素养的研究”。

(二)制度保障

组织课题组成员定期进行阶段性理论学习和研究，更新教学观念；明确各自的职责，按照详细的研究计划，各司其职；制订本课题的管理实施细则，落实研究的任务，激励的评价的机制，激发课题组成员的共同研究、共同协作热情。学校将为课题的需要提供必要的时间、资料和一定的经费，为课题的顺利开展提供可靠的保证。

十二、研究结果与分析

(一)课题研究人员可效度分析

从图 1 中可以看到，参与本课题研究人员 51 人，涉及我市所有的区，基本上涵盖了我市所有的初中，正高级教师 2 名，团队攻坚课题导师，课题研究引领和指导。高级职称 17 人(团队和非团队成员)，具有丰富的教学经验和管理经验，专业技能非常成熟，是学校初中体育核心素养课改发展的中流砥柱，一级职称 23 人。

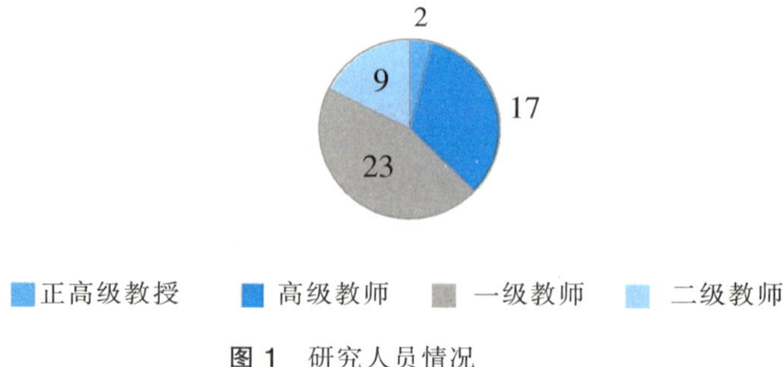

图 1　研究人员情况

高级职称和一级职称中有 6 位教师是各区体育学科教研员，提高课题研究实践价值性和实际问题落实推广有效途径。二级职称 9 人，一级和二级职称教师年龄结构具有朝气、勇于创新，信息技术应用能力比较强，挖掘教师的潜力，注入体育核心素养课改的“血液”，成为体育核心素养改革实践的主力军。

从图 2 中可以看到，城区学校的调查相对来说比较深入 67.3%，是初中核心素养课改的先行军，接触培训的机会相对比较多，交流、观摩的层面比较广。农区核心素养课改的要慢于城区 32.7%，可能受制于偏远，课改只存在教学的表面，没有深入去研究和讨论机会，参与积极性不高。通过远程教育、体育教学公众号、微信平台等多种手段，深入了解初中体育核心素养课改的内容和发展方向，跟上时代教学改革的步伐，适应时代发展的需要，有改才有发展，有发展才有创新，有创新才有体育教学核心素养改革的特色。初中体育教学才有生命力，才有利于初中学生体育核心素养的塑造。

从图 3 中可以看到，三种类型学校调查比例均衡，覆盖面比较全，说服力比较强，注重不同初中体育核心素养改革心发展的水平，能真正了解到不同学校体育

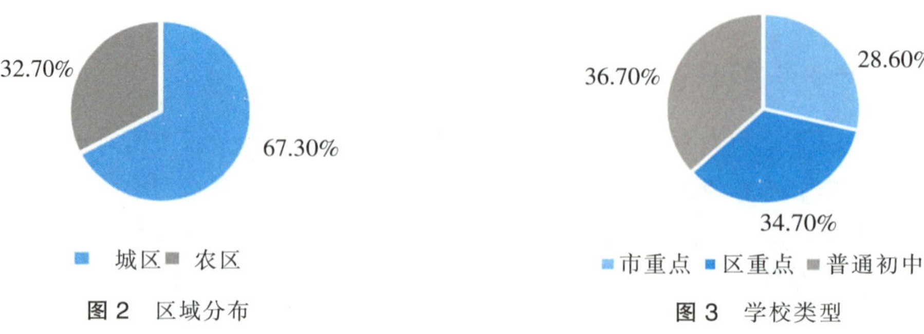

图 2　区域分布

图 3　学校类型

核心素养课改发展中存在的问题和课改的亮点。抓住问题进行有针对性的研究、讨论,促进核心素养课改的发展和落实。在核心素养课改的实践中,涌现出不同的亮点和经验,辐射到三种不同类型学校,结合学校实际有效的采纳和推广,加快初中体育核心素养课改的步伐和覆盖面。

十三、优化教学设计渗透核心素养成效分析

结合体育教材特性与核心素养内容内涵建立内在联系,探究两者之间不同层面,构建核心素养下优化的教学设计,建立完整的核心素养培养的教学体系,探究实质性教学策略与措施。

(一)体育教师对核心素养认识和了解的程度分析

通过对体育教师上交材料, 如何在核心素养视野下进行教学设计分析与体会,通过对每一位教师的材料的审阅,评出不同层次认识情况。从图 4 中可以看到,非常清楚认识好了解核心素养概念、特性、内涵以及发展占 8.2%,人数比较少,比较清楚占 28.6%,大部分老师学校骨干教师,但是教学设计中融入核心素养建构方面存在问题,一般占 40.7%,农区教师远远高于城区教师的人数,这部分教师对核心素养认识只存表层,没有进行有效设计和实践真正投入,需要通过多种平台进行培训加以引领,是改革发展的后背力量。了解一点占 14.3%,从这几位教师上交材料中看出其问题比较大, 对核心素养概念、特性、内容认识不清搞清

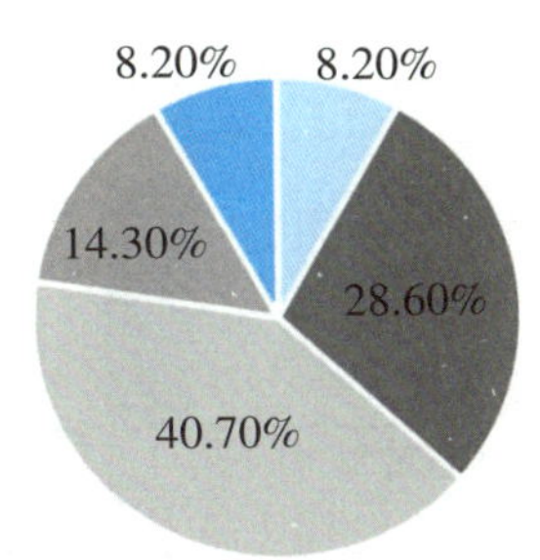

图 4 认识了解程度

楚，比较混乱，这样如何能设计出高水平的教学设计，这需要我们体育教研部门给以更多关注、更多重视。建议成立不同层面教学实施团队，从根基入手、从教师存在问题入手，利用现实存在问题作为团队研究的突破口，我认为只要挤一挤，教师的内在动力还是有的，主要寻找需要推动的“引领者”。不清楚占 8.2%，说明体育老师对体育课的前沿动态了解得不够及时、主动，对自己核心素养下体育教学成长发展用心不够，这部分教师必须转变思想观念，应爱岗敬业、爱学生。

(二)优化教学设计情况分析

1.体育项目教学设计情况分布

从图 5 中可以看到，对于体育与健康基础知识——《善于休息增进健康》《运动损伤的预防和处理 增强安全意识》，教师针对学生安全和健康角度进行设计，从中提高体育核心素养的身体健康方面给予渗透，让学生对身体健康和生命有所认识。对于球类课教学设计，7 篇教学设计都是篮球项目(球性 1 篇、基本技术 5 篇：变向运球、双手胸前传接球、行进间运球、交叉步持球突破接行进间投篮、传接球接行进间单手肩上投篮、战术 1 篇二过一战术)，通过不同教师篮球项目的设计，构建一个篮球项目教学体系，对篮球核心素养的特性化培养具有系统性、完整性、发展性，具有一定推广的价值。但是，足球、排球、乒乓球的教学设计较少，国家教育部把校园足球建设作为学校重点开发教学课程，学校足球建设需要的是足球体教结合的行动，行动是促进足球核心素养落实的根本途径，需要广大的体育教师在足球教学方面给予更多的投入，普及校园足球势在必行。因为不同球类之间既有共性又有自己的个性，只有对学生进行不同球类的学练，才能提高每一位学

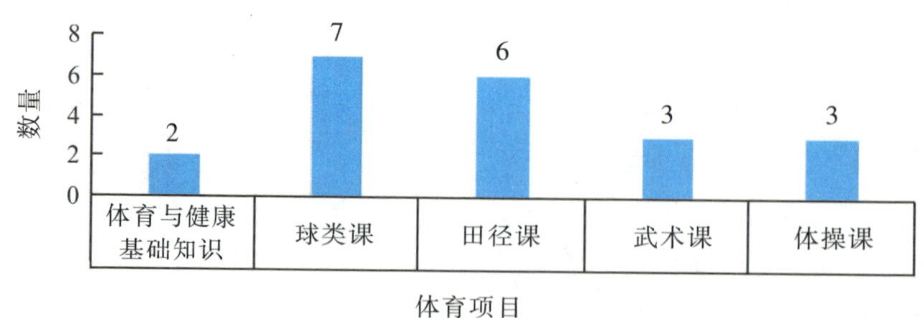

图 5 体育项目教学设计情况

生核心素养细节内涵的把握。田径课教学设计有 6 篇:短跑(途中跑)1 篇、跨越式跳高 2 篇、跨栏跑 3 篇(障碍跑、跨栏步姿势、过栏技术),田径项目对于学生自主探究学习占主导、对学生心理素质的提高具有非常大帮助,田径素质是学习其他体育项目的基础和学生体质健康发展主要练习的教学内容。武术课教学设计有 3 篇(健身拳 1~4 动、4~6 动、5~8 动),武术学习有利于学生身心发展具有良好的促进作用,同时了解中国民族文化,培养学生积极进取、尚武崇德的优良品质,很好落实武术核心素养在学生成长中发挥作用。体操课教学设计有 3 篇,《技巧课:肩肘倒立–前滚翻》《支撑跳跃:横箱分腿腾跃》《健美操:健身啦啦操》。通过对体育教师的交流,各校在体操类课程教学停滞不前,可能受安全因素的影响比较大,只有健身操项目发展在体育教学和大课间活动、课外活动开展比较热门。因为不同的体育项目的学练对学生体育核心素养培养有不同的作用,需要广大体育教师针对不同体育项目的特性,结合核心素养所要求的内容建立系统、完整教学体系,充分发挥体育项目的对人体影响作用。

2.优化教学设计单元计划分析

(1)核心素养视野下单元计划的教学目标和课次确定分析。

从图 6 中可以看到,一个体育项目单元计划的总目标是通过系列的课次目标构建的,有计划、有层次、有条理的进行,33 位教师认为通过一段时间的体育教学才能对学生核心素养(运动技能、健康行为、体育品德)的培养起到一定作用,单元计划的制定突出学习系统性、完整性、发展性,这样才有可能有利学生核心素养的形成。体育项目课次确定需要考虑两个方面,一方面:结合学习体育项目技术技能

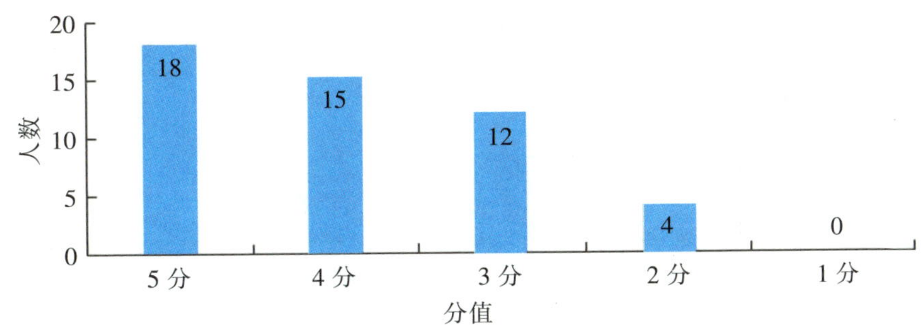

图 6 自评:单元计划的教学目标和课次确定分值

结构特点和难易程度。另一方面:结合学生的学情情况(认知水平和体质情况、发展区等因素),有效合理的进行弹性单元计划教学设计,一切以学生核心素养发展为中心有效的落实。参与研究的教师中有16人对于健康行为和体育品德与项目的结合的内在联系不够清楚。健康行为不能分段培养,应该循序渐进。如:科学体育锻炼是体育学科必须要教会学生的素养,这个因素应从小养成,从低端进行渗透,逐步养成终身锻炼的好习惯。体育品德培养甚至比知识、技能、体能更为重要,需要我们在每个学年、每个学期之中分析,合理地与运动技能或体能相结合,让学生在学习运动技术发展体能的同时发展这些要素,依据学生心理发展规律和智力发展特征,不能随意的切分,教师研究不同体育项目的精准化特性、精准化内容与体育核心素养内容建立内在联系,做到教学的实效性。真正落实单元计划教学设计在学生核心素养的培养构建体系作用。

(2)核心素养视野下单元计划的教学重点、难点分析。

通过参与课题教师进行交流,察觉到大部分教师对不同体育项目单元计划重难点和课次重点、难点的精准化存在问题。重、难点课次内容精准化确定,要具有层层铺垫作用、连贯的发展性,只有这样才能把核心素养的内容通过教学内容的重、难点的具体措施和策略落实到实处,因为重点、难点的精准确定与多种因素有关,学生体质、认知水平、学生创新的思维、学生心理水平以及本身体育项目的结构特点分不开的。只有充分全面考虑,才能设计出高水平单元计划的重点、难点。从图7中可以看到,非常有把握25人和比较有把握15人,说明体育教师探究解决教学内容重、难点的问题,有利于体育教师深入研究解决的方法,同时对于学生学习教学内容重、难点探究学习能力的提升有一定作用,可以有效渗透

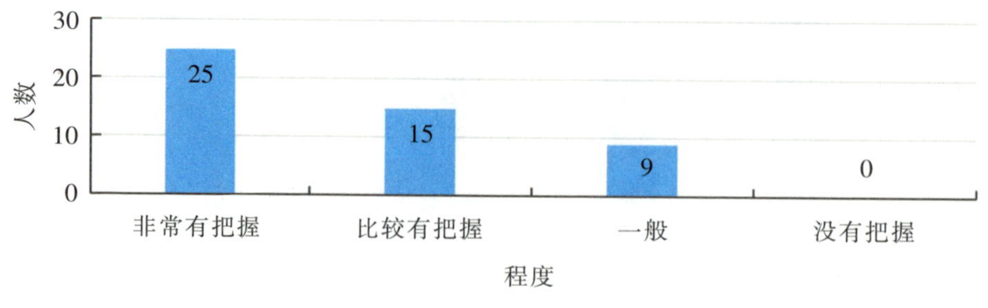

图7 把握重点、难点情况

体育核心素养在学生发展过程中作用。一般 9 人，说明体育教师对教材的研究不够深入，平时对教学的实践的科研研究没有投入，没有用科研引领自己的教学，关于体育教学之间的交流、学习有待加强。

(3)核心素养视野下单元计划的教法和学法选择分析。

单元计划中不同课次的教法和学法的选择必须根据所学体育教材内容和学生学习能力水平综合选择，通过对参与课题研究教师进行平时教法的调查。

从图 8 中可以看出，常用讲解、示范法的有 49 人，常用纠正，帮助法的有 37 人用，常用分解、完整法的有 41 人，常用比赛游戏法的有 28 人常用个别对待法的有 38 人；这说明体育教师对这几种教法的应用比较熟练，对教法特点了解得比较清楚，这些教法在体育教学中应用，可以使学生对技术、技能的掌握比较好，也说明教师关注到学生的个体差异于不同的需求，确保每一位学生都受益，给每一位学生带来成功的喜悦感，不断提高学生自信心，培养学生的身体健康核心素养。自从新课程改革以来，体育核心素养成为现代体育教学热门话题，涌现出很多教学方法来适应当代学生需要，充分发挥学生主体性，教师以指导者、引导者、促进者、研究者的身份出现在课堂上，使教师和学生共同参与的双边活动氛围更加活跃。同时建立和谐的师生关系，这样的教法和学法有利于核心素养渗透和发展。

常用启发教学法的教师有 24 人，引导学生积极思维，培养学生分析问题和解决问题以及独立工作的能力。常用自主、合作法的教师有 25 人，“要我学”和“我要学”的转变，是学生基于内在的需求而产生的学习兴趣和欲望，它直接来自学生的

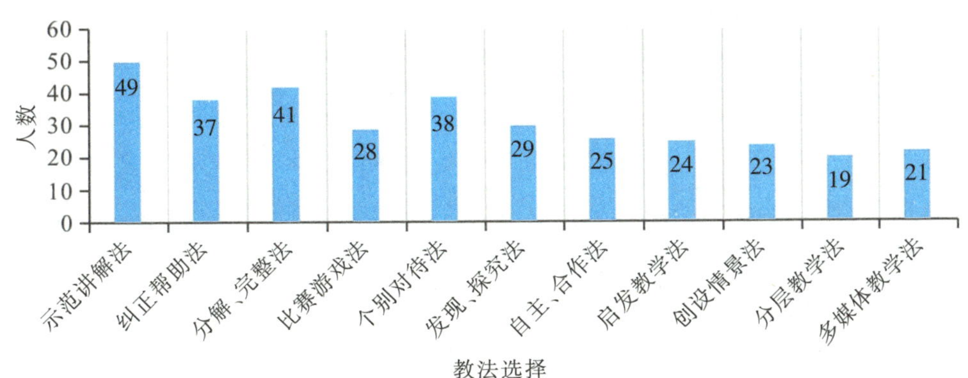

图 8 常用方法

主体,学生在合作中互动信息、交流情感、促进学习,在合作中加强实践,增强自尊心和自信心,常用发现、探究法的教师有 29 人,说明体育教师给学生思考的时间比较少,我认为在体育教学时先让同学们实际操作或练习,在亲自动手中得到启发,发现规律,再通过提问,指引学生进行积极的思考并展开激烈的讨论;最后归纳总结出结论,培养学生灵活运用相关学科知识进行迁移的能力。常用创设情境法的教师有 23 人,中学教师运用此法比较少,可能与学生年龄阶段接受知识方式有关系;常用分层教学法的教师有 19 人,说明教师注意到学生的身体素质及对技术动作的领悟能力各不相同,传统的教学方法很难实现这一目的,而运用分层教学方法,使其更贴近学生的实际情况,适合学生的身心特点,调动学生的学习积极性,大大提高教学质量。常用多媒体教学法的教师有 21 人,从调查表可以了解到运用此方法绝大部分是 40 岁以下教师,因为他们接受现代化教学手段比较快,同时不受学校教学软件的制约,此方法是以后发展主要方向,因为学生对现代化教学非常感兴趣,通过学生与多媒体之间的交互作用,以完成各种体育教学功能。选择适合的教法和学法有利于拉近师生之间关系,同时对培养体育核心素养有积极推动催化剂作用,希望青年教师开发、拓展自己的现代化设备优势,为体育教学课堂注入现代化的信息,使学生主动、有意的目的学习,从多个角度综合培养学生体育核心素养,跟随现代化时代的教学改革步伐,勇于创新、勇于尝试、勇于拓展的教学先进理念。

(4)核心素养视野下单元计划中课次的教学组织和要求分析。

在核心素养的视野下,针对不同体育教材内容单元计划的课次教学组织和要求进行合理、科学、有效的综合分析,选择适合学生学习组织形式,有利于学生主动参与自主、合作、探究学习组织环境。

从图 9 中可以看到,32 位教师认为课次的教学组织和要求非常重要,12 位教师认为比较重要,5 位教师认为一般重要, 说明体育教学组织形式和要求的好与坏直接影响体育教学过程的流畅性、连贯性以及教学任务、目标的达成。因为不同体育教学内容有不同的组织形式,一节体育课有不同的教学内容需要运用不同教学组织形式,不同教学组织形式需要进行严密、精心设计才能达到预期的目标,组织的流畅性可以为有效的学练留出更多主动学习和思考的时间,同时提高体育教师课堂教学管理的水平,指导学生按照教师的要求完高质量成学练,在组织过程

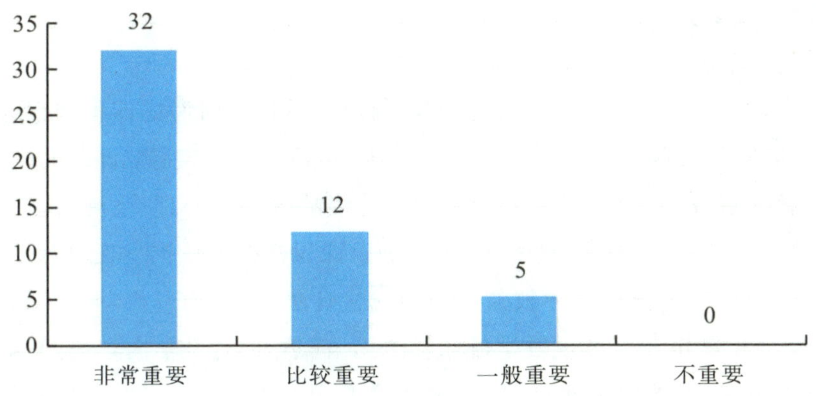

图 9　单元计划中课次的教学组织和要求选择

中渗透体育核心素养中体育品德、体育健康的行为、体育的组织纪律性等，通过有效教学组织培养学生组织观念、时间观念，珍惜美好的学习时光。

(5)核心素养视野下精准化构建单元计划中不同课次的知识点。

从图 10 中可以看到，非常精准构建 23 人、比较精准构建 18 人，说明只有研究透体育教材的内容和特性，才能对教学内容的知识点的精准化确定提供保障，因为知识点学习是有前后顺序的，只有把同一个教材内容知识点内容进行细节分析，作到层层铺垫、建立内在知识点的联系，梳理知识点，做到互相支撑作用，只有这样才能把同一个教材内容知识、技术技能传授给每一位学生，生成学生的本领，才能体现出核心素养在学生成长过程得到充分塑造。

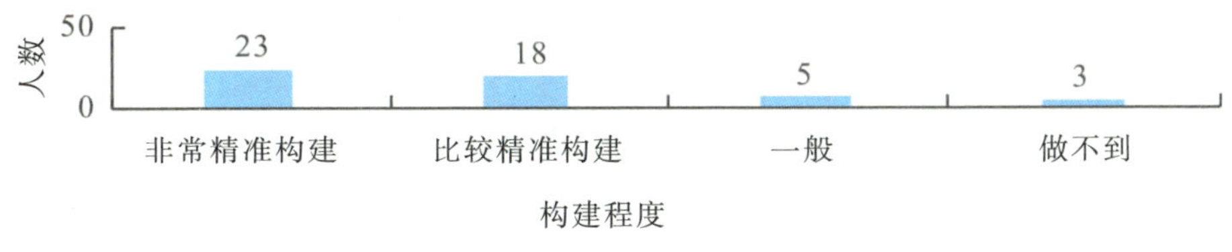

图 10　构建知识点

3.优化课时的教学设计、课时教案中渗透核心素养的教学内容

优化教学设计和课时计划是达成教学目标、任务的关键，教学设计反映出教师设计的理念和构建的想法、目的，蕴涵着教学的内涵和教学思维、预设结构、假

想问题是否能变成现实，起到课堂教学指挥棒的作用。

(1)目标定位精准，为学生指明学练方向。

从图 11 中可以看到，分析出体育教师在制定教学目标时考虑四种因素，49 位教师考虑学生实际占首位，学生的认知水平和体质情况来精准定位课时的教学目标，在课时教学设计的目标中，结合学生发展的年龄阶段的心理、生理、性格等因素为基础，体现目标设计的针对性。46 位教师以课程标准为依据呈现目标设计的准确性，以课程标准为依据指导教师有理、有据、有法，不会出现科学方面的错误。43 位教师分类制定充分体现教学目标层次化，有学生、有教学内容、有教师，优化细节，层次明确，有 6 位教师此方面考虑有待提升。42 位教师结合核心素养下三维目标内容的内在联系，构建落实的目标，为学生学练的发展的过程的目标达成，具有可操作、发展性、前瞻性、创新性的不同小阶段目标，让学生通过主动思考、探究解决良策、主动参与学练，经过一段时间的努力学练，学生“跳一跳，摘果子”自己有所得，精神状态和心情得以调节，有利于学生身心健康的发展。

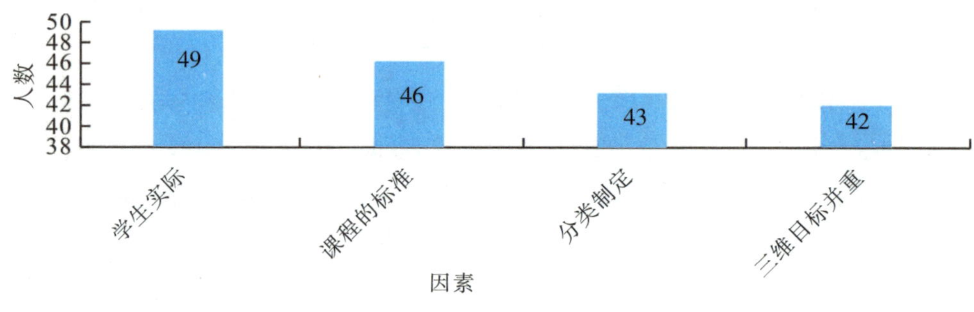

图 11　确定教学目标

(2)精选教学内容，有效组合，建立内容与形式的合理的关系，为学生提供学练指向。

从图 12 中可以看到，28 位教师非常有把握，占 57%；16 位教师比较有把握，占 33%。这说明体育教师能精选出适合学生发展的教学内容，一堂体育课不同的环节设计不同教学内容，同一个环节的教学内容的组合、搭配有利于学生学练，有利于技术、技能的学练、提升、强化、生成，有利于核心素养三维目标的巧妙的渗

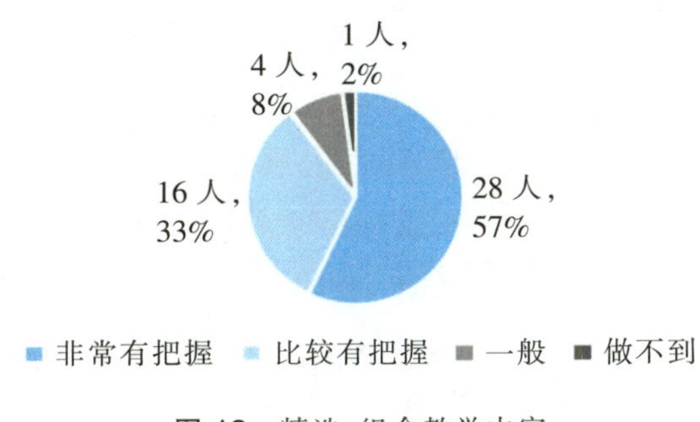

图 12　精选、组合教学内容

透。不同教学环节之间的内容互相联系，层层铺垫，拓展教学，形成系统性、严密性、有层次的教学跟进，多样化的教学内容为学练主教材内容提供多角度的辅助和强化作用，不同的教学内容需要不同学习形式，一节体育课运用多样化的学习形式进行学练，充分调动学生主动参与学练、练中发现问题、实践中探究解决的良策，培养学生永不放弃、敢于挑战的良好心态。4 位教师一般占 8%，1 位教师做不到占 2%。这说明个别教师对教材的研究和教学内容研究找不到内在的联系点，形成不了效应。通过查看教师的课时教学设计内容，教学内容绝大多数来源于学生的生活、学习等场景，让学生感觉到能摸得到、看得见、不空洞，让学生学练起来有抓手。

(3)优化学练时间上的精准，把握时机，为学生理清学练取向。

从图 13 中可以看到，预设时间非常精准的有 21 位教师，占 43%；比较精准的有 18 位教师，占 37%。这说明体育教师对不同环节教学内容时间的把握心中有数，有的放矢，充分体现时间运用的有效价值，教学内容时间精准把握，需要考虑多种因素，如：练习动作难度、次数、学生学练的动态、场地布局情况等，做到精讲多练，组织、教法、策略选择科学、合理，只有这样才能让学生在有效的时间内，把握核心素养的内涵，学生才能真正得到发展。8 位教师一般，占 16%，2 位教师没有把握，占 4%，这说明老师对教学内容学习时间观念不强，学习有效价值和学生学练的成效以及进度情况随心所欲，长久下去，很难提高体育课教学质量。需要提高教师研究教学的科研能力水平和对体育教学的热爱程度，用心来做每一项体育教学工作。

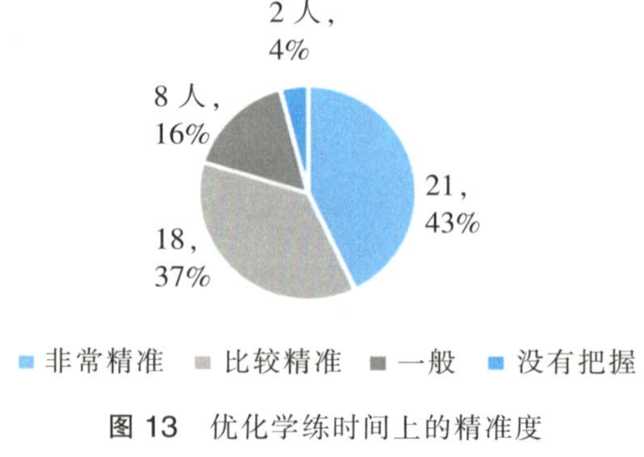

图 13　优化学练时间上的精准度

(4)在位置上，结构安排合理精致。

从图 14 中可以看到，23 位教师结构安排非常合理精致，占 47%，18 位教师比较合理精致，占 37%。这说明体育教师认识到在位置上，结构安排精致的合理性、逻辑性、科学性，有利于学生主动参与学练过程。对体育课不同环节的安排(开始环节、准备环节、主体环节、结束环节)，每个不同环节所蕴涵的内容和意义有所不同，只有抓住其本质才能科学地安排教学内容。教学场地器材的结构设计结合学练的内容巧妙的搭配才能最大限度发挥其作用，同时，结合组织形式结构，减少过多调队，使教学过程更加流畅、更加具有条理性。教法选择的结构安排，直接影响师生角色位置的变化，如：示范讲解，突出教师的主导位置；学生根据学练篮球技术技能的微课，自主学练，突出学生主动参与的主导位置，而教师起到指导者或引导者的作用，对学生能力培养提供有效的平台，所以说结构安排的是否得当，直接影响教学质量和学生学练效果。8 位教师一般，占 16%，说明这 8 位教师还没有认

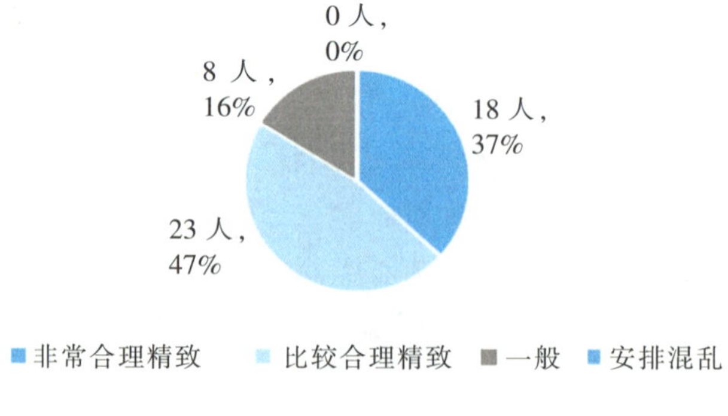

图 14　结构安排合理精致

识到教学结构的设计精致会给课堂教学和学生发展带来的变化，对核心素养的融入只有表象，没有实质性的深入学生成长过程中，失去体育教学的本质，提高教师的科研能力水平和教育事业的责任心，把学生一切的发展作为每一位体育教师教育的初心。

(5)在方法、组织、策略，手段选择精致。

从图 15 中可以看到，16 位教师非常有效， 占 33%；21 位教师比较有效，占 43%，说明教师对教学方法和学法、组织、教学策略研究比较深入，教法和学法选择直接影响学生学习接受的方式以及主动学习方向， 为学生学练过程指明方向。组织严密性、流畅性，为学生学练的安全、学习思考交流、学生之间互动提供更加有效空间，让课堂教学有目的、有组织、有程序、有方向共同体的学习氛围。教学策略为突破教学重点、难点，提供解决问题的良方，同时对个性化的学生问题可行性提供解决措施和途径。12 位教师一般，占 24%，对方法、组织、策略的研究存在短板，考虑解决问题不够全面，这样会造成课堂实施过程中应变能力、对策的准备不充分，造成教学进程停滞的尴尬教学状态。体育核心素养是否能在学生的成长中开花结果，教法、组织、教学策略起到一个桥梁的作用。

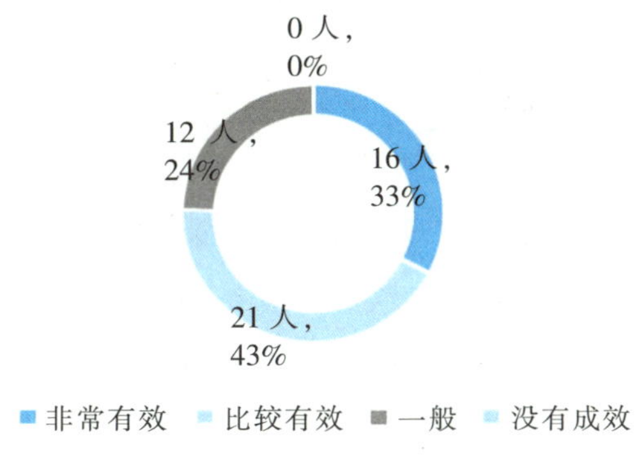

图 15　方法、组织、策略选择

(6)在感受上，配合对位精确，做好互动与调控积极性的关系。

从图 16 中可以看到，18 位教师非常积极，占 37%，22 位教师比较积极，占 45%，体育教师通过配位对位，学生互动与调控给学生带来多方面的变化，学生情感的升华需要教学内容配合素养内容建立对位精确性。如：学习体操双杠教学内

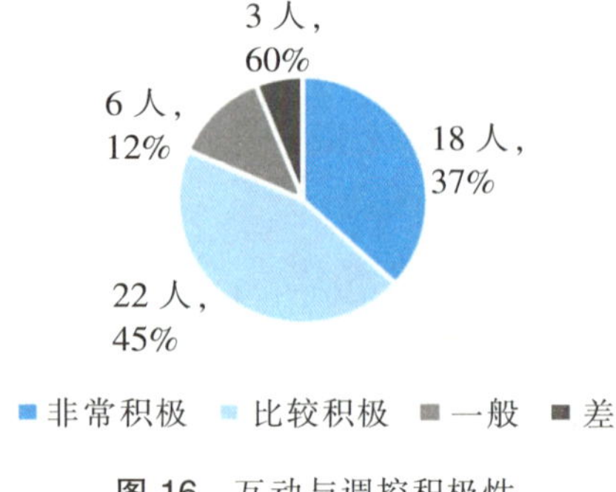

图 16　互动与调控积极性

容对位学生心理促进作用有很大帮助；再如：参加篮球或足球比赛教学，对位学生团队合作、交流、享受比赛带来的愉悦心情；再如：学习传统武术健身拳教学片段，对位传承的情怀的塑造等。不管哪一种体育教学内容必须研究它的特性与学生感受、情绪建立配对效应，构建素养落实有效途径。学生情感的变化需要进行互动和调控节奏，学生学练的课堂氛围才有活力、有朝气、有欢笑、有汗水、有交流、有释放。例如：王老师的《运动损伤的预防和包扎处理》和张岩老师的《啦啦操》，互动建立在学生之间实际操作损伤包扎处理过程；音乐节奏与动作的融合以及借助屏幕媒体，两位教师运用采用合理教学方法、节奏变化、组织、场景布置、有效评价等手段进行有效调控，达到学练的目的。

(7)体能成为新课程改革的一个重点，对学生掌握体育技能、技术的学习有一定的促进作用，体能教学培养学生意志品质和健康行为。

从图 17 中可以看到，28 位教师认为非常有必要，占 57%；15 位教师比较有必要，占 31%。这说明体育教师认识到每节课 10 分钟左右体能训练，有利于学生对运动技能掌握和运用以及健康的重要性，鉴于我国青少年学生体质健康水平持续下降的现实，如果每节体育课都能利用 10 分钟左右的时间引导学生进行多种体能有质量的专门练习，学生的体能水平定会提高，问题在于体能在教学设计中如何安排，安排在哪个环节比较合适，体能的教学内容学练如何构建，是我们研究的教学设计与实施考虑的问题。例如：体育教学中把体能练习与课的练习内容和练习顺序有机结合，学习迁移高中体能模块的教学思路、教学策略融入到初中体能教学中。

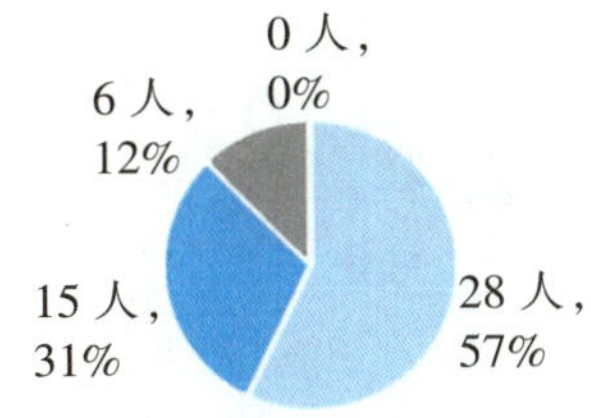

图17 安排体能教学内容

(8)适度评价，为学生形成学习导向，把预设转变生成的信息反馈。

评价的信息会给体育课堂注入活力、注入动力源泉，起到催化剂的作用，学生行为动态的过程发展，离不开教师适度的激励评价，对学生心理、生理、学习动机以及学生创新思维有一定促进作用，为学生学习导向起到引领、指导作用。通过学生学练成效来检验预设是否生成学生所知、所用、所想。有的教师体育项目设计中运用语言艺术评价反馈(王金老师的《善于休息 增进健康》和杨春凤老师的《跨越式跳高：过杆》)，注重学生心理、情绪、情感的变化，突出健康行为和品质提升。有的教师运用拓展的教学内容检验所学知识、技术技能评价(李斌老师的《传接球接行进间单手肩上投篮》《交叉步持球突破接行进间投篮及体能练习》)，突出学而运用，注重学生的发展。

4.课堂教学是检验核心素养落实有效载体

只有让学生主动参与课堂活动，才能让学生的发展成为现实，学生的综合能力水平才能得到全面发展，把体育教材的精神和知识、技能逐渐生成到学生的本领，运用学习到的本领来适应现代社会发展步伐，运用所学的体育科学文化知识和创新思维意识来武装自己，使自己变得更加的自信、更加强壮。

(1)根据核心素养视野下课堂教学体系构建评价标准见附件1，结合每位教师课堂实录进行成效评定(图18)。

根据课堂教学内容体系评价标准进行综合评定，涉及九个方面：课前准备10分、教学理念5分、教学目标10分、教学内容10分、教学过程30分、学生学习状态10分、教师素质5分、多媒体应用10分、教学效果10分。从图18中可以看到，7位教师是优秀课堂实录，占33%。这说明体育教师的教学设计水平、教学组织、教

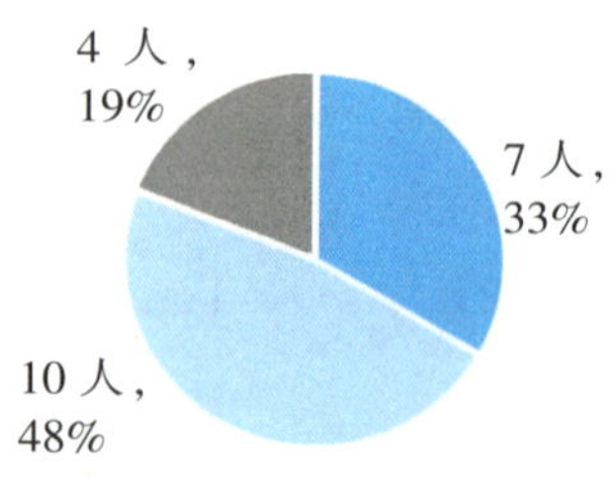

图 18　课堂实录情况

法和学法的运用、教学评价时机的掌握等方面做的全面，可以有效控制课堂的教学动态的发展，做到有的放矢。10 位教师是良好课堂实录，占 48%。这些教师的教学设计的内容在课堂教学过程中不能全面的呈现在课堂教学过程中，在不同的点位不能有效的落实自己预设的目标、知识点，核心素养的内容与教学内容之间联系不能深入的渗透到学生学练中，对课堂教学的细节进行研究，探究出解决问题的方法、措施，运用科研手段引领体育核心素养在体育教学过程中的落实。4 位教师是及格课堂实录，占 19%。这几位教师问题比较多，对核心素养的理解、在体育教学过程的转化、生成的都存在问题，不知如何进行入手，找不到问题所在，需要业务水平高的教师给予有目的指导和交流，加强自己业务和素质的提升，为体育教学注入新的思想、新的思维、新的动力。

(2)在核心素养视野下，体育课堂教学呈现出新的变化。

①注重运动能力和运动习惯培养。在上交的体育课堂教学实录中，教师注意明确教学目标，利用多样化的教学方式，根据不同身体素质的学生进行运动能力培养，利用教学目标引导教学课堂。王金老师和杨春凤老师的《跨越式跳高(过杆)》，对技术、技能的学练进行分层教学，学生根据学练成效有弹性选择达成的教学目标，让学生在挑战中成长，不断提高学生运动能力和运动习惯，让学生能够在离开课堂回到家庭、社会之后同样能够重视体育运动习惯的培养。

②健康知识和健康行为培养。通过教学需要让学生详细地掌握科学的运动方法和运动行为，避免由于健康知识的缺失而对学生身体素质造成损伤。例如：王青华老师在进行横箱分腿腾跃教学时，教师要详细地向学生介绍在运动中容易造成

手腕的挫伤、膝关节的撞伤和防护措施。又如:河北区李斌老师教的交叉步持球突破接行进间投篮,容易造成踝关节扭伤和肩关节拉上,介绍解决措施,确保学生能够有效避免出现伤害问题,教师有义务让学生了解哪些问题是能够导致出现运动伤害的,而哪些伤害又是可以有效地避免的,帮助学生掌握良好的健康行为习惯,掌握全面的健康知识。

③体育情感和体育品格的培养。体育情感是为了能够让学生喜欢体育运动、热爱体育运动。体育品格跟体育情感相比较来说,更加趋向于精神方面的教学,在体育教学中必须要重视学生体育情感和体育品格的培养,需要注意根据当前课堂教学内容的实际进行针对性培养。例如说想要提升学生的体育兴趣,可以在课堂教学中开展娱乐性比较强的体育教学活动,(刘彦青老师的快速跑),采用多样化的教学内容,娱乐性传授技术技能。想要提升学生的挑战精神(张岩老师的跨栏跑;陆洋老师的障碍跑),两位老师采用层层铺垫的教学手段和教学策略,激励学生的挑战欲望,为学生心理素质的提高注入有效的元素。想要培养学生的团结协作精神(王青华和张丽艳老师的健身拳;张岩老师的啦啦操),充分发挥师生之间、生生之间的团结协作的互动与调控,调动学生主动参与学练的积极性,活跃课堂的氛围。核心素养的培养必须建立在不同体育项目学练的基础上,选择适合的教学手段、教学方法、多元化的评价,来培养学生的体育情感和体育品格。

(3)聚焦核心素养视角下,在课堂教学过程中,融入教学理念、教学目标、教学内容的生活化。

教学理念生活化尊重课堂中每一个同学个性的发展,用自己的生活态度与学生做朋友、做知音,用对待生活的热情去激励和感染学生,让学生在生活的氛围中学习知识。例如:王金在“善于休息,增进健康”课堂中,先让学生准确说出自己每天生活作息规律,教师根据学生作息规律的不同,分类进行分析作息的重要性,判断那种作息是最好的。然后,引导学生进行思考分析,同时教师见机点拨,让学生发现自己的闪光点和不足之处,进而有目标的调整自己作息计划。最后,让学生说出学到了什么以及自己的感受。整节课,在教师与学生的互动中进行,教师将自己的生活态度融入教学,给学生贴近生活的学习氛围,学生更加积极主动参与活动。在课堂教学过程中,丰富教学内容,融入生活素材将生活目标融入到体育目标中,通过这种教学与生活相融合,培养学生更好的生活能力。体育教学的安排和设计

不仅仅是完成教学工作,最重要的是要考虑到其是否符合学生的实际,是否贴近学生的真实生活。如:王青华老师的健身拳教学导入部分,融入交通法规的知识,让学生在游戏过程中学习到交通法规内容, 让学生不知不觉的学习到生活知识和技能。再如:刘彦青老师,快速跑的姿势规范、标准的学习,有利于学生身体形态的发育,素材来自学生生活的个人发展,既提高学生的动作,又做好安全防护,预防运动损伤的生活知识。于素梅老师提出了中国学生体育学科核心素养的框架,初步确定了体育精神、运动实践、健康促进大维度,体育情感、体育品格、运动能力、运动习惯、健康知识、健康行为六大要素。从中可以发现,体育精神和健康促进维度是在运动实践基础上发展而来。因此教师需要在注重体育教学掌握技能、强身健体等基础功能外加强学生个体生活与教学内容的联系。

(4)注重核心素养的内容在教学内容的转化和生成,有效促进体育核心素养在学生成长过程中的渗透。

核心素养内容是否能转化、生成学生自身的知识和能力,关键在于教学内容的载体,充分利用有效的载体与体育核心素养建立有效的内在联系,做到有针对性的实施,利用不同教学方法、教学策略、多样化的组织形式、激励性评价等手段,健全学生的人格、锤炼学生的意志、增强体质,享受体育带给学生愉悦的心情,为学生注入健康的活力。通过观看各位教师的课堂实录情况,发现突出点在自主学习、合作探究学习、精讲点拨、巩固强化、拓展延伸。体育教师能结合教学内容的载体通过不同教学手段提升学生学练的成效。如:李斌老师《交叉步持球突破接行进间投篮及体能练习》、王青华老师《健身拳 1~4 障碍游戏》、张岩老师《跨栏》等 6 位教师,在教学过程中充分突出这五点,教学手段多变,有利于学生体育核心素养的渗透和提升,从侧面反映出体育教师核心素养,知识广博、理念先进、方法科学、基本功扎实;语言表达生动简练、富有感染力,形成自己的教学风格;对学生问题点拨时机把握准确,有效,教师运用自己体育艺术感染每一位学生,打开学生运动的心灵之窗。

(5)核心素养视角下的体育教学课堂,焕发出学生新的景象。

教学的初衷是学生有所发展。学生主动参与意识,互动效应有了很到的提高,没有参与、就没有成功,只有让学生动起来,才能让学生体会到体育的乐趣和体育的奥秘,如:张岩老师的《啦啦操》。

学生学练时思考、交流的机会更多了，学生的思维更加活跃，学生的变化来自于体育教学过程中学生主体地位的变化，传统教学强调是教师主导地位的神圣，主体地位的变化，为学生参与学练的机会的空间、时间更多了，同时对初中生的创新思维的培养提供有效的平台，学生思维的培养离不开教师课堂教学策略的有效运用，对于教师来说如何运用创新的思维或想法创造更多的效益，需要提高体育教师专业业务水平和核心素养，用心做好每一节体育课的功课。如：王青华老师的《运动损伤的预防、增进身体健康》，杨春凤老师的《跨越式跳高》，刘彦青老师的《快速跑》分组轮换活动，三位教师发挥学生主体地位，教师起到指导、点拨者角色，师生、生生之间的互动非常和谐。

学生的情感得到升华，学生的情绪得到释放，学生的运动心灵被激活。体育教学核心目标之一是促进学生身心健康发展，学生情感、情绪在体育教学内容的驱使下发生不同形式的转变，没有情感教育的课堂不是好的课堂，教学内容的学练融入学生情感的投入，有情感的教学才有生命力、才有活力，同时，体育教师也要带着情感的态度对待每一位学生，用情感感化学生的运动心灵。如：王青华老师的《横箱分腿腾跃》导入部分：爱国情怀的题材游戏，情感的育人教育；孙立强的《健身拳 5~7》武术，传承爱国主义和武德教育的情感，发扬中华民族武术精神。带着情感做教育，有利于学生精神的发展。

(6)信息技术的应用在体育教学内容中，为渗透核心素养提供助力。

从图 19 中可以看到，16 位教师经常用，占 33%，通过交流发现 25 岁~40 岁的教师，信息技术掌握比较熟练。信息技术为体育教学的发展带来变革，可以有效解决教学中重难点问题、同时拓展学生学练的视野的空间、时间，有利于学生学练兴趣的延续，为学生自主学习、合作探究学习的途径搭建平台，学生主动参与学习意识大大增强。让学生学会学练方法，解决问题的途径以及技巧。既活跃体育教学的氛围，又提高教学质量的实效性。王金老师的《善于休息，增进健康》、王青华老师的《运动损伤预防与处理》微课和电子白板；张岩老师的《啦啦操》杨春凤老师的《跨越式跳高》平板电脑等，信息技术的应用不但提高学生学习综合能力水平，又加大学生之间交流的机会，没有交流的教学称不上教学。23 位教师有时用，占 47%；8 位教师偶尔用，占 16%，这可能是因为体育教学室外课占主要阵地，受设备、场地空间等因素影响比较大，影响信息技术在教学中应用，应加大学校信息技

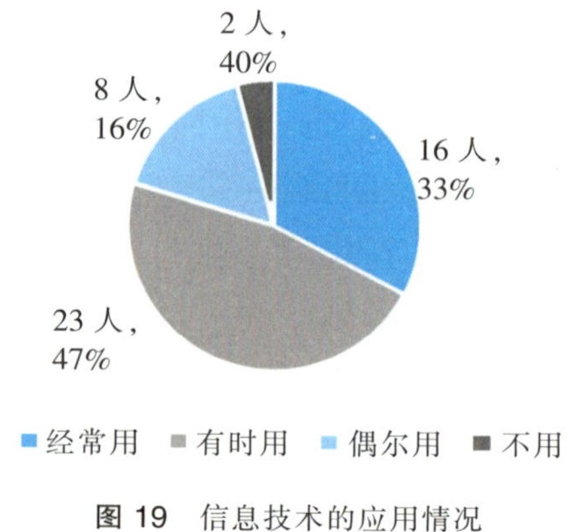

图 19　信息技术的应用情况

术硬件的建设，满足教学所需。

十四、建议与结论

(1)加强体育教师核心素养改革的培训力度，能根据不同学段学生的实际准确定位学生核心素养的发展精准化的目标。

(2)根据教材的特性优化构建系统性、完整性、发展性、创新性的不同体育教材的核心素养下的单元计划。

(3)探究核心素养的内容与体育教学内容建立内在联系，做到有针对性、有持续性、有拓展性。

(4)核心素养视角下，教学内容贴近学生的日常生活，把所学练的体育知识、技术、技能有效运用到学生的日常生活中去，体会学练的真实价值。

(5)加大信息技术与体育教学内容的整合，拓展学生学练的途径，调动学生主动参与学练，改变学生学习的方式，有利于学生自主、合作探究学习。

(6)把体能教学作为核心素养发展目标之一，有效安排在不同的体育教学内容中，有利于学生体质和身体健康的发展。

(7)加大学校体育核心素养知识、文化、精神等不同层面的宣传力度。

参考文献

[1]潘绍伟.体育与健康学科核心素养视野中的教学设计与实施[J].体育教学,2018.38(04):8–11.

[2]庄弼.如何在体育教学中落实体育与健康课程核心素养[J].体育教学,2018,38(03):11–15.

[3]北京教育科学研究院基础教育教学研究中心项目组.课堂教学如何为学生核心素养发展提供有效支点?——北京市学生发展核心素养的教与学研究报告 (2015)[J]. 中小学管理,2016(10):37–40.

[4]廖勇娟,曹庆荣.如何在教学中落实体育核心素养[J].体育科技文献通报,2017,25(12):120–121.

[5]刘鸿.基于核心素养背景下的初中体育教学[J].文学教育(下),2019(12):174.

[6]侯国民,莫永华.基于体育与健康学科核心素养的教学设计[J].中国学校体育,2019(09):23–25.

[7]尚力沛,程传银.基于发展学生核心素养的体育单元教学设计[J].体育学刊,2018,25(01):98–103.

拓展学校阳光体育活动内容与形式，提高学生体育核心素养的实践研究

天津市北辰区华辰学校　周静

摘　要：本研究通过运用问卷调查、文献资料和数理统计、理论分析等方法，对我市拓展阳光体育活动内容与形式、高效开展阳光体育活动实际情况的了解，分析阳光体育活动对学生体能、运动技能、情感交流、主动性等方面的影响，并有针对性地提出了最大程度地发挥学生、教师的主动性和创造性，丰富阳光体育活动内容，提倡自制器材和自编活动内容；学校要加大对体育的资金投入，应有选择性的购置体育器械，改善体育场地设施的建设；进一步加强教师的引导作用，及时协调学校、班级、学生的关系，激发学生参与活动的主动性和积极性；以素质教育为理念，拓展阳光体育活动的内容与形式；因地制宜，从实效出发，形成特色并产生一系列建设性意见，这不仅可以帮助体育教师更有针对性地开展阳光体育活动，还能为学校和有关教育部门提供具有参考价值的施政资料，以便科学决策、科学管理，为进一步落实中学生阳光体育活动的措施，提高学生体育核心素养提供参考依据。

关键词：阳光体育活动　体育核心素养　健康　发展

一、研究的主要内容

在对本市中小学校全面实行阳光体育活动制度和学生体质健康现状、存在问题和原因，以及学生体能发展现状调查研究的基础上，积极探索阳光体育活动制度的地位、价值、功能、规律、特点等基本理论；坚持从实际出发，针对本市学校实际情况，依据学生年龄特点，创编适合学生体能实际水平，能够促进学生体能发展的身体素质练习内容，创编适合不同年级学生开展的多种类型的体育游戏，创新体育器材，开发利用学校体育资源；转变观念，转变发展方式，拓展阳光体育活动的内容和形式；引导学校根据实际情况，研究各自的发展目标，发展方式，形成自主发展的特色。

研究的主要内容如下。

(1)保证学生每天锻炼一小时的实践分析与可行性效果的研究。

(2)学校大课间体育活动科学化的研究。

(3)学校阳光体育活动内容与形式的研究。

二、理论依据

(一)哲学理论依据

马克思主义讲客观物质世界的运动、变化和发展。与时俱进，就是要求人们的思想认识要随着客观世界的发展变化而不断深化。本课题的研究带动体育教师的个人成长，顺应时代的发展，不甘于人后，传道授业解惑必将走在时代前沿引领学生不断探索和进步。

(二)生活教育理论

教育必须面向社会，面向生活；要走向社会，走进生活，要为学生提供更多的

亲自动手、动脑的机会，要给学生更多选择的机会，包括学习时间的选择、学习方法的选择以及学习内容的选择，鼓励学生依照自己的兴趣、需求，开展实践、探索、创新活动。与之相配套的课程设置，教育内容，教育模式等也都应向生活教育理论方向靠近。这样才能使陶行知的“解放学生的脑，解放学生的手”教育思想得以真正体现，使学生的个性得到全面和谐的发展。

三、研究目的和意义

(一)选题意义

在全面深化课程改革的背景下，各学科教学核心聚焦于学生核心素养的培养。“运动能力、健康行为、体育品德”作为体育学科核心素养是学生在学习过程中形成的基本知识、技能、方法、情感态度和价值观等的综合表现，突出强调健身育人功能，关注课程的“终极性价值”，即人的发展。新的思想对学生不仅要求掌握基本的体育知识与技能，也要求在获取经验中领悟体育所蕴藏的隐形教育内涵，促进良好品质发展，形成体育与健康素养。

长期以来，许多学校的课间体育活动仅限于学生做操，并且多年来同做一套广播体操，其内容单一、乏味，形式机械、呆板，学生早已厌倦，不仅体育锻炼的效益低下，而且还禁锢了学生的个性发展，违背了“以生为本”的教育理念，造成了体育教育的人文性缺失。与课间操相比，阳光体育活动时间长、内容丰富、组织形式多样。它对学生紧张的学习起调剂作用，在轻松和谐的音乐中进行活动，调整学生的身心疲劳，缓解学生的紧张情绪，陶冶学生的情操，振奋学生的精神，加深师生、同学之间的关系和友谊，增强了学生的体质，培养学生的团队精神、合作精神、竞争意识和集体荣誉感，给学生创造多彩的锻炼天地，使学生的身心得到健康发展，实现体育与艺术、休闲与锻炼、传统与现代相结合的完美统一。天津市学校体育工作一直贯彻教育部“每天活动一小时，健康生活一辈子”的号召，秉承“以学生为本”的宗旨，注重学生掌握文化知识的同时，也关注学生终身锻炼习惯和意识的培养，切实开展阳光体育活动。但随着社会的发展，不同的学生具有不同的特点和差异性，对阳光体育开展的组织形式、内容、管理制度等的要求也越来越高。因此，将阳光体育活动内容与形式提升到有特色的层面，列入学校发展总体规划，进一步发挥其特殊的综合教育功能。把阳光体育活动作为学校实施体育教育的载体，有组织、有计划、有步骤地实施。这将对优化和开发学校教育资源，切实提高学生的体育核心素养具有重要意义。

（二）研究价值

为了贯彻落实学校体育工作条例中规定的“要保证学生每天一小时体育活动时间”，保证学校体育适应多目标、多功能的要求，更好地完成教育任务。通过对我市学校阳光体育活动内容与形式的研究，包括对目前保证学生每天锻炼一小时的实践分析与可行性效果的研究、大课间体育活动科学化的研究，进一步创新学校阳光体育活动内容与形式，提高学生体育核心素养的发展。拟构建一套适合学校阳光体育活动的可操作体系，让学生在活动中享受学习的精彩，在学习中体验活动的快乐，营造一种团结合作、健康向上的校园环境，从而促进学生身心健康发展。同时，通过“创新学校阳光体育活动内容与形式，提高学生体育核心素养的实践研究”这一课题的开发与建设，提升学校的办学位次，创“阳光课间”之特色，为校本课程的开发与运用服务。

（三）研究的目的

(1)通过学生每天锻炼一小时的实践分析与可行性效果的研究，与调查阳光体育活动开展的现状为制定阳光体育活动原则、制度打下良好的基础。

(2)通过探索学校大课间体育活动科学化的研究和阳光体育活动遵循的原则，依据学生年龄特点，从而为学生创编更加适合学生体能实际水平、促进学生体能发展的身体素质练习内容和开展多种类型的活动方式。

(3)通过拓展阳光体育活动内容与形式，促进学生身心健康和谐发展，提高学生体育核心素养。

四、预期创新点

(1)研究制定出能够体现分类指导、分层管理市、区、校三级的基本要求、工作职责、管理办法等机制,保证学生每天锻炼一小时。

(2)依据学生年龄特点,创编适合学生体能实际水平,能够促进学生体能发展的身体素质练习内容,创编适合不同年级学生开展的多种类型的体育游戏,创新体育器材,开发利用学校体育资源。转变观念,转变发展方式,拓展阳光体育活动的形式。

(3)引导农村、城市学校根据实际情况,研究各自的发展目标,发展方式,形成自主发展的特色。从而进一步提高学生体育核心素养。

五、研究的原则

(一)坚持教育性、科学性、趣味性原则

阳光体育活动校本化建设要坚持育人的宗旨,遵循教育规律和不同年龄段学生身心发展特点,寓学于乐,寓炼于乐。

(二)坚持全面性原则

阳光体育活动的校本化建设的内容与形式力求丰富多彩,能满足不同特长、不同兴趣、不同层次学生的发展需要,促进学生的身体素质、心理素质和审美素质的全面提高,并形成在普及与提高的基础上良性发展的局面。

(三)坚持自主自愿与积极引导相结合原则

在组织学生参加阳光体育活动校本化建设的过程中,教师的鼓励、引导是必要的,同时要充分尊重学生的自我选择权和自主活动权,在组织活动时要为学生营造一个自主讨论、组织、操作、交流和评价的良好环境和氛围。

六、研究方法

(一)文献资料法

(1)搜集研究国家、省市有关学校教育、学校体育的法律、法规、文件等。

(2)搜集研究国内外有关学校教育、学校体育管理理论研究成果和经验等方面的著作、论文等。

(3)搜集研究国内外有关体育游戏的著作、论文等。

(4)搜集研究有关“全面实行阳光体育活动制度”的经验文章等。

(5)搜集研究有关学校教育、学校体育发展特色的著作、论文等。

课题组根据研究主要内容所构成课题专题研究的需要,要求各研究小组结合其研究内容,有计划、有针对性地通过各级图书馆,有关报刊,以及网上搜集有关文献资料,包括著作、论文、经验文章、设计方案等获取一定的相关信息资料,以提供有价值的研究参考。

(二)问卷调查法

在查阅文献资料和对相关人士走访的基础上,根据课题需要和调查对象设计了问卷。并对得到结果逐题进行归纳整理和统计处理。

(三)数理统计法

运用 SPSS 19.0 分析软件对调查所得的原始数据进行分析处理,采用统计方式求百分比和检验,做到结论客观准确。

(四)行动研究法

通过对研究前后学生的身体素质测试和调查问卷进行对比,计算两组之间是否存在明显差异。

七、研究思路与步骤

(一)研究思路

(1)收集与本课题方向相同的资料,收集不同区域学校有关阳光体育活动的相关资料,进行学习分析当前阳光体育活动的现状。

(2)由周静老师集中培训阳光体育活动调查的方法、数理统计的方法,撰写调查报告的格式。

(3)由刘海宝老师进行阳光体育活动内容和形式创新方法的培训,收集资料,设计不同的内容与形式,集中由邢树山老师建立共享平台,设置交流反馈窗口。

(4)利用平台进行实验研究,由王金城老师负责,同一所学校进行改革前后的调查,并通过对比、分析得出结论。

(5)全体课题组成员收集实验数据,总结,分析,学校阳光体育活动内容与形式的研究的作用与意义。

(二)研究的主要过程与步骤

1.准备阶段:(2019 年 11 月—2020 年 5 月)

(1)加强理论学习

运用文献资料法,查阅文献、报纸、期刊、网络信息等资料,对大课间的发展趋势以及现有的内容与方式形成较为清晰的认识。寻找解决存在问题的对策。制定研究实验方案,落实研究对象,设计问卷、提纲;制定出阳光体育活动研究方案。全员参与,周静老师负总责,安同浩老师负责组织工作。

(2)撰写实施方案,申请立项

周静老师负总责,周静老师、刘海宝老师、王金城老师负责方案及立项书的撰写。

2.实施阶段:(2020 年 6 月—2020 年 12 月)

执行方案:进行各种实践,调查研究,参加培训工作;实施调查研究;撰写保证学生每天锻炼一小时的实践分析与可行性效果的研究、关于学生体能与身体素质发展现状的调查研究报告、学校大课间体育活动制度和关于大课间体育活动现状存在问题及原因的调查研究报告;继续实施阳光体育活动的行动研究,探索学校阳光体育活动遵循的原则;拓展学校开展阳光体育活动内容与形式。

(1)2020 年 5 月做好开题前准备、接到立项通知后聘请专家开题,修改方案。(周静老师负责)

(2)制定研究计划,如下。

2020 年 9 月组长负责运用文献资料法进行资料收集、查询、整理,完成撰写关于学生体能与身体素质发展现状的调查研究报告;(周静老师负责)

2020 年 10 月设计教师调查问卷;(安同浩老师、杨晨老师、陈兵老师负责)

2020 年 10 月中旬改革学校阳光体育活动模式。制定不同时间、季节大课间体育活动内容与方式。在全校性练习模式的基础上又安排了年级性练习模式、班级活动模式、学生小群体自主练习模式。优化阳光体育活动的时间、空间、形式、内容和结构,让学生有选择的参与体育、享受体育,参与大课间体育活动的设计,激发学生的运动兴趣,让学生主动地参加体育活动锻炼身体;(周静老师、安同浩老师组织,全员参与)

2020 年 10 月下旬运用问卷法、访谈法来调查学生每天锻炼一小时情况、阳光体育活动制度和现状的情况、人课间体育活动体系情况,完成《对天津市部分中小学保证每天锻炼一小时的现状调查分析与对策研究》《关于“全面实行阳光体育活动制度”现状、存在问题以及原因与对策的调查研究》《学校大课间体育活动体系的建立》三篇调查报告(周静老师、刘海宝老师、王金城老师负责)

2020 年 11 月继续实施阳光体育活动的行动研究,探索学校阳光体育活动遵循的原则,拓展学校开展阳光体育活动内容与形式。

3.成果总结阶段:(2021 年 1 月—2021 年 6 月)

(1)整理资料、汇总研究成果。完成内容的整编。(周静老师、刘海宝老师、王金城老师负责)

(2)撰写研究报告、申请结题鉴定。完成《保证学生每天锻炼一小时的实践分析与可行性效果的研究》《学校大课间体育活动科学化的研究》《拓展学校阳光体育活动内容与形式,提高学生体育核心素养的实践研究》三篇研究报告。(周静老师负总责,周静老师、刘海宝老师、王金城老师负责撰写)

八、个人研究在团队攻坚中的地位作用

(1)将阳光体育活动内容与形式提升到有特色的层面,列入学校发展总体规划,进一步发挥其特殊的综合教育功能。把阳光体育活动作为学校实施体育教育的载体,有组织、有计划、有步骤的实施。这将对优化和开发学校教育资源,切实提高学生的体育核心素养具有重要意义。

(2)拟构建其一套适合学校阳光体育活动的可操作体系,让学生在活动中享受学习的精彩,在学习中体验活动的快乐,营造一种团结合作、健康向上的校园环境,从而促进学生身心健康发展。同时,通过“创新学校阳光体育活动内容与形式,提高学生体育核心素养的实践研究”这一课题的开发与建设,提升学校的办学位次,创“阳光课间”之特色,为校本课程的开发与运用服务。

九、主要攻坚成果

(1)研究报告:《保证学生每天锻炼一小时的实践分析与可行性效果的研究》。

(2)研究报告:《学校大课间体育活动科学化的研究》。

(3)研究报告:《拓展学校阳光体育活动内容与形式,提高学生体育核心素养的实践研究》。

十、完成课题的保障条件

(一)人员保障

课题研究人员对课题研究保持很高的研究热度,来自于三个区县学校的基层

老师，分别从事七、八、九年级的教学工作，有着丰富的教学经验。都是各个学校的骨干教师。周静老师、王金城老师天津市双优课一等奖的获得者，周静老师、刘海宝老师全国论文科学报告会一等奖获得者，周静老师、安同浩老师天津市优秀体育课一等奖获得者，杨洪芳老师、杨晨老师天津市优秀体育课二等奖获得者，张志龙老师天津市优秀体育课三等奖获得者。

(二)制度保障

(1)组织课题组成员定期进行理论学习和研究，加强教育教学观念的转变。

(2)合理分工，明确各自的职责，定期交流制度，按照详细的研究计划，各司其职。

(3)制订本课题的管理办法和考核细则，规范课题研究的过程管理，落实研究的任务，优化评价的机制，激发课题组成员的研究热情。

(三)客观保障

各学校能够给予足够的时间保障和经费保障，并能联系和协调有关部门和人员，做好相应的培训工作。

十一、研究的结果与分析

(一)阳光体育活动设计理念与目的

1.设计理念

结合我市各校的办学理念，力求构建有利于学生个性发展、健康有益、生动有趣的活动内容，促进教师与学生、同学之间的和谐发展，提高学生的合作交往能力的阳光体育活动。以体育发展学生的个性，满足学生身心发展的需求，提高学生体育核心素养。同时构建健康、动感的校园文化，以此来全面提升学校的整体工作。

2.设计目的

通过拓展学校阳光体育活动内容与形式，优化阳光体育活动的时间、空间、形

式、内容和结构，让学生有选择的参与体育、享受体育，参与阳光体育活动的设计，激发学生的运动兴趣，让学生主动地参加体育活动，主动的掌握健身的方法并自觉的进行锻炼。

(二)阳光体育活动机制与模式

1.管理机制

为使阳光体育活动真正落到实处，高质量进行，许多学校成立了以校长为组长的领导小组。同时，除了在时间和计划方案给予保障以外，还制定了有关阳光体育活动的安全制度、评比制度等，为阳光体育活动的实施给予保障。安排专人负责具体活动，做到全员参与，师生共同发展。以××学校阳光体育活动的各部门职责为例(见表 1)：

表 1　××学校阳光体育活动的各部门职责

行政会			主管校长	
	体育组	教务处		德育处
体育场地、器材等硬件建设	阳光体育活动的编排与设计	监督检查任课教师到岗情况	监督检查学生阳光体育活动的运动负荷	组织班主任巡视、保障学生阳光体育活动的安全及秩序

2.组织模式

全校性练习：

这是阳光体育活动开始实行时的主导活动内容也是特色内容，是阳光体育活动的一个发展方向。例如×××中学阳光体育活动的第一个全校性的练习就是跳绳。人人有短绳，班班有长绳。在个人跳绳的基础上发展出花式跳绳、跳绳跑、多人跳绳、集体跳绳等活动。

年级性练习：

各年级自行创编活动内容、自行管理、自行评价。这是×××中学进行阳光体育活动以来的一大改进。例如,七年级在11月份进行的活动和比赛就有两人三足、双人跳绳等;八年级进行的活动有循环踢毽、“8”字跳长绳;九年级进行的活动有“一带二”三人跳绳、篮球运球接力等。这些活动都是以年级为单位进行的练习或比赛。

班级活动:

×××中学在进行全校性或年级性练习的基础上各班还不断的尝试着创新本班的特色内容,这也是阳光体育活动中最常见的活动形式。例如:自制绳梯练习、篮球斗牛、将废报纸揉成球状进行的“足球”游戏、跳绳跑、自由排球比赛等。

学生小群体自主练习:

×××中学由学生自发组成小团体进行组织、开展活动。根据兴趣爱好自由选择活动内容,进行自我练习。例如,绳梯、手扑球、板羽球、太极球、呼啦圈、跳皮筋等。

(三)阳光体育活动方式与流程

部分学校的阳光体育活动都制定了学期计划、月计划等,例如××学校的阳光体育活动方式是以单元模式为主,一个月更换一次,上、下午活动内容不同,表2、3是其中的一个单元模式的流程。

表2　阳光体育活动单元模式(一)

活动阶段	活动内容	教师活动	学生活动	组织与要求	时间	次数	预计运动量
一	学生听音乐到指定地点集合,等待入场	调整学生队伍	到指定地点集合,调整队伍,等待入场	以班级为单位整队等待入场 要求:队伍整齐,学生精神饱满,注意力集中	5分钟	1次	75~85次
二	队列队形练习(入场)	跟随学生队伍一起入场 昂首挺胸,大摆臂结	各班站成二路纵队,小前大后,齐步走入场(昂首挺胸,大摆臂)	挺胸、抬头眼向前看,两臂前后摆动(大摆臂练习) 要求:队伍整齐有序	4分钟	1次 次	85~90次

续表

活动阶段	活动内容	教师活动	学生活动	组织与要求	时间	次数	预计运动量
四	素质练习（下肢力量）	教师观察并指导	学生积极练习	以班级为单位进行	4分钟	1次	110~130次
五	小型多样体育活动	提示活动要点与活动注意事项，师生共同参与	学生积极进行各项小型体育活动	要求： 1 遵守游戏规则 2 注意安全 3 积极参加活动	10分钟	1次	120~140次
六	活动结束后，各班整队，听音乐退场，回教室	整队，小结	学生迅速集合整队	整队退场 要遵守退场路线	4分钟	1次	110~130次

表3　阳光体育活动单元模式(二)

序号	活动内容	活动时间	活动数量	组织与要求
1	随音乐热身活动	5分钟		本班集合地点活动，以班级为单位，整队入场
2	随音乐入场	1分钟	1	穴位准确
3	眼睛保健操	2分钟	1	动作协调、快速、不间断
4	个人跳绳	4分钟		互相协作、创新跳法，以班级为单位，在规定区
5	多人跳绳	4分钟		域内活动快速、不间断跳按规定路线退场
6	集体长绳	11分钟		
7	随音乐退场	3分钟	1	
总计		30分钟		

通过表2、3可以看出，××学校已经摸索出一些阳光体育活动方式，并且具有一定的校本特色活动。学生参加活动的质量也具有一定的水平，特别是一些趣味性强、能够充分发挥学生自主性的活动深受学生的欢迎。

(四)成效

1.技能发展状况:学生跳绳技能发展状况的比较分析

表 4 一分钟跳绳评价标准

性别	优秀	良好	合格
男生	150 以上	130~149	110~129
女生	140 以上	120~139	100~119

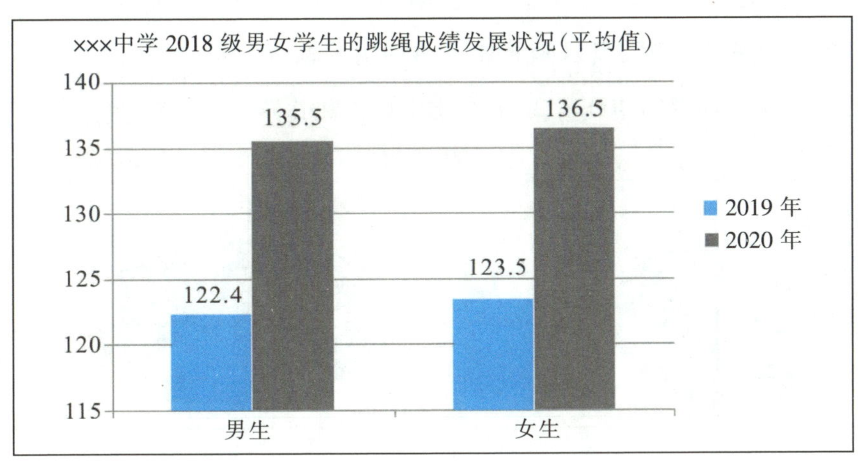

图 1

通过表 4 和图 1 可以看出,×××中学 2018 级男女学生的跳绳成绩逐年提高,这与该校阳光体育活动以跳绳活动为特色,长期开展跳绳活动是密不可分的。

2.体能发展状况

表 5 2018 级男女生 2019 年与 2020 年肺活量、立定跳远均值比较

测量项目	性别	2019 年	2020 年	数据差值	P
肺活量(mL)	男生	2247±325	2415±440	−168	P<0.05
	女生	1735±335	1888±376	−153	P<0.05
立定跳远(cm)	男生	182.22±35.56	187.02±47.24	−5.2	P<0.05
	女生	144.19±12.62	151.98±22.09	−7.79	P<0.05

通过表 5 可以看出,×××中学 2018 级男、女学生 2019 年的肺活量经过 T 值检验后,与 2020 年的肺活量差异显著,要比 2020 年的肺活量平均值低。由此可见,该校 2018 级男、女学生的肺活量值呈上升趋势。

通过长期坚持练习跳绳,以立定跳远为例检测体能数据,从检验结果可以清楚地看到:×××中学 2018 级男、女生 2019 年的立定跳远数据经过 T 值检验后,与 2020 年的立定跳远数据差异显著, 要比 2020 年的立定跳远数据平均值低很多。由此可见,立定跳远数据值呈上升趋势,说明了学生的爆发力和耐力素质有所上升。其主要原因是阳光体育活动吸引学生自觉参加活动,增强了学生的体质,提高了学生的体能。

3.学生健康发展状况(以阳光体育活动出勤情况为例)

连续二年对抽取的 400 名 2018 级学生进行问卷调查,并进行统计研究。

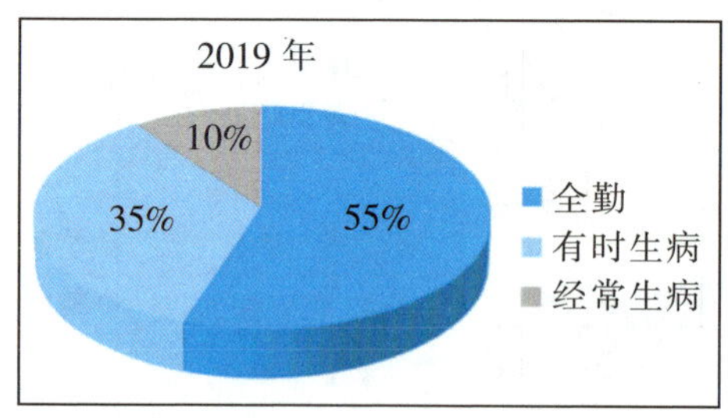

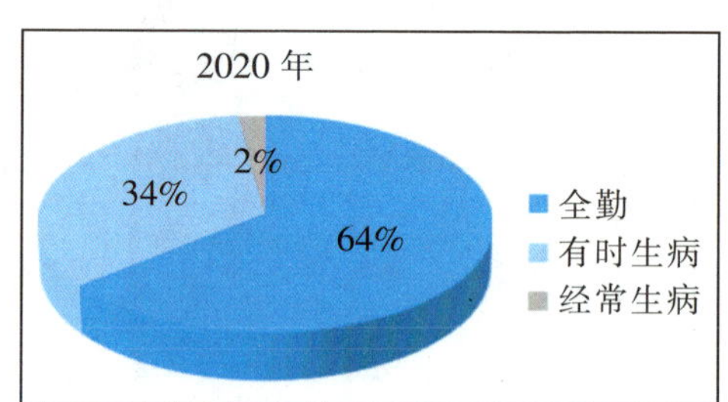

图 2

通过图 2 可以看出,学生参加阳光体育活动后身体健康状况明显改善,全勤由 2019 年 55%上升到 2020 年 64%。请病假的学生少了,到了 2020 年只有 2%的学生经常生病,这说明通过阳光体育活动喜欢体育运动的学生越来越多了,学生的身体强健了,身体素质明显提高了。

4.情感态度发展状况

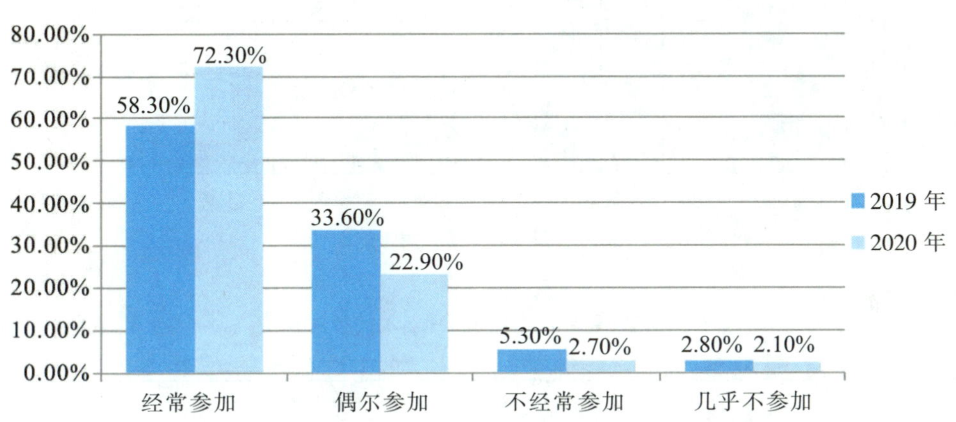

图 3 对学生发展的促进

通过图 3 可以看出,学生参加阳光体育活动的积极性呈上升的趋势,只有少数学生不参加,不难看出学生参加阳光体育活动的积极性比较高涨,说明每个学生都可以在阳光体育活动中找到自己的位置,调动了学生参与各种活动的积极性和主动性,变要我参加为我要参加。在访谈中听到学生说:“我有兴趣的我就能选择到、我们班的“8”字长绳越跳越好、我们小组的循环踢毽越踢越多。”从而进一步说明阳光体育活动真正实现了把活动空间留给学生,把时间还给学生,把方法教给学生,把健康带给学生。通过自我创编活动内容,提高了对班集体的关心程度,提高了学生之间的合作交往能力。

对教师发展的促进:

××中学在拓展后的阳光体育活动模式中添加了学生邀请教师参加本班活动的环节,被邀请的教师不但多而且能够全身心地与学生共同投入到阳光体育活动中去,在最后的班级评比中就会给予一定的加分。

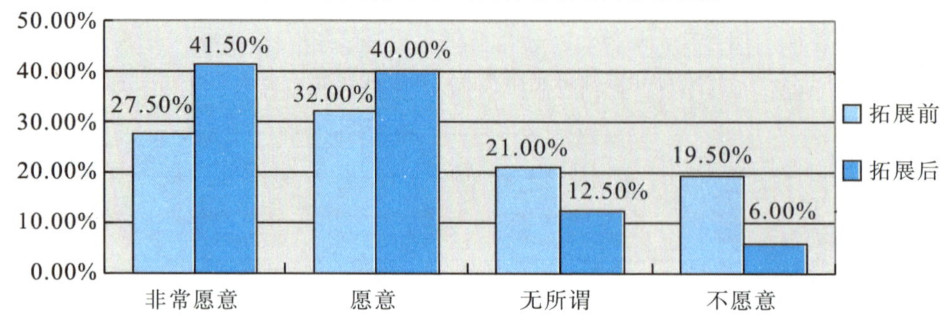

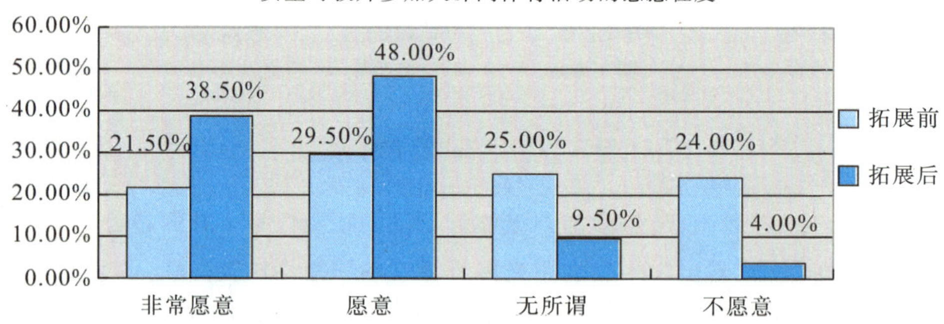

图 4

通过图 4 可以看出,在实施了邀请教师参加阳光体育活动这一环节后,加强了师生之间的交流,有 81.5%的男生和 86.5%的女生愿意或非常愿意与教师一起进行阳光体育活动,通过访谈,听到学生说“某某老师其实蛮风趣的”“某某老师篮球打的真帅”“某某老师和我配合的很默契”等言语,进一步说明通过阳光体育活动增进了师生之间、同学之间的合作交流,人际关系和睦融洽。通过进一步访谈了解到,教师从最早的阳光体育活动的旁观者,到被学生邀请参加活动被动者,而现在已经演变成一到阳光体育活动时间教师们就会提前做好准备成为一名积极的参与者,它营造和形成了一种平等和谐的师生关系,他们之间的情感在游戏活动的一次次身体碰撞中得到了建立和增强。校园内掀起了体育锻炼的高潮,课间学生打逗的现象减少了，到处可见的是各种课间活动的身影。

对学校发展的促进：

通过走访、座谈，听到学校的领导说："学校阳光体育活动拓展后师生们都能够积极参与到其中，身体素质明显增强，对教育教学工作的协调发展起到了积极作用，学生的身体越来越健康，体质达标率也逐步提高。发挥了阳光体育活动的多种作用，以活动促德，以活动辅智，以活动键体，以活动审美。阳光体育活动给学校带来了生机与活力，也进一步提高了学生自身的体育核心素养。

(五)基本经验

通过拓展阳光体育活动内容与形式的调查，发现各校在活动内容设计上都有着自己的特色：

(1)体育与德育、智育、艺术的有机结合，坚持规范化与趣味性的结合，内容与季节的变化相结合。

(2)阳光体育活动内容与组织合理分工，责任到人。管理工作的直接参与者是全校的领导和教师，实行责任制管理。

(3)阳光体育活动是对传统的课间活动形式进行的拓展，即时间延长、形式多样，同时要注意活动的普及性，确保每一名学生都能参与到活动中来。根据各校的特色选择适当的运动项目，灵活把握活动内容，保证活动内容的可操作性和可管理性。

十二、研究结论与建议

(一)结论

(1)通过拓展阳光体育活动的内容与形式，使乏味无趣的课间活动得到了改善，丰富了学生的课余生活，提升了体育的兴趣，不仅发展了学生的身体素质，同时也进一步提高了学生的体育核心素养。

(2)丰富多彩的阳光体育活动内容与形式，以人为本，用爱施导，全体教师为

导学而施教,提高了教师自身的素养和能力。

(3)通过阳光体育活动的开展,学校的管理更加科学严格,学生的精神文明程度更高,师生的组织纪律性更强,促进了健康、文明、向上的校园文化和校园风气的形成。

(二)建议

(1)学校要加大对体育资金的投入,应有选择性的购置体育器械,改善体育场地设施的建设,以满足学生参加阳光体育活动的需要。

(2)进一步强化体育教师的引导作用,教师应结合主体需求,有针对性地进行指导、点拨与督促,及时协调学生、班级、学校的关系,激励和保持学生参与活动的积极性。

(3)进一步丰富阳光体育活动内容,是今后阳光体育活动拓展的重点。在内容的充实上,应该充分发挥师生的聪明才智,集思广益,提倡自制器材和自编活动内容。

(4)各校应因地制宜,从实效出发,形成特色。阳光体育活动是室外活动,必然受学生人数、器械、场地等客观条件的制约。因此,阳光体育活动不能要求统一的模式,一切应从学校的实际出发,从实效出发,力求形成自己的特色。

(5)为使阳光体育活动真正落实,高质量进行,各级管理部门除了对时间和计划方案给予保障以外,还应在制度上为阳光体育活动给予保障,建立阳光体育活动的长效机制,安排专人负责具体活动。

参考文献

[1]程鹏宇.河南省高校大学生课外体育活动现状与分析[J].吉林体育学院学报,2004(02):36-90.

[2]吴美玉.影响课外体育活动开展的因素及对策[J].青海大学学报(自然科学版),2001(04):109-110.

[3]刘瑞武.试述课外体育活动的任务、功能和发展趋势[J].中国学校体育,1992(04):43-44.

[4]邱庆棠.海南省琼中县山区中学生参加课外体育活动情况的调查分析[J].山西师大体育学院学报,2004(03):111-112.

[5]曲宗湖，王龙龙.大课间体育活动的设计与开发[M].北京：人民教育出版社，2005.

[6]季凤海.实施课外文体活动工程推进基础教育和谐发展[J].体育教学，2005(01)：8-10.

[7]认真落实学生每天一小时体育活动全面提高学生体质健康水平——教育部体育卫生与艺术教育司司长扬贵仁在全国“落实中小学每天一小时体育活动”现场研讨论上讲话摘登[J].体育与教学，2005(06)：5-6.

[8]刘发坤.新乡市城区中学大课间体育活动现状调查及策略研究[D].新乡：河南师范大学，2011.

[9]张宝国.北京石油学院附属中学大课间活动现状及改革研究[D].北京：首都体育学院，2014.

[10]纪成周，钟声. 影响高中大课间体育活动开展的六大因素及对策研究[J]. 运动，2010(10)：95+106.

初中体育导学案的设计与应用研究

天津市宁河教师发展中心　李占斌

摘　要：本文正视教育问题，坚守体育教育主阵地，向课堂要质量的同时思考如何解决一些当下教育问题并付之于行动是非常值得倡导的。强调由“重教”向“重学”转变已经很多年了，虽有众多理论支撑但仍收效甚微，还存在着师资配备不齐、教师水平较低、学生被动式学习习惯等一系列问题，课程得不到很好的落实。基于对解决这些问题的思考，我们尝试将导学案引入体育教学实践课堂，力求能够改变部分课堂质量低下的现实状况，能够批量式打破原有低效的教学禁锢，打开学生自主学练之门。本文源于课题“初中体育导学案的设计与应用研究”，在导学案在体育学科中的应用率几乎为零的现状下展开研究，目前已形成了一整套的理论与方法。本文对研究成果中的导学案的样式、教学模式的示例、基于导学案的集体备课等方面进行了详细的说明，整体方法非常实用，具备一定的参考价值。

关键词：体育导学案　教学模式　教育创新　教师成长　集体备课

一、研究目的

新课程改革以来，各种教学模式不停的在课堂之中呈现，教育者无不为优质教育而努力追寻，探索着先进的教学方法，但一致赞同的是“教无定法，贵在得法”。当代“建构主义学习理论”强调：“知识不是对现实的纯粹的客观反映，任何一种传载知识的符号系统也不是绝对真实的表征。它只不过是人们对客观世界的一种解释、假设或假说，它不是问题的最终答案，它必将随着认识程度的深入而不断的改革、升华和改写，出现新的解释和假设。在具体的问题解决中，知识不可能一用就准，一用就灵，而是需要针对具体问题的情境对原有知识进行再加工和再创造。”相信这种理论是非常客观的表述。基于这种理念，教学方法与模式并不存在“最优”与“万能”。本课题研究意在顺应教育现状，探索解决完善当下教学中存在着的教师不会教、学生不会学，教学形式不能跟上时代发展的状况。紧跟时代发展，完善教学，改进课堂面貌，提高课堂实效。

导学案是遵循学生的学习规律，按照学生的学习全过程设计，将课堂向课外延伸，充分体现课前、课中、课后的发展和联系，通过课前预习导学、课中学习研讨、课内训练巩固、当堂检测评估、课后拓展延伸，努力实现教与学的更佳结合，更加关注于学生的个体发展。学生在拿到学案后，即开始了主动学习，导学案是学生很好的指导老师，通过导学案学生可以明确了解学习目标与学习方法、重难点，知道研讨什么、怎么研讨，练什么、怎么练等。导学案强调教师主导作用发挥，在重视学生主体地位的同时并没有忽略教师的主导作用。导学案可使课堂更好地避免体育教学中个别盲目无序、无目的、无内容、无方法等现象，可以为众多体育教师提供一个教学抓手，在教学方法上开辟了一个新的拓展区，通过集体备课，可以解决一部分体育教师不会上体育课的状况，用集体的力量，来拉动该部分教师的成长。就学生而言，打破学生长期以来被动式学习的状态，引导学生主动参与，改变以往学生只是为了配合教师施教行为的状态，让教学的主体回归本位。从区域发展角度来说，也提供了一个提升区域教育质量的抓手。以导学案为“载体”，对教师的成长，对于课堂面貌的改善，可以打出一套组合拳。一直以来我们只把目光关注点放

在了“教师的教”，我们不妨改变一下思路，把视角再向前延伸一步，直击“学生的学”，完成教案到学案的设计与思维的转变，让导学案促进学生发展，用学案来倒逼教师的施教行为，从而促进教师教育思维的转变，达到改变课堂面貌的初衷，让体育课回归本源，把体育课上成有符合新课程标准的味道的课程，推进区域体育教学发展。但是导学案在体育教学中的应用相较其他学科存在着滞后，目前基本是空白状态，所以我们以“初中体育导学案的设计与应用研究”为题进行研究，旨在将导学案引入体育学科教学，设计开发适合初中体育教学的导学案并进行推广应用，从而为体育教师教学提供一个授课抓手，整体提高体育课堂质量。

二、研究步骤与方法

(一)理论研究学习阶段(2019 年 12 月—2020 年 2 月)(文献法、经验总结法)

步骤一：对课题研究内容进行理论梳理与交流学习。

方法：完成著作《巧用导学案玩转体育教学》初稿，课题组成员进行研究与理论学习。其实对于本课题的研究在此课题立项之前已进行了近 3 年的前期研究了，曾赴南京、镇江、上海等地进行相关学访，可以说已经具备了一定的研究基础。在这个阶段主要是进行课题组成员的相关学习与培训，让各研究成员具备研究的理论基础。团队共研教学相长，在培养教师的同时完善《巧用导学案玩转体育教学》。

步骤二：研究初中体育教材，对学习内容进行梳理，确定研究细目。

方法：对教材进行内容梳理，确定导学案开发细目与进度分工。

(二)研究实施阶段(2020 年 3 月—2020 年 10 月)(案例研究法、经验总结法、观察法)

步骤一：集体共研进行导学案的初稿设计。

方法：在任务分配后，各成员尝试性进行导学案的设计，在这个过程中发现了很多问题，例如：小组成员不能很好地落实原定的设计设想、设计不能完成教案向学案的转变、学习目标表述不规范、教学设计没有逻辑性、教学没有形成模式等。为了解决这些问题我们对课题成员开展了系列培训,以专题讲座与分别指导相结合,全面提升教师水平,推进研究进度。以集体共研、个人主备的方式循环撰写完善导学案初稿。

步骤二:实践检验并修正。

方法:将导学案应用到体育教学进行研究实践。在实践中我们发现学生的学习习惯还有待改变,学生与教师在导学案的应用中都有待磨合优化。

步骤三:中期验收。

方法:总结研究资料的同时,组织一次课题中期研讨活动,群策群力来助力课题研究,由于疫情影响,此活动改为了腾讯会议,在此次会议中一致通过在导学案的设计中有必要注明学生活动队形。

步骤四:加快研究进程,全面落实课题研究。

方法:本阶段研究已经突破瓶颈,可加快成果的完成进度,并尝试应用推广。在这个阶段主要是具体的课堂教与学的实践,在具体的操作应用中总结经验。

(三)总结阶段(2020 年 11 月—2020 年 12 月)(经验总结法)

步骤一:进行课题研究成员成果展示活动。

方法:组织开展课题研究成果的展示活动。

步骤二:完成课题研究的成果汇总工作。

方法:完成课题成果汇总、撰写解题报告、提交结题申请。

步骤三:进行课题研究成果推广。

方法:本阶段研究已经突破瓶颈,可加快成果的完成进度,并尝试应用推广。

三、研究结果

(一)导学案的样式

导学案是伴随着学生自主学习的呼声而产生的,是引导学生学习的方案。导学案是教师为学生学习设计的有学习目标、学习内容、学习流程的学习活动方案，是培养学生自主学习和建构知识能力的一种重要媒介，具有“导学、导思、导做”的作用。“导学过程”是一篇导学案中最核心的部分，是达成目标的关键，是导学案的最重要的设计内容。“导学过程”要实现导学功能，学生首先要知道怎样学和学什么的问题。其次，学生要知道具体可执行程序和研究的问题。也就是说，导学过程首先要明确“学习内容”和“学习方式”，然后进行学习活动的设计，把“学习方式”细化为学习活动中具体为可执行程序(包括学习指令或指导语言)，把学习内容细化为在学习活动中的系列问题。纵向上，把学习方式及程序概括为“学线”，学习内容及问题概括为问题线索，那么导学过程就是围绕“学线”和“问题线”实现的自主学习，这两条线是并行而又相互联系在一起的，在导学案的设计中必须从纵向上清晰地展出这两条线索。横向上，学习方式和学习内容组合成“学习环节”，学习程序及问题组成学习活动，学习环节分解成若干学习活动，导学案设计中必须从横向上体现出它们的总分关系。但是在具体的书写表达方式上应越简洁、越直观越好，在版式设计上通常以备课团体所规定的为范本，这个范本是大家共同认可的。这没有硬性规定，我想能够最终保留下来的，必定是经过长时间实践的沉淀品，我们期待更为完美的沉淀结晶的出现。就目前常见的表现范本形式主要有两种：一种叙述式(主要以文字叙述为主直接顺序表述)，这样的优点，就是有更大的空间去设计，可以有更多的随意性，这种方式是万能式的导学案设计，所有课型都适用。缺点就是随意性太强，难以标准化。另一种是表格式(就是按照预设的表格进行项目填写的形式)，这样的优势是规范性很强，便于教师的设计书写和后期整理。缺点就是表格的合理性设计需要不断进行完善。当然所有的方法都是可以被打破的，只要找到了更好的方法，就可以尝试新的突破。

例 1:叙述式

篮球双手胸前传接球导学案

一、学习目标

(1)学习传接球技术，通过不同形式的练习，发展学生灵敏、协调及快速反应等能力。

(2)在学习中积极创新突破自我,在练习中与同伴合作友好相处,提高社会适应能力。

(3)完善自我,增强责任与规则意识,了解篮球的锻炼价值。

二、学习重点、难点

重点:传、接球手型和用力顺序,接球后的缓冲动作。

难点:传、接球时身体的协调配合。

三、课前准备

方法建议:可以通过网络自主研究或与同伴交流。

(1)搜集资料,探究胸前传接球动作方法。

(2)尝试研究提高传、接球技术的练习方法。

(3)了解篮球运动,挖掘篮球文化,研究篮球双手胸前传球的锻炼价值。

四、课中学练

(一)准备环节(5分钟)

(1)目标要求:认真做好准备活动,以防出现运动损伤。

(2)活动形式:

①上课常规:略。

②准备活动:由教师带领学生进行课前准备活动

(二)主体环节(共36分钟)

活动一

(1)学生分组后组内合做。(如图所示位置,练习自己研究交流动作)

如图1和图2,教师巡回指导。(8分钟)

图1

活动二

(2)尝试。(12 分钟)

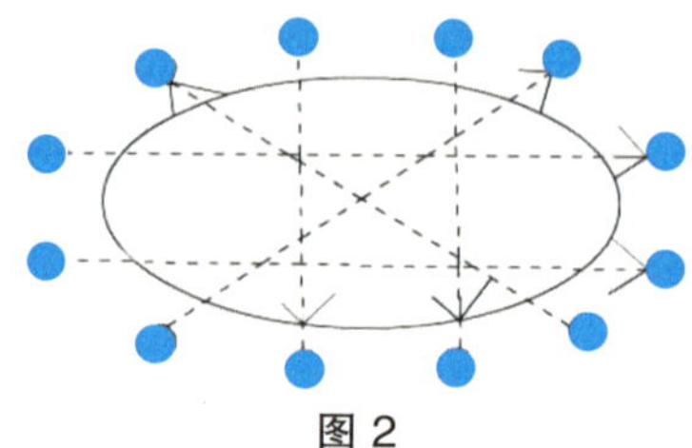
图 2

如图 2,分成四组在不同的场地按图形站位,每组六个篮球, 如图所示,同学们根据图形所示,六球不停,不规则相互斜传。(虚线代表学生传球线路)进行正确技术动作学习,本环节体现灵敏、协调及快速反应能力的发展。(中间可以安排队员抢断,以增强练习的趣味性)

活动三

(3)自主创新。(9 分钟)

根据网络及小组研究等自己创新学习。(主要体现在技术动作正确的情况下,自主创新变换图形或变换方式的练习胸前传球。)

例 1:十人一组九球逆时针循环传接球(如图 3)。

例 2:对面站立进行传接球练习(如图 4)。

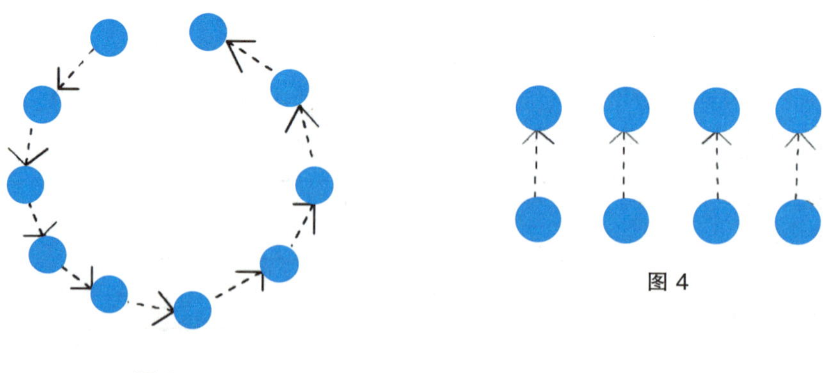
图 3

图 4

活动四

(4)体能提升。(7 分钟)

在这阶段练习活动中,4 个小组,每个小组活动都要分别轮换一次,在学习胸前传接球同时,全面发展体能练习。

①四角传球:分成三小组,根据 ABCD 四个点四角移动传接球。(四角循环跑,接后边学生传过来的球,传给前面同学每轮次每生 4 轮)(如图 5 所示)。

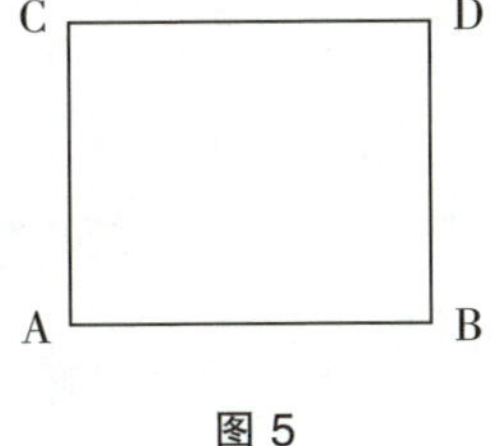

图 5

②分成多个小组,两个人一小组,对面站立,做立卧撑练习,每做一个传一次球,之后对面同学做,每轮次女生 3 个,男生 6 个(如图 6 所示)。

图 6

③(如图 7 所示)分成两个小组,对面站立,行进间传接球练习,最后完成投篮。每人都进行投两次篮(在循环跑动中完成)。

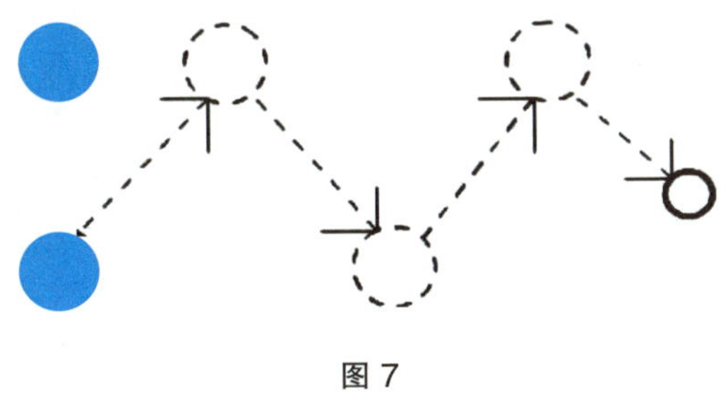

图 7

④(如图 8 所示)分成多个小组,两个人一小组,对面站立,一位同学做仰卧起坐练习,每做一个传一次球(每轮次每生连续 15 次交换)。

图 8

(三)结束环节(4 分钟)

教师带领学生跟音乐做放松整理，对每个小组在本节课的学练给予鼓励表扬,相互交流体会学习过程中的乐趣。

五、课后拓展

利用业余时间,相同和不同小组之间,相互交流展示。教师把学生精彩视频发到家长平台,进行展示,并给予表扬,学生之间互相点评。(乐教乐学)

例2:表格式

啦啦操《琵琶行》队形创编课学案

课题:全国经典咏流传校园大课间示例套路:

《琵琶行》的队形变换的创编与运用

班级:__________ 上课时间:__________ 教师/学生:__________

学习目标	1.通过本课的学习,了解啦啦操比赛中队形变换的重要意义及队形变换的运用方法 2.通过本课的学习,利用《琵琶行》的示范套路,发散思维,大胆创新,能够运用队形变换方法,小组合作完成对《琵琶行》的队形创编 3.通过本课的学习,提高中华民族传统文化传承意识,激发创造性思维,发挥团队协作能力,增强身体素质		
重点难点	重点:队形变换的运用方法 难点:队形变换时,操的整齐度及完成质量		
时间	学习流程与意义	组织队形与方法提示	过程记录
课前	微课学习,通过微课视频的学习,思考问题 1.初步建立啦啦操队形变换的概念、重要作用及运用方法 2.观看微课中啦啦操比赛和表演的视频,总结其完成队形变换的次数,并画出图形 ____ ⇒ ____ ⇒ ____ ⇒ ____ ⇒ ____ ⇒ ____ ⇒ 根据微课的学习,尝试思考将《琵琶行》6个组合动作进行队形变换的设计,大胆想象。最少完成4次队形设计	查阅资料 观看教师下发微课(在微信群内),认真完成课前任务 用"①""②"等表示人物,画出队形变换示意图 1.体委做好提前分组工作。组织各队选出小组长 2.小组长提前组织队员起好队名	准备课上交流 请将你的队名称写在下方: __________

续表

<table>
<tr><th>时间</th><th colspan="2">学习流程与意义</th><th>组织队形与方法提示</th><th>过程记录</th></tr>
<tr><td rowspan="2">课中</td><td>准备热身</td><td>活动1:自编热身操
跟教师指导练习,灵动身体各关节,达到热身作用

活动2:游戏环节:图形任务大比拼
培养大家反应能力,加强团队建设,初步建立多人形成图形概念
游戏规则:
各小组成站在指定区域,根据大屏幕所给图形,利用身体站位快速完成不同图形的变换,完成图形并举手示意。最先完成计1分,哪个小组完成任务多为胜
奖惩办法:自主选择器材
根据游戏的输赢选择小组器械,得分高的小组先选择器械
①花球粉色(4寸)
②花球银色(5寸)
③花球彩色(自制)</td><td>组织队形:
* * * * * * * *
* * * * * * * *
* * * * * * * *
* * * * * * * *
▲
组织队形:
区域3　区域2
区域1
▲
三个小组站在不同区域上,完成图形变换游戏</td><td>分值记录:
<table><tr><th>小组</th><th>队名</th><th>得分</th></tr><tr><td>1</td><td></td><td></td></tr><tr><td>2</td><td></td><td></td></tr><tr><td>3</td><td></td><td></td></tr></table>你的小组器械:______</td></tr>
<tr><td>主体学练</td><td>活动1.通过微课及教师讲解,了解啦啦操队形变换的原则和一般类型,并尝试参与练习
(1)变换原则:
①手臂动作一致
②任意步伐都可过渡
③就近原则(最短的时间,最大变化)
④整齐度高(协调同步,干净利落)</td><td>根据微课视频及教师的讲解,运用队形变换原则尝试进行不同的队形变换</td><td></td></tr>
</table>

续表

时间	学习流程与意义	组织队形与方法提示	过程记录
	(2)常见类型: ①不同方向的变换,例如: 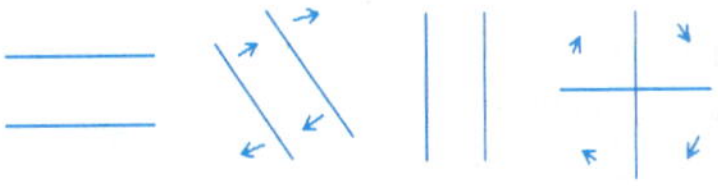 ②不同图形类,例如:  ③不同元素的组合,例如:  组合一 组合二 组合三 组合四 ④其他类,发散思维,自由组合:  3 大 CCA 数字 汉字 字母 表情 活动2:研究学习,合作创编 (1)根据教师指导,以及队形变换的原则和常见类型,小组合作,完成《琵琶行》预备组合和第一组合的队形变换,要求至少出现两种类型的队形变换 _____ ⇒ _____ ⇒ _____ ⇒ (2)小组长抽签领取队形变换的组合,完成《琵琶行》二、三、四组合的队形变换 任务一 任务二 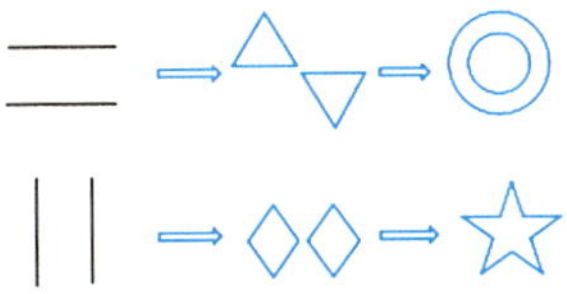	组织队形: 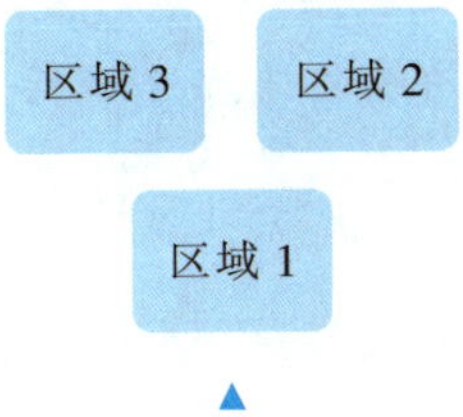 区域3 区域2 区域1 ▲ 1.认真听教师指导,掌握队形变换方法 2.发散思维,积极参与交流研讨与总结 3.跟小组长进行练习 组织队形: 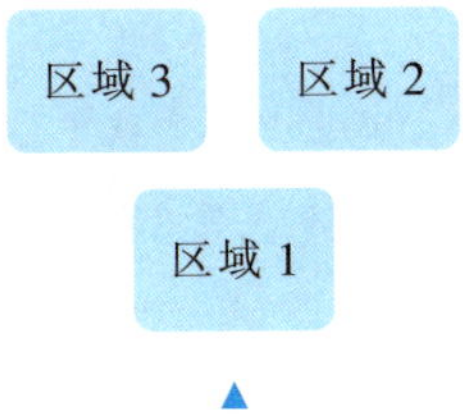 区域3 区域2 区域1 ▲	活动1.自我评价: 所学内容,基本掌握,就签上你的姓名吧。 活动2.自我评价: 所学内容,基本掌握,就签上你的姓名吧

续表

<table>
<tr><th>时间</th><th>学习流程与意义</th><th>组织队形与方法提示</th><th>过程记录</th></tr>
<tr><td></td><td>▽ ⟹ ▱▱ ⟹ ┼

(3)小组合作研讨,发散思维,为《琵琶行》设计第五、第六组合的队形变换图
要求:整套操至少完成6次图形变换

______ ⟹ ______ ⟹ ______ ⟹
______ ⟹ ______ ⟹ ______ ⟹</td><td>1.大家发散思维,积极参与小组交流研讨与练习
2.小组长带领队内讨论研究,分配任务,认真完成教师所给任务
3.用“①”“②”等表示人物,画出队形变换示意图</td><td></td></tr>
<tr><td></td><td>活动3:展示环节
搭建临时舞台,各小组进行展示,小组间互相鼓励加油</td><td>组织队形:
观众席　观众席
▼
小舞台

小组间模拟比赛,互相鼓励加油,喊出队名,团队意识强</td><td>哪一组队形变换最为漂亮,精神饱满,气势强

分值记录:<table><tr><th>小组</th><th>队名</th><th>得分</th></tr><tr><td>1</td><td></td><td></td></tr><tr><td>2</td><td></td><td></td></tr><tr><td>3</td><td></td><td></td></tr></table></td></tr>
<tr><td></td><td>活动4.素质练习(tabata)
在音乐的伴奏下,在不同区域完成不同练习任务 。动作间歇10秒
区域1:小组成正方形完成头上击掌开合跳
区域2:小组成三角形完成高抬腿跑
区域3:小组成圆形完成波比跳
区域4:小组成五角星完成平板支撑</td><td>组织队形:
练习区域　练习区域
练习区域
▲

听从教师指挥,组长带领完成相对应的体能练习。发展坚持不懈的意志品质</td><td>大家加油哦</td></tr>
</table>

续表

<table>
<tr><th>时间</th><th colspan="2">学习流程与意义</th><th>组织队形与方法提示</th><th>过程记录</th></tr>
<tr><td></td><td>放松与整理</td><td>活动 1:放松环节
跟教师语音引导,全身心放松
(1)拉伸放松+意念放松
(2)保护视力练习

活动 2:课堂小结:技术要领总结和心得体会
____
____________</td><td>1.跟教师带领完成整个放松环节
2.掌握保护眼睛练习操
组织队形:
* * * * * * * *
* * * * * * * *
* * * * * * * *
* * * * * * * *
▲
组织队形:
* * * * * * * *
* * * * * * * *
* * * * * * * *
* * * * * * * *
▲</td><td>下课后,各组积极收还器材</td></tr>
<tr><td>课后</td><td colspan="2">1.课后活动
(1)素质练习
①俯卧撑 20 次×3
②仰卧起坐 20×3
(2)完成作业:发散思维,创编啦啦操校园大课间套路 12 人的队形变换设计。画出示意图
(3)完成下节课学案准备
2.课后反思
写出你本课的感悟与收获:____________
____
____
____
____
(希望能够在微信群中填写调查问卷)</td><td>积极练习,完成作业后,请在小程序中上传视频或照片进行打卡</td><td>希望积极练习,你的身体会更棒,下次课你的表现会更好哟

备注:完成后请做好整理归档</td></tr>
</table>

(二)教学模式样式

深化课堂教学改革,努力挖掘课堂育人实效,是教育工作永恒的主题。分析解决当下教育问题,助力教师成长,提高课堂实效,是我们教研人工作的主线。“用心做教育,用一生来备课”是作为人民教师的责任与担当。学校教育的主阵地在课堂,没有不想上好课的老师,更没有哪位老师愿意被贴上不会上课的标签。我们体育老师并不缺乏工作的热情,工作不怕苦不怕累是体育老师的共同品质,对优质课的追求我们从未停歇。在学案的设计中我们发现:教师设计课缺乏模式思路,散乱的设计无法达成系统的共识,所以无论是从教师成长的角度或是从导学案的规范设计角度,都需要一个模式抓手。基于这些问题考虑,我们对教学模式精心研究设计,研究出了一个教学模式样式,以供借鉴使用。

精彩课堂的设计需要“密码”的破解,其实现路径有很多,但我们只要找到其中一条能够破解“密码”的道路去走就可以了。多年的实践研究与经验积累使我们对于体育教学有了更深层的理解,在教学设计方面凝练出了自己的一套方法。为了便于教师理解应用,我们抓住课堂组织教学主体环节这一核心,按照具体设计操作程序将此方法浓缩成了“一主、三梯、多变”六个字。即:教学设计需要把握一条主线、将主体学练环节设计成三个学练梯度、每个梯度的学练要设计多种练习变化以供学生学练选择。这就是我们所找到精彩课堂设计的破解密码。

1.研究教材,把握主线(第一步:一主)

教材的研究是备课的核心,备课的首要任务就是吃透教材,教师对教材的理解程度直接影响着课堂教学质量。在众多的课例观察中我们发现:很多教师教学设计思路其实是模糊的,有的情况是课堂各个环节的设计之间缺乏逻辑性;有的情况是教师不能把握本课的教学主线,经常跑题。面对这些问题,在课堂设计中我们提倡首先要研究教材确定主线, 而且这条主线中的各个点的设定一定要具备基于学生成长的逻辑关系。教学主线的思考其实就是确定每节课教什么或学什么的思考, 在教学中确定了学练内容就一定要将本内容的学练贯穿于本课始终,所有的学练设计都应以教材学练为主线,包括准备活动、主体学练、体能活动和整理放松等环节。把握主线是基于学习内容的宏观把控,一定要避免朝三暮四偏离主线。

2.研究学生,设计梯度(第二步:三梯)

就某单元教学而言,各课时的学习目标是单元目标的组成部分,是总目标的分解细化,其设计逻辑是依据学生认知发展而建构的。期间随着学生能力水平的不断提升,每节课安排学练内容的层级应该是逐步发展的梯度态势。就一节课而言,其学练内容的设计也要符合这种递升梯度,梯度设计的合理性直接影响着教学设计的有效性。这里的梯度更形象的可以理解为:一节课先干什么,后干什么,其中存在着什么逻辑关系。“研究学生,设计梯度。”其实是非常容易理解的,但“难者不会,会者不难。”很多教师在设计课时梯度意识并不是很强,思维是混乱的,所以我们提出“三梯”(如图 9,即课堂主体学练设计要有三个梯度分别为:基础学练层、巩固提升层、拓展应用层。

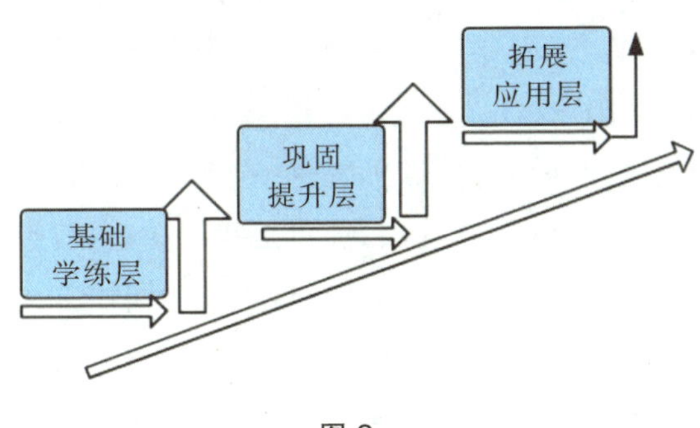

图 9

把握教材,研究学生,设计梯度。在具体的方法上根据教材与课型可归纳为“目标问题式”和“目标方法式”两种方式。

“目标问题式”是引导学生通过解决某些问题而达成目标的设计方法。这种设计的核心在于问题的导向性与合理性,用问题引导学生逐渐成长以达到“三梯”的效果。对于每个梯度的问题表述我们建议为:谁通过解决什么问题,发展什么能力,达到什么标准。(如果有必要也可以将问题附后。)这样做的优点在于具有极强的目标指向性,各个梯度的设计均指向本课学习目标的达成,避免了学习目标形同虚设的现象。

“目标方法式”是引导学生通过某些方法学练而达成既定目标的设计方法。这种设计的核心在于学练方法的梯度设计与每个梯度学练方法的具体设计,学生根

据教师给定的方法进行学练从而逐渐成长达成既定目标。对于每个梯度的学练方法的表述我们建议为：谁通过什么学练，发展什么能力，达到什么标准。(要求每个梯度提供3—4个样式方法供学生选择。)体育与健康学科以身体练习为主要手段的学科特点导致了“目标方法式”的设计更具有更强的实操性，选择这种方法的也更多，基于这个特点接下来我将对构成各个梯度的具体学练设计方法进行展开说明，即：如何多变。

3.研究方法，多项供给(第三步：多变)

第三步“多变”是第二步的具体细化，是每个“梯度”学练方法的具体设计。通常我们要求每个梯度都要设计3—4个学练方法以供学生选择，因为这样才能使课堂学练更加多样化，学练效果才会更好。不可否认，教师对学练方法的多样化设计一直是个难题。为了破解这个难题我们特别对“多样化体育课堂主体学练的设计方法”进行了实践研究，现总结出了一套方法，为了方便教师理解我们把这方法命名为“变量式”(如图10)。

“变量式”的提出主要是为各位教师提供一个设计课主体环节的一个思路，从设计课的方法上拓宽教师视野。“变量式”只是我们一些设计课的经验总结，可以说仍然还有很大的“完善”与“丰富”的空间，希望广大同仁多提宝贵意见。所谓“变量式”，就是围绕学练内容进行拓展性设计，所有的练习方法都是为了学生更好的学习与发展以达成既定目标。具体方法为：把技术动作、运动条件、运动关注点这三个方面作为设计课的变量条件从而进行多样化设计(如图11、图12)。

(1)关注动作技术的改变。

如技术组合、节奏变化、强度变化、动作创编等。所谓关注动作技术的改变，并不是打乱原有的技术动作，而是为了发展相关的能力而进行的改变，当然，对这点的把握更不能千篇一律，需要根据项目特点灵活把握。就拿健美操项目来说，在教学的某个环节学生是可以进行动作创编的；武术的冲拳为例，完全可以与各种步法相组合进行练习，这种例子还是非常多的。有些项目如果将其动作节奏进行变化，来让学生练习，其实也能取得更好效果，像一些动作由慢速再到快速的变化等。如在蹲踞式起跑中，为了发展学生的快速启动的能力，可以将其初始稳定状态下的各种姿势与快速启动相组合，改变其速度成变速跑、改变了方向成折返跑、高抬腿跑或后踢腿跑等，这些都是技术动作的改变。很多时候，我们在关注动作技术本身的同时,也要看到其相关能力的发展,当我们通过技术看到其背后的锻炼提升点时,我们的视角将拓宽很多,因为很多时候动作技术与学生的相关能力是相辅相成的,所以我们从动作技术所构成的相关能力的发展入手也是一种变化方式。这些都是变量,教师有无限的创作空间。

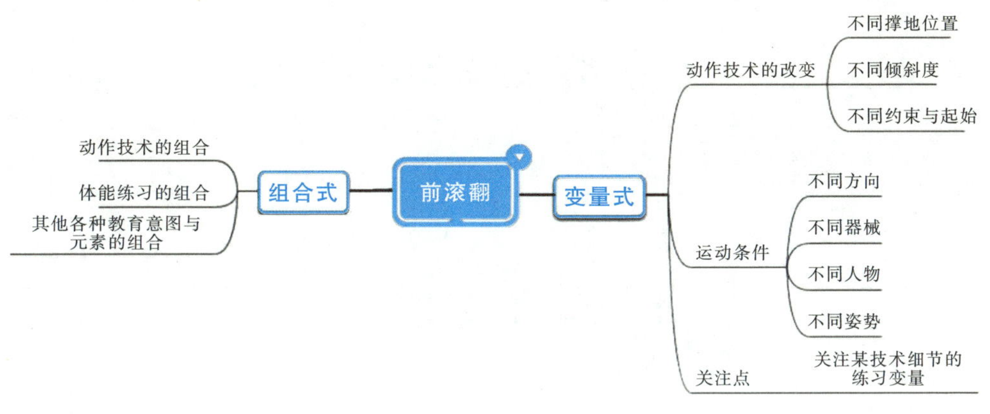

图 10

(2)运动条件的改变。

如:人的改变、物的改变、空间的改变等。运动条件的改变,可以说是变量式中应用最多也是涵盖范围最广,教师更容易把握的,更直观的变量条件设计,只要记住"人变""物变""空间变"马上就能设计出很多的变量来应用到教学中去,记住这三点课堂再也不会那么呆板无趣了。

人的改变。我们可以这样理解:运动项目分为开放性项目和闭合性项目。开放性项目大家可以理解,如球类等需要与更多人合作的项目。闭合性项目就是如田径、技巧类的独立完成的项目。但无论是什么类型的项目,在体育课堂中学生的学习状况都不应是闭合的,尝试与不同的人合作学练,学生会收获不同的体验,比如闭合性项目与不同人的合作会有不同的视角,与多人合作由闭合性项目转换成开放性练习类型。如果是开放性练习项目,人的改变更是常态。如:篮球的传接球练习,可以由两人到多人的组合变化练习,学生的练习体验也是不同的,能够从多方面促进学生技术水平的增长与课堂的趣味性。

物的改变。最为常见的就是器械的改变,如篮球篮高的降低、实心球练习选用小实心球或沙包、跨栏教学中将栏架改为小垫子或自制器材、标枪练习用沙包代替、各种练习增加标志物等很多的例子。

空间的改变。如改变练习场地位置、采用小场地或大场地练习、面向不同方向的练习,甚至于改变初始姿势与结束姿势有时都是为了改变学生练习的空间感。

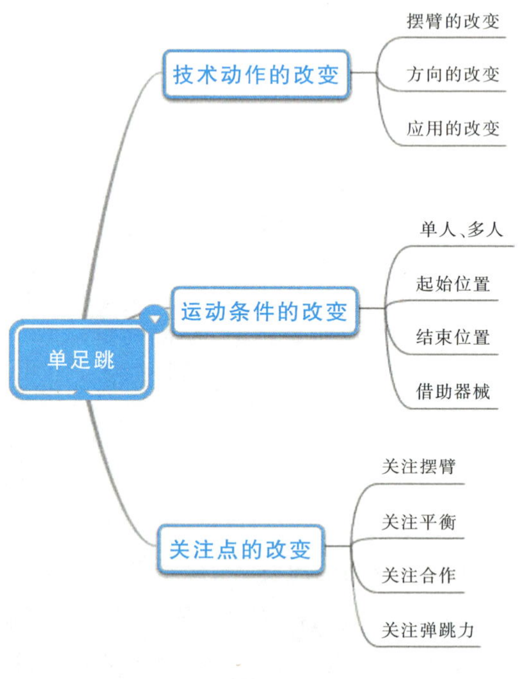

图 11

(3)运动关注点的改变。

“关注点”是将一个完整的动作技术进行细节拆分,每个细节即为一个点,也就是关注完整动作技术的不同细节,分别加以练习。

所谓课程设计的“万能公式”是相对的,不可能永生。“公式”是在一定的教学理论和教学思想的指导下,结合教学实际并进行总结、归纳、整理后而形成的教学方法体系,是教师大量教学实践与理论概括的归纳展现。它源于实践,是对具体教学活动方式进行优选、概括加工而成的结晶。这种“公式化”是把一系列比较抽象的教育理论转化为具体教学行为框架的过程,使教师在课堂上有章可循,便于理解、把握和运用。

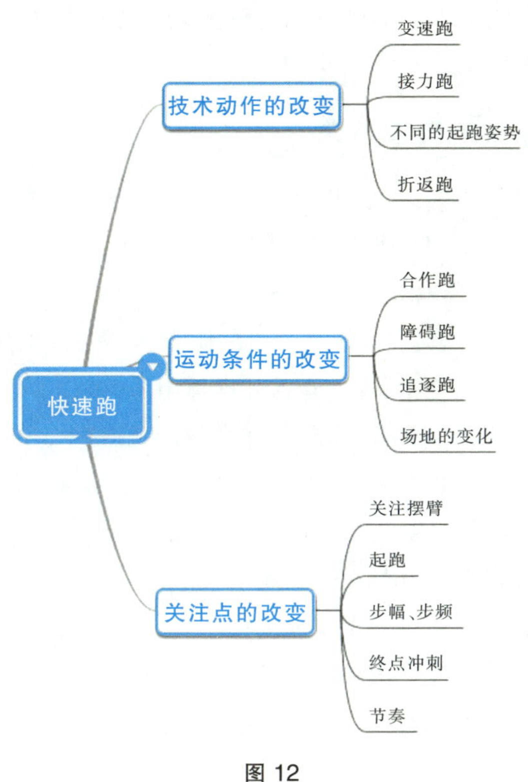

图 12

每位教师的经历都是不同的，所施教的主体、环境、目标都不同。随着教师对教育理解的深入，其教学行为肯定会随之而改变。可以说，不存在对任何教学环境都适用的普适性的方法模式，也谈不上哪一种方法是最好的。课堂是教师的主阵地，教学行为主要发生在课堂，教师所有教育理论的学习提升都是为了更好地服务教学，其最主要的目的就是“上好课”，让学生能够得到更好的教育才是根本。我们所设计提供的课堂设计方法，只是一个指引，目的是为广大教师提供一个设计课的方法借鉴，希望教师能够在此基础上不断成长，并能够渐形成自己的一套方法，以更好地组织教学。

教学是一种创生性的过程，教学需要机智。本质上说，教学行为没有模式，只有独创和特色。能够模仿的只是教学技巧，但没有一种教学过程能够被重复。引导教学变革的是新观念、新知识、新思维和新方法。教师不是大众演说家，不是自己会说、说明白就可以了，还要让学生会说、会做，并且让他们知道为什么是这样的。

也许和其他职业不同，教师要有敢于怀疑和否定自己的勇气，相信只要能够踏实的工作，肯定会收获成果。

(三)基于导学案的集体备课

集体备课是以备课组为单位，组织教师开展集体研读教材、课程标准、分析学情、制定学科教学计划、分解备课任务、审定教学设计、反馈教学实践信息等系列活动。集体备课，强调合作意识发挥集体的智慧与力量。“一人一个脑，做事没商讨；十人十个脑，办法一大套。”集体是力量的源泉，众人是智慧的摇篮。教师在成长的道路上一人是踏不倒地上草的，众人才能踩出阳关道。一堂好课，需要千锤百炼，需要不断积淀，需要集思广益，需要集体智慧的碰撞。集体共研备课，为教师搭建了交流的平台，共研备课备出了教师创新思维的火花、备出了教师合作交流的默契、备出了教师把握教材的深度、备出了教师教育思想的高度、备出了规范的教师常规管理、备出了规范的授课行为、备出了优质的课堂效果。

集体备课可以立足整体以一个单元或模块为内容开展教研，最终制定出每一节课的学案。其具体的操作肯定会根据集体备课组成员人数、能力专长、时间、合作态度等具体的现实情况进行合理安排，只要能够有效操作就可以了。基本的备课流程模型为图13：

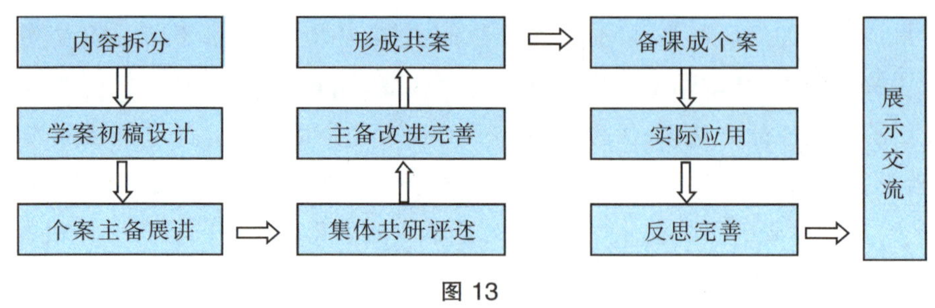

图13

1.建议第一步——内容拆分

体育与健康学科与其他学科备课的最大问题就是教学内容的非统一性，也就是有教材但没有具体的教学进度要求，只给教师提供了一个宽泛的概念，让教师根据自己具体的情况进行选择设计教学内容，说实话这样的操作在理论上虽然成立，但在实际操作中很多教师是没有能力把握的，这一点在各地区都普遍存在，大家有目共睹。所以在具体操作中第一步就应该研究课程标准分解学习目标并设计出适合学校开展的教学安排,然后再具体设计。但各校的硬件、师资等情况都不同,这又很难保持校际间的统一性,试问我校只能达到一个人教一个年级的教师配置,进行集体备课虽然有意义,但这种现实状况又如何保持这集体备课常态的稳定性呢?可想而知,处理不好其中的关系集体备课肯定很难实现,最终的结果就是保持个体的有效备课就不错了,这就是现实情况。我们应正确的面对现实,努力的推动工作,避免不切实际的行政推动,搞一刀切,使老师们疲于应对各种检查,最后教学材料看似齐全了,但均是雾里看花,流于形式,让“导学案”变成了教师的负担,这就失去了“助力教学”的作用了,违背了其价值与本意。所以面对这种情况,如果搞行政推动,一定要考虑好推动什么、有什么问题、如何解决、怎么推动、最终的效果会是什么。我认为,最好的发力点就是“急学校之所急,急教师之所及,立足于区域教学发展的战略布局”来发力。

说了这么多,我们究竟怎么进行内容拆分呢?这里的拆分其实是相对于教材的整体而言的,就一个区域来说就是基于集体备课下的整体教学内容分配设计后再进行以单元为单位的拆分,就一个学校来说也基本是如此的,建议拆分后的最小单位是基于某教材的单元下的具体设计,不过分强调拆分到单个课时。虽然有些教师会提出不同意见,认为可以拆分到以某一课时的导学案设计为单位,不可否认这样也可以,但为什么我还要强调以单元(模块)为单位呢?主要考虑的就是单元(模块)内教学设计的连续性,甚至包括具体的教学设计风格的选择等因素,这样更便于具体操作。就某教材内容的单元(模块)课时设计安排及课时目标分配,甚至于每课时的教学逻辑安排与方法策略设计等应该是通过集体备课研讨后的成果呈现,只是将具体的编写工作分配到某位教师而已。也就是在具体的集体备课中在确定好备课内容后,应该集体对该教材进行深入的研究分析,协同集体的力量群策群力的进行深入研究与交流,最终达成一个共识方案,最终由一名教师执笔。所以在具体操作中集体的规模是可放可收的,目的是为了更好地完成教学,是从学术的角度来面对这种备课形式的。

2.建议第二步——导学案初稿设计制作

导学案的初稿设计制作,是从降低工作量的操作角度考虑的。初稿的设计,原则上是经过集体备课而产生的,是集体共同设计的结果,只不过是由一个人来制

作完成的。但无论如何,这更符合于个体教师备课的形式,因为最终的执笔还是落实到某一个人身上的,更直观的说,就是在集体公研的基础上,由一个人来完成这个任务,成果集体共用。

现实操作中大家会发现,这个执笔的教师对于教材教学意图与方法的把握是密切相关的,虽然方案是经过了集体的众议,但不可否认的是这仍然距离初稿的成形有一段距离的。初稿的设计制作其实就是对集体众议备课结果的凝练,是将集体与自己智慧整理归纳的过程。其优势是减轻了一部分工作量,劣势就是往往最终的结果会与预先的想法存在着一些偏差,这很正常。

3.建议第三步——个案主备展讲

这一步的操作是第二步导学案初稿设计制作之后的进一步操作,其目的就是修正个体思维与执行的偏差。上一步,初稿的制作是由教师个体完成的,在此我们上节课将其称之为个案主备,那么这个备课教师(执笔教师)就是本课的准备教师。该教师在完成初稿后,要向合作团队中的其他教师来进行细致的讲解,目的是更好地展示教师的设计意图,尽可能暴露问题,以便进一步进行调整、修正、完善。在这里,就需要教师有一个好的治学态度,心态很重要,就是要乐于展示自己的研究成果,乐于将自己优秀的教学方法分享给其他体育教师,同时还需要这位教师虚心求教,能够接受不同的声音,要有一个开放的治学态度。

4.建议第四步——集体共研评述

待主备教师展讲完毕后,参与备课人员要积极给予意见与建议,对导学案提出的改进意见要有共赢的心态,而不是作为第三方简单评述。需要注意的是“在提出问题的同时,一定要尽量给出改进方案”,在问题或者改进方案并不是很清楚的情况下,也一定要说明自己的观点,以便解决困惑,可以说在日常的工作中,能够提出问题,本身就值得点赞。但一定要注意另一个问题,那就是好人主义。有些人会只会说好话,这是不可取的,我们一定要打造一个和谐共进的一个氛围,允许有不同的声音,但这个不同的声音必须是建立在友好的情况下的,否则就背道而驰了。慢慢会发现,如果你想提升、想进步,你最想听到的就是一些坦诚的、客观的个人观点,而不是一味奉承迎合。所以我们要从两个方面进行深层次的思考并努力做事,第一就是学会倾听,第二则是学会坦诚。

5.建议第五步——主备改进完善

主备教师根据反馈意见进行再次的整理加工并完善初稿。这个过程就是对导学案的打磨过程，也许有些老师会认为这很麻烦没有太大的必要性，但实际上这正是教师业务提升的很好的时机，就跟磨课一样，一堂好课需要进行精致的打磨，学案也是如此，一个好的导学案必须禁得住推敲，只有经过认真打磨才能做到，而导学案设计中的问题解决与完善的过程正是教师思维与视角拓展的过程。

6.建议第六步——形成共案

达到集体的满意后的个案就是共案，可供集体共同借鉴使用。共案的成型有可能是经过多次的打磨，它的形成是在主备教师改进完善后的成果，这也许就是一次通过，也有可能经过多次的返回再次修改。共案是共同备课的成果体现，是集体教研的任务体现，从管理的角度考虑可将其总结为“任务驱动”，这也是教师培养的路径之一。

7.建议第七步——备课成个案

“共案”是集体共同通过的结果，虽然说大多都是能够拿来就能用的，但不可否认的是由于具体的“教情”与“学情”的不同，其与自己教学使用的学案还存在着一些距离，这个距离也许只是一个与教师自己的教学理念相融合的过程，但其还是有很大的必要性的。即使是获得过全国大奖的教案，也是很难达到拿来就能用的水平，就算照搬其效果也是大相径庭的。教师拿到“共案”后一定要静下心来认真研读，结合自己的教学实际可以适当修改。教学虽然是教师工作常态但其应该是严肃的，就像医生给病人手术一样，不能含糊。有时你会发现，虽然“共案”是集体的结晶，但随着教师认知的改变，对导学案的设计理解也会改变的，甚至不排除当你静下心的时候，你可能会全盘否定“共案”，当然这种事件的发生大多是因为前期“共案”设计得不用心或有某种妥协。总而言之，“共案”是为了克服个体的弊端，其目的是为了发挥集体的作用的同时减少个体备课的工作量，某种角度上讲“公案”是为了给教师个体提供一个备课抓手，帮助教师更好地进行个体备课，努力保证教学的整体质量。

8.建议第八步——实际应用

导学案前期的所有准备与设计工作都是为了在课堂上的实际应用，其最终的

指向是课堂。导学案服务于学生，落脚于课堂，但课堂并非只是终点，同时也是起点。学生虽然不是试验品，但教学过程也是经验的积累，导学案的设计无论是怎样完善，其本身在上课前也是理论层面的，理论设想需要实际应用的验证，这个验证的过程是各种教育影响因素的磨合，也许同样的问题同样的学生，不同的老师就会出现不同的结果，这是正常的。在实际应用中，教师要善于观察、反思、总结，在这个环节教师要努力的驾驭课堂，发挥导学案的作用，引导学生学练，导学案是教学的辅助工具。

9.建议第九步——反思完善

反思与完善其实是和实际应用相统一的，单独的提出目的就是要强调反思的重要性。只有认真的备课与上课，才可能形成反思，教学反思更多的是教师对上课行为与设想在实践中的修正感悟，这个过程是教师很好的成长路径。导学案在经过具体的操作后，如果有必要修改完善，一定要抓紧完成，这也是具有时效性的，为了防止教师惰性的发生，要“乘热打铁”完成导学案的修改，以备继续使用，这些都是经验的积累。

10.建议第十步——展示交流

展示交流是集体教研的重要组成部分，在基于集体备课的教研活动中，老师们应该乐于与同仁分享自己的实践成果，无论是成功经验或者是失败案例都存在其价值。这样的分享，并不是单纯的教师个体经验的输出，同时也是输入的过程。任何事物都存在着双面性，教师要有开放的治学思想，愿意分享各种教学经验，同时也愿意对其他体育教师的问题提出建议，哪怕非常主观也是具有很强的工作参考价值的，展示交流的关键是活动氛围的建立与坚持。

四、结论

通过本课题的研究，有效验证了导学案在体育教学中应用的有效性。对于体育学科导学案的设计与应用的理论与实践有了更深层的认知，总结出了一套基于导学案应用的体育教学实践方法，特别是体育与健康学科导学案的样式设计和具体的教学设计的模式等方面形成了一套可以实践借鉴的方法。对于教师的成长、整体提升体育教学质量、改善学生学习习惯等都可以起到积极的促进作用。本课题研究使我们对导学案在体育教学中的应用的方法与价值有了新的认识,能够为导学案在体育教学中应用与推广奠定基础。

教学是一种创新性的过程,教学需要机智。本质上说,教学行为没有模式,只有独创和特色。能够模仿的是教学技巧,但没有一种教学过程能够被重复。引导教学变革的是新观念、新知识、新思维和新方法。教师不是大众演说家,不是自己会说、说明白就可以的,还要让学生会说会做,并且让他们知道为什么是这样的。也许和其他职业不同,教师要有敢于怀疑和否定自己的勇气,相信只要能够踏实的工作,肯定会收获。将“导学案”引入体育教学是我们推进体育与健康学科教学的一点思考与尝试,目前虽只是开始但相信将来定会走向成熟,定会创造出无限的可能,坚信我们的教学会越来越好。

参考文献

[1]王德刚.联动共研体育教研创新发展的新路径[J].体育教学,2017,37(11):47-48.

初中体育课堂教学提高学生学科核心素养的实践研究

天津市武清区教师发展中心　徐建成

摘　要：课题组于2019年12月提出“初中体育课堂教学提高学生学科核心素养的实践研究”，课题经申请由天津市中小学继教中心学会指导专家于2020年6月批准立项。该课题经过一年的研究工作。体育教育是学校教育的重要组成部分，在课题研究中依据新课程理念体育教学要贯彻“健康第一”的教学思想，而体育课是一门以身体练习为主要手段，以增进中小学生身心健康为目的的必修课程。对培养学生的身心健康、身体素质和社会适应有着特殊的功能，突出强调学生身体、心理、社会等方面的发展，倡导学生主动参与、乐于探究、勤于实践的能力。在教学中精选教学内容把健康知识和体育实践课有机的结合起来，注重学生学科核心素养的培养，最大限度提高体育课堂教学效益，又能减轻中小学生课业负担，是当前体育课堂教学改革的一个重大课题。通过优化教学过程努力提高现阶段中学生的体质健康水平。

关键词：教学内容　教学方法　教学策略　教学评价　核心素养

课题组于2019年12月提出“初中体育课堂教学提高学生学科核心素养的实践研究”，课题经申请由天津市中小学教师继教中心学会指导专家于2020年6月批准立项，该课题经过了一年的研究工作。体育与健康教育是学校教育的重要组成部分，在课题研究中依据新课程理念教学要贯彻“健康第一”的教学思想，结合体育与健康课程是一门以身体练习为主要手段，以增进中小学生身心健康为目的的必修课程。对培养学生的身心健康、身体素质和社会适应能力有着特殊的功能，在教学中精选教学内容把健康知识和体育实践课有机的结合起来，提高学生核心素养，不断提升教学质量。

一、问题背景提出

(一)宏观背景

随着当今世界科学技术的飞速发展和经济的日益全球化，现代生产和生活方式造成体力和心理压力增大，对人类健康造成日益严重的威胁。许多国家把国民健康放在首位，它直接影响国家的兴衰，少年强则中国强。而加大体育课程改革是增进国民健康的重要途径。

那么，怎样最大限度地提高体育课堂教学效益，注重核心素养的培养，又能减轻中小学生课业负担，是当前体育课堂教学改革的一个重大课题，也是一项坚持教学改革的难题。《中共中央国务院关于深化教育改革，全面推进素质教育的决定》指出，健康体魄是青少年为祖国和人民服务的基本前提，是中华民族旺盛生命力的体现，学校教育要牢固树立“健康第一”的指导思想，切实加强学校体育工作。新课程突出强调学生身体、心理、社会等方面的发展，倡导学生主动参与、乐于探究、勤于实践的能力。即在教学过程中，教师采用各种方式和手段注重核心素养的培养完成教学目标。

(二)微观背景

天津市武清区区地处农村，学校多数为农村校，新课程实施以来，体育教师的教学理念，教学方式都有了不程度的转变。一些自主学习、合作学习、实践探究的课堂学习模式已经走进了体育课堂。但是，体育教学实践中仍然存在着几个误区：

误区一，注重课堂结构，忽视对学生的身心发展。

误区二,注重知识传授,忽视对学生的能力发展。

误区三,教学过程重形式缺实效。

误区四,教学评价重终结性轻过程性。

(三)现实背景

为了纠正体育教学过程中的种种误区,转变过于强调课堂结构教学,改变机械训练现状,通过教师引导、合作学习、探究学习充分发挥评价的多种功能。培养学生的创新精神和实践能力,体现核心素养的时效性,增进教师实践的智慧,加速成长的步伐,我们申报并开展了该课题研究。

二、课题的研究目标

(一)转变观念,提高认识,运用新理念增强教学改革的主动性

使教师树立正确的教育观、教学观和效益观。改变教师注重知识传授忽视学生发展的成就教学方法,从根本上改变现行状况,强化对学生核心素养的培养。

(二)坚持"健康第一"的教学思想,实现对学校教育本质功能的重新定位

以学生为中心,重视学生的主体,改进传统体育教学,使其由以传授基本知识和技能为中心转向促进学生身心发展。

(三)注重学科核心素养培养,全面提高教学效果和学生学习能力

改进教学方式注重课堂教学评价,关注学生个体差异和不同需求,确保每一个学生受益,是每一个学生都能在运动中体验到学习和成功的乐趣,提升学生学科核心素养,满足学生自我发展的需要。

三、研究理论依据

苏联著名教育家巴班斯基所提出的:“全面合理的组织教学过程的方法,是在教学规律、教学任务、教学内容、教学方法等形式的基础上,有科学根据地选择教学内容,在规定的时间内,以保证提高学生学科核心素养发挥最佳效果”。《中共中央国务院关于深化教育改革,全面推进素质教育的决定》指出,健康体魄是青少年为祖国和人民服务的基本前提,是中华民族旺盛生命力的体现,学校教育要牢固树立“健康第一”的指导思想。新课程突出强调学生身体、心理、社会等方面的发展,倡导学生主动参与、乐于探究、勤于实践的能力。天津市基础教育课程二次课改已在全市中小学进行多年,其中体育与健康学科核心素养(以下简称“核心素养”)培养是一项重要内容。我们要提高学生核心素养的培养,首先要在理论上搞清楚什么是核心素养,明确核心素养的特点是什么,为什么要培养学生核心素养。《体育教学新论》对核心素养明确界定,所谓体育与健康核心素养,是学生发展核心素养的重要组成部分,是学生在体育与健康学习过程形成的基本知识、技能、方法和情感、态度、价值观等的综合表现,集中反映了体育与健康学科特性的独特品质和关键能力。其次通过调查研究结合“区视导教研”,了解中学生目前的学科核心素养是怎样的,主要存在的问题是什么,如何进行培养。我们依据上述理论在课题研究中结合体育网络教学和各种书刊杂志如《体育教学新论》《体育与健康课程标准》《中国学校体育》《体育教学》等教育理论著作,展开实验、调查、研究及信息采集等各个环节的具体工作,并在实验班、对比班研究论证中广泛采集实践信息,以事实为基础,从学生立德树人、健身育人的角度和教学研究实际出发,做好课题的实施与各个阶段研究工作,撰写报告。

四、课题的研究对象与研究队伍

(一)研究对象

天津市雍阳中学和大孟庄镇中学七年级学生共616人。

(二)研究队伍

本课题组成员共11人,均来自教学一线,在本课题研究中,具备一定的基础和经验,能够明确完成个人负责的相关工作。目前自筹资金人民币5000元已到位保障课题研究。我组成员均为大学学历,为中学体育教师,平均年龄为39岁,是一支教学经验丰富的、高素质的研究队伍。我们有信心凭着大家的热情和干劲,能够圆满地完成这项研究工作,按时结题。

五、课题的研究方法

随着《普通高中体育与健康课程标准(2017年版)》的实施,基于体育与健康学科核心素养的体育与健康课程改革正式拉开帷幕。学科核心素养是一个新概念,具有丰富内涵,是体育与健康课程的灵魂,包括运动能力、健康行为和体育品德。其在我市的进一步推进,使新课程改革朝着核心素养的方向延伸,体育与健康课堂教学改革正如火如荼地深入开展,课堂面貌焕然一新。然而在一些基层中小学,日常教学活动却没有多大改观。他们的健康状况却令人担忧。如:营养过剩、肺活量指标下降、近视率居高不下等。造成这些问题的主要原因有:社会大环境改变、父母的期望值过高,升学压力造成课业负担过重;学校领导重视不够,片面追求升学率导至学生上体育课的时间不足;个别体育教师素质差,仍然延续"放羊式"教学;传统旧模式过分强调课堂结构,忽视了学生的身心发展;师资力量与学校场地的缺乏等。上述原因导致中小学生的健康状况正在呈下滑趋势。为此,我们要千方百计地结合现有条件，通过课题研究，在构建新课程体育教学设计的同时，精选教学内容，选择最佳的教学方法和练习手段，通过学生学科核心素养来提高现阶段中学生的体质健康状况。

在目前新旧体制转轨的形势下，应试教育的影响还很严重，一些家长望子成龙、望女成凤观念很深，学生在中考课业负担比较繁重的情况下，上体育课时间不足，甚至不让孩子参加体育活动，肥胖儿比例和近视率不断上升。《中国学校体育》有资料表明仍有 27.3%的学生不喜欢上体育课。更严重的是，《体育教学》最新资料表明我国有 35%的中学生患有不同程度的心理障碍疾病（如：神经衰弱、焦虑症、抑郁症等），这样惊人的数字已被国家和社会所关注。对比，我们能说实施核心素养已经落实在中小学体育与健康教学中了吗？能解释“一切为了学生的全面发展”的观点吗？体育教学的现状已经到了非改不可的地步。

基于上述影响的条件分析，如果体育教师的教育理念、教学方法，教学策略不改变，就难以实现学生学科核心素养的目标。农村中学面临生源差，体育师资力量薄弱，体育场有限等诸多不利因素。那么，如何利用现有的条件，脚踏实地进行体育教学改革，是摆在我们面前一项十分艰巨而又紧迫的任务。传统的体育课是以教师为中心，学生是被动的接受者，体育课忽视了学生的各项发展。而学校教育要牢固树立“健康第一”的教学思想，这是新课程的核心理念，更是体现学科核心素养的内容之一。体育课应在师生平等对话的过程中进行，学生是学习的主体，以教材为中心，学生也可以选择教材，活动面宽了，学生的学习兴趣自然就得到有效提升；注重他们创新精神和实践能力的培养，在科学的健体中承载一定的运动负荷，通过课堂教学注重学生学科核心素养的培养，以达到最佳的锻炼效果。提高农村学生的体质健康水平，有效预防心理疾病的发生，这是我们课题组研究的深远意义。本研究采取以下方法。

（一）调查法

通过发放问卷、与学生谈话、家访等形式，从学生的心理、生理、身体状况、社会适应等方面调查学生不喜欢上体育课的因素，寻找素材，为课题研究奠定基础。

（二）行动研究法

通过学习—研究—实践—反思—总结的行动路线，课题组成员在体育学过程

中以研究者的身份置身于体育课堂教学情境中，分析教学理论与教学实践的各种问题、发现问题、进行反思、积累经验并总结形成规律。

（三）文献资料法

在课题研究中，我组成员积极搜集文献资料如《中国学校体育》《体育教学》等查阅相关内容进行整理，通过摘记、笔记、复印等方式有重点采集文献中与课题研究的相关部分，形成学生学科核心素养培养的正确认识。

（四）比较研究法

比较就是确定事物的异同，在比较过程中思维的精度性在于从差异中寻找类似，从类似中寻找差异。利用比较法体育课改前、后课堂教学方式进行比较，找出同课型的优点和不足，为教师选择自己的教学方式，形成自己的教学风格奠定基础。

（五）经验总结法

课题组成员以初中体育课堂教学提高学生学科核心素养为素材，运用经验思维对初中体育课堂教学学生学科核心素养的培养进行梳理、反思、总结，形成理性认识指导体育教学实践，努力提高体育教学效果。

在课题研究进程中，我们邀请市、区教科室的专家，体育教研员为我们作专题培训和指导，不断提高体育科研水平，相信有专家的引领，我们的研究方向会更清晰，教育理念更新颖，教育智慧更丰富，教学方法更灵活，教学效果更显著。由学习型教师向研究型教师转变，在盘锦学访时与体育同行共同交流，访名师学典型，借他山之石以攻玉，博众人之长以助己。丰富自己，同伴互助，积极推广课题研究途径，因为教学相长的。

六、课题的研究内容

本课题主要内容是初中体育课堂教学提高学生学科核心素养的实践研究。那么，什么是核心素养呢？《体育教学新论》对核心素养明确界定；所谓体育与健康核心素养：是学生发展核心素养的重要组成部分，是学生在体育与健康学习过程形成的基本知识、技能、方法和情感、态度、价值观等的综合表现，集中反映了体育与健康学科特性的独特品质和关键能力。苏联著名教育家巴班斯基提出："全面合理的组织教学过程的方法，是在教学规律、教学任务、教学内容、教学方法等形式的基础上，有科学根据地选择教学内容，在规定的时间内，以保证学生学科核心素养的培养发挥最佳效果"。

我们研究的对象涉及：教师、学生、教学内容和教学效益四个方面。教师即为全课题组教师，学生为我校和雍阳中学七年级在校生，教学效益指在体育课堂上，教师扮演适当的角色，在课堂教学中充分考虑到学生的身体条件、兴趣爱好和运动技能等方面的差异，根据差异确定学习目标与评价方法，从而保证绝大多数学生完成所要学习的内容。提高体育课堂教学效益有效预防学生心理疾病的发生，贯穿于课题研究的始终。要转变学生的体育学习方式必须从转变教师的教学方式入手，教师有怎样的教学方式，学生就会有怎样的学习方式。只有转变教师的教学方式，才有学生的学习方式、思维方式、生活方式，乃至生存方式的明显转变，培养和提高学生的创新精神和实践能力。

通过课题研究，将不断提高课题组体育教师的理论水平和驾驭体育课程的实践能力，以及体育教学质量，使教师由学习型向研究型转变，在成就学生的同时也成就教师自我。初步研究如下。

(一)课改前后体育课堂教学模式的比较研究

通过课题研究，深入了解传统体育教学模式采用框架式结构，以教师为中心，学生是被动的接受者，依据教学大纲的教学内容与考核硬性规定，教师按教材完成教学任务，忽视了学生的各项发展。而新课程打破了传统的教学模式，以教材为中心，学生是学习的主体，体育课在师生平等对话的教学过程中进行，教师可以选择教材，课堂教学宽松了，特别是在学生的情感、意志、身体素质等方面的教育中，体现了"健身育人"提升学生学科核心素养的教学思想。由于教学大纲有其自身的不足，新课标替代教学大纲是发展的必然趋势。

(二)通过课堂教学提高学生核心素养注重教学方式的实践研究

在体育教学实践中，体育课堂教学方式应依据教学内容，来选择并制定教学

目标依据学生的身心特点和个性需要选择教学方法。应做到"四熟",熟课标、熟教材、熟动作、熟学生。熟课标因为课标是教学的依据;熟教材是因为要把握一堂课中教材的重点、难点,使重点突出突破难点;熟动作是因为要给学生示范,对培养学生的整体动作表象起直观作用;熟学生是因为学生的个体差异程度不一样,教学中要因人定量。做到"四熟"教学过程流畅,是体现优化教学过程的基础,努力提高授课教学质量和效果。通过体育技能学习与练习,学生的身体机能将得到改善,让不同层次的学生都学有所获。

(三)精选教学内容提高学生学科核心素养的策略研究

教师精选教学内容,在构建课程体育教学设计时,教师选择教学内容应做到"四活"是指课堂气氛活、授课方法活、学生思维活、处理手段活。课堂气氛活的要求教师教态自然,精神饱满,声音洪亮教学得心应手;授课方法活是因为一节课中的教学活动多变,动作熟练掌握,正确示范要想有更好的教学效果,就必须仔细思考反复推敲,不能抱住一种方法一成不变,把学生的思维搞活,预测学生的完成情况,积极诱导学生,学生的学习就不会感到盲目;处理手段活是因为体育课多以室外课为主,教学环境多变,学生注意力以分散,所以教师要科学合理的布置场地,采取多种手段,结合学生的身心特点,精选教学内容优化教学策略。课前,教师做到课前候课,结合季节特点给学生做好准备活动,对使用器材做好预先检查,制定本课安全预案;课中,根据教材,结合学生特点,充分调动学生的积极性。如:在教授七年级双手向前掷实心球教学中,设置实心球重量有别,学生根据每次完成情况轮换选择,使身体素质好的和相对差的学生都能"吃得饱";课后,积极总结本课得失,教学目标是否达成,是否完成教学任务等,为下次体育课奠定基础。注重课堂教学培养核心素养的实效性。

(四)通过课堂教学提高学生学科核心素养注重教学评价的研究

培养学生学科核心素养的实践研究,给体育教学评价带来了新的内涵。这里所说的教学评价,是指体育教师在体育课堂上正对练习的学生及时进行口头评价或非语言性评价,能够与学生达成一种无形的默契,达到师生双边互动,顺利完成动作激励性评语,使得一节体育课的教学目标,在学生身上得以实现。"即时评价"应简便易行、公平、合理。体育教师应在课堂经常运用"即时评价"评价学生知识和技能的掌握程度，运用“好”“这个动作完成的不错”“相信自己”等激励性语言对学生的学习加以肯定，如能始终把“即时评价”贯穿在一节课堂之中，这些是提高学生学科核心素养的重要体现。要注重学生创新精神和实践能力的培养。

七、课题的主要研究过程

准备阶段(2020年6月—2020年9月)：在武清区教研室召开课题研究会，在指导专家的帮助下选择适合自己的课题。经申请天津教育学会指导专家同意开题。

实施阶段(2020年9月—2021年2月)：

第一阶段：对大孟庄中学和雍阳中学学生进行问卷调查，影响中学生不喜欢上体育课的因素，并对问卷调查、资料文献的收集与整理。

问卷调查法：共发放问卷616份，回收610份，总回收率为99.17%。对相关数据进行计算，统计和分析注重实证遵循科学研究规律。

文献资料法：通过学习相关资料进行收集与整理，作为理论依据。

第二阶段：对精选教学内容、优化教学过程进行教学实验与实施。

(一)在体育与健康常识课中，精选体育与健康保健基础知识

天津市体育与健康教材开设健康、卫生、保健等方面的知识，这些知识虽然与体育密切相关，但只是体育教学中的一部分。因此，在课题实施过程中，我们每学期加入4节跟体育教学密切相关的健康教育课。我们在教学这类课程时，精选相关教学内容进行教学，如教授运动损伤的预防及处理，通过媒体演示学生掌握健康知识更直观，结合健康实例，教师进行讲解，学生讨论，教师总结等。注重学生学科核心素养的培养，如上课前要充分做好准备活动，可以预防运动损伤的发生，讲述中学生体育与心理健康，可以有效缓解学生的心理压力。学生掌握健康保健知识，为体育实践课打下坚实基础。

(二)体育与健康实践课中，注重学生学科核心素养的培养

课题组认为提高学生学科核心素养上好体育实践课包括以下内容。

1.精心备课,营造氛围

与新课程同行,教师将在新课程中实现自身的发展。制约体育实践课氛围是多方面的,如教学环境、师生关系、教师修养、教学内容、教学方法、学生的年龄、性格特征与课前情绪等。因此,我们体育教师在课前应尽可能避免不良因素的影响,排除各种“负面”干扰,根据标准,选择教材要符合绝大多数学生的身心特点,明确教育教学的指导思想,结合学生实际,精心设计教案,提高学生的运动参与度。

(1)充分体现学生的健康价值。 坚持“健康第一”教学思想。体育教学不仅增强学生体质,还要促进学生心理健康与社会适应。因此,我们在教学设计、教学目标的确定、教学内容的选择和课堂组织方面都给以贯彻。充分体现学生的健康价值,让学生在活动中快乐成长,从而体现学生学科核心素养培养的价值。

(2)以学生为主体,让学生动起来。 前教育部体育卫生与艺术教育司杨贵仁司长曾指出:体育课不能作在教室里上,必须让孩子们到阳光下,到操场上,到大自然中去锻炼。为了达到增强学生体质的目的,体育课教学活动必须让孩子承载一定的运动负荷,才能有效完成体育教学的基本任务,特别是秋冬时节可以选择学生喜闻乐见的长跑和足球结合游戏,让学生动起来。

(3)注重教法研究,加强学法指导。新课标的发布要求在体育教学中,教师要积极引导学生思维,放手让学生参与教学的全过程,给学生提供一个自学、自练的机会,让学生发挥自己的创造性,营造良好的学习氛围。同时还要听取学生的意见,对其进行个别指导,发扬民主教学。如课前,我选择队列队形培养学生核心素养,培养学生的组织纪律性;课中,我在上七年级教材跨越式跳高时,注重核心素养的培养,在器材安排上高低有别,学生可根据自己每次完成情况轮换选择,使素质不同的学生都能“吃得饱”,真正让每个学生都能体验取得成功后的高兴心理,这样的体育课学生感兴趣愿意上;课后,选择放松练习让学生在紧张的学习气氛中,使学生的身心得到放松。这不就是核心素养的体现吗?

(4)拓展体育空间,关注全面发展。新课标为教师和学生提供了广阔的空间,教师选择教材的权利越来越大。以学生为中心,根据个体差异与不同需求选择教材,确保每一个学生受益,关注全面发展。

2.建立民主和谐的师生关系,是培养学生学科核心素养的催化剂

一堂好的体育课,课堂气氛的关键离不开和谐的师生关系。给学生一些权利,让他们去选择。主动选择带来主动学习,为提供学生选择教育才是成功教育。要保证学生自主选择,促进全面发展。如在进行投掷教学时,常见的练习形式是学生分成两队,面对面投掷,这样的练习学生很快就会感到疲劳。学生可根据自己的需要和兴趣选择教材,体力强、力量大的学生,可选择实心球在一号场地练习;体力弱、力量小的学生,可选择沙包、降落伞、纸飞机在二号场地练习,喜欢投准的学生,可选择配有目标装置的三号场地练习。整个练习过程,学生都会有新鲜感,体验成功的快乐,教学效率自然就提高了。

3.游戏竞赛,活跃气氛

在体育教学中,游戏内容丰富,简单易行,具有一定的竞争意识,深受学生喜爱,是活跃课堂气氛的一种行之有效的方法和手段。我们根据教学内容的需要,精选了大量的游戏。通过游戏,培养了学生的兴趣与爱好,提高了他们学习的积极性,使他们在欢乐、活跃的气氛中进行各种游戏、竞赛,充分发挥其聪明才智和创新精神,锻炼和提高了他们团结协作、勇于进取的精神,体现核心素养的培养。

4.开展多样体育竞赛,促进核心素养的培养

通过开展不同类型的体育竞赛,既是检阅学生运动技能、运动水平,又是检阅学生是否具有乐观向上、团结协作、勇于竞争的意志品质。因此,在课题实施过程中,结合我校实际,开展了多样的体育竞赛。如:队列汇操比赛、拔河比赛、春季田径运动会等。通过比赛一方面培养了学生的意志品质,提高了运动技能;另一方面培养了学生的社会适应能力和集体主义精神,从而促进学生核心素养的培养。

(1)我们要保证新教材的实施。 从实施开始至今,新教材在我校得到了全面贯彻执行,发挥了实际作用。

(2)为了提高教学效果,我们不仅要研究培养学生体育兴趣的方法,更要从理论上去认识体育兴趣的特点和规律。根据学生的个体差异,安排好男女生不同的运动负荷。在初中生中,适当穿插游戏法、竞赛法等进行教学。

首先,精选教学内容,激发学生对体育课的兴趣。其次,调动学生积极性提高运动参与度,活跃课堂气氛。再者,建立新型和谐的师生关系,是培养学生核心素

养的催化剂。

我们在教会学生掌握主教材的同时，增加学生喜欢的体育项目，男生以球类为主，女生以韵律操为主，切实提高学生的身体素质，使学生在课上既掌握了知识，又学会了技术，让他们在愉快的氛围中使自己的身心得到发展。

通过调查研究和对学生一年半的统计发现，不喜欢上体育课的学生比例，总体在30%~35%的区间内浮动，我们的学生中大约有1/3的学生不喜欢上体育课。这也是社会关注的严峻问题。

课题组全体成员充分利用体育课和课外活动时间，对该类学生进行合理的帮助指导，通过对球类、田径、体操、武术、韵律操等体育项目的设计，调动学生的学习热情，缓解了各种因素给学生造成的心理压力，从而提高学生学科核心素养的培养，较好地完成了教学任务制定安全措施，防止意外伤害事故的发生。

第三阶段：对实验结果将实验班和对照班的健康状况进行测评分析。

对中学生体育教学内容的精选与提高学生学科核心素养的实践研究，通过调查分析，是否激励学生全面发展，学生是最有发言权的。

实验对象研究前、后测评结果见表1至表5。

(见表1)独生子女、肥胖儿、懒惰不喜欢运动的由原来的13.12%下降为2.4%；课业负担过重、睡眠少、近视率高，体育活动时间少、运动量不足的，由原来的22.41%下降为7.3%；家长望子成龙、分数至上，对体育锻炼认识不清的，由原来的75.36%下降为8.2%；学生喜欢上体育课的由原来的90.1%上升为100%；对健康再认由原来得30%上升为96%；通过列举以上几个指标比较，明显地发现了实验班和对照班在实验后的差异性，说明在体育教学中进行健康教育，对学生健康知识的掌握与提高有一定的成效。

(见表2)统计及实践表明教学要素为四个班的学生为41人、42人、42人、40人。学生选择教材，其中教师要素平均率为89.75%、教材平均率为74.17%、学生平均率为52.43%、练习方法为76.27%、场地利用率为51.35%、器材使用率为38.50%、天气为40.73%。

表 1 学生不喜欢上体育课的原因

分类/百分比/年级		独生子女、肥胖儿、懒惰不喜欢运动	课业负担过重、睡眠少、近视率较高、体育锻炼时间少、运动量不足	家长望子成龙、分数至上，对体育锻炼认识不清	学生喜欢上体育课	对健康的再认
七年级一班样本	试验前	13.12%	22.41%	75.36%	90.10%	30.00%
	试验后	2.40%	7.30%	8.20%	100.00%	96.00%

表 2 教学要素与学生的关系

班级	七年级一班（41 人）	七年级二班（42 人）	七年级三班（42 人）	七年级四班（41 人）	平均(%)
要素	与学生的关系(%)				
教师	93.50	91.70	86.70	87.50	89.75
教材	71.20	79.10	75.60	70.80	74.17
学生	54.30	58.20	55.60	41.70	52.43
练习方法	72.00	73.10	78.90	75.40	76.27
场地	58.60	56.30	46.40	43.80	51.35
器材	41.30	37.50	35.20	39.60	38.50
天气	43.59	41.30	37.80	39.60	40.73

（见表 3、4）教师素质与学生的关系，其中教师综合素质：教师责任心、专业技术水平、课堂组织能力、相关知识水平、教学态度与爱心、教育机制及教法、教师性格及仪表、语言表达及教态。其中教师素质为优、良、中、差；学生参与度为 A、B、C、D。实践证明第一学期，教师甲教学的 A 实验班相对高于教师乙教学的 B 对照班，其学生参与度为 54.26%、23.68%。第二学期教师相互交换，教师甲教学的 A 对照班明显高于教师乙教学的 B 实验班其学生参与度为 56.98%、19.15%。

表 3　教师素质与学生的关系(多项选择)

素质等级	优	良	中	差
教师素质	A	B	C	D
教师责任心	90.98%	60.98%	4.37%	—
专业技术水平	97.87%	64.17%	3.31%	—
课堂组织能力	96.71%	58.87%	4.88%	—
相关知识水平	95.14%	61.52%	2.79%	—
教学态度与爱心	97.38%	73.78%	1.16%	—
教学机制及教法	93.16%	68.41%	2.17%	—
教师性格、仪表	93.34%	51.69%	2.67%	—
语言表达及教态	92.85%	66.31%	1.07%	—
平均	94.68%	63.22%	2.86%	0

注:优、良、中、差表示教师素质等级。A 表示学生主动参与,B 表示能够参与,C 表示被动参与,D 表示不愿参与。

表 4　不同教师对学生优化过程的影响

学期	第一学期		第二学期	
学生参与度	对照班(教师乙)	实验班(教师甲)	对照班(教师甲)	实验班(教师乙)
积极主动参与	23.68%	54.26%	56.98%	19.15%
能够参与	33.37%	30.85%	34.41%	31.91%
被动参与	30.18%	10.68%	6.45%	32.98%
不愿参与	12.97%	3.17%	2.15%	15.96%

表 5　精选教材内容对学生参与度的影响

教材	男	引导后	女	引导后	教材	男	引导后	女	引导后
篮球	72.58%		41.86%		短跑	56.74%		31.25%	40.38%
排球	63.77%		29.43%		中长跑	24.18%	49.13%	18.27%	23.16%
足球	54.90%		9.37%		体操	30.46%		26.34%	
乒乓球	57.11%		20.34%		武术	51.29%		46.33%	
跳绳	19.78%	52.39%	22.16%	55.31%	韵律操	18.96%	30.21%	33.61%	

(见表5)学生对教材内容的选择与教师对教材的合理搭配,短跑与足球、中长跑与篮球、排球与体操、跳绳与武术、乒乓球与韵律操搭配,引导后学生参与度其中男生跳绳为52.39%、中长跑为49.13%、韵律操为30.21%、女生跳绳为55.31%、短跑为40.38%、中长跑为23.16%、韵律操为30.21%、其他各项均略有提高。

结题阶段(2021年2月—2021年3月):撰写结题报告。

八、课题的研究成果与分析

本课题主要研究的初中体育课堂教学提高学生学科核心素养的实践研究。通过两年的体育教学实践与研究,在各级领导的关怀、帮助与支持下取得了科研果。

(一)提高了学生的健康知识水平和运动技能水平

1.提高了学生的健康知识水平

我们在研究过程中,注意在体育教学中加入体育健康保健知识的传授,如帮助学生了解了人体结构,懂得了科学锻炼身体的原则和方法等。因此,学生的健康水平有了明显提高。(见表1)独生子女、肥胖儿、懒惰不喜欢运动的由原来的13.12%下降为2.4%;课业负担过重、睡眠少、近视率高,体育活动时间少、运动量不足。由原来的22.41%下降为7.3%;家长望子成龙、分数至上,对体育锻炼认识不清的由原来的75.36%下降为8.2%;学生喜欢上体育课由原来的90.1%上升为100%;对健康再认由原来得30%上升为96%;通过列举以上几个指标比较,明显地发现了实验班和对照班在实验后的差异性,说明在体育教学中进行健康教育,对学生健康知识的掌握与提高有一定的成效。

2.提高了学生的运动技能水平

在体育课堂教学实践中,以健康知识为基础,通过对教学内容的选择,努力思考改进教学方法,注重学生学科核心素养的培养。体现学生学习的主动性和创造性,强化学生学习的技术要点,增强了学生的团队意识,提升了集体荣誉感。帮助

部分学生身体条件不突出,运动能力较差的学生,树立了自信并在很大程度上激发了他们的学习兴趣,确实为学生建立终身体育锻炼的行为习惯打下了坚实基础;促使学生不仅喜爱体育,而且也爱上体育课了。通过各类体育竞赛,实验班的学生均比对照班的学生有比较优势。在体育达标方面,实验班为98.9%,对照班为95.4%,实验班也略占优,说明学生的运动技能水平也提高了。

(二)提高了教师的专业水平

俗话说:"刀不磨要生锈,人不学要落后。"要提高教学质量,教师首先要"洗脑""充电"夯实技术、技能,有灵活新颖教学方法和管理能力,在开展"六个一工作",即开展订阅一套专业期刊、撰写一篇教学论文、走出校门参加一次教研活动、上好一节体育课、组织好一次群体活动、参与一项课题研究后,课改实践收到较好的教学效果(见表6)。

通过研究,教师在观念上有了新的转变,明确了新课标的教学思想,增加了学生与学生之间、教师与学生之间、教师与教师之间的相互交流,改变了传统的体育教学模式。在教师主导的前提下,更多体现了学生的主体性,教学取得了可喜的变化。

表6　主要阶段性成果一览表

序号	作者	出版(发表)或获奖、转化成果题目	出版(授予)单位或发表刊物名称、时间及期号
1	徐建成	《初中体育课堂教学提升学生学科核心素养的策略》	获天津市教育创新论文三等奖。2020年
2	徐建成	《对我区初中女生体育锻炼习惯的调查与分析》	天津市教研年会三等奖。2021年
3	武联海	《浅谈初中体育与健康教学中核心素养的培养》	获中国教育教学研究会论文评选三等奖。2020年
4	王青华	《课堂转型践行学生体育学科核心素养》	发表在红桥教育报。
5	孙红建	《关于体育教师在学生核心素养培养中的实践分析》	获区教育创新论文三等奖。2020年
6	鲁海涛	《新课程下初中学生体育健康课学习积极性的探讨》	获区教育创新论文三等奖。2019年

续表

序号	作者	出版(发表)或获奖、转化成果题目	出版(授予)单位或发表刊物名称、时间及期号
7	鲁海涛	课例《蹲踞式跳远》	区体育评优课一等奖(2019 年)
8	张立莉	浅谈教育者的创新能力提高	区教育创新论文三等奖(2019 年)
9	孙立强	课例《篮球双手胸前传接球》	区级双优课二等奖
10	陈承顺	课例《耐久跑》	区级双优课一等奖
11	张增亮	课例《双手头上掷实心球》	校级示范课
12	张立莉	浅谈教育者的创新能力提高	区级创新杯三等奖
13	张立莉	健康课程《生活方式与健康》	市级三等奖(2019 年)
14	王鑫	微课《爱上耐久跑》	区级三等奖(2020 年)
15	王鑫	《参加天津市体育教师基本功大赛》	市级三等奖(2020 年)
16	陈承顺	《浅析如何在体育课堂教学中发展学生核心素养》	国家级一等奖

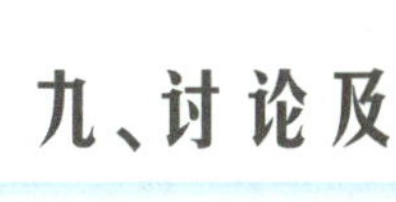

九、讨论及结论

实践证明,在开展初中体育课堂教学提高学生学科核心素养的实践研究以后,基于学生教材内容的选择,走出了只是单一的注重运动技术技能的掌握,根据学生选择自己喜欢的教材,将学生的行为态度、努力程度、进步幅度、情意表现与合作精神等综合因素作为学生学习的一个重要组成部分,切实把优化教学过程面向全体学生落到实处,切实提高学生的参与度,这给课程改革注入了新的活力。

(一)教师改变了

(1)教师观念得到转变。观念的转变体现在:一是由“教材为中心”向“以健康为中心”的转变;二是由“教师中心论”向“学生主体论”的转变;三是教学方式由“传习式”向“学导式”的转变;四是学习评价由“统一标准论”向“关注个体差异论”的转变;五是由“内容衍生目标”向“目标引领学习内容”转变。

(2)教师的教科研意识得到提高。通过课题研究,给体育教师提出了更新的要

求，需要教师不断学习，不断提高才能适应教学的需要，尤其是要面对自己的专业不能适应学生需求的挑战。例如：过去的专业是田径，篮球水平一般，现在根据课改和学校实际需要教学排球、足球、羽毛球、韵律操课等。这无疑给了体育教师压力，同样让体育教师产生了教学创新的动力。现在教师主动学习意识加强了，钻研技术提高技能的多了，集体教研的氛围比过去更浓了，开展课题研究的教师增多了。

(3)选项教学促进了教师专业发展。选项教学将课程改革的实施者——体育教师推到了“前台”。学生选择任课教师、学习项目无疑对体育教师的知识、能力和素质提出了更高的要求。学生选项促使教师再学习和掌握新兴体育项目的知识和技能，挖掘自身潜力，扩大知识面以适应学生的需要，同时改善了师生关系，提高了教学效果。

(二)课堂改变了

(1)课堂观念变了。“健康第一，立德树人”的理念为广大教师所接受，很多体育教师由过去单纯传授知识和技能，开始转向同时关注学生课堂行为表现，关注学生的兴趣与情感体验，关注学习过程与方法，关注学生个体差异，育德寓教。

(2)课堂气氛变了。教师运用激励性语言来评价学生，尊重个体差异，学会赞赏学生，欣赏学生课堂气氛显得民主、和谐、宽松。课堂里笑声多了，话语多了。讨论多了，学生的情感不再课堂氛围束缚平静无波。师生在教和学中不断交往，相互沟通、相互启发、相互学习，建立新型的师生关系。

(3)教育学的方式变了。改革体育课程教学方式，并不是对传统体育课程教学全盘否定，而是继承优良传统的基础上，大胆改革，锐意创新。广大体育教师改变“灌输-接受”的单一教学模式，采用多样化的教学方式，提高学生自主学习和练习的空间与时间，让学生采用适合自己的方式进行学习和练习，提高学习效果。

(三)学生改变了

通过课题研究，选项教学的组织打破了原有行政班级的教学组织形式，实现了对比班与实验班的重新组合，这一新的体育教学组织形式将具有兴趣和爱好的学生聚合在一起，有利于在体育技能上相互取长补短，扩大学生横向交往面，为学生学习，增进友谊，提高社会适应能力创造良好条件。一是学生对体育运动学习的兴趣浓了,学生更加愿意参加体育活动了;二是学生学习自主性增强了,很多学生勤于思考,乐于探究,学生在课堂上更活泼、更自信;三是积极参与师生互动,一改过去老师教学生的被动局面;四是学生的心理素质和社会适应能力明显提高。学生学会了评价他人和评价自己,展示自己,大多数学生表现出乐观向上的精神面貌,学生的心理障碍疾病明显减少或缓解。体现学生学科核心素养的培养价值,使我们农村基层校体育与健康课走在了课改的前列。

(四)社会效果与推广

为使课程实验更科学化,通过本课题的研究与实施,以课题促课改,提升课改实验水平。教师变了,教师的观念转变,由"教材为中心"向"以健康为中心"的转变。由"教师中心论"向"学生主体论"的转变。学习评价由"统一标准论"向"关注个体差异论"的转变。这无疑给了体育教师压力,同样让体育教师产生了教学创新的动力。全面提升了体育教师的业务水平,课堂变了,"健康第一"的理念为广大教师所接受,很多体育教师由过去单纯传授知识和技能,开始向同时关注学生课堂行为表现,关注学生兴趣与情感体验,关注学习过程与方法,运用激励性语言来评价学生,尊重学生个性差异,学会赞赏学生,欣赏学生,给学生自主和练习的空间与时间,课堂气氛显得民主、和谐、宽松;学生变了,通过对比班与实验班的重新组合,这一新的体育教学组织形式,将具有相同兴趣和爱好的学生聚合在一起,实现了学生勤于思考,乐于探究,自主学习的课堂氛围,学生的心理素质和社会适应能力明显提高,学生学会了评价他人和评价自己,展示自己,学生肥胖儿和视力不良率明显降低,心理障碍疾病明显减少或缓解。切实推动了农村基层校体育课堂教学改革的进步,得到了市、区、镇领导的好评和认可,得到了学校各方面以及家长的支持与配合,也吸引了兄弟学校的观摩、学习,对我校体育教学工作的研究与开展,给与了较高的评价和肯定。

十、课题研究后的设想

体育与健康课程标准所倡导的五大领域目标(运动参与、运动技能、身体健康、心理健康和社会适应)中明确提出了运动技能目标,使我们明确了新时期体育教学方向,全面提高学生的身体素质。这使我们课题组非常高兴,说明我们研究的方向是正确的。但是,研究的同时,我们也感到了自身的不足,首先是研究范围的局限性,我们本课题研究的实验班纵跨仅一个学年的时间,虽然从实验后的结果来看,取得了一定成效,但其科学性、正确性如何,还有待于进一步扩大样本范围及增长研究时间来检阅。其次,我们课题组人员在研究的同时,虽然在不断学习,但还是感觉到了本身的知识水平、教学经验及科研水平的匮乏,在今后研究中,还需要请有关专家对本课题组多加指导。另外,在体育教学中如何准确的处理好健康知识和运动技能两方面的教育关系,还有待于在以后的教学实践及研究中不断的完善。

参考文献

[1]尹志华.论核心素养下技战术运用与运动能力的关系[J].体育教学,2019,39(04):4-7.

[2]侯国民,莫永华.基于体育与健康学科核心素养的教学设计[J].中国学校体育,2019(09):23-25.

[3]陈建绩.体育教学新论[M].天津:天津人民出版社,2002.

[4]巴班斯基.论教学过程最优化[M].北京:北京教育科学出版社,2001.

[5]季浏.普通高中体育与健康标准(实验)解读[M].武汉:湖北教育出版社,2004.

[6]全国体育学院教材委员会体育学院通用教材.运动心理学[M].北京:人民体育出版社,2005.

[7]张青.构建“研究型”体育教研组的探索与实践[J].中国学校体育,2019(05):43-44.

[8]杨淑华.农村学校体育课改的困惑与反思[J].体育教学,2006(05):29-30.

[9]朱慕菊.走进新课程[M].北京:北京师范大学出版社,2002.

体育核心素养视角下中学田径运动队训练实践研究

——以天津市内六区中学为例

天津市第五十五中学　陆洋

摘　要：学校体育训练是竞技体育的初级形式，中学田径运动队是体育后备人才培养的重要途径和基础，是为国家输送优秀体育后备力量的保证，关系到国家田径运动队可持续发展的速度和水平，在竞技体育发展战略中占有重要地位。

本文通过专家访谈和问卷调查等方法对天津市内六区中学田径运动队训练进行深入、全面的调查和分析，研究和归纳出中学田径运动队训练存在：学校领导对田径运动队训练认识和重视程度不够；运动队训练大多以短期、赛前训练为主，项目布局不合理；参训队员没有处理好训练与其他学科之间的关系，导致家长不支持运动队训练、训练次数和时间不均衡；参训教练没有设定长远目标，忽视建立队员训练档案；参训教练兼课较多，科研能力不强；训练过程中缺少必要的医务指导和监督；专项经费不足、场地条件不完善等问题。

针对当前天津市内六区中学田径运动队训练存在的问题，本课题遵循学生身心发展的特点，依据体育健身育人本质，将体育核心素养三方面内容贯穿到学校田径队训练体系中，在体育核心素养视角下，以全面培养和

发展队员综合素质为主要目标,确立训练理念,制定训练目标,选择有利的内容体系,进行严格的组织管理,建立全面、多元的评价模式,构建田径队训练体系,拓宽田径队发展方向,为天津市内六区中学田径运动队发展尽一份绵薄之力。

关键词:体育核心素养　中学田径　运动队训练

一、问题的提出

(一)研究意义

田径运动历史悠远,是各项运动发展的体能保障,世界各国都很重视发展田径运动,田径运动水平的高低决定着一个国家的竞技体育实力,田径项目竞技实力的强大可以提高一个国家在世界的威望。因此,我国一直以来都很重视发展田径项目,我国田径竞技水平也有了较大幅度的提高,有些项目已达到了国际领先水平,但同时我们也能清楚的看出,我国田径运动发展不平衡,田径项目的整体实力与田径强国仍存在很大差距,与我们“人口大国”“体育大国”的身份不符。

通过查阅资料得知,中学田径运动队作为体育后备人才培养的重要途径和基础,其主要目标是培养高水平、高素质的体育人才。学校体育训练是学校体育的一个重要组成部分,是学校全面贯彻普及和提高运动水平的重要措施,是竞技体育的初级形式,是为国家输送优秀体育后备力量的保证,关系到国家田径运动队可持续发展的速度和水平,在竞技体育发展战略中占有重要地位。田径项目的突破和持续发展离不开优秀的运动队伍和好的运动梯队。纵观世界田径发达国家,从学校发现、培养、选拔和输送优秀体育后备人才,体育与教育结合已经成为他们成功的经验之一。在国外田径后备人才储备充足,30 岁是田径训练与比赛的黄金时期,而我国由于忽视田径基础练习,只重视从田径传统学校或高水平运动队选拔人才,因而导致输送人才匮乏,输送田径运动员大多在 30 岁之前就退役了。这样的选拔循环形式,直会接影响我国优秀田径人才储备和田径运动的发展。

2014年3月30日，教育部颁布《关于全面深化课程改革落实立德树人根本任务的意见》文件中首次提出了“核心素养体系”概念。核心素养的提出，是基础教育课程改革的创新点，是对传统教育“重知识技能传授，轻视人才全面培养”的突破。发展学生核心素养也是贯彻党的教育方针的具体体现，是在国际视野下推进我国体育教育改革、提升我国体育国际竞争力的迫切需要。当代教育工作者必须充分挖掘各学科本质，凝练出学科核心素养，才能使落实立德树人、发展素质教育独特育人价值真正落地，具有可操作性。

当前天津市各中小学校几乎都组建了自己的田径队，但大多是临时选拔的运动员，通过短期集训形式组成的训练队，训练水平大多不太乐观。同时学校对教练员的管理、教练员对运动员的管理弱化，使田径训练存在着很多问题。尤其在中、高考两根指挥棒的重压下，学生迫于升学压力、课余学习负担过重、家长的不支持等原因，不能积极地、全身心参加体育训练，体育训练安全、伤害事故如何妥善处理这些问题都直接影响了天津市内六区中学田径训练的发展。

因此，本文通过专家访谈和问卷调查等方法对天津市内六区中学田径运动队训练进行深入、全面地调查和分析，研究和归纳出田径运动队训练存在的问题。在体育核心素养视角下，以全面培养和发展学生综合素质为主要目标，打破重知识、强调技能的桎梏，构建田径队训练体系，拓宽田径队发展方向，为天津市内六区中学田径运动队发展尽一份绵薄之力。

(二)相关研究综述

通过以体育核心素养为主题，在中国知网和万方数据库中进行检索，核心素养是学生在接受教育过程中，逐步形成的适应社会需要与终身发展需要的关键能力与必备素质，是一个抽象的概念，与具体学科紧密联系在一起的。核心素养的提出是基础教育课程改革的创新，以核心素养为统领，能更加凸显教育“立德树人”的育人价值。作为体育核心素养传播者和实施者的体育教师，在新形势下，要打破传统按部就班的教学模式，合理运动教学策略，不断更新教学方法，强化课堂的高效性。

通过对“田径队训练”关键词的检索，看出众多学者对田径队的建设与发展进行了一系列的调查和阐述，为本课题的研究提供了宝贵参考。例如：杨洋老师在

《常德市中学田径课教学现状及对策》中指出，田径项目是发展其他运动项目的关键，为其他项目提供素质基础和保障。中学生经常参加田径项目的训练，有助于增强体能，发展坚忍不拔和勇敢顽强的意志品质。但随着时代进步，新型项目快速发展，田径项目因为缺乏学生的兴趣，越来越不受重视。虞春山老师也在《中学田径的教学现状及改革策略探究》一文中指出，为了顺应时代发展的潮流，改革传统田径教学模式势在必行。因此作者建议转变思想，强调田径项目健身和育人的作用。重新构建田径教学体系，优选田径教学内容、选择高效教学方法、选择科学评价方法。在新课标指引下，充分发挥田径项目育人功能。在《黄石市中学田径课余训练的现状调查与对策研究》一文中，作者吴斌老师从训练教师基本情况和训练学生基本情况两方面，针对教师的学历、带队经历、思想动机和学生的年级分布和参训动机等情况进行调查分析，得出教师高学历人数较少，学习、交流机会少，学生参加训练的动机不正确、家长支撑率低、场地器材匮乏、质量差等结论。

综上所述，学者对于核心素养的大量研究为本文从运动能力、健康行为、体育品德方面构建田径训练体系提供了大量的理论支撑。但在中学田径业余训练的研究中，大多侧重于阐述当地业余训练的现状、以及给予相关的对策，但这些具有一定的区域性和局限性，一些政策方面的措施不易于落实。而对于如何合理的建设和发展学校的田径业余训练队，所做的论述和研究并不多。

二、研究对象和方法

(一)研究对象

在天津市内六区 79 所中学里，采用随机抽样原则，选取了部分田径教练和部分运动队参训学生(见图 1)。(注：(1)本研究中天津市内六区 79 所中学为公立学校。(2)下文中出现的“参训教练”是参加天津市内六区中学田径运动队训练教师和教练员的简称；“参训队员”是天津市内六区中学田径运动队训练学生的简称。)

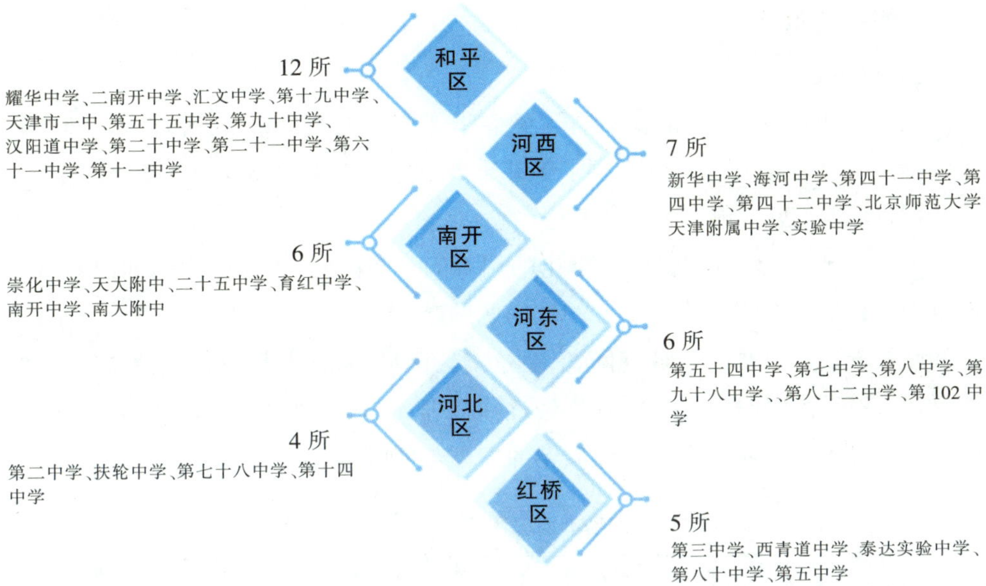

图1 随机抽取天津市内六区中学名称

(二)研究方法

1.文献资料法

根据课题研究需要，在天津图书馆和天津图书大厦查阅了大量相关文献资料。通过中国知网和万方数据资源等多种途径检索了国内关于田径训练和核心素养的论文和著作,访问了国内外相关的田径网站,搜集和整理了大量的资料,并在此基础上认真阅读了多种相关的专业书籍，了解当前学校田径队训练的现状,为课题的选题和撰写提供了理论依据和研究保证。

2.专家访谈法

在课题研究过程中,通过面谈和问卷的方式,对天津市部分田径专家、区体卫艺科科长、教研员和学校主管体育的副校长进行调查访问,对问卷评价指标的确立和课题结构设计等问题进行咨询,对当前天津市中学田径运动队发展进行深度交流。

3.问卷调查法

(1)问卷设计

通过查阅相关文献和专家访谈,确立了课题研究结构框架,设计两套针对教练和学生的调查问卷。问卷主要了解天津市内六区中学田径队训练基本现状。

(2)问卷效度

为了准确、合理制定教师和学生的调查问卷,保证评价出的内容和课题研究调查的方向有较高的一致性,在初选问题的基础上向天津市部分田径界专家、教授和高级教练员发放三轮调查问卷,通过三轮函询的操作程序和严格控制专家调查,得到专家趋于统一的意见,最终经过筛选确立评价学校田径队训练的教师、学生问卷。专家的基本情况和三轮问卷的发放与回收情况见表1。

表1 专家基本情况和问卷回收情况统计表

轮次	发放份数	回收有效问卷份数	专家组			有效回收率
			教授	副教授	高级教练	
第一轮	30	25	20.0%	40.0%	40.0%	83.3%
第二轮	25	22	13.6%	40.9%	45.5%	88.0%
第三轮	22	20	15.0%	40.0%	45.0%	90.9%

表2 专家问卷效度评定统计表

评分(10分制)	10—9.5	9.4—9.0	8.9—8.5	8.4—8.0	平均:9.25
人数	8	8	3	1	合计:20

如表2所示,经专家对问卷的内容效度进行十分制评分,对问卷的效度进行检验,均值为9.25,说明问卷具有较高的评价效度。

(3)问卷信度

为了保证问卷的信度,在设计问卷时就设置了一定数量的"测谎题"。在调查过程中,大多数问卷都是由本组教师或者委托教师现场发放、现场回收,并对整个问卷填写过程进行了严格的监督。为了进一步考证问卷调查所得数据的可靠性,运用重测法对问卷进行了信度检验,两轮收回问卷进行对比,具有较高的一致性。

4.数理统计法

对统计所得的数据进行整理归类，并将所得的数据运用统计软件进行检验，以求统计结果客观、准确。

5.逻辑分析法

本课题通过逻辑分析的方法,对统计的数据进行分析。

三、天津市内六区中学田径运动队训练现状及主要问题分析

(一)天津市内六区中学田径运动队训练现状分析

1.天津市内六区中学田径运动队训练模式现状分析

中学运动队训练是发现和培养体育后备人才最基础的阵地。在针对市内六区中学田径运动队训练模式的调查中发现，有95%的学校都有田径运动队，只有5%的学校尚未建立的田径运动训练队。在组建田径运动队的学校中,训练模式主要分为两种:其中63.2%的学校由于领导重视程度不够,训练所需的场地,经费以及固定教练员的短缺导致只能临时组队进行赛前训练。仅有36.8%的学校有固定训练队,有固定的选拔制度、训练场地、训练经费、比赛及教练团队。由此可以看出,市内六区中学长期坚持田径运动队训练的学校所占比价较小,训练存在短期化现象,这样的训练模式在很大程度上影响了田径运动队训练的质量,更不能保证田径运动队的持续发展。

2.天津市内六区中学田径运动队训练项目现状分析

通过图2可以看出,在市内六区中学田径运动队开展的训练项目中,径赛项目开展比例高于田赛项目。在径赛项目中,由于短跑易于被学生接受,所以开展的最多,中长跑次之,跨栏项目由于技术难度较高、存在一定安全隐患,所以开展较少。在田赛项目中,跳远和跳高项目开展情况相差不大,但比例远远高于铅球项

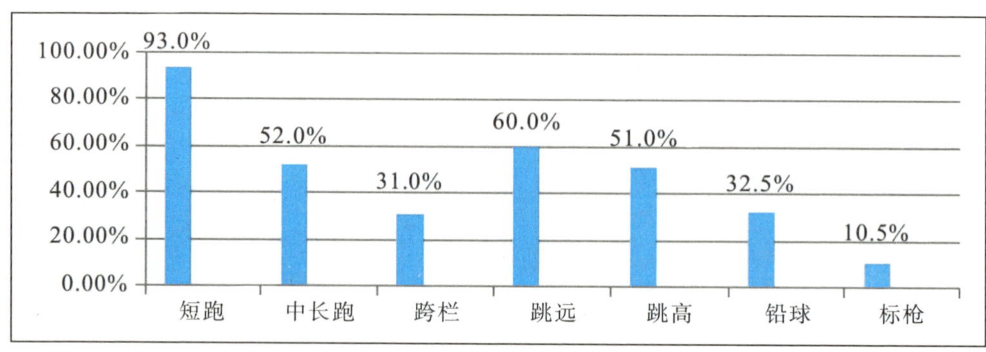

图 2　天津市内六区中学田径运动队开展项目一览表

目，标枪最少。

由此可知，市内六区中学田径运动队训练项目布局不够合理，各校普遍存在共性问题：参训教练一般都会选择技术难度较低、易于被学生接受的项目进行训练。但是长期进行低水平重复性训练，没有专项指导很难取得成绩。各校参训教练应根据学校特点和自身专长选择本校的优势项目，充分挖掘优秀后备人才进行训练。

3.天津市内六区中学田径运动队参训队员现状分析

(1)参训队员参与训练动机现状分析

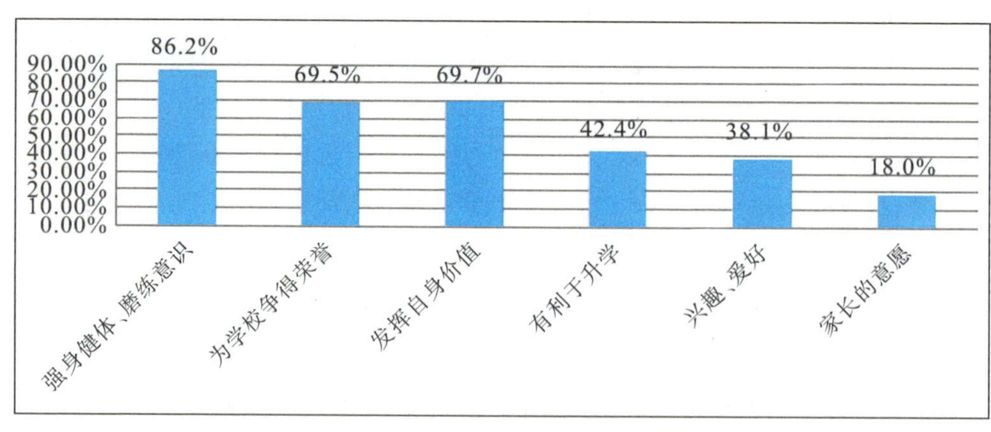

图 3　参训队员参与训练动机

体育运动是运用各种体育手段,以发展身体、增进健康、增强体质、愉悦身心为目的的身体活动过程。通过图 3 可以看出,参训队员把强身健体、磨练意志作为参训的首要动机放在第一位,为学校争得荣誉和发挥自身价值放在第二位,有利于升学为第三位,自身兴趣、爱好为第四位,家长的意愿为第五位。参训队员的训练动机基本与教练开展运动训练,增强学生体质健康、锻炼意志品质,挖掘田径后备人才的目标一致,这是对参训教练组织训练的肯定和认可,且通过访谈得知大多数参训队员通过参加田径训练身体素质、心理素质增强、受挫能力变强,能更好的释放学习压力,人际交往能力和社会适应性增强、性格更开朗。参训教练今后要更加积极引导学生,端正学生训练态度,在发现和培养体育运动人才最基础的阵地上,继续长期、科学开展田径训练、源源不断的培养田径优秀人才。

(2)参训队员年级、训练次数和训练时间现状分析

表 3 参训队员年级分布一览表

年级	初一年级	初二年级	初三年级	高一年级	高二年级	高三年级
百分比	27.2%	34.5%	5.6%	20.9%	10.6%	1.2%

如表 3 所示,参训队员年级分布以非毕业年级为主,由于初二年级队员经过一年的训练,具备一定基础,容易出成绩,所以初二年级队员人数比初一年级略高,初三年级个别队员因为有升学特长生需求,所以定期参加训练。到了高中年级,随着年级越高,学习压力越大参训队员人数越少,毕业年级所占比例最少。

表 4 参训队员训练次数分布一览表

时间	平时(每周)				寒暑假(每周)			
次数	1 次	2 次	3 次	4 次	1 次	2 次	3 次	4 次及以上
百分比	48.3%	31.2%	18.0%	2.5%	0%	49.0%	35.5%	15.5%

表 5 参训队员训练时间分布一览表

时间	平时(每周)				寒暑假(每周)			
次数	45 分钟	60 分钟	90 分钟	120 分钟	45 分钟	60 分钟	90 分钟	120 分钟
百分比	55.0%	30.0%	12.5%	2.5%	0%	10.0%	50.5%	39.5%

在参训次数和时间方面上，世界田径强国中学田径运动队训练保持在每周3~5次，每次90~120分钟。但如表4和表5所示，由于学生平时需要完成作业和其他学习任务，还要参加补习班，基本上每周只能参加1~2次训练，每次45~60分钟，主要训练次数和训练时间都集中在寒暑假。这就说明各校平时每周训练次数极度不平衡，而且平时训练时间也不能完全保证完成训练计划内容，这就严重影响了教练制定的训练周期计划。

(3)参训队员训练与其他学科之间影响现状分析。

表6　参训队员训练与其他学科之间影响情况一览表

影响情况	没有影响	有些影响	较大影响	严重影响
百分比	17.5%	65.0%	12.5%	5.0%

如表6所示，由于运动训练的特点和特殊性，参训队员参加训练和比赛时会需要花费一定的时间和精力，再加上家长对孩子参加体育训练也存在一定的偏见。82.5%参训队员都认为田径运动训练影响了其他学科的学习，其中5.0%队员认为训练已经严重影响了其他学科学习，通过现场调研得知个别队员因为学习压力和课业负担加重，再加上学习成绩有所下滑，放弃了训练，这对储备优秀田径运动队带来一定损失。

(4)参训队员伤病与恢复情况现状分析。

在统计参训队员伤病情况现状中，有75%的队员在参加田径运动队训练中都曾受过不同程度的运动损伤。受伤队员中，18.6%的队员在受伤之后顺其自然，23.9%的队员自己进行简单处理，36.3%的队员在教练指导下进行治疗、恢复，21.2%的队员在校医指导下治疗、恢复。在对“你是否掌握受伤之后的简单处理常识”问题的调查中，22.9%的队员了解、掌握简单处理运动损伤处理方法，69.5%的队员一般了解，还有7.6%的队员不了解简单处理常识。这就说明大部分参训队员没有意识到运动损伤后认真治疗和恢复的重要性，缺乏运动生理和运动医学知识，存在无意识带伤训练的现象，教练和校医也没有积极的给予队员正确的指导。长期不良循环，加大了出现运动损伤的概率，也在一定程度上给中学田径运动队发展带来了更多的阻碍。

4.天津市内六区中学田径运动队训练参训教练现状分析

(1)参训教练学历、专业和经历现状分析。

表 7 参训教练学历情况一览表

学历	专科	本课	研究生
百分比	1.0%	73.0%	26.0%

表 8 参训教练专项情况一览表

专项	田径专项	非田径专项
百分比	88.5%	11.5%

学历代表一个人接受正规教育的程度，是衡量一个人知识水平的标准之一。如表 7 和表 8 所示,99%的教练员都具有本科及以上学历，学历层次水平较高。88.5%的参训教练员为田径专项,11.5%的教练虽然不是田径专业,但 96%的参训教练具备 3 年以上田径带队经验,基础知识技能扎实,水平较高。这就说明参训教练的基本素质和专项能力能满足田径运动队训练的需要。

(2)参训教练职称现状分析。

表 9 参训教练职称情况一览表

职称	初级	二级	一级	高级
百分比	4.0%	33.0%	51.0%	12.0%

职称是教练员政治思想素质、专业素质、能力等方面的综合评价,一定程度上可以反映教练员训练和执教水平,是成为优秀教练员的基础。如表 9 所示,在参训教练队伍中,有 84%的教练都是一级、二教教师。这就说明参训教练具有较强的文化素质和业务素质,在实际训练过程中,具备运用专业知识科学合理安排训练、解决训练和比赛中实际问题的能力。

(3)参训教练承担体育课课时现状分析。

表 10 参训教练承担体育课课时情况一览表

承担体育课课时	4~6 节	6~8 节	8~10 节	10~12 节	12~14 节	>14 节
百分比	1.0%	3.5%	25.0%	37.5%	29.5%	3.5%

如表 8 所示，市内六区中学没有专职田径教练员，所有参训教练都承担体育课教学任务，而且大部分教师承担课时数都在 8~14 节。此外，通过访谈得知，教练员们除体育教学任务外，还要担任兴趣小组、校本课程教学任务、组织学校大课间、阳光体育等各项竞赛活动，有些教练员甚至身兼数职。繁重的行政、教学、体育活动等任务势必会让参训教练很难全身心的投入到田径训练中去，会在一定程度上影响训练的质量和效果。

(4)参训教练制定训练计划现状分析。

表 11　参训教练制定训练计划情况一览表

计划	学年计划	学期计划	月计划	短期计划
百分比	2.5%	17.5%	30.0%	50.0%

运动训练是一个系统、长期、科学的过程，参训教练在训练过程中必须科学的设置训练计划，并预设长远训练目标。如表 11 所示，仅有 2.5%的教练员能制定学年训练计划，17.5%的教练员制定学期训练计划，绝大多数教练员只制定月训练计划及短期训练计划。由此可知，参训教练员缺乏长期目标规划，导致训练有一定的随机性，这样会影响到田径运动队训练的效果。

(5)参训教练教科研现状分析。

表 12　近三年内参训教练发表田径训练相关论文、课题情况一览表

计划	无	1 篇	2 篇	3 篇及以上
百分比	68.0%	23.0%	7.5%	1.5%

表 13　近三年内参训教练参加田径专项培训和各校间的交流情况一览表

交流情况	经常	不经常	没有参加过
百分比	1.5%	75.5%	23.0%

如表 12 和表 13 所示，近三年内 68%的参训教练没有发表过关于田径训练的论著，23%的教练发表过 1 篇，9%的教练发表过 2 篇， 只有 1.5%的教练发表过 3 篇及以上。23%的参训教练近三年内没有参加过田径专项和各校间的交流，75.5%的教练不经常参加，只有 1.5%的教练经常参加。

由此可以看出,参训教练整体对科研工作感兴趣程度不高,科研意识淡薄,缺乏动力,参与专项培训和交流的主动性和积极性不高。参训教练在今后的工作中应该加强对田径科研的重视程度,强化知识更新的速度,创造更多的机会参加专项学习和交流,用科研促进田径运动队发展。

5.天津市内六区中学田径运动队训练档案现状分析

训练档案是参训队员从事体育训练的记录,是广大教练员辛勤劳动的结晶。一套完整的训练档案记录了参训队员身体素质、训练、比赛等综合素质的成长过程,对系统训练、科学调控训练过程、运动队的管理起到重要作用,是选拔和培养优秀运动员提供重要依据。

通过调查得知,有35%的学校在建立训练档案时存在随意、简单记录情况,只有个别的出勤记录统计。65%的学校建立了参训队员的训练档案,包括详细的出勤记录和每次成绩统计,但与科学、完整的训练档案还存在一定差距。造成这样结果一方面原因与学校的管理、教师工作不细致、不全面有一定的关系,另一方面对建立训练档案的重要性没有很好的认知也有很大关系。

6.天津市内六区中学田径运动队训练环境现状分析

学校体育环境的好坏对学校能否顺利开展体育教学、体育活动、体育课余训练有直接的关系,也直接影响着学生的体育锻炼热情。所谓的体育环境,主要有两方面;一方面是在硬件条件及福利待遇,如场地设施、体育器材、体育教师的工资和训练经费等;另一方面主要是精神层面,如开展体育活动、运动训练的激励政策、领导重视程度,对待体育教练员、运动员的尊重,体育成绩、体育精神的认可及宣传。

从调查结果可以看出,在场地方面,80%的学校没有标准400米田径场地,只有20%的学校有标准田径场地,这在一定程度上制约了田径运动队的发展。在体育器材方面,因为天津市的中学都经过义务教育现代化督导检查,所以95%的参训教练认为标配的体育器材充足,能够满足日常训练的需要,只有5%的参训教练表示器材有欠缺,但对平时训练不会带来较大影响。

在领导重视程度和专项经费方面,67.5%的参训教练表示学校领导对田径运动训练不够重视、专项经费不充足。学校领导仅以抓好体育教学,大课间、满足体

育日常活动为主，对田径运动队训练的重要性认识不到位。77.5%的参训教练表示无人监督管理学校田径运动队发展，学校缺乏监督管理和奖励机制。66%的参训教练认为因为得不到学校领导的重视，在评定职称时没有与其他学科一视同仁，一定程度上挫伤了教练员组织田径训练的积极性。

7.天津市内六区中学田径运动队训练家校结合现状分析

表 14　家长对田径运动队训练支持情况一览表

支持情况	支持	不支持	既不支持也不反对
百分比	18.0%	50.0%	32.0%

表 15　班主任对田径运动队训练支持情况一览表

支持情况	支持	不支持	既不支持也不反对
百分比	34.0%	8.0%	58.0%

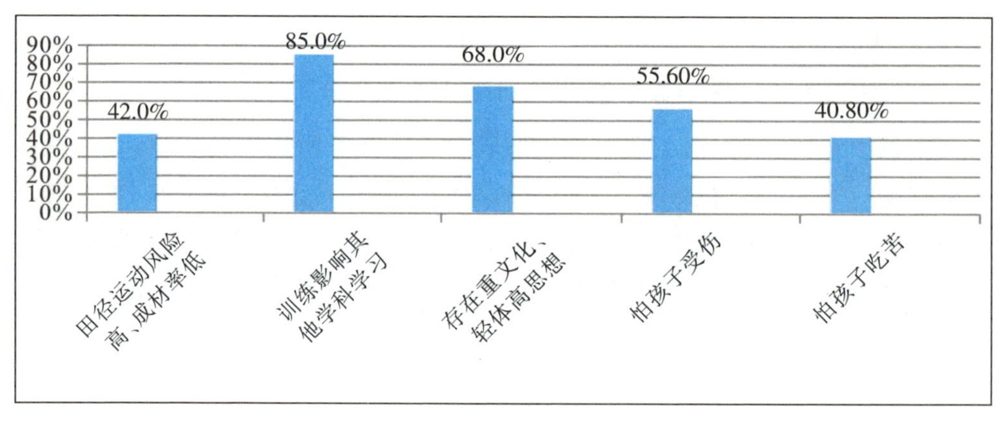

图 4　家长不支持孩子参加田径训练原因

由表 14 和表 15 所示，大部分家长对孩子参加田径运动队训练持有不支持或既不支持也不反对态度，只有 18%的家长支持。92%的班主任对学生参加田径运动队训练持有支持或既不支持也不反对态度，只有 8%的班主任不支持。通过现场访谈得知，随着中考体育改革，中考体育分数提升，部分家长逐渐关注孩子的体育成绩，所以对孩子参加训练持中立态度，但大部分家长还存在轻视体育现象。因为学生参加田径训练，能代表学校参加比赛，为学校争光，班主任本来是支持学生训练的，但是有时因为学生没有处理好训练和学习之间的关系，导致学习成绩下降，班主任觉得无法和家长交代，所以大部分班主任对待学生参加训练持既不支持也不反对的态度。

家长不支持孩子参加训练的原因主要集中在田径训练会影响到其他学科学习，存在重文化、轻体育思想，担心出现伤害事故三个方面。这就导致一些有发展潜力的学生根本没有机会去参加训练，造成人才埋没，制约中学田径后备人才的可持续发展。

(二)天津市内六区中学田径运动队训练存在主要问题分析

1.缺乏对田径运动队训练的认识和重视，训练大多以短期、赛前训练为主，项目布局不合理

通过以上调查发现，一些学校领导只重视学校的常规体育工作，忽视运动队训练的重要性，没有把田径运动队训练工作摆在应有的地位，存在轻系统培养、重比赛名次思想，都是临近比赛时才勉强组队训练。训练项目布局不合理，没有考虑学校特点和教师专长，只开设简单的项目，排除技术复杂和安全隐患较高的项目，没有形成学校特色。

2.参训队员随着年级越高、学习压力越大，没有处理好训练与其他学科之间的关系

我国的教育制度与传统的教育思维都有重文轻武的现象。随着队员的升学压力越来愈大，很多家长都认为运动队训练对其他学科学习有较大影响，会使队员其他学科学习时间大大减少，导致队员精力下降，休息时间减少，这种现象普遍存在。有些很有发展潜力的队员由于学习成绩较差，家长不支持运动队训练，训练次数和时间不均衡，许多学生迫于学习压力不得不减少或者放弃训练。参训教练只能利用寒暑假的时间组织队员集训，致使训练时间极度不均衡，很难建立训练周期。

3.参训教练没有设定长远目标，忽视建立队员训练档案

运动员选材标准包括运动能力、身体素质、心理素质、身体形态、机能等多方面的因素。因此，参训教练只有科学的设立长远的训练计划，建立更加健全、更加

完善训练档案，科学的选材，加以严格的管理、科学的训练，才能保证源源不断的后备人才向更高层次输送。

4.参训教练兼课较多，科研能力不强

当前竞技体育飞速发展，体育与科学结合尤为重要。运动训练需要科学技术进行指导，因此科研能力对于参训教练来讲是一个需要突破掌握的重要领域。通过以上研究表明，参训教练由于兼课较多，所以进行科研时间较少。再加上科研能力基础较差，缺乏创新意识和创新精神，培训机会比较少，没有把科研能力与体育训练很好地结合起来，致使科研就成了参训教练的弱项。

5.训练过程中缺少必要的医务指导和监督

由于参训队员身体素质基础不同，再加上训练时间和次数不均衡，所以在田径运动队训练过程中，参训队员容易出现伤病。出现伤病之后，参训队员因为缺乏运动生理和运动医学知识，教练没有进行更多的指导，校医也不能及时治疗，很多队员受到不同程度伤病的困扰。

6.专项经费不足、场地条件不完善

调查中发现学校田径专项经费不足，具有标准 400 米田径场地学校较少，在训练过程中，出现没有百米跑道、短距离跑没有缓冲区、弯道弧度过大、跳远助跑距离不够、标枪场地长度不够等现象，给田径运动队训练造成很大障碍，一定程度上已经影响到田径运动队技术水平的提高。

四、在体育核心素养视角下构建天津市内六区田径运动队训练体系

(一)体育核心素养概念分析

《普通高中体育与健康课程标准(2017 年版)》指出，学科核心素养是学科育人价值的集中体现，是学生通过学科学习而逐步形成的正确价值观念、必备品格

与关键能力。体育不同与语文、数学、物理、化学等学科，不单单是通过视觉和听觉方式来掌握知识逻辑认知性学科，而是通过视觉、听觉、触觉以及身体活动等方式来获得肌肉本体感觉的运动认知性学科。体育的本质是健身育人，体育教学不仅要关注学生体能和技能的发展，更要从学生个体特点和社会发展的角度出发，关注学生健康行为，培养学生建立健全人格，促进学生健康、全面的发展。

(二)构建天津市内六区中学田径队训练体系

1.构建思路

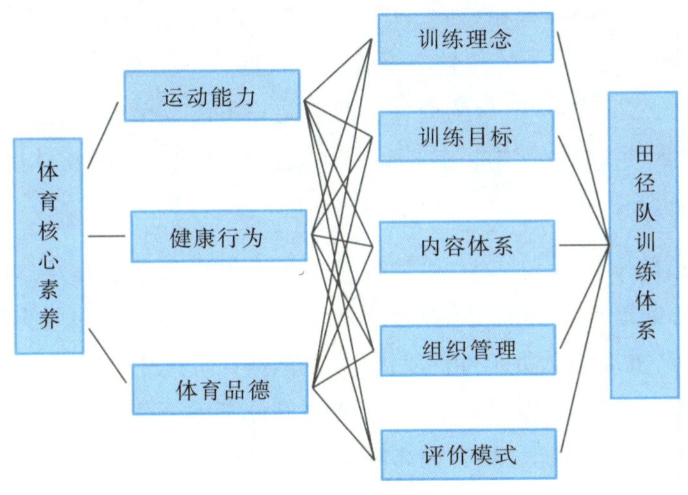

图 5　思路导图

如图 5，本课题针对当前天津市内六区中学田径运动队训练存在的问题，遵循学生身心发展的特点，依据体育健身育人本质，将体育核心素养三方面内容贯穿到学校田径队训练体系中，确立训练理念，制定训练目标，选择有利的内容体系，进行严格的组织管理，建立全面、多元的评价模式，促进学校田径队训练可持续发展途径，拓宽田径队发展方向，为天津市内六区中学田径运动队发展尽一份绵薄之力。

2.训练理念

回顾我国田径项目训练理念的发展历程，从 20 世纪 60 年代前期的“三从一大”“以质量为重心”到 20 世纪 80 年代中期“练赛结合”“掌握训练过程”，中国田

径队训练摆脱了以偏概全，用已知的相对静止、相对固定，“以不变应万变”“削足适履”的训练理念，逐渐走向看长远、重过程、抓规律、敢尝试、敢突破的发展道路。

2020 年 9 月 21 日《关于深化体教融合促进青少年健康发展的意见》正式发布，文件的核心内容就是将广义的体育和狭义的体育融合（广义体育指全体人民学习运动技能、经常参加体育锻炼，观看体育比赛，也就是增强体质、健全人格、锤炼意志。狭义的体育则是指竞技体育，主要针对职业和专业运动员）。青少年体育也有广义和狭义之分。“体教融合”就让学校体育真正的发挥作用，将广义青少年体育和狭义的青少年体育相结合，实现“四位一体”享受乐趣、增强体质、健全人格、锤炼意志的目标。这与体育核心素养的育人理念不谋而合，也给学校田径队训练指明了未来发展道路，田径队训练不在单纯只关注成绩，更关注队员的全面发展，深入开发队员潜能，使体能、技能、素养综合发展，提高队员整体田径水平。

3.训练目标

不同队员的个体认知水平、运动技能和身体素质都存在差异，这就决定了他们对田径训练的追求和将来的发展也具有差异性，“一刀切” 的传统训练目标，只追求成绩，会严重抑制队员个性的发展，导致队员在训练中体验不到运动乐趣。因此，基于体育核心素养的体育训练目标必须充分考虑到队员个体化的训练需求，提供队员全面的田径知识，确实提高队员参与田径训练的兴趣，帮助队员认识自我，为队员提供一个更大、更广的舞台，拓宽队员的发展道路。

在实践田径训练中，教练员应为参训队员设定动态训练目标，以阶段性目标形式呈现，例如：训练初期、训练中期和训练后期等。每一时期的动态训练目标，教练又根据参训队员身体素质，兴趣爱好等方向的个性化差异和不同需求，给予全面指导，因材施教，制定不同的训练目标。本课题将参训队员大体分为四类，训练目标如下：

第一类：对田径运动感兴趣，具备一定身体素质且有固定训练专项的队员，训练目标为发展体能、强化专项技术训练，提高运动成绩，积极组织参赛，在取得比赛名次的同时实现自我价值。

第二类：对田径运动感兴趣，身体素质优秀但无专项的队员，训练目标为发展固定训练项目，提高运动能力，积极参加比赛积累经验，进而提高运动专项成绩。

第三类:对田径运动有兴趣,但身体素质一般的队员,训练目标为发展身体素质,加强田径理论知识,在校园中以裁判员或组织编排人员的身份参与到田径比赛中。

第四类:对田径运动兴趣不强或没有兴趣,但身体素质优秀的队员,训练目标为用广博的理论和新颖高效的训练方法,提升队员对田径运动的兴趣,为今后转项和终身体育打下基础。

4.内容体系

(1)运动员选拔从单一、少数拔尖走向大量、全面综合培养。

科学选拔运动员是组建学校田径运动队的首要工作。选好材就等于训练成功了一半,只有源源不断的招收优秀的运动员,形成人才梯队,才能逐步提高运动成绩。但是通过研究天津大部分中学传统训练队选拔运动员只面向少数人,选择田径特长生组建训练队进行培养。2020 年天津市小升初已经取消特长生政策,这样将会使初中田径后备人才储备出现大量萎缩现象,同时也会制约田径项目的竞技实力发展。学校是培养竞技体育人才最基础、最扎实的基地,竞技体育应该依托于学校体育,打破只选择特长生的模式,多种方式在面向全体的基础上大量、全面选拔学生进行综合培养,是学校田径竞技体育良性循环。本课题归纳以下几种选拔方式,以供参考。

①田径特长生招生。2020 年天津市取消小升初特长生政策,但还保留初升高特长生政策。天津市大部分学校每年都会根据本校田径运动队的需求招收一定名额的田径特长生,每年的报考学生会通过现场测试来确定,因此能招收到身体素质和运动基础都具有较高水平的运动员。

②校运会以及各种田径比赛选拔。比赛是对运动员身体素质、心理稳定性的综合检验,因此,田径教练员一定要抓好这个选拔途径。天津市每个学校每年都会召开春季、秋季运动会以及年级联赛等各种田径比赛。田径教练员就能从运动成绩较为突出的学生中,选拔出身体素质突出或心理素质稳定的学生,经过征求学生及家长意见后,选入校田径运动队。

③体育任课教师推荐。体育教师在平时教学过程中,也可以通过观察平时体育项目的测验以及国家体质测试等途径,发掘出身体素质较好的学生,推荐成为田径运动员。

④学生自荐与互荐。在中学生中有些学生基于热爱田径运动、乐于参与比赛、提高身体素质、报考体育院校、好朋友邀请等原因,自己申请加入田径队,教练员通过基本的身体素质及心理测验,亦可选拔其加入田径运动队。

(2)训练内容和方法从传统本位走向高效、发展本位。

①综合全面评价,合理分配训练项目:在选拔运动员进行新一轮的组队后,面对老队员的毕业和新鲜血液的补充,教练员可以在2~3周恢复训练课后进行一次测验,达到初步了解新运动员身体状况、特点和相应运动水平的目地。再根据学校教练员专项和带队特点,合理分配运动员练习项目。

②打破传统桎梏,科学安排训练强度和密度:每一个教练都有丰富的带队经验,都有自己训练模式。但是面对训练队员的新老更替,训练模式不能一味照搬、一成不变,任何宝贵的经验都是可以借鉴的财富,前提是必须从实际出发,而决不能盲目的"复制",训练应该是一个不断创新的过程。因此教练员应该针对每个专项的特点和每个运动员的能力,以每年的重大田径比赛为中心划分训练周期,每个周期包括训练、比赛和恢复等多重任务,以周为单位制定训练计划,合理安排练习内容、强度和密度,运动员在身体能力和技术方面欠缺什么,就补充什么,有选择性、针对性地安排练习方法和手段,按照循序渐进的练习方式进行练习,突出"少而精"的原则,向训练质量要成绩。

③充分利用体育课时间提高学生的身体素质:虽然中学田径运动队训练的时间主要来源于课余训练,但毕竟课余时间是有限的。想要提高队员的运动成绩,应合理利用所有的体育锻炼时间,尤其利用好体育课的时间。因此教师在体育课上加入体能和田径专项技术练习,全面提高学生身体素质,这样一支高水平的运动队自然脱颖而出,也能增加田径运动员储备。

④利用微课、短视频等信息手段,解析技术动作的难点,师生实时共享资源。随着社会发展、时代进步,在训练过程中,很多技术和动作在改进重难点方面,运动员学习掌握比较吃力,需要较长时间,教练反复强调、示范,运动员也不容易理解。这时借助信息化手段就可以解决这一难题。我们可以在训练的过程中,使用手机、平板电脑等现代化的设备,将运动员在练习过程中要加以改进的技术环节和不良动作习惯录下来,通过大屏幕投屏以慢动作方式呈现给运动员,再利用网络资源,找出当前比较先进,比较合理,运用比较广泛的技术动作,来进行反复的对

比和研究，从中找出适用于运动员个体的技术动作和特点。

以标枪技术动作为例，制作一个世界或国内比较优秀的标枪运动员技术动作的视频，放慢他们的出手点与出手角度，运动员可以通过观看视频快速理解、掌握技术动作。这个视频不仅可以通过电子白板在训练时观看，也可以发到队员共享群中，以便在课余时间随时观看学习。

⑤“练赛结合”，充分发挥竞赛主导作用：参加比赛、获得成绩是运动训练的首要竞技目的。同时，比赛也是一种特殊的训练方式，因为比赛能增强运动员的专项负荷强度、增长技战术水平，还能提高运动员心理稳定性。因此，在保证较合理的系统训练基础上，结合运动员的身体条件，尽可能多的参加比赛，能达到以赛代练、比赛促练的良好训练效果。当然我们强调的“练赛结合”不是指每次比赛都要出成绩，而是以重大比赛出成绩为最终目标，将全年的各种比赛和训练阶段结合，设定不同阶段的目标任务和训练方法，调整运动员训练状态，最后让运动员在比赛中自然出成绩。

5.组织管理

根据竞技体育项目分类，田径属于非对抗、同场竞技类项目，所以大多数学校传统训练存在“我计划你执行、我监督你练习、我计时你跑圈”现象。但是计划不会产生冠军，跑圈也出不了成绩，只有严格的组织管理才能为成功保驾护航。

在训练中，教练员要根据运动员的特点，对运动员进行管理，掌握整个训练过程，及时应对随时变化的情况和问题，才能最大限度的发挥运动员的主观能动性，提高训练质量和效益。因此本课题制定了具体的教练员职责和运动员管理条例，以供参考。

(1)教练员职责：

①学校校长主抓责任制，由分管校长直接负责管理，按时检查田径队的训练状况与比赛状况。

②教练员根据本校的训练理念，在全面了解学生身体素质的基础上，制定学年训练计划、学期训练目标，并在学期结束后撰写训练总结。

③教练员根据训练计划，提前准备好每节课的训练内容，内容应包括：负荷量、负荷强度和场地器材的安排等。训练要做到科学、合理、规范，负荷量和负荷强度既要适当又要高效。训练过程中教练员既要精练、重点突出，又要亲身示范、动

作正确。对待运动员既要严格要求，又要善于调动积极性。

④训练时，教练员应按规定时间提前到达指定训练场地，布置好场地，备好器材，训练中要保证学生的安全。练习结束后指定运动员收还器材、做好卫生。教练应以身作则，训练时必须穿运动鞋、运动服。

⑤教练员在学期初建立运动员档案，包括各项身体素质和专项成绩。平时训练做好出、缺勤记录和获奖情况。学期末记录期末考核成绩，对运动员综合评价，整理运动员训练档案。

⑥教练员应做好家校沟通，建立相互之间的联系方式，充分了解运动员的家庭情况和生活情况，关注思想动态，保证队员在不影响正常学习的情况下提高训练质量。

⑦教练员应做好与学生的任课教师及班主任的沟通，了解运动员学习情况，随时跟踪运动员的动态，让运动员重视学习，平衡好学习与田径训练之间的关系，努力使运动员达到体育和学习两不误。

⑧教练员做好比赛报名、赛前准备及赛后统计比赛成绩工作。

(2)运动员管理条例：

①严格遵守校规校纪和中学生行为规范，尊敬师长、礼貌待人、诚实守信。严禁旷课、打架、滋事。

②严格遵守制度学校指定的运动员训练制度。准时参加练习，不迟到、不早退，有事不能参加必须事先请假。

③运动员之间在平时的训练及学习、生活中，要团结友爱、互相帮助、互相关心。

④遵守学校课堂纪律，努力学习、按时完成作业，合理安排课余时间，正确处理训练与学习之间的关系。

⑤运动员必须爱护体育器材，训练完后积极归还，摆放整齐。

⑥树立学习好、训练成绩优秀的学生作为典型，进行表彰奖励，鼓励其他队员向他学习。

⑦对于训练成绩好但纪律差、学习成绩差的运动员，要多谈心、多鼓励，增进运动员和教练员之间的感情，增加对教练员的信任。帮助他们一分为二地看待自己，克服自身的毛病、再接再厉，争取做到学习、训练两不误。

⑧对于训练成绩较差的运动员，教练员也要挖掘他们的闪光点，找到他们训练的兴趣点，将之转化为动力，增强他们挑战自我、勇攀高峰的自信心和勇气。

6.评价模式

1)从单一性评价到多元性评价

训练评价是促进运动员达成训练目标的重要手段。在体育核心素养指导下，训练评价不能只是依据个人成绩定量的分析。教练员应在全面了解运动员的基础上，担当评价主体作用，设定运动成绩、训练表现、训练出勤、参赛情况、体育品德等指标分值的比例，构建评价模型，将过程性评价和终结性评价结合，对运动员进行全面、综合性评价。

针对训练目标中归纳的五类参训队员，本课题从理论知识、技术技能和比赛成绩、参训情况及训练表现、体育品德等方面总结了三种评价模式：

(1)以提高技能和运动成绩为主的队员在其考核上应以技术技能和比赛成绩为主。具体为：

①理论知识：占总评的20%。

②技术技能和比赛成绩：占总评的40%。

③参训情况及训练表现：占总评的25%

④体育品德：占总评的15%。

(2)以裁判规则和组织编排为主的队员在其考核上应以理论知识为主。具体为：

①理论知识：占总评的40%。

②技术技能和比赛成绩：占总评的20%。

③参训情况及训练表现：占总评的20%。

④体育品德：占总评的20%。

(3)以培养田径运动兴趣为主的队员在其考核上应以参训情况和训练表现为主。具体为：

①理论知识：占总评的20%。

②技术技能和比赛成绩：占总评的20%。

③参训情况及训练表现：占总评的30%。

④体育品德：占总评的30%。

2)评价结果由“静态呈现”到“动态发展”

训练的评价结果不再单单是“成绩”“分数”静态呈现，而是以不同时期的评价结果，形成一个动态的“证据”链。在运动员入队初从运动能力、健康行为和体育品德三方面进行摸底，建立成绩档案，之后再每学期结束后进行终结性评价，评价结果与起始成绩进行比较，从而发现每个运动员个体的努力程度和进步幅度，有效激发运动员训练兴趣。

五、结论与建议

(一)结论

(1)学校领导没有意识到组建本校田径运动队的重要性、缺乏一定重视程度，田径运动队训练大多以短期、赛前训练为主，学校训练项目布局不合理，没有依据教练的专长，只开设了从众的项目，没有形成学校特色项目。

(2)随着逐渐取消特长生政策，家长因为耽误学习、怕受伤等原因不支持孩子参加运动队训练。致使参训教练只能利用寒暑假时间组织队员集训，训练时间极不均衡，没有形成系统的训练周期，参训队员就无法快速出成绩。

(3)参训教练没有制定长期训练目标，忽视了队员训练档案的重要性，加之缺乏科学的组织管理，所以很难形成学校田径训练梯队，体育后备人才匮乏。

(4)参训教练兼课较多、学校工作繁重，所以进行科研、交流时间较少，没有更多机会的接受新的训练理念和方法，致使教练容易形成故步自封、吃老底的现象。

(5)场地条件不完善、专项经费较少、缺乏标准训练场地，给田径运动队训练带来很大障碍。在训练过程中缺乏校医的医务指导和监督，使很多运动员受到不同程度伤病的困扰。

(二)建议

(1)针对当前天津市内六区中学田径运动队训练存在的问题，遵循学生身心发展的特点，依据体育健身育人本质，将体育核心素养三方面内容贯穿到学校田径队训练体系中，确立“体教融合”训练理念，不在单纯只关心队员成绩，而是注重队员的全面发展。

(2)充分考虑到队员个体化的训练需求，制定提供队员全面的田径知识和技能，确实提高参与田径训练兴趣的训练目标。帮助队员认清自己，给队员搭建一个更广的舞台，拓宽队员未来的发展方向。

(3)运动员选拔从单一、少数拔尖走向大量、全面综合培养，训练内容和方法从传统本位走向高效、发展本位。

(4)进行严格的组织管理，制定具体的教练职责和运动员管理条例。教练员根据队员特点，掌控整个训练过程，最大限度发挥队员的主观能动性。

(5)认真分析队员特点，将田径理论知识、技术技能和比赛成绩、参训情况及训练表现、体育品德等方面纳入到评价内容中，建立多元的评价模式。评价结果由“静态呈现”到“动态发展”，对运动员进行全面、综合性评价。

参考文献

[1]刘鸿.基于核心素养背景下的初中体育教学[J]. 文学教育(下),2019(12):174.

[2]王继朝.基于核心素养下初中体育课程体系的构建[J]. 学周刊,2019(30):157.

[3]张晗.核心素养视域下体育教育专业田径教师课堂教学行为研究[D].济南:山东师范大学,2019.

[4]张戈瑜.学科核心素养视域下高中体育教师教学行为优化策略研究[D].济南:山东师范大学,2019.

[5]熊伟.普通中学田径运动队核心竞争力及其提升策略研究[J].职业技术,2012(08):78-79.

[6]桑广鑫.浅析中学田径体育训练现状与改革[J].创新教育,2014,(03):149.

[7]刘向红.影响中学课余田径训练的因素及对策[J].新课程学习,2011(2).22.

[8]刘支峰.北京市示范性高中田径后备人才培养的研究[D]. 北京:北京体育大学,2014.

[9]李林芳.郴州市省级示范性高级中学田径运动队业余训练研究[D].吉首:吉首大学,2014.

[10]秦剑博.天津市竞技体育后备人才培养的现状及存在的问题分析[D].延吉:延边大学,2012.

[11]王燕.天津市业余体校田径项目办学状况的分析[D].北京:北京体育大学,2014.

[12]欧阳骁骏.我国“体教结合”田径后备人才培养模式的探究——以皖北地区为例[D].哈尔滨:哈尔滨体育学院,2015.

[13]许鑫.天津市中学体育教学评估指标体系的实证研究[D].天津:天津体育学院,2014.

[14]王向宏.我国竞技体育人才培养体系优化整合研究[D].长春:东北师范大学,2011.

[15]洪晓彬.美国青少年运动员培养模式研究——以游泳项目为例[D].北京:北京体育大学,2012.

[16]郑燕.美国中学体育竞赛的发展及对我国的启示[D].长沙:湖南师范大学,2016.

[17]王佃娥,高飞.天津市中小学学校体育生态系统运行现状及提升策略研究[C]//.第五届中国体育博士高层论坛论文集,2014:18-19.

[18]王佃娥,高飞,等.天津市中小学学校体育生态系统运行状况的审视与思考[J].体育成人教育学刊,2017,33(06):74-78+99.

[19]张志恒.天津市中学体育教师胜任力与教学效能感的关系研究[D].天津:天津体育学院,2017.

[20]陈梦嘉.重庆市中学的田径传统项目现状与发展调查研究[D].重庆:西南大学,2016.

[21]虞春山.中学田径的教学现状及改革策略探究[J].新课程研究(基础教育),2009(08):87-88.

[22]杨洋,梅红.常德市中学田径课教学现状及对策[J].成功(教育)2008(11):55.

[23]吴斌.黄石市中学田径课余训练的现状调查与对策研究[J].科教文汇(上旬刊),2009(11):213-214.